现代生死学导论

胡宜安 ◎ 著

本书由广州大学教材出版基金资助

广东高等教育出版社
·广州·

图书在版编目（CIP）数据

现代生死学导论/胡宜安著. —广州：广东高等教育出版社，2009.1
（2023.2 重印）
ISBN 978-7-5361-3724-0

Ⅰ. 现… Ⅱ. 胡… Ⅲ. ①生命哲学－研究 ②死亡哲学－研究
Ⅳ. B083　B086

中国版本图书馆 CIP 数据核字（2008）第 184185 号

广东高等教育出版社出版发行
地址：广州市天河区林和西横路
邮政编码：510500　电话：87557232
佛山市浩文彩色印刷有限公司印刷
787×960　16 开本　26.25 印张　460 千字
2009 年 1 月第 1 版　2023 年 2 月第 4 次印刷
印数：7 001～9 000 册
定价：36.00 元

目 录

自序：生死两悟，自在人生 ……………………………………… (1)

第一章 生死之际 ……………………………………………… (1)
  第一节 谈生论死的意义 ………………………………… (1)
    一、未知生，焉知死 …………………………………… (1)
    二、谈死，并非人生观灰暗 …………………………… (3)
    三、生死教育势在必行 ………………………………… (8)
  第二节 生死之际的学问 ………………………………… (13)
    一、人类生死之思的辩证发展 ………………………… (13)
    二、生死学的界定、对象和目标 ……………………… (17)
    三、生死学的学科特点与学习方法 …………………… (22)
  第三节 建构中国特色的生死学 ………………………… (26)
    一、生死学在国外及我国台湾地区的发展 …………… (26)
    二、我国内地生死学研究的由来与现状 ……………… (30)
    三、中国特色生死学的建构途径 ……………………… (32)

第二章 生与死的本质 ………………………………………… (39)
  第一节 生与死的定义 …………………………………… (39)
    一、生物学意义上机体生命的有无 …………………… (39)
    二、社会学意义上自我意识的有无 …………………… (43)
    三、哲学意义之人生存毁 ……………………………… (47)
    四、死亡对生命的意义 ………………………………… (51)
  第二节 生命的尊严 ……………………………………… (53)
    一、生命的神圣性 ……………………………………… (53)
    二、生命的品质 ………………………………………… (59)
    三、生命的长度 ………………………………………… (65)

第三节　死亡的尊严 …………………………………… (67)
　　一、死亡的神圣性 ………………………………… (68)
　　二、死亡的品质 …………………………………… (70)
　　三、死的方式（死法） …………………………… (77)

第三章　向死而生 ……………………………………… (82)
第一节　死亡与生命觉醒 ……………………………… (82)
　　一、发现死亡 ……………………………………… (83)
　　二、不死渴望 ……………………………………… (92)
　　三、超越死亡 ……………………………………… (100)
第二节　死亡恐惧 ……………………………………… (105)
　　一、畏死体验 ……………………………………… (105)
　　二、死亡恐惧 ……………………………………… (110)
　　三、走出死亡的阴影 ……………………………… (113)
第三节　生死态度 ……………………………………… (119)
　　一、恋生拒死 ……………………………………… (119)
　　二、生死两顺 ……………………………………… (120)
　　三、爱死恶生 ……………………………………… (122)
　　四、舍生忘死 ……………………………………… (123)
第四节　濒死体验与临终心理 ………………………… (126)
　　一、濒死体验 ……………………………………… (126)
　　二、临终心理 ……………………………………… (131)

第四章　个体生死 ……………………………………… (135)
第一节　疾病 …………………………………………… (135)
　　一、疾病与人类死亡 ……………………………… (135)
　　二、有病之生 ……………………………………… (137)
　　三、与疾病相处 …………………………………… (141)
第二节　衰老 …………………………………………… (145)
　　一、生命与寿命 …………………………………… (145)
　　二、老年与衰老 …………………………………… (148)
　　三、危机与机会 …………………………………… (152)
第三节　灾难 …………………………………………… (159)

一、无常生死 …………………………………………… (159)
　　　二、灾难与死亡 ………………………………………… (162)
　　　三、灾后重建 …………………………………………… (165)
　第四节　居丧体验 …………………………………………… (172)
　　　一、失丧与悲伤 ………………………………………… (172)
　　　二、悲伤理论 …………………………………………… (176)
　　　三、悲伤弥合 …………………………………………… (179)

第五章　社会生死 ……………………………………………… (181)
　第一节　战争 ………………………………………………… (181)
　　　一、战争与集体死亡 …………………………………… (181)
　　　二、人类战争的悖论 …………………………………… (184)
　　　三、人类和平诉求 ……………………………………… (188)
　第二节　贫穷 ………………………………………………… (194)
　　　一、贫穷，人生的灾难与不幸 ………………………… (194)
　　　二、消除贫穷的社会理想 ……………………………… (201)
　　　三、扶贫济穷的社会救济 ……………………………… (204)
　第三节　堕胎 ………………………………………………… (209)
　　　一、堕胎的概念 ………………………………………… (209)
　　　二、关于堕胎的理论 …………………………………… (212)
　　　三、堕胎的中外禁允 …………………………………… (215)
　第四节　死刑 ………………………………………………… (218)
　　　一、死刑的起源与作用 ………………………………… (218)
　　　二、死刑存废的理论 …………………………………… (221)
　　　三、死刑的消亡 ………………………………………… (227)
　第五节　动物权利 …………………………………………… (229)
　　　一、悲惨的动物王国 …………………………………… (229)
　　　二、动物权理论 ………………………………………… (231)
　　　三、动物福利 …………………………………………… (233)

第六章　优生优死 ……………………………………………… (236)
　第一节　死亡的优化 ………………………………………… (236)
　　　一、优死的起源与发展 ………………………………… (236)

二、优死的实质 …………………………………………（241）
　　三、优死的分类与途径 …………………………………（243）
第二节　临终关怀 ………………………………………………（247）
　　一、最后阶段的优生优死 ………………………………（247）
　　二、临终关怀的源流与现状 ……………………………（249）
　　三、临终关怀事务 ………………………………………（253）
第三节　安乐死 …………………………………………………（256）
　　一、面对不治之症，生与死的价值转换 ………………（256）
　　二、安乐死的概念、分类 ………………………………（260）
　　三、安乐死的由来与现状 ………………………………（263）
　　四、安乐死的争论与立法状况 …………………………（265）
第四节　脑死亡与器官移植 ……………………………………（268）
　　一、死亡标准的变迁 ……………………………………（268）
　　二、脑死亡标准推行中的难题 …………………………（276）
　　三、器官移植 ……………………………………………（285）
第五节　丧葬礼仪 ………………………………………………（288）
　　一、人类丧葬礼俗的起源及变迁 ………………………（288）
　　二、事死如生的伦理意义 ………………………………（291）
　　三、丧葬仪式的人类学意义 ……………………………（296）
　　四、我国的殡葬传统与现代变革 ………………………（298）

第七章　生死歧路 …………………………………………（305）

第一节　自杀的本质与分类 ……………………………………（305）
　　一、自杀的本质 …………………………………………（305）
　　二、自杀的分类 …………………………………………（310）
第二节　自杀的成因分析 ………………………………………（313）
　　一、自杀的个人成因 ……………………………………（313）
　　二、自杀的社会成因 ……………………………………（317）
　　三、自杀的根源 …………………………………………（318）
第三节　自杀的审视 ……………………………………………（321）
　　一、自杀与个人的权利 …………………………………（321）
　　二、自杀与人性尊严 ……………………………………（323）

三、自杀与价值 …………………………………………（326）
　　四、自杀的生命伦理建构 ………………………………（327）
　　五、青少年自杀现象剖析 ………………………………（328）
  第四节　慢性自杀 …………………………………………（331）
　　一、慢性自杀的本质 ……………………………………（331）
　　二、吸毒 …………………………………………………（332）
　　三、酗酒 …………………………………………………（338）
　　四、吸烟 …………………………………………………（346）
  第五节　自杀的预防 ………………………………………（350）
　　一、自杀预防的意义与实质 ……………………………（350）
　　二、一般预防 ……………………………………………（352）
　　三、专门预防 ……………………………………………（354）
　　四、教育与价值干预 ……………………………………（356）

第八章　现代人的生与死 ……………………………………（361）
  第一节　现代人的生存现状 ………………………………（361）
　　一、现代人的生活危机 …………………………………（362）
　　二、生命价值与意义的退隐 ……………………………（367）
　　三、生活与生命之间的紧张 ……………………………（371）
  第二节　现代人的死亡难题 ………………………………（376）
　　一、现代人的死亡问题 …………………………………（376）
　　二、现代社会的死亡态度 ………………………………（383）
　　三、现代人的死亡品质 …………………………………（387）
  第三节　困惑与出路 ………………………………………（392）
　　一、生与死之间的紧张 …………………………………（392）
　　二、基本出路 ……………………………………………（396）

参考书目 …………………………………………………（403）

自序：生死两悟，自在人生

一、加薪与车祸

加薪与车祸有联系吗？这似乎是一个很荒唐的问题。本人就有这种似乎荒唐的经历。

作者本人曾经历一次车祸，至今记忆犹新。那是在 2007 年 5 月 8 日，刚过完"五一"黄金周，那天下午，约 6 点钟，本人带着修好的电脑骑车回家，在广州天河岗顶立交下的十字路口左转弯时，被一辆小货车撞倒。后来据司机说我休克了大约十来分钟，110 急救车将我送到附近医院急救，诊断结果是右肩锁骨韧带断裂，锁骨一端已挑起，需要用钢板螺钉固定；右脑后开裂，经过"CT"检查，所幸脑部未受损伤，只是外伤，要缝上几针。

吊诡的是，当天下午我曾接到学校通知，说要加工资，个人资料需要自己去确认，我便驱车去了大学城。回到家想去修修电脑，考虑到电脑城没有停车位，我才骑自行车去，结果出了事。在我这一天中，加薪与车祸先后发生了，以"常理"论之叫做生命无常，人们称之无常，所表明的是人生无规律可循，对动态中的人生命运不可把握，除了空留遗憾与叹息别无其他。当然，"常理"称之"无常"，也存有对生命存在的某种敬畏之意。

然而，如果我们将加薪归于好事，是福、是得、是生之快乐，而将车祸归于坏事，是祸、是失、是死之悲哀，加薪与车祸在一个更高的层面上不就有关联了吗？因为，好事与坏事从来就是不可分的；得与失也并无绝对的分界，"塞翁失马，焉知非福"；福与祸更是随时转换着的，"祸兮福所倚，福兮祸所伏"；生与死则是如影随形。这些不仅是一种客观存在，而且是一种人生智慧。

我想，如果生活中缺少这一人生智慧，好坏、得失、有无便无法沟通，便会有了各种各样的关隘：名利关、得失关、有无关，关关难过，这其实是一种意识中的关隘。试看世上之人，几多欢喜几多愁，得则情不自禁，失则痛苦不堪，那种大喜大悲完全背离了生命的本质，何谈自由？反过来，心中的关隘愈难以逾越，一辈子就愈难以挣脱名缰利锁的束缚。

所有关隘中，最要紧的是生死一关。因为，任何得失、福祸都超不过生死。人生智慧中最根本的就是生死智慧，懂得生死智慧，打通生死关隘，不使生死对抗，便能从心灵深处解放自我，从而获得真正自由。陈继儒在《小窗幽记》中说得好："透得名利关，方是小休歇，透得生死关，方是大休歇。"懂得这点生死智慧，我觉得，加薪不过是生活中的一朵浪花，车祸也不过是生活中的一次寒流，大可不必为此事纠缠不休。如此，生死两悟，"不以物喜，不以己悲"，自在人生。这不正是我们要追求的自由吗？

二、学生《生死学》作业

自 2000 年开始，本人在广州大学开设公共选修课《生死学》，从未中断。每学期开一个班，120 人。课程中，每个学生都要写选修本门课程的动机以及课程结束之后的感想。从学生的作业中，我们可以了解到年轻大学生们对生死的感悟、迷惑与期待，也可据此在一个更高的层面上即从知识体系结构中去了解学生的需要。

限于篇幅，这里仅录有两篇学生作业，第一篇是 2002 学年第二期一位 2001 级中文专业同学交来的生死学作业：

说真的，在那么多的选修课程中，我选了生死学，并不是出于无可奈何（其他课已被选完，别无选择），当我看完那张选修课程表，我就决定了我要选的是生死学。舍友们对我的选择纷纷表示不理解。事实上，我也不明白自己为何固执地选了生死学。或许，是因为我对爷爷的死一直无法释怀，想要增加点生死方面的知识，好让自己的伤痛减少一些吧。

记忆中，小的时候，总是爷爷带着我们姐弟俩去吃好的，去开满野花的田野里玩耍。爷爷是最疼爱我的。……在爷爷的疼爱中，我渐渐地长大了，而爷爷却渐渐地老了。初中毕业，我考上了外地的一所高中，一个学期才回去一次，而每次我回家，爷爷的身体都一次一次不如以前。我还没有意识到爷爷将要离我而去。到了高二的那个暑假，爷爷的身体更差了。有好几次，他挂着拐杖出去，都在路上晕倒，我的心开始恐惧起来。回校前我去与爷爷道别，爷爷说："也许你寒假回来时就见不到爷爷了。有谁能活得长命百岁呢？我活了80多年也足够了。我知道你会有出息的，可惜等不到你上大学的那一天……"我听着爷爷的话，泪水无声地流了出来。

得知爷爷快不行的消息正是中秋节晚上。那一刻，我的心掉入了无底深渊。中秋之夜，那本应是一个开心快乐的夜晚，可是不属于我，我一个人躲在宿舍里为爷爷的即将逝去而伤心落泪。这，叫我如何面对呢？……

爷爷的死，我不敢面对，我选择了逃避。我尽量不提爷爷，我不敢问爷爷是哪一天过世的，葬在哪里，他临终前有没有提起我，有没有什么话留给我，我也不敢去爷爷的坟前，告诉爷爷，我回来了。一直到现在，爷爷去世快两年了，我也还不知道他的忌日，没有去上过他的坟。

自从上了生死学课，我就知道我已慢慢地从失去爷爷的伤痛中超脱出来了。我对死亡有了一些了解。我们每个人从生下来的那一刻开始，便步入了走向死的过程，因此，我们要时刻做好死的准备。有时，死亡不也是一种解脱吗？如果这样，我是不是应该为爷爷感到高兴呢？我是不是应该坦然面对爷爷的死呢？

或许这个暑假回去，我应该去爷爷的坟前告诉他："爷爷，我已经考上大学了。我回来看您了，您安息吧。生死学为我松开了绑住我心灵的枷锁。我知道我所学的还很肤浅，我的体会还很幼稚，但我会继续学习死亡，只是为了生活得更好。"

下面这一篇是2007学年第二学期2005级历史系的一位同学写的作业：

今天恰是清明节，我站在阳台上，看着蒙蒙细雨在灰色的天空中翻飞，盈满心底的是淡淡的感伤。敬爱的奶奶啊，您在那个世界可过得好吗？……

我家虽然不富裕，但家人的乐观与和睦相处使得我能无忧无虑地长大。我一直以为家人永远都会这么温情地在一起，即使懂得了人的一生难免会遇到生老病死的问题，我也不愿意去想如果有一天有亲人离去该怎么办，即使爷爷、奶奶已80多岁了，我只要看到他们的笑脸，看到他们温和的目光，就会想他们还有很长的路，至少会等到我长大成人，等到我成家，我要和他们一起分享生活的幸福……然而，有些事是不容人去想象的，2006年年初奶奶在烦闷了两个星期之后突然就闭上了眼睛，永远的。听家人说这两个星期奶奶也是跟往常一样会闹点情绪，抱怨一些琐碎的事，可没想到她就这么对人世念叨几句就走了。当时我在学校里，是在后事处理完之后才知道奶奶去世的事，家人一来怕我伤心、二来怕影响我的学习，加上路途遥远就没有叫我回家奔丧。听到这个消息的时候我不知是怎样放下话筒的，我只是冲进洗手间，哭了两个小时。我心里特难受，脑海里闪过的都是奶奶的影子，我真不能想象，她就这样离开我们了。后来，曾一直守候在奶奶床前的弟弟告诉，奶奶最后一刻是微笑着的，闭上眼睛后表情也很安详，像做着美梦，这样我才觉得安慰些。

以前，看电视新闻或是听说别人的死亡，我只是感叹他们的生命的结束，并没有深入去思考与自己密切相关的生死问题，最多只是思考过人生的追求。现在，亲人的离世让我不由自主地想到跟死亡相关的很多问题。然而，也总是对很多问题百思不得其解，一直在心里造成许多困惑，因而慕名选修了生死学这门课，其实是想找寻一个能让我在生死问题上坚持的"平衡点"，好让自己抚平内心太多的烦躁。

生死学给学生松开了心灵深处的枷锁，帮助学生建立起对待生死问题的平衡点。这表明，给学生传输适切的生死知识，帮助学生们应对生命中的生死难题，这本是重要且迫切的。然而，在我们的学校知识体系中，如此基础性的知识被边缘化为可有可无，甚至由于传统原因而被排斥于教育之外。

三、大地震与生死智慧

2008年"五·一二"汶川大地震，以前所未有的对生命的毁灭重重地撞击着现代人的内心世界。现代发达的传媒几乎在同一时间就能让千里万里之外的人们通过画面感受到地震毁灭生命的惨烈。我们经历了一次心灵世界的大地震。

地震造成巨大震撼的莫过于对生命的无常和"活着，真好"的感怀。地震以前所未有的方式将生命的无常赤裸裸地暴露给我们，"和死亡就隔了那么一扇门，推开了死亡之门，就再也回不到生了，生命是如此脆弱和无常"。而当我们看到骨肉分离，生命之花凋谢的惨状，一种死的悲哀，让人唇亡齿寒，更是让我们体验到生命的可贵，"活着就好"。

我们也感受到生命力量的强大。生命需要坚持，地震中产生了许多生命奇迹，那些创造奇迹的人们以及他们坚强的求生意志，令我们由衷钦佩与敬畏。任何困难都不能使我们失去希望，"不放弃，不抛弃！"我们欣喜地感受到震中有大爱。看到躺在废墟中血肉模糊的人们，看着那惊惧失魄的孩子，千千万万担惊受怕的群众，善良的人们以一种感同身受的心情，守望相助的担当精神，表达着悲悯，传递着温暖，释放着坚强和信心，人间真情在传递着。人类因为有死而爱，又因有爱而不死。

一位哲人说过：他们的灾难，是为你而发生。美国诗人约翰·唐恩也说："每一个人都是这广袤大陆的一部分，任何人的死亡都是我的损失。因为我是包孕在人类之中的，不要问丧钟为谁而鸣，它为每一个人敲响。"一次大灾难无疑是一次对国人生命意识的深刻教育。我们所需要的是向灾难学习，在灾难中学习，增强抵御灾难的能力。更为重要的还在于，我们要将灾难体验转化为一种个体的生死智慧，以引导我们日常生活中的当下生存。

在灾难远离我们的日常生活状态，生命的价值与意义被生活中的许许多多实际问题所尘封，生存之不易、人际之复杂等等，令我们怀疑生命的意义与价值。更有甚者还会产生这样的念头："活着真没意思"，"活着真累！"在这里，生还是死还真成了问题。在客观上，我们看到了种种无视生命价值、践踏生命尊严的现象：无良商家为谋利而害人的可耻行为、矿主无视矿工生命甚至毁尸灭迹的罪恶行径、传媒不断报道的自杀与杀人事件、还有人际冷漠见死不救等。我们要问：大地震中人们为了一个生命不惜一切地抢救，那种对生命的敬畏与坚持如今为何不见了？难道我们就不能从大地震中学习吸收点什么吗？试想，一个经历劫难的民族，如果他的国民很容易患上健忘症，"好了伤疤，忘了痛"，那么，这个民族的前途与命运难道不令人担忧吗？

客观上讲，灾难是一种极限处境，灾难体验并不等同于生死智慧。因为，第一，我们在灾难中，无论体验多深刻，往往都是别人的死冲击自我的灵魂。如海德格尔所说的，个体永远是在旁观他人的死亡，即便是"感同身受"，也改变不了旁观者的身份。第二，大地震中，群体成为主体，是一个民族在行动，一个国家在行动。而日常生存则是一种个体存在状态，现实生活构成个体的存在，在这里，喜怒哀乐，顺逆祸福都是由个体承担的。第三，我们的文化传统向来回避死亡。经历灾难之后，选择遗忘自然是一种文化倾向。

因此，灾难体验向生死智慧转化，首先是要将群体意识转化为个体生死智慧。大地震中灾难体验是一种群体意识，这种转化必须经过自我才能实现，这叫做"向死而生"，即是要将对外在他人的灾难体验转化为一种对个体生死的理性自觉；其次是要建立一种沟通生死的知识体系，普及生死教育，改变回避生死的文化传统，使国人能够正视死亡，将生命完整理解为生死一体。只有这样，"多难兴邦"才能具备深厚的精神支撑与体现。

四、结论或是课题：在我们的知识中给死亡留一席之地

生与死既是生命的两极，也是人生之经纬。放眼纷繁复杂的世间万象，无不于生死之际露出真伪是非；在看似变幻无据的进退趋避中，莫不以生死之际的取舍为考量；贯于古今东西的学问功夫，更在生死之际彰显高蹈玄妙。生死之际有真学问，大智慧。

叩问生死两端，既知生，又知死，方能完整地透视人生、觉解生命。我们应该在我们的知识体系中给死亡留有一席之地，使知生与知死内在统一与联结。这是人类智慧发展的必然要求，也是生死学赖以建立的内在依据。

第一章 生死之际

不可否认，无论在传统文化里还是学校教育中，生死问题是被回避的。人们只谈生不谈死，这造成了在我们的知识结构中生死知识的严重缺位，使得人们对生命的思考缺乏深度。人类的思想始于对生死的思考，生死学既是人类生死之思发展的必然结果，也是人类进入现代社会寻求自身完善的内在选择。立足中国文化传统，吸收外来文化资源，建构中国特色的生死学是生死学赖以发展的根本途径。

第一节 谈生论死的意义

一、未知生，焉知死

（一）一个永恒而常新的话题

生与死，是一个永恒而又常新的话题。一切生命皆有生死，从草木荣枯，到人类寿夭，无一不生死相随。正是生生死死才构成大自然的无限生机，所以，生死话题是一个永恒的话题；同时，每一个体都必须面对生与死，生死与生命是直接同一的，不同的生命个体便有不同的生与死，谁也无法替代。这一问题不同于对外物的思考，它具有个体的亲历性，它永远没有答案，因而，是一个常新的话题。

生与死，又是人生所遇到的最基本的问题。生命是每个人都有的，这是最平常不过的事情。然而，生命又无不与死亡相连，这就使得它很不寻常，每个人的现实人生无不建立在这一有死的生命基础之上。每一个人都不可避免地见证、旁观和经历生与死，而且，生死事件又往往在极深刻的层面上改变、甚至左右我们对人生、生活、生命的看法与生存方式及其取舍。人们对人生、社会、宇宙的思考也就是建立在对这一有死的生命的思考基础上的。池田大作先生说得好:"这种足以从根本上动摇人生观的冲击,恐怕正是任何人都不能不正视的'生死'这一严肃的事实吧。"①

(二) 传统文化对死亡的回避

长期以来,人们只是去思考生的问题:人如何去获取生存资料、怎样才能幸福、如何延长人的寿命等。对死的问题则思之甚少或根本就不去想,死的问题在许多情况下被存而不论或为生的问题所抵消。这种生死问题上最典型的思维就是"未知生,焉知死?"这既是一种思维倾向,也是一种生死态度。

"未知生,焉知死?"语出《论语·先进》:"子路问事鬼神。子曰:未能事人,焉能事鬼?敢问死。曰:未知生,焉知死?"孔子的学生子路向他请教鬼神之事,孔子回答说,人世间的事你都应付自如了吗?如果连人的事情尚且应付不了,何谈鬼神之事?子路又请教死的问题,孔子回答说,生的问题你弄明白了吗?如果生的问题没有弄清楚,你又如何去认识死呢?

孔子说这番话时,当然有其特定的谈话对象和特殊语境,自是无法仅就这句话来分析孔子对生死进行思考的根本立场。不过,孔子的这句话对后世却产生了巨大影响,以至于成为后世人们对待生死问题的根本立场,这只怕是孔子自己也意想不到的。

1. 死的问题被存而不论

"未知生,焉知死"这句话重生轻死的倾向是很明显的。人生是丰富多彩的,需要人操心的事太多,需要人去解决的问题数也数不清。人生自身的事尚且忙不过来,哪有时间和精力顾及死的问题?所以,人生第一要务是"知生",其次才谈得上"知死"。生死虽然都是未知之事,但生毕竟是可知的,而死,却不可知,即使要知死,也必须先知生,人们对死的理解应当以对生的认识为前提。

2. 死的问题为生的问题所取代和抵消

其理由是,死是生的反面,所以,了解生即能够了解死;而且,死虽然是对人生的否定,但死被看作是人生中的一件大事,因为一个人的死是他一生中的最后一件事,比如一出戏的最后一幕。最后一幕虽是最后的,

---

① (日)池田大作:《我的人学》,铭久、潘金生、庞春兰译,306页,北京,北京大学出版社,1990。

但却总是一出戏的一部分,并且可以是其中的最重要的一部分。从此方面来看,我们亦可以说,欲了解死,必得先了解生,能了解生亦能了解死,"知生之道,则知死之道;尽事人之道,则尽事鬼之道"①。

可见,"未知生,焉知死"既可理解为先知生,然后知死;也可理解为只需知生,而无需知死。换句话说,生死难题也只是生的难题,死的问题就这样被取消了。

3. 死的问题被刻意回避

生死问题落实到生活实践层面,"未知生,焉知死"便成为回避死亡问题的一种策略。因为生的问题颇费思量,故而无暇去思考死,又因为死是生之断灭从而被视为不祥,故不愿去思考死。思考死似乎就是想死,找死。这样,以堂而皇之的理由把死的问题拒之门外,这也成为中国文化回避死的传统。所以,死的话题也就被笼罩上一层阴影。

"未知生,焉知死"这种观念未尝没有它的道理。这是一种重生轻死、乐生恶死的讲究现实的人生态度,它要求我们把全部的时间和精力都集中到人生问题上,专注于人生自身的价值与意义问题,无疑有其积极意义。但是,这种生死观有一个致命的弱点,那就是它把生和死看作两回事,而且是毫不相关的两回事,这就使得它对人生的思考缺乏深度和力度。

原因很简单,生命就其完整的意义上包含死亡,人生的意义要求我们对人生作整体的透视与思考,而人生以死为界限,正是死将人生限制成为一个有限的整体。如果我们没有对生的界限和归宿——死进行深入的思考,仅仅关注于现实的生活问题,如何才能为这有限的人生树立一个超越其有限性的合理的目的、目标和理想?死迫使人生成为问题,因为死,人生才产生了意义问题,我们才追问人生的意义何在。

二、谈死,并非人生观灰暗

长期以来,由于死的问题被轻视、回避从而被否定,人们便以为不谈死,埋首于生就是积极的人生观,而谈死便是一种消极的人生观。"未知生,焉知死",几千年来,孔夫子的话对我们的人生观及其教育影响至今至深。回避死,奉行鸵鸟哲学成为人生思维与人生观教育的定式。生死之

---

① (宋)朱熹:《四书章句集注》,65页,上海,上海书库出版社,1987。

思被当作人生观的灰暗面，从而自觉不自觉地加以排斥与否定。

《中国青年报》1999年5月6日刊登了一篇《难忘去年高考阅卷》的文章，作者记述了参加1998年7月北京市语文阅卷的感想。从一个侧面反映了我们人生教育中普遍存在的问题，值得人们深思。1998年的高考语文考卷中有一道很灵活的试题，要求学生用"时间"为主语，造出两个比喻句。有个学生写到："时间好比我们手中的沙子，从我们手中漏去，从此一去不复返；时间就像一列火车，载着我们经过无数的人生小站，最后抵达死亡。"结果被斥为"人生观这么灰暗"，得了个"0"。

为什么谈死就被认为人生观灰暗呢？主要原因在于，一般的人认为，死亡是最无意义的东西；而且，它还进而吞噬掉所有的人生价值，因而，死被视为一种威胁。

美国著名的生死学专家库尔勒·罗丝教授指出：很多人误以为死亡是一种威胁，其实不然，死亡是一种挑战。面对死亡的应战是人类成长的基本前提和动力。英国历史学家汤因比曾认为，人类文明进步的动力就是挑战与应战。死亡对于人的成长具有终极意义，既然生与死是生命的内在要素，那么，个体的成长就是面对一系列死亡的挑战与应战的结果，而且，每个人如何面对这种挑战及以何种方式或能否有尊严地应战，在很大程度上决定了个体间生死品质的高下之分。

库布勒·罗丝认为，死如同生一样，是人类存在、成长的一部分，从正面的积极意义来看，"死亡可以说就是成长的最后阶段，也就是说你是什么以及你所作为的一切，都在死亡中达到了高潮"[①]。弗洛姆则将死亡看成是人的出生，"一个人整个的一生不过是使他自己诞生的过程；事实上，当我们死亡的时候，我们只是在充分地出生"[②]。

1. 既然死亡是人的必然归宿，那么，知死方能明确人的使命

不管人生之中充满了怎样的烦恼与痛苦，若与人难免一死相比，这些烦恼与痛苦真算不了什么，甚至就是幸福与快乐。人生是短暂的，那么，在经历了这短暂的人生之后，我们将归于何处？死是什么？死意味着什么？对许多西方哲人来说，与人生所遇到的所有问题相比，人的归宿才是

---

① （美）库布勒·罗丝：《成长的最后阶段》，孙振青编译，7页，台北，光启出版社，1993。
② 联合国教科文组织：《学会生存》，197页，北京，教育科学出版社，1996。

最大的问题。人不仅仅关注眼前事务，不仅仅满足于有限的生命，他总有一种愿望知道人死后又当如何的强烈冲动。因为人愿意获得永生，不论归宿是永恒的光明还是无尽的黑暗，对它的认识肯定直接影响我们的人生态度，决定并支配着此生此世的活动与作为。

因为死亡，人生苦短。当我们希图超越这有限时，我们关注的事情就由眼前延伸到未来，即生前身后事。正如唐朝诗人陈子昂《登古幽州台歌》所吟唱的那样：

"前不见古人，后不见来者，念天地之悠悠，独怆然而涕下。"

人一旦具备某种生死意识，他就会被引导进入到一种绵延的时间长河中，此时的个体已有一种伟大与神圣感，自我意识在悠悠长河中已不再是短暂的存在，他承载着前后古今，他也由此拥有了某种自我的价值期许，神圣的使命感油然而生，从而支持着他毅然向前，"人生不满百，常怀千岁忧"。这既是一种追古思今、渴望不朽的情怀，更是一种充分开放生命、展示人生价值的神圣使命意识。

有人一生为家国天下，就像爱国诗人陆游至死都不忘国家统一大业："死去原知万事空，但悲不见九州同，王师北定中原日，家祭无忘告乃翁。"这岂不是超越小我的存在？有人愿意为神圣的事业而死，"生命诚可贵，爱情价更高，若为自由故，二者皆可抛"。为崇高的事业赴汤蹈火，这岂不是生得伟大，死得光荣？有人愿意为爱情而死，"问世间情为何物，直教人生死相许"。这样的爱情岂不感天动地，这样的人生岂不是真有意义？

这种使命意识随着我们对死亡的参悟而渐趋明晰具体，并引导我们找出什么我可以为之奋斗至死的事情。然而，既然人死如灯灭，万事皆成空，我们又为什么非要去操心那百年大计、千年大计甚至万年大计的伟大事业？这是因为使命，人为使命活着，既然死是人的宿命，谁也无法逃避，那我们就应该高扬生命的价值，变被动等死为主动赴死，变宿命为使命。确立一件人为之而死的事情就是人的使命，"一个人如果还未发现什么他将为之而死的东西，他不配为人"。正是在这句话的激励之下，马丁·路德·金毕生为争取黑人人权而奋斗直至牺牲。

2. 死与生相伴，知死方能明有无得失之理

生的问题何其多，其中最突出的就是名与利的问题。多少人因于其中越陷越深，徒增多少烦恼与痛苦，甚至于痛不欲生。这就是所谓名利关。

何故？庄子说得好："吾有大患，及吾有身；及吾无身，吾有何患？"身即是占有，患得患失即是痛苦。其生必有身，而身首先是肉体的拥有，有即是身，无即是死，有无得失之间的名利关内在地关涉生死。人活着就是依赖许多外物来支持，人要生存就得去占有，得失之念直接关系到生死之念。而生的依恋是与生俱来的，因此，破除不了生死关便也破除不了名利关。

生死学者郑晓江说得好，生与死的问题实质上就是"有"与"无"的问题。生而为有是显而易见的事实。因为它是实实在在的，可感的，是拥有、感觉、享受和光明；而死首先是生的反面，故而是"无"似乎也是很明显的事实。

所谓"关"即是人类固执地将有与无分开，在生与死之间分开。致使生、有、得与死、无、失之间无法沟通，如同一道关隘在人们的意识中无法超越，于是就有了名利关与生死关。一旦人们透破生死关，意识到生死之间的内在关联与转换，便成为穿越名利关的契机，人们就会发现：得即是失，失或许就是得，不必执著于一得一失，便能在名利得失之间变得坦然与自在。陈继儒在《小窗幽记》中说过："透得名利关，方是小休歇；透得生死关，方是大休歇。"明代思想家王阳明指出，对生与死，"见得破，透得过"，便能知当死不当死，知当生不当生，才能"此心与天地大化行无碍"，才算真正尽性知命的成功。

一位母亲告诉我们，"要带着损失去生活"。"有些时候，我的悲伤吞没了我，但我要学习带着损失去生活。我无法忘掉我们的儿子，直到如今，他的死使我无法理解，不过，我必须活下去。人的逝世，对于我是一项绝对大的损失，当死亡来到时，那真是一个可怕的打击，令我悲痛欲绝。我知道，治疗需要时间，尤其是心灵的创伤，我不能放弃，我正努力使我的生命具有意义。"[1]

如果想开始挣脱死亡对我们的最大宰制，就要采取截然不同的方式，让我们揭开死亡的面纱和神秘，让我们熟悉它，让我们习惯它，让我们与死亡和平共处。我们不知道死亡在哪儿等待我们，因此，让我们处处等待死亡。对待死亡的修行，就是解脱的修行。学会怎样死的人，就学会怎样不

---

[1] （美）库布勒·罗丝：《成长的最后阶段》，孙振青编译，116~117页，台北，光启出版社，1993。

做奴隶。

3. 死亡赋予生命以意义,知死方能学会珍惜懂得爱

死,首先是个人的死,它迫使我们重新审视生命,它是我们生命整体的一部分,它赋予人类存在以意义,它给我们今生的时间规定界限,催迫我们在我们能够使用的那段时间里,做一番创造性的事业。"少壮不努力,老大徒伤悲。"

死亡——如果你能开始把它看作你生命中的一位无形而友好的伴侣——"它温和地提醒你,不要等到明天才去做你想做的事,那么,你就能学习'活'你的生命而不只是通过它"①。每个人都在世上活着,也都必然死去,为什么有人会在临终之际回顾自己的一生懊悔不已,而有人则坦然而去?这是因为有些人活着,它仅仅只是"通过"生命,并未赋予生命以任何意义,活着也只不过是行尸走肉,其人生品质极低;而有人则能抓住生命中的所有时光,使之得以充实,做了该做的事,他不仅活过而且活出了意义与品质。这就告诉我们:"你不需要,也不应当,等到死神来敲门的时候,才开始真真实实地生活。在你去世之前,无论使你生命更有意义的那些事情是什么,现在就去做吧,因为你正在走向坟墓,当你接到最后的通知时,你可能没有时间与精力了。"②

知死令我们更懂得爱。死,固然是个体的事情,但是,死亡的实际发生却是人际间的事情。没有人能够把死亡当作一个纯粹的个人事件,一个人的死,首先当然意味着他的生命(生活)的结束,可是他的死总会直接或间接地影响到许许多多的人与事。历史学家汤因比曾说过:"死亡是一种双人的感受,双人的事件。"如果死亡是一个人的事件,那不懂也罢了。但死亡起码是两个人的事情,如果已经成人,有了婚姻,而不知如何面对死亡,就会眼睁睁地看着配偶哀苦无助,不知如何正确地照顾配偶,这是严重的失职。一个人如果没有婚姻,但总有父母,面临死亡,那要如何温馨地抚慰父母,使他能安心地过世?所有子女均应有责任具备这方面的知识。所以,"死亡"的确是两个人互动的事,更可能是三代都相关的

---

① (美)库布勒·罗丝:《成长的最后阶段》,孙振青编译,7页,台北,光启出版社,1993。

② (美)库布勒·罗丝:《成长的最后阶段》,孙振青编译,10页,台北,光启出版社,1993。

事情。因此，我们完全可以说：人类因为有死而爱，又因为爱而不死。

由此可见，人生的意义本身其实是相对的，不确定的，这完全取决于我们对死亡的态度。换言之，我们对死亡的态度决定着我们对人生的态度。不知死便不知生，谈生论死如存在主义者所说的那样，就是"向死而生"，这恰恰是一种非常积极的人生观。谈死是为了张扬生，无论如何也谈不上人生观灰暗。人生观灰暗者是看不到生的意义从而不是张扬生而是消极地对待生致使失去生的动力，最后走向死，但这并非谈死所致。其症结恰恰在于不能很好地了解生死，不明白生的意义与死的价值。"有'生'必有'死'。把这一任何人都动摇不了的事实作为根本前提，我们的教育才会无限地、广阔地、博大而深邃地开展下去。"① 建立在"生"与"死"基础上的人生观才是真正健全的人生观。

三、生死教育势在必行

死亡的挑战与生相随，如何摆脱对死亡的无知？如何有尊严地应战？这是我们每个人必须解决的问题，学习死亡与生死教育也就成为个中之义。

生死教育，从其侧重点与受众不同来看，可划分为民众生死教育与学校生死教育两部分。

（一）普通民众生死教育

大陆学者郑晓江指出，普通民众的生死教育涉及社会习惯与风气的改变，其客观原因在于：

1. 提升当代人的生死品质的需要

从总体上来看，现代人的生死品质较从前更低了。

一则，现代社会的人大多数以求利求享受为人生核心，拥有的东西比古人多得多，死后的完全丧失必定引起人们更大的恐惧。也就是说，现代人对生越迷恋，求生越"厚"，则越无法割舍，也无法放下，由此引发的死亡焦虑、悲哀、痛苦也就要大得多。

二则，现代医学科学技术飞速发展，可挽救许多患者免于死亡，但仍然有许多绝症如癌症、艾滋病、某些心血管疾病等无法治愈，可又能在诊断出病情后相当长一个时期内延长患者的生命。但就人生品质而言，患者

---

① （日）池田大作：《我的人学》，铭久、潘金生、庞春兰译，306页，北京，北京大学出版社，1990。

在这段步向死亡的途中，自我的死亡意识特别清晰，知自己必死，又不知何时会死，整体生命过程便全部笼罩在死亡的阴影之下，既给患者带来莫大的死亡恐惧，更让患者的亲友产生巨大悲痛。而这一切是缺乏现代医学诊断及技术的传统人所不可能经历的。

三则，大多数现代人拥有的是分析思维方式，严别生死，把"生"视为拥有、光明、生机，把"死"视为丧失、黑暗、无生机等，这使得现代人对"死"产生强烈的排斥、惊恐、茫然的情绪。无法认同更难以达到对"死"的坦然。相反，传统人往往拥有某种有机统一的思维方式，通过某种理智或神秘的途径，可以沟通"生"与"死"，视死为生的另一种形式，或把"死"看作"生"的某种中介，并把"生"的阳间与"死"的阴间看作是能够很好沟通的地方，这些观念相当程度上消除了死亡的恐怖性，降低了人们面对死亡时产生的焦虑与痛苦。

2. 中国步入老龄化社会的客观需要

中国社会已经步入老龄化社会。据估算，21世纪头10年，我国老人人口将达总人口的14%。这是一个包含有重大信息的数字。一般说来，人在30岁以前很少想到死的问题，40岁时偶然想到死，50岁、60岁则经常想到死的问题，到了70岁、80岁基本上每天都想到死的问题。可见，巨大数量的老年人口，无疑就是需要面对和处理死亡问题的人群。据统计，中国目前每年的死亡人数约700万人，他们是直接需要处理死亡问题的人群。非但他们，以每个人有6个直系亲属计算，每年间接需要处理死亡问题的人数4 200万人。又以每个逝者有10个左右的朋友计算，则每年承受丧友之痛的人就有7 000万人之巨。可见，在中国13亿人口中，每年就有约2亿人要直接或间接地处理或面对有关死亡问题。如此巨大的数量足以让任何人惊奇万分。

但是，可悲的是，现代中国人对死亡的了解实在太微不足道了，有关死亡的知识可说是极度贫乏。这主要原因首先是普通民众受中国传统文化的影响，忌谈死，回避死，怕接触死，而正规的学校教育中几乎完全没有关于死亡的内容。其次是现代人谋生已属不易，生活的节奏又十分快，人们无暇亦无兴趣去考虑似乎很遥远的死亡问题。再次，由于现代医疗体系发达，人的死亡地已经很少在家庭而多是在医院，死亡也基本成为医生与护士职业化对待的事情，人们已经无法近距离地了解死亡的全过程及死亡真相。郭秀清等人对264例晚期病人进行的调查显示，对死亡教育有清楚了解的仅6%，半数的人对此知之甚少，44%的人一无所知；其中有37.5%的人认为死亡教育有必要，而抱着无所谓态度者高达45%。根据台湾淡江大学的黄天中博士对中美大学生对待死亡及濒死亡的态度进行调查显示：美国大学生对自己及亲友死亡的恐惧较中国大学生低，其原因在于美国对死亡教育的重视。

可见，一方面，是要处理死亡问题的现代中国人的数量特别巨大；另一方面，有关死亡的社会性教育还没有起步，人们有关死亡的知识十分贫乏。这两者的反差与紧张导致了现代中国人死亡品质极其低下，从而影响到现代中国人的人生品质的提升。

（二）学校生死教育

学校生死教育，以未成年人为受众，已成为中国社会普遍关注的现实问题。在我国，针对青少年的生死教育已然引起全社会的关注。

1. 青少年对死亡的无知与困惑

一再发生的悲剧表明了青少年对死亡的无知。2003年5月下旬，在甘肃武威双城镇发生了一起学生连续服毒自杀事件，6天时间里有5人自杀，其中2名学生死亡。最早报道此事的《兰州晨报》阎姓记者说："死亡"在有的孩子眼中就是心情不好时把农药喝下去不想后果的事。六年级一名学生说：我不知道什么叫"死亡"，我想死了就是睡着了，再也醒不来了。另一名孩子认为"死亡"就是到一个美好的地方去，是一件很幸福的事。他们当中不少人表示大人不能向他们解释什么是死亡，不了解他们。不能不说，这些孩子们对死亡的无知导致了他们不应有的错误选择，从而造成巨大的悲剧。然而，自杀学生所在班的班主任却表示，不知道如何向学生解释这次死亡事件。他只能说喝农药会造成胃病，活得没意义就去死，到绝境的时候就死亡，很可怕。而有的家长竟将此次的自杀事件与双城镇的风水联系起来，认为风水不好。① 这不能不说是我们教育的悲哀，也是我们社会的悲哀。

而有关学生生命意识的问卷调查则显示出青少年对生死问题的困惑。在被调查的200多名省会城市重点学校的中小学生中，想到过死的学生不在少数。"同学间谈论生命的话题吗？"小学五年级学生的回答是他们会

---

① 郑颖、赖晓君：《学生自杀事件频发，死亡教育是个问题》，《人民网》，2003年8月4日。

探讨:"人死时痛吗? 生命里要是没有伤心、难过、痛苦的事,只有快乐的事情那多好。"初中学生则讨论:"活着有啥意思,生命没有意义,不论谁都要死。"高中学生则讨论的是:大家都说活着太累,都说想自杀,但没有一个人这样做。觉得生活没有意思,活着没劲。"一些作家的死都是自杀,他们为什么自杀?"高二学生则讨论:"自杀是一种解脱吗?""活着真没意思,死了算了,生活无味,幸福渺茫。"①

进入大学后,学生所关注的问题则更具体,根据笔者多年来开设《生死学》课所了解的情况,不少同学曾思考:"死亡难道很美吗?为什么那么多名人自杀?""我家爷爷年纪大了,身体一年不如一年,如果真有一天离我们而去,我不知如何面对?""死后怎么样? 他们会过得好吗?""为什么人死的时候那样痛苦?"总之,死亡令人感到困惑和神秘。

2. 青少年死亡态度现状堪忧

死亡是生命的终结。因此,如何看待死亡和如何处置生命的终结最深刻地反映人的生命态度,而正是在死亡态度上,我们这个民族的现状十分令人担忧。2002年8月2日《中国青年报》曾报道遵义5位小学女生集体自杀的事件,令人震惊,引起了强烈的社会反响。原因是:其中一人因"爸爸没买生日礼物",便认为"爸妈对我不好"。到她家玩的4位小伙伴也由此联想到自己挨爸妈打骂的经历,于是,这5个11~13岁的小女孩"群情激愤",一致决定吃安眠药一死了之,所幸被及时发现送医院而获救。这当然是一次偶然事件,然而,偶然之中有必然:据第二届中美精神病学术会议的一份资料显示,自杀已成为我国青少年死亡的第一位原因,而且低龄化严重。统计表明,我国15岁以下未成年人每年意外死亡有40万至50万之多,而其中有一部分属于自杀轻生。

如果说,学生自杀是对自身生命的轻贱,那么,媒体报道的青少年杀人事件则是对他人生命的漠视。他们杀人的理由其实很简单:或者因同学之间嫉妒,或者因争吵受气,甚至是一点小事,他们对生命的漠视态度令人可怕。2004年云南大学学生马加爵连杀4位同窗,记者在临刑前采访他,问他杀人时的感觉怎样,他回答说,"我对自己都不重视,所以对他人的生命也不重视。"记者问他对生命有过敬畏感没有,他很茫然地回答:"没有,没有特别的感受。我对自己生命都不重视,所以对他人生命

---

① 刘慧:《生死教育,学校道德教育中的重要之维》,《教育研究与实验》,2003(2)。

也不重视。"① 这种生命态度在广大青少年中相当普遍,这使得他们一旦面临现实问题与生活事件时,便表现出对生与死极其草率的取舍态度,表现在面对生活中的挫折时极易表现出对生命的否定:失恋后便自杀,考不上大学就自杀,考试不及格也自杀,稍有不如意、不顺心便轻生,为了一星半点小事就会去杀人等,将自杀与杀人作为解决问题的手段,死亡成了问题的最终解决方式。总之,不论轻贱自己生命还是漠视他人生命,都是反人性、反自然、反社会的表现。

针对青少年自杀与杀人事件越来越多的现实,有关专家指出,突遇一点挫折、打击,青少年就选择终结生命作为一种解决方式,这除了青少年心理脆弱之外,还跟社会、学校、家庭对青少年缺乏生死教育有关。《中国教育报》2002 年 2 月 1 日在一篇题为《生命中不能承受之重——关于青少年轻生现象的调查与思考》中呼吁:"我国青少年亟待普及死亡教育","但愿在不久的将来,死亡教育能真的走进课堂"。可见,生死教育势在必行。

(三) 学校生死教育的紧迫性与意义已不容忽视

首先,从个体健康生存与发展角度看,对青少年进行有关生死教育迫在眉睫。当代青少年的自我个性较任何时候都要突出,他们对个体生命的体验也空前突出,学生有一种了解生死知识,掌握生死智慧的强烈需要。他们需要用这种智慧来认识和处理自己人生中的种种难题:他们可能会在遭遇到艰难或挫折时产生过"我不想活了"的念头;他们也需要用这种智慧来认识和处理发生在他们身边的事——家里亲人临终该如何面对?丧失亲人的创伤又如何弥合,以及需要用这种智慧来思考共同面对的现实问题——人类生存危机,各种死亡事件,脑死亡标准及器官移植等。

其次,从族群与社会健康生存与发展角度看,对青少年进行生死教育同样迫在眉睫。有一个无法回避的现实正逼近这一代青少年,这就是 20 世纪 80 年代以后出生的一代大部分是独生子女,他们面临着沉重的家庭伦理道德责任——独立赡养老人并送终。如果组成家庭,则夫妻两口子承担 4 位老人的养老义务。在当代社会,生存竞争如此激烈,活下去已属不易,再加上赡养老人的压力,这一代青少年该怎样面对,这是一个严肃的社会难题。试想,如果没有一个健全正确的生命与死亡观念,如何很好完

---

① 新华网:《刑前对话马加爵》,news.xinhua.net.com,2004 年 6 月 18 日。

成这一神圣的道德义务？不能很好地完成这一义务，我们社会如何能健康发展？更为重要的是他们这一代又将如何影响下一代？任何民族的延续与发展都是通过生命的延续与发展来进行的。因此，从种族发展的高度来看，生死教育实在太重要了。

第二节 生死之际的学问

一、人类生死之思的辩证发展

人类生死之思，经历了一个由原始人的生死互渗，到后来的生死相别，再到现代之生死两参等阶段。

（一）原始人之生死互渗

人类生死之思自古有之，可以说是在原始人那里便有了生死之思。

原因在于，人类一旦有了自我意识，首先遇到的便是生死难题。原始人虽然作为个体的自我意识尚未展开，但作为类的自我意识却已然发生。所不同的是原始人的生死不属于个体而属于集体。因此，他们的生死意识是一种类的生死意识。在原始人的生死意识中，生与死是相通不分的。布留尔的人类学研究表明，原始思维的最基本规律就是"生死互渗律"。"对原始人来说，没有不可逾越的深渊把死人与活人隔开，相反的，活人经常与死人接触。死人能使活人得福或受祸，活人也可以给死人善待或恶报。对原始人来说，与死人来往并不比与'神灵'或其他自己感到其作用的或他认为自己服从的任何神秘力量进行联系更奇怪。""死人在一切方面都像活人，他们不是经常可以被活人看见的，有时候可以听到他们，却看不见，尽管他们与活人一起留在帐篷里，有时候他们又现形了，他们在活人中间找丈夫或妻子，他们吃喝、抽烟，完全和普通人一样。"①

原始人生死观表现为3个方面：

1. 否定死亡的普遍性与不可避免性

在原始人中流行的关于死亡起源的种种神话进一步确证了原始人的上

---

① （法）列维－布留尔：《原始思维》，丁由译，294 页、297 页，北京，商务印书馆，1981。

述看法。许多原始部落都认为,人原本是不死的,死亡之来到世上只是由于手持不死赠品的使者传错了神的旨意所致。因此,原始人不是从死者本身去寻找死亡原因,而是从死者之外,从他人或天使那里寻求死亡的非自然的或超自然的原因。对原始人的思维来说,要想象"自然死亡"实际上是不可能的。

2. 对死亡终极性的否认

在原始人那里,死亡并不被设想成生命的绝对终结。他们对人的不可毁灭性抱有非常确定的信念。许多原始部落执著地相信"死人活着",从来不把"死亡"这个词用在自己部落上面,只是偶然把它用在否定的意义上或用在敌人身上。

3. 对超个体灵魂不死的信仰

每一氏族或部落都有一个集体的同质的不死的灵魂,它就是"守护神"。它通过首领体现出来,却不以首领的寿命为限。因为,这一灵魂超越个体,是首领从前任首领那里继承下来的。他死后,又被传到他的继承者身上。这个灵魂属于氏族或部落全体成员。原始人的这个超个体灵魂体现了集体不死的信念。

原始人的生死互渗是人类生死之思的由来与最早的源头。毕竟,它从一个角度说明了一个非常重要的事实:即生与死并不是绝对对立的两端,生死之际存在极复杂且重要的关系。只是原始人的思维尚未去思考与发现这种联系,生死互渗并未揭示出生死相关的内涵。

原始人的生死互渗有其深刻的社会历史根源:

1. 原始人类生产力水平极其低下,其生产方式几乎处于自然状态

在这种自然状态下,使得人类与周围环境的物质交换处于纯天然与直接状态。动物直接为人类所食用,人类与自然生命在生生死死当中形成一种混沌不分局面。这使得原始人很难区分生与死的本质。

2. 原始社会关系以群体整体为主体

生命以某种集体形式展开,各种生存资料公有,使得生不是建立在实有与拥有的基础上,而是建立在虚有的基础上,这种尚未充分展开的生命极难与死亡真正分化。

(二) 传统社会之生死两分

段德智先生曾指出,人类生死观念的发展,"它是一个与西方社会和

哲学发展大体同步的包含诸多阶段于自身内的发展进程"①。他将西方死亡哲学分为"死亡的诧异"、"死亡的渴望"、"死亡的漠视"和"死亡的直面"四个具有差异性的阶段。这大体揭示了人类进入文明时代之后生死之思的历史进程。在人类进入阶级社会之后,由于私人占有制的产生,生命开始重占有;加上社会关系的分工,个人的生命主体性开始凸现;另一方面,由于人类思维的发展,人类开始对客观世界进行研究,生与死成为人类首先区别对待的两极世界。对人而言,肉体与灵魂、物质与精神、尘世与彼岸、生命与死亡有了严格的区分。

1. 古典时期生死辩证阶段

这一时期基本上与人类的奴隶制时代相对应。这一时期,人类用自然的眼光审视生死,侧重于讨论生与死的本性问题(死亡的终极性与非终极性,灵魂的可死性与不可死性,人生的有限性与无限性等)。总体上讲,这一时期的生死观蕴含着一个相对平衡、相对稳定的"生—死"、"有—无"的张力结构。也就是说,对生与死的辩证关系有一种朴素的理解,既重生,又重死。把死亡问题看作是陶冶道德情操、规范人生轨迹的手段,因而对死与生基本保持了一种较健全、中道和公允的立场。赫拉克利特提出"在我们身上,生与死始终是同一的东西"的命题,他认为:"在我们身上,生与死,醒与梦,少与老,都始终是同一的东西。后者变化了,就成为前者,前者再变化,又成为后者。"② 这与东方老子的"方死方生,方生方死"的"生死齐一"的命题本质上都是对生与死的辩证理解。它是对原始思维的扬弃,因为它毕竟分生死,别有无。它就内在地具有了向另一时期过渡的必然:即生死对立时期。

2. 中世纪的死亡渴望

这一阶段,人类用宗教的眼光去看待生与死。"在中世纪,死人们是活人社会不可分割的一部分,他们像外在骨骼一般支撑着活人们。这是人类史上最后几个活人与他们死去的亲友们在其中相依为命、共同生活的时代之一。"③ 这时候的人们把死看成是人实现永生,回归神的必要途径,

---

① 段德智:《西方死亡哲学》,16页,北京,北京大学出版社,2006。
② 北京大学哲学系外哲史室编译:《古希腊罗马哲学》,27页,北京,商务印书馆,1982。
③ (法)达尼埃尔·亚历山大-比东:《中世纪有关死亡的生活(13~16世纪)》,陈劼译,235页,济南,山东画报出版社,2005。

因而，把对死后天国生活的渴望转嫁到对死亡的渴望上。死亡的意义凸现，生的意义被忽略，其生死观的基本特征是"厌恶生存，热恋死亡"，它的基本逻辑程式是"若不能死，便不能生（永生）"，其基本信念是"在亚当里众人都死了，照样，在基督里众人都要复活"。

3. 近代突出生之意义的死亡漠视时期

"自启蒙运动兴起的那个世纪以来，我们一直在拒绝死亡，这种现象有增无减。"[①] 在这一阶段，人以人的眼光去看待生死，视"热爱生存，厌恶死亡"为人的天性，断言"自由人的智慧不是默思死而是默思生"。但是，人们却往往用反辩证法的形而上学的思维看待生死关系，许多哲学家把死亡看作与人生毫无关系的自然事件，因而对死亡采取漠视态度。

后面两个阶段对于"生死"与"有无"持一种相对偏颇的立场，它们各执一端，崇其所善，都是从左或右对古典时期"生与死"的张力结构的破坏，生与死被进一步对置。

随人类生存的历史发展，生命展现的形式由虚有转为实有，由整体向个体转换，生死之思也就进入生死相别的阶段。在这一阶段，人类意识的明显特征是生命的私欲化逐渐突出，生与死、灵魂与肉体、宗教与尘世及物质与精神有了明确界限并区别对待，原始人所否定的死亡的终极性明晰了。

其深刻的社会历史原因在于：第一，生产力水平大幅度提高。人对自然的关系不再是一种直接关系，自然与人在生死问题上不具备了直接的同一性，人们目睹了生命世界的生死存亡及竞争法则，生即是生，死即是死。第二，社会关系逐渐显现两种倾向：一是联系日益紧密，体系日益发达，人类生活被分割成众多的社会生活层面；二是日益走向对抗，由于私有制的出现，占有成了生存的基本形式，生命被建立在实有的基础上，生死直接与有无得失相关，个体生命得以展开。

（三）现代社会生死两参

人类生死之思的第三个重要历史时期是现代社会生死两参。这一时期，死亡不再作为生的对立面而被当成人生的基本问题提了出来。死被看成是生的"最本己的可能性"，人是"向死而生"的存在。死也是人的一

[①]（法）达尼埃尔·亚历山大-比东：《中世纪有关死亡的生活（13～16世纪）》，陈劼译，235页，济南，山东画报出版社，2005。

种最始源的本能。在这一阶段，是对死亡的直面，要求面对死亡去积极思考人生和筹划人生。人类不再机械地判剖生死，而是基于生与死的内在关联去思考生死，生死并重，既厚生又重死，生死两参。"在固执己见的人心目中，生只是生，死就是死，而且只是死。但是，生之在同时是死，每一出生的东西，也已入于死，趋于死亡，而死同时是生。"①

科学技术的发展以及全球化的加速，使得人类生存条件有了极大改善。但是，生命的品质却受到死亡的影响。人类在解决了生的问题之后必然将关注点由生时转移到生后，从根本上摆脱死亡的阴影，让自己更好地生活。另外，科学已能够对生命的死亡现象进行探讨，为人类了解死后世界提供了可能。总体上，追求生的品质与追求死的品质在当代人这里取得了一致。

其深刻的社会历史原因在于：一是人类进入20世纪后，科学技术的飞速发展所造成的结果已威胁到人类生存，天人合一、人与自然和谐的观念开始为人类所关注，人对自然的那种征服关系引起了人类的反思，这使得人类去关注生生死死的大自然的内在一致性。二是生命科学的发展业已开始突破传统的生死界限，比如器官移植、基因密码、克隆技术等，既从技术上使得人类开始生死一体地去对待，也使得人类从思想上重新思考生与死之间的联系。三是由于现代化的高度发展，人类社会关系在日益分化的同时日益走向紧密，人类生死与共的一体化趋势日益明显，生死问题开始突破个体有限视域投向整体，再次回复到某种生死一体的生死观念。这是对原始思维的回归，一种否定之否定的上升式回归。

可见，生死学正是人类生死观念辩证发展的必然结果。当人类经过对生与死片面的理性思考的发展之后，再一次回归对生死相关的关注，一门以生死相关性为研究对象的学科便应运而生。

二、生死学的界定、对象和目标

（一）生死学的界定

生死学，在美国被称之为死亡学，在美国已推展了40多年。在美国，除"性教育"课程广受学生欢迎外，其次便是死亡教育课程。死亡学，是探讨有关死亡议题的学问，将死亡学引进到国内学术界的，是旅美华裔

---

① （德）海德格尔：《形［而］上学导论》，熊伟译，130页，台北，台湾学生书局，1985。

学者傅伟勋教授。傅先生有鉴于死亡学只探讨死亡有关的议题，缺乏生命的向度。他指出生与死是不可分割的一体两面，有生必有死，探讨死亡议题，总离不开生命的阐述；而探讨生命的奥秘，也离不开死亡的归宿议题。"因为生与死构成不可分离的一体两面。生命的意义必须假定死亡的意义，才会彰显出它的终极深意，反之亦然。"因此，"我们必须结合'生'与'死'，生、死问题的学理探讨一并进行，而让死亡学在现代生死学的研究领域，发挥出它的学理功能与真实意义来"①。为了配合其"心性体认本位的生死智慧"，并顺应我国文化传统与民情习俗，乃改称生死学。所以，生死学是死亡学的扩充，是具有中国文化特色的死亡学。

生死学既可定义，又不可定义。生死学，顾名思义乃是关于生死之学，是关于生死间的本质与必然联系及其发展规律的学问。首先，生死之间显然存在着本质联系；其次，生死之间呈现一种动态的发展态势，有其内在规律。

但是，生死学又不可以定义。所谓生死学不是一般的记忆之学，是用整个生命去学，在生死学中没有标准答案，因为那是你自己的生命与死亡。没有人是生死专家，只因他一定还没有死，若是死了，也就没有人来报告心得与经验。所以，每个人都是生死学专家，生死不是学问，而是对生命的态度与终极关怀的探索。

如同前面所说，因为生死问题是一个永恒的话题，所以，生死学是人类生死智慧的结晶，是一门值得我们去钻研的学问；又因为生死问题是一个常新的问题，所以，生死学又是每一个生命实践者亲身实践得来的智慧，因此，生死学值得我们去学去实践。

（二）生死学的研究对象

生死学不是死亡学，也不是死亡哲学或其他学科。生死学有它独立和特殊的研究对象。生死学建立在它特有的基本矛盾基础之上。毛泽东指出："科学研究的区分，就是根据科学对象所具有的特殊的矛盾性。因此，对于某一现象的领域所特有的某一矛盾的研究，就构成某一门科学的对象。"② 这样，任何一门科学都必须有自己的严格界定，否则，就不成其为一门学科。唯物辩证法认为，事物的存在由其自身特殊矛盾所决定。

---

① （美）傅伟勋：《死亡的尊严与生命的尊严》，100页，北京，北京大学出版社，2006。
② 《毛泽东选集》，第1卷，309页，北京，人民出版社，1991。

事物的特殊矛盾构成对该事物进行研究的学科的基本问题。生死学的基本问题就是生与死的矛盾。

生死学针对人类所面临的生与死的矛盾，首先是分析生与死的具体情形，缓解生死间的紧张，建构生死之间的必要张力；同时揭示生与死既对立又统一的关系以此推动生命个体走向成熟的规律；再次就是总结人类生死智慧，使之作为一种文化精神流传下去。生死学对生与死的矛盾分析，主要就是揭示两个基本规律：生死相关律和生死优化律。

1. 生死相关律

生死相关律有4个层面：

第一，生死对抗。明确何为生，何为死，明确生死之间相互否定，探讨它们彼此消长大有益于现实人生。比如，消除死亡恐惧则有助于全心身的生，同时也告诉人们"知其当死与不当死，当生与不当生"。在生死之间做必要的选择，"舍生取义，杀身成仁"。不可以在生死之间有半点含糊，必须懂得在生死之间进行权衡与取舍。

第二，生死相蕴。生即是死中之生，死即是生中之死。对生死关系的进一步理解，有助于对人生境界的提升。这告诉我们，任何生的问题均可以延伸并系于死的问题。比如，为何人要重占有？追根到底是惧怕死亡。反过来说，许多死的问题也都隐藏着生的问题，如宗教的死后世界，藏传佛教的中阴观实际上就喻示着生的要领，并非一味求死。

第三，生死互观。我们批判"未知生，焉知死"的生死观，但并非一味地否定，毕竟它有由生观死的含义在里头，虽然对死重视不够，甚至有几分轻视。同时，我们也提出"未知死，焉知生"，无非就是表明由死观生，因为谈死不是我们的目的。如果孤立地使用这句话来对待生死问题，只怕亦显得片面不足。因为何以知死呢？显然不也是需要由生观死吗？所以，这两句话均有得失，若合在一起则表达了一个完整的生死之思：生死观照，或生死互观。因此，我们既由生知死，也由死知生。这样就有了向着死亡的生，向着生命的死。

第四，生死转换。死亡可以成为生存的动力或一种新生。生也可以转化为坦然而死的勇气（有质量的生视死如归），这不单是一种思想上的情形，也是一种实际发生的情形。再如，作为一种信仰，死后的再生，生死转化将人生视为一个圆环而非直线，这是非常重要的。它提示我们：要注意自身的内涵与完整，决非追求直线式活着的长短。

我国大陆对生死学有开拓之功的郑晓江教授指出，生死学的核心范畴是"生死互渗"，"所谓人的生包含着死的因素，所谓人的死则意味着新生。""它着重研究死亡这种人的最终结局会对人之生命、生活与人生产生诸种影响，在此基础上探讨如何消除其负面的影响而光大其正面的影响，最终使死亡这种实存转化为促进人们生活幸福，显现生命意义，提升人生境界的机制。生死哲学所讲的'死'，不是指病理学上的死，而是指死的观念与意识，它的社会学、人类学、哲学、宗教等意义所在。所以，它关心的不是死亡本身，而是死亡对临终者及生者的影响。因此，生死哲学就是要发展为一种生死智慧，既对临终者提供精神性抚慰，亦对遗族们给予消除悲哀的观念性指导。"[①]

2. 生死优化律

自人类产生以来，其生存方式的选择是以对生死价值的选择为核心进行的。不同民族、不同社会以及不同历史时期的人们对生死的评价与选择都具有不同倾向、不同的方式甚至不同的思维方式。但均有着共同的对生死价值最大化的追求，无论方式多么相异都贯穿着相同的价值取向——使生死价值得以优化。

人类的生死价值包括 4 个层面：

第一层面：生死两难的负价值。生死两难即是求生不能与求死不得的生死处境。这是人类最无法承受的生命困境和悲惨遭遇，它使得生命的尊严丧失殆尽。但它又曾经是，现在依旧是人类社会发展中的不人道的现实。战争、饥荒、贫穷以及专制统治并未离我们远去；还有，当人患不治之症并承受难以忍受的痛苦，失去了生命自我主体性之时，这些都像梦魇纠缠着人类的生存，践踏着人类生命的尊严。

第二层面：生死两顺的自然价值。这是一种普通人的生死价值取向，既重生顺死又舍生忘死。从本质上看，生与死之间存在价值相依存关系，生是自然，死也是自然，那我们就要顺应它，这叫做生死两顺或"存顺没宁"。这是一种平静而自然的境界，生不拒死，死不违生。生与死之间没有冲突而只有内在和谐。这大概是许多人追求的一种境界。

第三层面：生死义取的选择价值。生命不完全是一种自然流程，总会

---

① 郑晓江：《寻求人生的真谛——生死问题的探索》，227~228 页，南昌，百花洲文艺出版社，2002。

遭遇到各种情境。在自然流程中，生死可以是和谐的，而当处于特殊情境中时，生与死则会发生冲突。此时，人们生死优化就会表现出选择的倾向：是贪生怕死还是舍生取义？是重死轻生还是忍辱而生？人类生命的神圣与崇高就表现于这样的生死关头。人类对选择的认同最终表达了人类的价值优化取向：贪生怕死是为无耻，而"舍生取义"、"杀身成仁"则是高尚；重死轻生是为不智，而忍辱而生是为大智大勇。选择价值的存在表明了生命之当生与当死的依据。当生则生，当死则死，这无疑是生命价值的优化，"有的人死了，却还活着；有的人活着，却已死了。"这不正是推动人类文明前进的伟大动力吗？！

第四层面：生死俱善的完美价值。优生优死和善始善终自古及今就是人类对生命自身价值最完美的追求。从本质上论，生与死都达到一个极高品质，从根本上消除了生死之间的任何冲突，达到一种真正的和谐。追求生的品质，既优雅尊严地生又优雅尊严地死，应该说这是人类生命的终极价值追求，也是人类社会发展的内在动力。我们追求平等、自由、富裕的生活，也就包括每人都度过美好的一生，达到生命价值的真正实现。

生死俱善就其本质内容而言，指生命内在结构的统一与完善，是生命之自然、社会和心灵三重结构内在的和谐完美。它表明肉体生命的自然与尊严、社会生命的爱与关怀、精神生命的觉醒与宁静，无论生还是死都必须达到三者的和谐统一，这是人类所追求的最高的终极价值状态。这既是生死两善的重要内容，也是生死优化的根本条件，这是对生死两顺的自然价值的否定性超越。

生死优化之根本在于生命的尊严与死亡的尊严，这是生死学所关注的首要课题。旅美华人学者，生死学开拓者傅伟勋教授在《死亡的尊严与生命的尊严》一书中对此作了准确的界定。他说："生死学的首要课题是，关于生命的意义与死亡的意义。"[①]

（三）生死学的目标

1. 解除生死问题的神秘性

让人们以科学的眼光去透析生死，真正了解生命与死亡的本质与意义，了解与生死相关的哲学、文学、历史、文化、宗教等知识。坦然面对生死，克服死亡恐惧。严格说来，死亡本身及死后的世界皆非人之感觉、

---

① （美）傅伟勋：《死亡的尊严与生命的尊严》，100页，北京，北京大学出版社，2006。

知觉和理性所能体验和把握的，故而给人类的玄思冥想、梦境幻觉提供了无穷广阔的空间。因此，在人们思想中存在着死亡的神秘化倾向。这就使得死嵌入了极恐怖的色彩，使生者对死产生害怕、焦虑与痛苦的感受。一般而言，生者所能体验到的只是尸体的僵冷、尸体变化现象、死者容貌之吓人等。这些给人们会带来死亡的恐惧与痛苦，需要我们用科学的眼光去明晰，做到有知。

2. 赋予生死问题以神圣性

通过对生命必死的了解，揭示生与死的必然联系，使人们懂得生命的宝贵，敬畏生命，关爱生命，珍惜生命并真正意识到人应该尊严地活着，并尊严地死去。

3. 提供必要的实践指导

针对实际问题，传递适当的知识与资讯，使人们掌握临终照顾、丧痛恢复等必需的知识技能，并能以此服务于社会，优化自我人生。

4. 培养关心人类命运的生命情怀

生死问题随科学技术的发展及人类生存环境的恶化而日益突出，对脑死亡、安乐死、器官移植、自杀现象、临终关怀等予以关注，引导人们由小我到大我，由理论到实践，为自身素质发展奠定基础。

三、生死学的学科特点与学习方法

（一）生死学学科特点

1. 生死学具有"精神—实践"性

如前所述，生死问题既具有永恒性，又具有常变常新性。人类面对死亡的宿命不断思考，产生了哲学，成为人类精神的精华。这是人类对死亡的精神把握。但是，生死问题又是每个人生命过程中的问题，具有个体自我性，是鲜活的和实践的。人不可以不观照自己的生与死，但面对生死问题又不可以不把"精神的把握"落实到生命活动中，并为之提供指南。因此，任何生死观都具有实践把握现实世界的特征。这是生死问题的一体两面。因此，精神离不开实践的积累和升华。因为，现有人类生死智慧的精神形态是无数代人的生命活动的产物。唯有在生命活动中，生死才成其为问题，而实践不可能是无主体的实践，其主体性在于精神的存在和意识的指引。正如傅伟勋教授指出的："现代生死学与现代人的生活智慧也是一体两面，不可分离。"① 所以，这就构成了"精神—实践"把握世界的方式。这是人的生命的本质。

在某种意义上说，生死学的学习者就是生死学的实际建构者。

2. 学科联系的广泛性

生死学与其他学科具有广泛联系。生死学与神学、哲学、伦理学相联系，并借鉴相关论点来讨论生与死的神圣性、生命的价值和死亡的价值以及死后世界等。生死学与医学、心理学相联系，来探讨死亡的实际发生，临终心理与关怀、创伤恢复、濒死体验等问题，从中归纳出对人生的指导意义。生死学与生物学、生理学等相联系，来探讨生与死的奥秘。生死学与社会学、人类学、文学等相联系，来探讨自杀、安乐死等问题，提供我们以适切的态度和正确观念。

生死学与诸多学科相联系，以生死相关为切入点，来吸收相关知识与信息，以建构自己的理论体系。

3. 内容的兼容性

作为人文学科，众所周知，都是从某一角度来立论。这样，各种见解互不相让，旨在求证是与非、正确与错误。非这样不能建立起自己的理论体系。然而，由于生死学所面对的是生死问题，固然也是一种面对对象的思考。但是，建立一种理论并非目的，真正的目的是提供解决生死问题的智慧。而且，生死问题的个体亲历性表明，任何一种生死的思考均有其实际的意义。肯定这一点，作为研究生死规律的生死学显然必须博采众长，尽可能完整、全面地提供一幅人类面对生死问题的全景图，其作为"一门"学科，所作的也只不过是对各种思想、观念、态度等作必要的阐释，并上升到某种高度，使之具有普遍指导意义。要谨记，对死亡的研究"拒绝任何权威性结论"，要"让每个人都可以根据自己的认识和从他对死亡和终局的个人关系出发对假设进行思考而得出结论"②。但这绝不是固执己见，对自己之外的东西作是非之辨，否则理论便失之于偏（这在实践上则有可能误导终致有害于人生）。理论的这种姿态本是生死互渗的题中之意。

---

① （美）傅伟勋：《死亡的尊严与生命的尊严》，126页，北京，北京大学出版社，2006。
② （法）米歇尔·沃维尔：《死亡文化史》，高凌瀚、蔡锦涛译，新版序1页，北京，中国人民大学出版社，2004。

(二) 理论与事务相结合的根本原则

如前所述,生死问题的独有特征在于它是永恒而又常新的。生死学既是前人生死智慧的结晶,是理论形态的东西;但同时,它又是实践中的主题。如果停留于对某种理论有所掌握的话,那就失去了意义。这往往是当代人对学习所抱的态度。比如,一个人拼命学英语,结果他不是去运用英语,甚至一辈子都不用;一个人学习物理学或其他什么,结果他不去从事这一专业,甚至是从事与此毫不相关的专业。这当然没有任何害处。但是,他浪费掉了的时间本来可以用来学习于自己真正有用的知识,这不能不说是对人生资源的极大浪费。然而,我们允许这种现象存在。不过,生死学却是与自己生命息息相关的。生死问题的解答是任何其他东西或学科无法取代的。生死学要学好,除了在理论上对各种生死观精通外,必须与实际事务相结合。这样才切合生死问题的常变常新的特征,如罗素所言:"教育的目的,不应被动地注意死亡的事实,而应注意一种活动,以我们努力所要创造生命的世界为方向。"①

生死学的各种观念、理论必须融进到生活当中,能对生活问题真正起到指导作用,能扫除生死迷障,澄清人生难题,变为人生的一种智慧。这才是真正学好生死学。另一方面,又善于将生死的实际感悟上升为一种理性自觉,进而对照各种生死思想,从中碰撞出思想的火花,建构自己的生死学。

(三) 两个基本方法

1. 互动学习法

生死学的学科特征是内容上的包容性、学科际的广泛性。生死学的特征揭示给我们的生死学固然可视为一门独立学科,但其开放性是它的生命。因此,对生死学的学习绝非闭门苦读所能获得。学习者必须在一种广泛联系中去真正地与各种不同的生死问题及生死之思进行互动才能获得关于生死问题的完整、准确的知识。

这种互动首先是亲人间的互动。家庭是生死教育的第一的、首要的场所。与我们联系最近的是亲人:父母、夫妻、子女。使我们近距离地凝视到死亡的也是亲人。"死亡是双人的感受,双人的事件。"因此,面对共同的生死担带的家庭成员,有着许多相通相连的生死联结,而且更为需要

---

① (英)罗素:《社会改造原理》,余家菊译,97页,上海,上海人民出版社,1987。

深入细致的生死交流。所以,生死学首先是在家庭中学,在与父母,与孩子,与伴侣的交流中,开导我们的亲人,处理与他们的关系,与他们共同面对生离死别,从而,让自己得以在爱中升华。

其次就是朋友间的互动。交往是人的基本的社会生活需要。友谊是人类的基本情感与归宿需要。朋友之间可以生死与共,"重然诺,轻生死",朋友之间存在许多人生问题的相通性,"友者,所以相有也",在生死观上具有高度一致性。因此,生死学的学习,朋友之间是很好的学校。更为重要的是,长期交往的朋友,往往年龄相仿,生死体验有一致之处,在很多情况下见证朋友的生死资讯,对个人的影响是非常深刻的。其实,朋友间无话不谈,生死问题在传统中国文化中回避甚至在家庭、学校也回避,但在相对较小的交往圈子中却是不回避的。

近邻之际的互动。乡土中国,往往守望相助。"我爱邻居邻爱我,鱼傍水活水傍鱼","远亲不如近邻"。当今社会,在都市化过程中,我们正在回归传统,建构社区理念。邻里再一次在文化心理上得到重视。由于空间的邻近,邻里人群能以某种独特的方式感受到人类所共同面对的"生死问题"。毛泽东就说过:"村上的人死了,开个追悼会。用这样的方法,寄托我们的哀思,使整个人民团结起来。"[①] 这就告诫我们,邻里社区之间由于其独有的特征使之成为对人很好的生死教育。

2. 体验式学习方法

生死学重体验,任何外在的知识不经过体验均无法提升为一种人生智慧。

首先是生活体验,亦即从我与自己的死的角度来学习。柏拉图说过哲学就是"死亡的练习"。雅斯贝尔斯说:"从事哲学即是学习死亡。"人始终是生死问题的担当者。在我们学习生死学的时候,就在展开着死亡的运动,就在预习着死亡。因此,不能将学习者与生死实践者剥离。生死学始终是"我的"生死学,应立足于生存体验这一前提,并从其出发来理解生死,又将生死观念用以观照我生活中的生死。

第二是观察体验法。每个人的一生就是旁观、见证死亡的一生。尤其在现代社会,由于科学技术与通讯传媒的发展,我们可以通过鲜活的画面旁观到他人之死:发生在数千千米之遥的灾难死亡场面,我们可以通过电

---

① 《毛泽东选集》,第 3 卷,1005 页,北京:人民出版社,1991。

视直播看到。这就产生了我与他人之死的关系。各种死亡的现实逼近我们，我不能置身于事外。我就得正面走近，去审视、去观察、去凝视。让我们置身其间，去经历一次死。

第三是艺术体验法。生死问题是人类永恒的主题，也是文学艺术加以反映的主题。文学艺术以形象生动的形式反映深刻的人类生死难题，具有独特的震撼力。它是一种生死情感的宣泄，更是一种人类苦难意识与生命情怀的升华。

第三节　建构中国特色的生死学

一、生死学在国外及我国台湾地区的发展

（一）生死学在欧美地区的发展

西方社会对死亡问题的关注，不仅在时间上源远流长，而且在内容上异常丰富。之所以如此，这是由西方文化的特质所决定的。早在古希腊文化中，丰富的生死哲学思想为今天的西方社会的生死学研究奠定了根基。特别是苏格拉底面对法律与道德的巨大冲突，表现出的"男子汉应在平静中死去"的视死如归的气概，在西方思想史上产生了广泛影响。其弟子柏拉图在《理想国》、《斐多篇》等对话中提出的"理念世界"与"现象世界"相区别的思想更是确定了后世西方文化的基本走向。柏拉图认为，人的灵魂是永恒的，在其堕入肉体之前，存在于理念世界，它独立于肉体，支配肉体，给肉体以思想、精神、智慧。死亡是灵魂离开肉体的监狱而获得释放。正是在这种意义上看，有人将柏拉图的哲学视为劝死的哲学。柏拉图本人就说过："哲学是死亡的练习。"

宗教的产生则从另一方面建构起西方生死观。《圣经旧约》对死亡的阐释，集中地反映了犹太民族的死亡观，即死亡并非人的本性所有，只是由于人类的偶然过失（偷吃伊甸园智慧之果），原罪才落到人的头上。赏赐的是耶和华，收取的也是耶和华，对耶和华上帝的绝对信仰与敬畏是超越死亡的唯一途径。与犹太教不同，基督教则提出了另一类型的死亡观，这集中体现在《圣经新约》中，认为人类对死亡的胜利不是人类自己争得的，而是借耶稣基督的死而获得的。在亚当里，众人是由生而死，在基督里，耶稣是死而复生。这对西方生死观产生了深远影响。

"二战"之后，西方科技迅速发展，在医学领域里出现了肾分解、器官移植、安全人工流产、人工呼吸机、心脏活动的检查与监控设备等。所有这些先进的医学科技的出现，极大地增强了人类延长生命的能力，现时也延续了人类死亡的过程。加之人权运动、女权运动、个人主义思潮等相继出现，西方社会的基本结构（家庭，学校，宗教机构）发生了重大变革，这种科技、文化、社会的发展为人们提供了一种全新的生活方式。传统的生活方式及其在此基础上所建立的生死观受到了空前的挑战，由此与死亡相关的各种问题也应运而生，比如，死亡的标准问题、死亡的权力问题、自杀问题以及安乐死问题，还有死刑的废置等。除此之外，在与死亡问题相关的堕胎、动物权利、战争、世界性饥饿等众多问题上，也存在着诸多争论。所有这些，都促进了西方死亡问题的研究，死亡学作为一门学科得以兴起和发展。

西方对死亡问题的研究经历了一个从死亡学到生死学的发展过程，而且在理论探讨、生死教育与临床事务3个方面展开与发展。

1. 理论研究的系统性

形成了生死课题的各个方面的健全体系。"死亡学"一词首先是由生于俄国的科学家艾列梅奇尼可夫在1903年提出的。他在《人类的本质》一书中指出：以科学的精神及方法研究"死亡学"及"老人学"，可减少人类承受痛苦的过程，并可改善人类生活的品质。至1912年，美国医学教授罗威柏克（Roswell Park）在医学协会的期刊中撰文，认为死亡学的概念在20世纪初即已产生。而有关死亡学的系统而深入的研究却只是在近几年才有较大的展开：一方面，大量报纸、杂志、电视节目、电子网站开辟专栏对上述问题展开广泛讨论；另一方面，相关学术研究机构相继设立。由此，西方社会的死亡问题研究达到了空前的高度，其重要标志是一些具有广泛影响的死亡心理学、死亡社会学、死亡教育学、死亡法学、死亡医学等研究专著大量出版。

具有代表性的著作有波伊曼的《生与死：现代道德困境的挑战》、舍温·纽兰的《死亡的脸》及《我们怎样死》、雷文的《生死之歌》、詹姆斯·范普拉格的《与天堂对话》、恩斯特·贝克尔的《拒斥死亡》、库柏勒·罗斯的《论死亡与濒死》、托尼尔的《生命的四季》，克瑞莫的《神圣的死亡艺术》、斯里克的《死与生》、诺尔曼·布朗的《生与死的对抗》、涂尔干的《自杀论》等。

2. 伴随死亡学研究的兴起，死亡教育也开始起步，并逐步走向普及

20世纪50年代，西方一批有识之士通过撰文和著书的方式推行了一次"死亡觉醒运动"，其中最突出的主题就是"死亡焦虑"。著名诗人埃里欧特于1955年提出死亡教育与性教育同等重要。第一个正式的死亡教育课程出现在美国。60年代，死亡教育在美国大学中开始有系统并有计划地推广，至70年代大兴而普及，1974年全美大学学院设有"死亡与死亡过程"等课的已达165所；中学开设了有关死亡教育课程的已达1 100所以上。1975年的一项调查表明，全美至少有41家医学院开设有关死亡教育的正式课程。1977年，美国又创刊《死亡教育》杂志，列温顿在首期刊文指出，死亡教育即是"向社会大众传达适切的死亡相关知识，并因由造成人们在态度和行为上有所转变的一种持续的过程"。

台湾学者纽则诚博士指出："死亡教育兴起于美国并非偶然，此与美国文化中的价值取向息息相关。美国人崇尚年轻、成就、健康、个人主义、自我控制等价值，这些观点都无法帮助人们有效地处理好死亡问题。尤其当代医疗科技，在本世纪中叶随着生命科学的突破性发展之后而呈现风起云涌之势，却仍然对许多疾病束手无策，更为一向相信人定胜天的美国人增添不少死亡焦虑，死亡教育在此应运而生。"[①]

随着现代人共同面临着的生死问题日益突出，死亡教育在欧洲及日本也受到极大关注并得以实施和普及。

3. 生死问题事务性突出

国外生死学的发展不是理论空谈，而是深深扎根于生死问题的实际与实践。具体表现在，一方面，大量的生死学知识被运用到临床事务上。主要是近年来世界各国发展十分迅速的临终关怀（又称安宁照顾）的医疗护理方法，便是生死学的研究与医学科学相结合而在人类实际生活中的应用。安宁照顾是由一组专业人员用爱心陪伴癌症末期病人走完人生，且求生死两无憾。它包含了身、心、灵的整体照顾。在身体方面的照顾是指医疗上完整地处理各种末期的症状，更以此为基础，关怀病人的社会、心理及心灵层面的问题。这组专业人员至少包括医师、护理人员、社工师及宗教关怀人士，其他亦涉及了营养师、物理治疗师、药剂师等。这些专业人

---

① 郑晓江著：《穿透人生》，296页，上海：三联书店，1999。

员以团队的方式服侍病人,并关怀病人家属所遭遇的各种问题,其中最重要的包括哀伤处理。

另一方面,在注重事务应用的同时,注重生死问题研究的实证性,大部分研究者均是从实践的第一线获取相关资讯,而且大多数研究者就是从事第一线工作的专业人员。如,《论死亡与濒死》一书作者和《死亡的脸》一书作者便是长期从医的专业人员。这种情形就使得西方生死问题研究具有针对性从而也就具有理论上的生命力。从而真正体现了生死问题的"精神—实践"性。

(二) 生死学在我国台湾地区的发展

台湾地区生死学的发展起步晚,却进展神速:台湾地区对有关生死问题的重视,大约从20世纪90年代开始,至今不到20年,但已成绩斐然。

1. 《死亡的尊严与生命的尊严》具有里程碑意义

在生死问题的理论探讨上,旅美华人傅伟勋的《死亡的尊严与生命的尊严》一书1993年在台湾中正书局的出版具有里程碑意义。该书先后五版,标志着台湾生死学研究的兴起。随后光启出版社推出了《跃》,小知堂出版社出版了《人生不可承受之死》,"中央日报"推出了《病榻心声》,圆神出版社出版了《一起面对生死》,中正书局出版了《最后的礼物》,东大图书股份有限公司出版了《中国死亡智慧》,中国时报出版了《癌症与我》,远流出版事业股份有限公司出版了《生死大事》。尤其是出版了大批直接以生死学为题的著作,如:心灵工坊文化事业股份有限公司出版的《生死学十四讲》,新京开发出版股份有限公司出版的《生死学概念》以及《现代生死学》等多种。此外,桂冠图书股份有限公司更是推出了由杨国枢主编的"现代生死学丛书系列",共7本,包括《生死的选择》、《今生今世》、《解构死亡》、《生死一瞬间》、《为动物说话》、《谈病说痛》、《生与死》,这是一套西方生死学名著的汉译作品。目前台湾书市有关生死问题的书达百种之多。

2. 生死学教育由专业医学院与医院到普通学校迅速推广

1994年台湾大学心理学教授杨国枢等人首次开设生死教育选修课《生死的探索》,1997年台湾"教育部"核准南华管理学院设立生死学研究所,并招收生死学专业硕士研究生,"这不仅是台湾首创,也是全球仅见"。明确"生死学"命名是具有非常重要意义的发展。因为这从本质上明确了死亡学及相关其他学科的根本宗旨:以生为立足点,摆脱死亡作为外在力量的威胁，提高生命品质，具有终极意义。这一功劳应首归于华人学者傅伟勋。

3. 台湾安宁疗护事业蓬勃发展

1987年，马偕纪念医院成立安宁照顾小组。1990年2月，台湾地区率先成立了安宁病房。12月，安宁照顾基金会随之成立。早在1982年，康泰医疗教育基金会已有安宁照顾工作的推展服务。1994年，佛教莲花临终关怀基金会宣告成立。1995年10月，台湾"中华安宁照顾协会"成立。短短的七八年间，安宁疗护的推广工作就有了3个基金会、一个协会及一个安宁教育示范中心协力进行。目前台湾有9家医院设立了专门的安宁病房，从事居家安宁疗护的医院也有9家，并有41家医院与安宁照顾基金会订立合约，着手计划或推广安宁照顾的工作。

二、我国内地生死学研究的由来与现状

在中国先秦至今两千多年的传统文化中，儒家与道家相辅相成、互补互渗，由此构成了中国文化的两翼。

儒家认为，宇宙的本质是"生生"，"天地"有"好生之德"，既创生万物，亦生养万物。人也应该有"生生不息"之精神，珍惜生命，注重人事，修身养性，以配天德。儒家重视生命，对死亡避而不谈，这种生死观，一言以蔽之："未知生，焉知死？"

道家亦复如此。冯友兰先生曾指出，道家的出发点就是全生避害。这里的全生即保全生命，避害即排除威胁生命的各种力量。

儒道两家的这种重生思想对中国两千多年的学术史产生了极其深远的影响，并具体体现为对死亡问题研究的极力回避。虽然在中国漫长的学术发展史上不乏涉及死亡问题的论著或经卷，但将死亡问题作为一项专门系统研究却寥若晨星。

直到近现代，伴随西方文化的输入，特别是西方科学分类方法的广泛传播，才有少量严格意义上与死亡相关的译著和专著陆续问世。如20世纪20—30年代出版的《死亡研究》（华文祺译述，商务印书馆，1923年），《生与死》（A. Dater著，蒋丙然译述，商务印书馆，1925年），《生死问题》（E. Teichmann著，丁捷臣译述，商务印书馆，1926年），《科学的生老病死》（丁洗著，商务印书馆，1936年）等。这些著作或从科学与哲学角度讨论生与死的性质与意义，或追述历史上的灵魂观念，并对其进

行心灵学的探讨，反映出国人对生死学的初步兴趣。

新中国成立之后，马克思主义成为中国社会中占主导地位的意识形态理论。就其本质而言，马克思主义是关于人类解放的社会条件的学说，它包含着在改造客观世界的同时改造主观世界的全部任务。因此，对于死亡问题的研究，作为人自身解放的条件，必然包含在马克思主义的理论视野之内。但长期以来，马克思主义理论工作者大多忽略了对这一问题的研究，他们往往用沉默回避了人类世代生活中提出的这一重大问题。之所以如此，一是由于认识上的困惑所致。因为在马克思主义创始人那里，群众的革命运动问题在他们的理论中占有很重要的比例，而且花去了他们的全部精力。个人的生死问题被挤至次要的位置，由此使人感到马克思主义的创始者不关注这一问题，后人无法从中找到相关的理论依据。二是由于复杂的理论背景所致。在中国社会自新中国成立至"文化大革命"结束这20多年的时间里，"左"倾思潮始终影响着学术界理论研究的内容与形式，许多人把西方学术界死亡问题的研究视作资产阶级腐朽没落思想的具体体现，因而很少有人敢问津这一学术禁区。

中国内地生死学研究的真正春天则肇始于20世纪80年代，特别是1986年发生于陕西汉中地区、1991年才做出一审判决的中国首例安乐死案件，引发了中国社会各界对安乐死问题的广泛关注。1987年中国科学院哲学研究所、北京医学哲学研究会等联合发起的安乐死问题讨论会，以及1988年在上海召开的首届"全国安乐死社会、伦理和法律问题学术研讨会"，又进一步激发了国人对安乐死问题的深入思考。1989年10月16日，邓颖超同志委托秘书向党中央报告："一个共产党员在死时再做一次革命，当我生命快要结束时，千万不要用药物来抢救，那是浪费人力和物力的事，请组织批准给予安乐死。"邓颖超的这一行为更进一步将中国安乐死问题的讨论引向深入。以学术界的广泛讨论和国家领导人的大力提倡为契机，1994年10月，中国自愿安乐死协会正式成立，并发布了协会章程。在1996年召开的八届人大三次会议上，有170位代表递交了9份有关安乐死立法的提案。

与此相关的临终关怀问题也得到关注并得以展开讨论与实施。1988年首家临终关怀医院——"退休职工南汇护理医院"诞生于上海。随后，天津医科大学建立了我国第一家"临终关怀研究中心"，并主持召开了"首届东西方临终关怀国际研讨会"，会上正式成立了"中华医学会临终关怀专业委员会"。之后，该委员会先后多次组织了相关的学术研讨活动。1991年底，北京市"松堂临终关怀医院"开始接待临终患者。

在有关生死问题相关社会实践活动的推动下，我国学术界对死亡问题的研究呈现出一派繁荣景象。其中，邱仁宗1987年出版的《生命伦理学》及以后出版的系列著作，对死亡问题的研究起到了巨大的推动作用。20世纪80—90年代，中国死亡问题的研究基本局限于医学界，特别是医学伦理学方面。

随着死亡研究的深入，越来越多的人们深刻认识到必须将死亡问题的研究同其他学科结合起来，才能真正开辟生死研究的新天地。自20世纪90年代至今，国内除了各种报纸杂志刊登为数众多的生死学研究文章外，还出版了大量从不同角度探讨生死问题的学术专著。如南昌大学郑晓江从中国传统文化的视角对生死问题进行了广泛的探讨，其《中国死亡文化大观》、《中国死亡智慧》、《生死两安》、《善死与善终》、《穿透死亡》等著作在学术界产生了广泛的影响。黑龙江社会科学院毕治国从多个层面探讨生死问题，其《死亡哲学》、《死亡艺术》等著作为生死学研究提供了大量的珍贵资料。武汉大学段德智的《死亡哲学》则全面考察了西方哲学史上著名哲学家的生死观，特别是对马克思主义的生死观进行了深入细致的剖析。郭于华的《死的困惑与生的执著》则从民俗学的视角探讨了生死问题。颜翔林的《死亡美学》从美学的视角探讨了生死问题，杨鸿台的《死亡社会学》则从社会学的视角探讨了与死亡相关的各种社会问题。此外，尚有黄应全的《生死之间》和《死亡与解脱》、李向平的《死亡与超越》、郭大东的《东方死亡观》、孙利天的《死亡意识》、张文初的《死亡默想》等问世。

三、中国特色生死学的建构途径

傅伟勋曾指出："死亡学的探索程度与生死问题的关注轻重，乃是考量一个国家或社会的精神文化亦即高层次的社会文化基础深厚与否的重要标准。"[①] 他曾剖析中国台湾地区民众对死亡回避的不良风气，"今日的台湾地区如此富有，但如一般人仍不太了解'生活品质'［包括'死亡的（尊严）'］的真义，也不太关注医学知识与医疗技术的现代发展，则光凭

---

① （美）傅伟勋：《死亡的尊严与生命的尊严》，168页，北京：北京大学出版社，2006。

财富是证明不了自己'已发达'的。死亡学研究与死亡教育的缺乏，更是还未完全'发达'的一个好例证吧。"① 我们在引进西方生死学理论的同时，坚持从中国传统文化出发建构中国特色的生死学应是我们责无旁贷的使命。

（一）加强科际整合，建构生死学学科地位

1. 明晰生死学的学科特点，消除在学科认识上存在的模糊性

生死学作为一门新兴学科，具有交叉性、边缘性特点，它是在吸取哲学、神学、医学、生理学、教育学、社会学等学科成果基础上形成和发展起来的。正是这些学科对死亡问题的形上说明和形下研究为生死学的发展提供了不竭的动力，由此也就决定了生死学学科的综合性特点。但生死学一旦从其他学科的母体中脱胎出来，经过日积月累的发展，就逐步具有了自身的独立性，并在研究对象、研究方法、研究内容上彰显出其独特性，唯其如此，它才能成为一门严格意义上的科学。辩证地认识生死学的上述特点，是开展生死学研究的前提条件，夸大其综合性，或是强调其特殊性，都将使生死学的研究步入歧途。

反观我国学术界近20年来的生死学研究成果，不难发现，众多成果明显带有强调综合性、忽视特殊性的一面。如在某些生死教育学的研究著作中，作者不是站在教育学的视角，采取教育学本身所独有的学科方法来探讨生死教育的具体方式、方法、规律等问题，而是用大量死亡哲学、死亡文化学的内容来论证生死教育的必要性、可行性等问题，读罢给人的感觉是，不知作者是在谈生死教育学还是在讨论死亡哲学或死亡文化，此种现象在死亡社会学、死亡心理学等著作中或多或少地普遍存在。之所以如此，可能是有两方面的原因：一是由于各门死亡学科尚处于建立体系和梳理综合阶段，难以触及生死学某一有限部分的具体问题；另一方面则由于研究者没有真正认识到生死学及其诸分支学科所独有的特殊性，夸大了其学科综合性特点，长此以往必将制约生死学及其分支学科走向，并难以真正的独立。

2. 强化科际整合

段德智先生明确指出，西方死亡哲学史上，存在两条明晰的分析理路：其一是科学主义理路，一部分哲学家比较注重用自然的眼光来看待死

---

① （美）傅伟勋：《死亡的尊严与生命的尊严》，140页，北京：北京大学出版社，2006。

亡，也可称之为"自然主义理路"，在古代，有赫拉克利特、德谟克利特和伊壁鸠鲁，在近代有拉美特利、霍尔巴赫，在现代则有弗洛伊德、罗素等人。他们形成西方哲学的自然主义死亡哲学传统。其二是人本主义理路。在古代有苏格拉底，近代有蒙太涅、费尔巴哈，现代有叔本华、尼采、雅斯贝尔斯、海德格尔等，他们形成人本主义死亡哲学传统。"这两种理路的死亡哲学无疑都是西方死亡哲学的基本内容，两者相反相成，一方面共同构成了西方死亡哲学的主体，另一方面又共同推动着西方死亡哲学由低级向高级阶段的前进上升运动。"① 段德智进一步指出，人既然是自然属性与社会属性的统一，则人的死亡便当既有自然的属性，又有社会的属性，便当是其自然性与社会性的统一。这样，健全的死亡哲学应该是基于自然主义与人本主义统一的死亡哲学。这也是未来生死学的发展趋势。

以此来评述我国死亡哲学的历史，不难发现，同样存在两种理路。比如说，从老庄、阴阳五行、扬子到范缜、张载，再到现代的胡适，形成了自然主义理路（略不同于西方之科学主义），而孔子、孟子到董仲舒，再到宋明理学和近代康梁以及新儒家，构成人本主义理路。显然都从一个方面推动了中国死亡哲学的自身发展。有鉴于此，生死学学科必须注重科际整合，将自然科学与人文学科有机结合，这样才能体现"生死学"的学科本质。

3. 克服生死实证研究的平面化弊端，提高生死学研究的专业化水平

与上述对生死学学科认识问题上存在的模糊性相关联，在我国生死学研究领域存在的另一突出问题是生死实证研究的平面化，许多生死学研究著作用大量笼统颟顸的一般性、综合性的原则结论代替具体的死亡问题的深入挖掘。这种轻浮草率的直观，一鳞半爪的研究，根本不足以发现生死学中极其复杂的法则和规律，许多匆忙得出的结论根本得不到证实，所有得出的结果仅是作者列举的少量事例，只不过这些实例恰好有利于事先做出的假设而已。

（二）加强文化整合，建构生死学发展机制

1. 传承中国传统文化，建构内源发展

如何看待中国传统文化与生死观的地位与作用，是摆在每一位当代中国生死学研究工作者面前的重要课题。建构中国特色生死学，当然是要体

---

① 段德智：《西方死亡哲学》，39页，北京：北京大学出版社，2006。

现中国文化特色,而体现中国文化特色,自然与中国文化传统内在关联。

文化是人类的生存方式,某一民族的文化本质上就是这一民族历史积淀而成的生命存在方式与价值模式。研究生死问题,必须从其民族文化传统出发,以传统资源为内源性发展的依据。内源性发展倡导"每个社会应该根据本身的文化特性,根据本身的思想和行动结构,找到自己的发展类型和方式"。"为了确保真正的发展,就必须恢复每个民族的文化特性,恢复这种特性最具代表性、最深刻、最真实的所有组成部分,借以作为价值上求本溯源的手段,作为发挥创造力和活力的催化剂,实现内源的真正人类发展。"[1]

中国传统文化中的儒、释、道死亡文化与生死观有其丰富的内容和灿烂的历史,值得我们认真挖掘传承。应该说,"生死学"的缘起本身就是本于中国文化传统。美籍学者傅伟勋先生首次将流行于西方之"死亡学"改名为"生死学",正是由于理解到中西文化之别。

首先,我国文化传统中的重生贵生特色直接明确了生死学的根本出发点。这一传统对积极用世,不轻言放弃生以及将生命存在的价值发挥最大化等有重要意义。中国没有重死传统,这是与西方文化传统不同的地方之一。所以,理解"重生贵生"传统,正是建构生死学的基本立场。因为,生死学是据生以谈生死,最终价值是为"尊严地活下去"。

其次,我国文化传统中的生死相涵特色明确了生死学的本质内涵。过去我们所理解的"重生"更多地是以"重死"为对立面来立论,这显然不够全面。恰恰相反,中国的"重生"传统是以内在地"涵死"为旨趣而建立起来的。这一点可从两方面来论证:其一就是中国传统的终极价值关怀是谁也无法否定的。"安身立命",关注"生前身后",以"慎终追远"为指向。有人说,中国文化没有明确的有关死亡的题旨。然而,这恰能证明,我们传统关注的是一种"命义",相对"题趣"更为内涵,它已将死亡纳入于生命之中。其二就是中国文化体系内在张力结构表明了"重生贵生"并不是与"重死"对立立论,恰恰是相涵盖的。这就是儒、道完美结合。就它们各自的侧重点而论,儒者强调生,道徒似乎重死,表面上他们难以统一,但中国文化却是由儒道兼用而来的,这不正说明了中国文化以独有的方式将生死统一起来。始终将生与死统一起来进行思考,

---

[1] 联合国教科文组织:《内源发展战略》,2~3页,北京:社会科学出版社,1988。

克服西方文化之生死两分弊端正是生死学的本质内涵。由此看来,由"死亡学"到"生死学"之转变决不简单就是名号之异,而是一种文化视角转换。严格说来,"死亡学"是一种西方文化的产物,简单地将其移植中国显然是行不通的,"生死学"的提出正是一种本土化的产物。

再次,中国传统文化中的"和合"特色奠定了生死学的宏大视野。所谓"和合"表现在人际与群际和谐,人际就是相亲相爱,群际就是协和万邦,天下为公。这是一种强烈的对生死一体的共同生命的理性关照,无疑的是我们建构生死学必须撷取的视域选择。至于"天人合一"的自然大生命观,更是当代人类理应坚持并据以摆脱困境的不二法门,建构生死学岂可不予以足够重视。我国学者张立文先生曾提出"和合生死学",值得吸收借鉴。

可见,传统文化中许多宝贵的资源直接成为生死学建构的基本支撑。而传统文化中的浩如烟海的生死智慧,更为生死学内容的直接来源,这一点是明确无疑的。当然,我们也决不陷入于复古主义泥潭,应该采取辩证法的态度对待文化传统。

2. 借鉴西方文化,建构生死学的外源发展

生命是特殊性与普遍性的统一,文化的民族性表明我们必须坚持本民族文化为内源发展源头;而人类对生死问题的思考还存在共同性方面,任何历史条件下,各民族人们都面临生命必有一死的宿命,人类对生与死的思考必有其超越性,它能够克服特定时间与空间局限而成为人类所共有的精神财富。因此,当我们思考自身生存现状时,其他民族的生死智慧肯定有许多值得我们借鉴的东西。这就为我们建构生死学的外源发展提供了可能。

西方传统文化中对死亡的关注显然是西方文化与中国传统文化的最大区别所在,这就为我们建构生死学外源发展提供了必然。在西方文化传统中,无论是死亡之日常生活关注还是对死亡之形而上沉思都有丰富的内容。这一点可以从近20年西方相关论著的翻译出版的情况中看到。不仅仅是在一般论著中带有丰富的死亡思考,而且以死亡为直接主题的论著更是异彩纷呈,不能不说为我们提供了丰富的外来文化资源。

然而,西方死亡思想毕竟是建立在西方社会历史与文化传统基础之上的,对它的借鉴也必须符合中国国情,这一点非常重要,这就是要坚持外来文化的中国化。马克思主义生死学理论能在中国传播、发展直至占统治

地位就是最突出的明证。因此，建构当代中国特色的生死学理论体系，只能立足于多维广阔的文化背景，超越中西对立、体用二元的简单思维方式，从中国和世界现代文化建设的实际出发，克服自由主义西化派和保守主义复兴派的片面性，对中国传统的死亡文化分层次地做出现代诠释，在各个层面上找出其为当代社会所需的合理因素，使其全面完成自身的现代转化。唯其如此，它才能在当代中国死亡文化的综合创新之路上占有一席之地，并发挥其应有作用。

3. 融于当下关注生存，建构生死学的现实根基

生死学的基本立场是立足于生来谈生死，绝不是形而上学束之高阁地坐而论道。立足于生，就是把现实的生之优化放在首要位置。因此，这一立场必然要求对现实生命运动的关注、思考、干预与指导。

首先，生死学必须关注现实生命，关注现实生死。它既要从现实中寻找确立自己研究主题的依据与基本路向，也将关注视为生死学研究的基本内容。比如，现实性很强且突出的自杀现象、安乐死问题、脑死亡问题、工伤事故、器官移植等必须纳入生死学视域，这样才能显示生死学基本宗旨。

现实就是人们生存于其中的当下世界。然而，每个人均有其在世界里关注的焦点与重心。在一个非常个我化的选择之外，我们一般则是采取视而不见、听而不闻或习以为常的态度对待。这样，我们就是生活在日常状态，事物的本质往往被掩盖了。以国人传统回避死亡的习惯来看，许多严肃的现实被忽略了，因此，生死学关注现实，就是一反传统习性，积极地关注发生于我们周围的事件，使人们从麻木的日常生活状态惊觉，使之走出自我圈子，融进大我之中。因此，关注首先是一种姿态，从生死学学科角度看就是要具有浓厚的现实感，从学习者角度看就是为培养研习者开放博大关爱的生命情怀。

其次，思考现实。理论的合理性和存在价值正在于它反映现实而又高于现实。一方面，它是对支离破碎的现实的本质建构，它揭示现实的规律与本质。人类自从脱离动物便开始思考自己，而按古希腊的理解，"认识你自己"实质就是"认识你的死亡"。但是，死亡又是一个常变、常新的话题，因为每个人的生死都不可替代，每个人都面临着一个全新的生死问题，而人类对问题的理解却不能停留在感性与知性层面，必须上升到理性高度，以求从根本上解决问题。这样，生死学思考现实就显得尤其必要。

另一方面，它是对现实的一种观照，是人类生命价值追求的理想建构。因而，对现实生命运动具有指导作用，"哲学就是学习死亡"，实质上就是建构一种生命的形而上学路向，它既可以用作个体生命指南，也可作为对生命现实的审视，它引导生命走向自我超越。

第二章 生与死的本质

人的生命是由生物、社会、精神构成的复杂系统，也是由生物到社会再到精神的自我超越的动态过程。这就决定了生与死的可定义性与不可定义性。可定义性表明生与死是确定的，这是现实生命存在的前提；不可定义性则表明生与死是不确定的，这是由生命本质所生成的前提。因此，追问生与死的本质，实质上就是一个如何生与如何死的问题。

第一节 生与死的定义

何谓生？何谓死？这是生死问题中的首要问题。而弄清生与死的本质则是我们解决生死问题的前提。人的生命具有自然、社会和精神的三重规定，因此，对生死的界定也必须从生物学、社会学和哲学的三个层面上展开。

一、生物学意义上机体生命的有无

生命最初的也是基础的形式就是生物学上的生命。在生物学意义上的生死界定就是生理的生与死。身体的存活包含两个层面：身体中个别器官功能的存活与一个人整体有机体功能的存活。每一个别器官有其独立存活的功能，但是人的整个人机体存活的功能，则有赖于个别器官存活。前者称为生物生命（biological life），后者称为临床生命（clinical life）。两者都有其开始、存活和结束，并且互相有密切联系。但它们不必完全一样。例如，我的牙齿拔掉后，它就是生物的死亡，是个别器官的死亡，但整个人不一定会死。当临床的死亡发生时，医生就可以发出死亡诊断书。

（一）生物学定义

生物学定义包括日常用法、医学用法和法律用法三个方面。

1. 日常生活用法

所谓生命即指：第一，活着的人或动物的存在状况、特性和事实；宽泛地说，生命本质上就是有生命的动植物或器官组织的有生命的部分，与死的或无生命的物体区分开来。第二，由生到死的那段时间。第三，构成个体由生到死的历史的一系列行为和事件。所谓死亡即：第一，垂死的作为或事实。动物或植物生命机能的最后终止，常被拟人化。第二，已丧失生命的状态。第三，部分生命的丧失与休止。

2. 法律上的定义

所谓生命即动物植物或有机体存在的状态。在此状态中，上述存在物能发挥自然功能，完成生理运动，或者，它们的器官能实现其功能；抵抗死亡的力量总和。所谓死亡即生命的终止，不再存在；按医生的规定，死亡表现为血液循环完全停止，自然生命功能如呼吸、脉搏等运动停止。以上所述为"自然死亡"，以区别"剥夺公民权"的死刑判决与"暴力死亡"。

3. 医学上的定义

所谓生命即：第一，活着的状态，由新陈代谢，生长，繁衍以及对环境的适应所表现出来的特征，动植物器官能完成其所有或部分功能的状态。第二，有机代表的出生或发端到死亡之间的时期。从生物学上看，完整的生命起于胎儿，终结于死亡。第三，将生命物体（动、植物）与无生命、无机的化学物或已死的有机物区别开来的特征的总和。

所谓死亡即所有生命机能的永远停止。也可参照以下定义：第一，大脑功能、血液循环系统的自发性出现总的不可逆转的中止。第二，可觉察到的跳动的心脏和呼吸最终的和不可逆转的中止。反之，只要能觉察到心脏跳动和呼吸，无论是借助于机械或电疗，也不管心脏跳动和呼吸是如何维持的，都不能认为死亡。

上述定义中，生与死既可以是表达某种静止的状态或事实，比如各种生命形态、各种死亡性状；也可指存在与变化的过程，本身就是一种运动，比如将生理解为生长、死亡理解为垂死等。

上述定义中，如果比较一下，不难发现生与死之间存在着循环定义，生是由死来定义，死则由生来定义。一般而言，揭示某一概念的本质就是通过下定义的方法，而通常下定义的方法是属加种差定义法。比如，"人是社会性动物"，社会性便揭示出了人这种动物的本质。但是，对生或死却无法用这种方法来定义,即是说,脱离生便无法定义死,而脱离死也就无法定义生。这种情况除了上述列举定义所见,在其他地方也是常见。比如在牛津词典中,死亡的定义:"死亡就是生命的终结。"死亡本来就是作为生存的对立面而存在的,这个定义也就绝对可靠。在我国的一般词典中:"死亡是有机体生命活动和新陈代谢的终止。"

（二）生物学的死亡标准

生死定义的相互循环中,我们不难发现生与死的内在否定,生就是生,死就是死,不可混淆。由此也就产生了究竟是生还是死的死亡标准问题。

1. 心死标准的源起

尽管现代社会对死亡的看法、定义众说纷纭,但早在远古时代,原始人通过日常的观察和狩猎活动,已经形成人的死亡就是人的心脏停止跳动这一概念。在世界各地的古代洞穴画中可以看出,原始人都是用利箭、长矛刺中动物的心脏来表示它的死亡。在我国古代,也一直认为"心之官则思",把心脏看作是人的思维器官,从而也是人体的主宰器官。几千年来,民间和医学界一直把呼吸和心脏停止看作是死亡唯一不可动摇的标准,一直把心、肺功能看作是生命的最本质特征,这种认识到20世纪50年代依然如故。当时人们确认死亡,要根据下列特征:脉搏和心脏是否停止跳动,并用一小撮小绒毛或镜子放在嘴巴前面来确证呼吸是否已经停止,再辅之以看两侧瞳孔是否放大,是否有张力缺乏和无条件反射现象等。

这个标准大致说来是正确的。对普通人来说,心脏停止了跳动,对大脑供氧也就随之停止,大脑细胞会很快死亡,大脑死亡也会引起机体活动的停止。因此,传统的心脏停止跳动与大脑死亡基本上是同一过程。

2. 心死标准面临挑战

然而,在医学实践中,人们也发现,在许多情况下,以心脏停止跳动作为死亡标准并不可靠。事实上,当心脏突然停止跳动时,一个人的大脑、肾脏、肝脏并没有立即死亡,脑细胞死亡甚至是在心脏搏动数十分钟后才开始的。历史上有些民族的做法也表明他们似乎意识到这种现象的存在。例如,在古老的非洲有一支布须曼民族,他们习惯于在人初死时先浅埋于墓穴里,等几天认为不可能复活时,再重新安葬死人。这样做的目的是希望死者在一定的时间内能够再生。确实,在生活中,我们也听说有人从棺材里死而复生的事例。中国古典医籍中就有关于扁鹊使暴蹶而死的虢太子死而复生的记载。所以，中国民间在人死后停尸三天的习俗，一方面是丧事准备的需要，另一方面也是排除假死可能的需要。

随着现代技术的诞生，传统的死亡标准开始面临严峻的挑战。1902年，美国医生哈维描述了一位病人，由于颅内肿瘤引起自动呼吸停止，但心跳却在当时所制造的呼吸机的辅助下维持23小时之久。

1967年12月，人类历史上第一例心脏移植手术在南非开普敦获得成功。虽然病人于心脏移植后仅存活数天，但手术意义非常重大。因为它表明，衰亡的心脏可以被替代，一个心脏疾患而死的人依然可获重生。而且更为意味深长的是，替换了心脏的人依旧还是原来那个人。1982年12月，当一名美国病人成功地实施了心脏移植手术之后，他的妻子问他，是否还爱他的家庭时，病人给了了肯定的回答。这一病例表明，换心术并不能改变一个人的意识，然而，倘若随着科技的进一步发展，以至于有可能进行换脑术的时候，他还是原来的那个"他"吗？

按我们通常的理解，死是观察者通过可见可触的形式所认识到的一种现象。当我们看见或触摸到某人呼吸已经停止，心脏不再跳动，我们就认为这个人确死无疑了。否则，我们就认为他还活着。但是实际情况比这复杂得多。现在出现了一些数量有限但不断增多的病例，在其中，现代医疗技术的参与已使那些传统的区分生命和死亡的征兆难以立足了。比如，电除颤仪能使心脏再度跳动起来，并且心脏本身已经可以更换或用机器泵之类来维持。即使病人在其生命功能得到这些人工帮助后仍然昏迷不醒，我们也很难说他已经死了。因此，一个人仍然活着还是死了，在今天早已不是一个一目了然的事实，而是需要科学探索予以确定的问题。

3. 法律定义的实质

法律需要生死定义，是因为某个人是否已经死亡，是对当事人、家属、其他相关者以及医护人员都很关键的一件事。尤其是，人的生死与杀人、安葬、家庭关系、继承关系等有关，也与当事人的权利与义务以及医生的职责有关。所以，当出现了难办的案例时，法律必须制订出一些标准和程序，以帮助医生和社会有关人们确定当事者的生与死。

当然，法律上的生死定义不是法学家们随意制造出来的。常言道人命关天，丝毫马虎不得。法律上的生死定义必须具有科学依据，这种科学依据便是医学上的生死定义。因此，法律生死定义往往与医学生死定义没有实质差别，只是服务目的不同。这就表明，在我们列举出的三种生死定义中，具有决定意义的是医学上的生死定义。医学定义随着社会的发展而发展，越来越成为我们确定何谓生何谓死的权威性说明。

（三）生物学定义的局限性

以医学定义为核心的生物学生死，将机体的延止作为生死的根本，由于要求严格的客观性、可观察性和具体的可操作性，科学生死解释往往把人归结为整个自然有机界普通的一员，从一个有机体的存在与否来规定生与死，把生解释为还存在生命，把死解释为生命已经消失。在科学生死解释中，确定生命有无是最重要的事情。人活着就是还有生命，人死了就是没有生命了。一个人活了80岁，就是把生命维持了80年。一个人只活了30岁，就是到30岁时生命离开了他的身体。因此，在科学生死解释中，人的生死虽然在很多方面与动植物的"生死"大不相同，但根本上是一样的。人是否保住自己的生命与一条虫、一棵树是否保持自己的生命最终是一回事。作为庞大的有机物家族偶然产生的一员，一个人的生死固然也重要，但本质上只不过是自然生命演化延伸中的微小一环而已。

所以，基于把生看成有生命、把死看成无生命这种科学生死观，人们会认为生死问题根本就不"神秘"，它是生生不息的大自然许多重大问题的一个次要组成部分，生死作为生命有无是整个自然界因果联系链条中极普通的一环。人们会说，有生必有死，这是自然规律，不值得大惊小怪的。因此，将生死看作生命有无的科学观念，就把个人归结为自然界普通一员，置于不可抗拒的必然性法则之下，从而消弭了我们对生死问题的神圣感，也在根本上不再把生死当作一个关系到个体人生的头等重要问题来对待了。

所以，我们有必要将生死定义由纯生物学领域进到人的生死领域。

二、社会学意义上自我意识的有无

生命与死亡的定义设立了一种无休止的循环。人的生与死本质上取决于自我意识之有无和社会角色之存在与否。从社会学的意义上讲，生命个体一旦丧失自我意识，从而无法进入社会角色，事实上就已经死亡。

（一）社会学定义

1. 基本涵义

第一，精神学的生命即意识到自我，这是由婴儿缓慢发展而来；死亡就是失去自我意识，诸如昏迷、麻醉、无希望的老年期；隔离与无希望的感觉也许会使死亡加快。第二，社会的自我观照的生命即意识到自我是活着。伴随而来的心理学生命，大约要在 2~3 岁时；死就是认为自我并非活着，"如同死人一样"。由孤独和无助感产生但自我意识仍在继续，可逆转。第三，他人观照的生命即个体的出生，父母总是第一的观照主体；而死亡即当个体被孤立隔绝、被认作非人或"与死人一样"时并产生这种自我观照。可加速其心理、生理的死亡过程，可逆转。第四，社会学的生命即临床出生，死亡即是临床死亡，但可逆转。

2. 两个基本层面

如果从学科来理解，社会学定义包括心理与社会两个基本面：

其一，心理的生与死。心理指的是一个人对自己和周围的世界有知觉、希望；心死就是他的这些知觉和希望已经停止而处于麻木或绝望中。但是心理的死亡不像生理的临床死亡是一种非此即彼的发生。换言之，一个人心死不是完全绝对的死，它常表现出一种模糊状态，就是偶尔有知觉，偶尔没有知觉。当然，生理的死亡必然导致全部的心理的死亡。

其二，社会的生与死。所谓社会的生与死，是指你被别人所认为的方式。社会的生与死包括两个不可分的角度：一个是他人的角度，再一个是自我的角度。一个婴儿，出生后得不到家人和社会的承认，他就不具有社会性的生，我们俗称"黑户口"。而一个人出生后成为家庭成员，是因为他得到了家庭的认可。一个被子女遗弃的老人，或是被子女送到养老院后，子女对他不闻不问的老人，这时，对他的子女来说，老人已经是社会死亡；一个人离休之后，就不再参与单位事务，他也就逐渐从人们视线中隐去，这实质上就是社会死亡的开始。这些都是他人的角度。反过来说，我是不是社会死亡呢？当然那就要看你对你自己的看法如何而定了。假若我自认为这样活下去，生不如死，封闭而自绝于任何人或关系，那无疑地表明我已是社会死亡，而社会的死亡能导致心理的死亡与生理的死亡。

3. 社会学定义与生物学定义的联系

这与生物学意义上的生死有时候并不重叠：一个既放弃了生命，又为家人和护理人员所疏忽、遗弃的病人，从生物学的和临床的观点看来，也许是"活着的"。再如植物人，在生物学意义上仍然有种种正常的新陈代谢活动，但从社会的和社会学的观点来看，此人却已不复存在。而且，社会学意义上的许多人具有永生性，在生物学上看来已死亡的人，在社会的或社会学的角度看却依然活着。比如，在许多年或许多世纪中的伟人和对后人有重大贡献的人，他们心理上与后人同在。还有那些人们崇拜的祖先，他们虽死犹生，永远活在人们心中。

（二）社会学的死亡标准

1. 生物生命与人格生命的划分

上述分析中，在本质上说明人的生命的是具有自我意识与社会角色（我对自我，他人对我的观照等）。人的生命被划分为生物生命与人格生命，人的生物属性在生理上的体现与发展形成人的生物生命，而人的社会属性在自我意识中的体现与发展形成人的人格生命。为何要做这种划分？原因在于：

第一，具备人的生物生命的情况并非都具备了人的人格生命。自我意识丧失（但仍活着）的人、人的生殖细胞、人体细胞培养出来的细胞，所有这些都算是人的生物生命的形态。

第二，实际上，并非所有生命都是等值。如果单单从生物生命角度看，当然无法对生命个体加以区分。而实际上，对人而言，任何个体生命都不相同，都存在不同的意义与价值。原因在于自我意识，自我意识才构成生命的主体：首先，对自由、幸福与快乐的追求是人活着的神圣目的。试想没有自我意识，谈什么自由、幸福与快乐？因为这些是要去经验的。设若这方面稍有欠缺，我们会自嘲为"空有一副臭皮囊"，或"狗长几十岁"。可见，与生物生命相比，人们更加看重并追求的是人格生命。其次，更为重要的是，人必须作为一个有理性的，具有自我意识的行动者而存在。自我决定、对自己负责，议是人格的核心。只有这样，人才能自我尊重并赢得他人尊重。

2. 自我意识作为社会生命的死亡标准

以自我意识的有无来定义生死，这是人类生死观的一大进步，因为"从一个人意识死亡的那个时刻起，人们便确定他死亡了。人们宣布他死亡并不是因为他的器官停止了生命，而是因为他对于人类来说是死了。人们在人类和其他类生命间建立了一种差别。这种差别就叫做意识"①。以单纯生物学角度来定义死亡，仅仅是揭示生命之必死性，却无法揭示出生命究竟如何死的社会的和个体的原因，而社会学定义则能弥补这一不足。实际上，引起过早或延缓死亡的外因，即事故死亡的根源，比起遗传程序

---

① （法）路易-樊尚·托马：《死亡》，潘惠芳译，33页，北京：商务印书馆，2001。

来，它引起的更多的是一种外来的，因而也是引起混乱的事件。比如说，患者听任自己死去，代谢失调，停止为生存而斗争，这中间都有人格在起决定作用。

人的生命是一种主体性的存在，具有自我意识与担当社会角色，就成为生命的基本定义。反之，自我意识不存在并丧失社会角色就是死亡。这一生死定义有如下作用：a. 它是从人的角度来定义生死，将一般生命与人的生命区分开来，这有利于我们建立生命的品质与尊严观；b. 它揭示了人的生命的道德与社会意义；c. 它为我们正确对待与处理脑死亡之后的生物生命提供了支持，排除了纯生物学角度生命定义的不确定性，比如器官移植等。这样，当我们将生命由一般生命上升到人的生命并将之划分为生物生命与人格生命时，一方面，生物生命的生与死的标准依然在使用生物学的标准，而另一方面，作为人格生命，我们便发展出脑死亡的标准。

3. 人格生命与脑死亡

脑死亡标准由美国哈佛大学医学院特别委员会提出，包括 4 个方面标准：a. 对外部应用的刺激与内部需要均无感受反应；b. 无自主的肌肉运动与自发呼吸；c. 不能诱发脑反应活动；d. 脑电图为平直。脑死亡是对人的生命划分为生物生命与人格生命的直接确认，亦即脑死的指标被选定来判断人格何时终止。就某种意义而言，过去对死亡的界定是要测量在何种状况下才出现身体的死亡，何时生命的功能完全停止。人身体的生命被当成作人格人的一个必要条件。因此，脑死亡定义能让人们认定在何时不再是人格人。

这种以脑来界定死亡的想法更直接关系到人的人格生命。因为：a. 作为人格人不仅只是生物生命；b. 仅仅是生物生命或许有价值，但没有权利；c. 具有像大脑这样的感觉器官而能在世界经验和行动，也就是作为活在世界的人格人的必要条件。因此，大脑功能一旦不发挥作用，则人格生命的可能性也就缺如——人格人死了。诚然，某些大脑活动（可比生物功能更高的活动）的存在并不代表人格人就存在——人格生命的必要条件并不等于人格生命的充分条件。由大脑来界定死亡的思想在哲学上具有重大意义，因为在其他思想中它隐涵了人的生物生命和人的人格生命之区分。同时，也为人们对生物生命的处理提供了依据。人脑死后人的生物生命能继续活着是相当确定的：血液继续在身体循环、肾脏继续运作；事实上，在脑死后身体没有理由不能进行异性繁殖（例如制造能存活的精子），因此，它又满足了一项生物生命的标准。这样的身体是一个在生物学上统合的生殖单元，即使统合的层次相当低。而且，若这样的身体具备了人的生物生命但不具备人格生命，则它能被当成实验的对象而不受人格人身份的限制。这里面实际上存在着活着和活人的区分。

因此，当一个人不能作为个体而存在时，也就是他不具备自我意识而存在时，显然他就是死亡了。从人的社会本质是社会关系的总和这个社会定义出发，我们可以得到死亡的社会本质定义：死亡就是个体人与社会关系的不可逆转的脱离和中断。

三、哲学意义之人生存毁

人类对生死的理解的基本路径是由生物层面进到心理社会层面，再上升到本体层面。而哲学定义的实质正是本体意义上的生死定义。

（一）人类生死的不可定义性

上述定义无论是心理学的生死定义（以自我意识、感觉的有无区分生死），社会学的生死定义（以社会角色扮演能力的存否区分生死）都是以医学的死亡为前提，是对医学生死定义的进一步应用和补充。本质上还是实证的，科学的定义，实质上就是非生即死、或非死即生，这显然不是生死问题的全部内涵。准确地说，这些定义仅仅是从实证的角度得出来的。对于生死概念，我们还可以从非实证的形而上学的角度来理解。既然生与死成为问题，那就意味着生与死对人而言成为问题，而这一问题也绝不是单科学实证就能解决的，否则，这依然不是问题，生死所以成为问题是在精神层面上。人们面对生死显然是要获得一种超越性的理解。

当代生死学学者郑晓江提出"死为'黑洞'，不可定义"的说法。"黑洞"是现代天文学的术语，指天体宇宙中存在着一种强场物体，这是一种因自身强大的引力坍缩导致的大量致密的天体。人之"死"正是这样，犹如"黑洞"，活着的人无法感受，死去的人又无法告知我们。它吞没一切，让一切化为虚无；而且，"死"给人的感觉就是冰冷的：尸体的僵冷、死亡恐惧产生的透心之凉，等等。所以死是"黑洞"，又无法定义。

实际上，人们在许多时候理解的生死并不就是前面的定义，而是完全不同的理解。诸如，生就是存在与实有，死就是虚无；生就是今生今世的爱恨情仇，死就是这一切的终结。中国古人言，生即是漫漫人生之旅，死便是归途。实际上，在我们人生中，这一层面的生死理解只怕对我们影响与意义更大些,这种理解就是哲学层面的生与死,即人生存毁。

(二) 哲学家的生死界定

在哲学角度,所谓生,更多的时候被理解为生存,死则被理解为生存的丧失。生与死不是一个事实,而是一个过程,而且,作为一个过程,死亡是直接存在于生之中的。因此,哲学定义生死多是以死来定义生,所谓先行到死,向死而生。所得出来的人生意义并不因生与死相随而变得灰暗,相反却是积极的进取的姿态。

黑格尔说:"生命,作为各种目的的总和",而死亡,就是"个体的完成,是个体作为个体所能为共体(或社会)进行的最高劳动"[①]。死了的人已经摆脱了他一长串的纷纭杂乱的存在,从而上升于简单的普遍性的宁静。费尔巴哈说,"死亡就是死亡的死亡"[②],"死亡本身不是别的,而是生命的最后的表露,完成了的生命"[③]。这些极富辩证法。唯有当其生的时候才谈到死,当谈到死的时候是为生,而当这一切都终止了,真正的死亡便发生了。存在主义者萨特说:"死亡作为一个虚无化的虚无化。"[④] 我们不是说死亡便是使一切变得虚无吗? 布贝尔说:"死是一切我们所能想见的事物的终结。"[⑤] 虚无化当然是人生(我们的事业、爱情、祖国、家族甚至名利)的虚无化。虚无化不是一种事实,而是一种过程。我们的生正是走向虚无化的存在,正是因为死令我们虚无化,所以我们才去拼命地创造,实现自己的生命价值。生命不息,面对虚无化抗争不止。但当等到没有什么可虚无化时,只怕就是真正的死亡。可见,哲学生死定义揭示出了生与死的真正本质——人生存毁。

不过,传统哲学(不论西方传统哲学,还是中国传统哲学)中很少出现试图对生死作出明确定义的自觉努力,这样一种尝试只有到了现代西方哲学才大量涌现,尤其是在被为"存在主义"的哲学流派中,规定何

[①] (德)黑格尔:《精神现象学》,下卷,贺麟、王玖兴译,10页,北京:商务印书馆,1979。

[②] (法)路易-樊尚·托马:《死亡》,潘惠芳译,31页,北京:商务印书馆,2001。

[③] 《费尔巴哈哲学著作选集》,上卷,荣震华、李金山译,208页,北京:商务印书馆,1984。

[④] (法)萨特:《存在与虚无》,陈章良等译,691页,北京:三联书店,1987。

[⑤] (德)弗兰茨·贝克勒等编:《向死而生》,张念东、裘挹红译,142页,北京:三联书店,1993。

谓生何谓死几乎成了哲学家必须完成的基本任务。存在主义哲学关注的基本对象是作为个体的人。由于个体必有一死,于是死亡问题在存在主义哲学中得到前所未有的探讨,整体生与死的问题被纳入了探讨的范围。这一方面,存在主义者海德格尔和萨特的生死定义具有代表意义。

在海德格尔的哲学中,生命一词被赋予了更多的生存的含义。在海德格尔的生死界定中同样存在着无法逃避的循环:要定义死亡必须先有一个生存的定义,而要最终说明何谓生存,又必须先弄清何谓死亡。海德格尔先告诉我们生存即可能性,然后说明死亡内在于生存也应是一种可能性;在详细解释了这种特殊可能性的诸种特征,并得出一个死亡定义之后,他又反过来把生存进一步规定为"向终结的存在",得出死是生之死、生是死之生、生死紧密相依的结论。

海德格尔对死亡的定义:"死亡作为此在的终结乃是此在最本己的、无所关联的、确知的、而作为其本身则不确定的、超不过的可能性。死亡作为此在的终结存在在这一存在者向其终结的存在之中。"[①] 第一,它将"死亡作为此在(人的生存)的终结"看成不言自明的"事实",表明海德格尔认为死亡就是人的断灭,人必将走向这一结局是无可争辩的。第二,它对作为人生断灭的死亡作了性质上的限定,从而赋予了人生断灭这一"悲惨事实"以颇为积极的作用,说明对死亡的意识就是对个体性的最高意识。第三,它通过将死亡规定为一种内在于生存的可能性,而从一个新的角度规定了生存,即认为人的存在(即生存)是"向其终结的存在"(即向死亡的生存)。这是他对生存与死亡关系的概括性公式。

再来看看海德格尔对生的界定。海德格尔认为,死亡的对立面不是生命而是生存,死亡只有按照它与生存间的关系才能得到准确说明。关于生:第一,他反对把人看成一个自身封闭的孤零零的绝缘主体的传统观点,认为人一来到世上就处于与他人、他物和自身的诸种关系之中。用他的术语说就是"在世界中存在"。第二,人生不是像我们通常所想象的是一条直线,而是一个圆环,它有头有尾地连成一个整体,只因为这样,人生才是可以整体性地加以描述的。第三,人的生存不同于其他事物存在最重要的地方,在于人的生存是一种可能性而非现实性,理解人生不能像理解其他事物那样从现实性上去把握,人是动态的、不确定的东西,人总处

---

① (德)海德格尔:《存在与时间》,陈嘉映、王庆节译,310页,北京:三联书店,1987。

于可能性之中,人生就是无穷无尽的可能性。

存在主义者萨特也是将死亡看成是生存的对立面(而非生命的对立面),把死亡作为人生的彻底毁灭(死亡是人生的断灭)看作是死亡不言自明的定义。他同样关注死亡与生存的关系,他认为,死亡是属于人的事情,应该对死亡进行"生存论分析",而不是科学与神学的解释。

萨特所理解的生死不同于海德格尔:第一,他将生理解为线型的,死亡便是人生历程的终点事件,"最后一件事情"。第二,人生是一种自为的存在,自我设计、自我筹划、自我实现,而死亡则是从外面强加于人,使我客体化为物或成为别人的对象。第三,人生是指向未来的可能性存在,死亡则使我成为过去,它使我凝固,"在我死亡的一刹那间,我才会仅仅是我的过去"①。

(三) 哲学定义的重要性

从哲学家们的生死定义的讨论中,我们可以领悟到:

第一,不能仅仅满足于现代科学对生与死的解释。从哲学上解释生与死对于人类确实是必不可少的。

第二,我们可以从中发现,生死问题虽然是生存与死亡的关系问题,但激发这一问题,并且能最终使人透彻地思考这一问题的,不是生存,而是死亡。哲学家关于死亡讨论具有某种含糊性,表面上看他们只在努力为死亡下定义,而实际上他们在努力从死亡出发,确定生存与死亡的确切关系。死亡与生存的关系而非死亡本身才是他们关注的焦点。之所以如此,我们以为是很自然的,人生最具震撼性的事情无过于死亡,而死亡之所以如此令人"恐惧与战栗",是由于它与生存休戚相关,死亡的重要性来自于它与生存关系的重要性。生死问题由死发端自有其必然性,这一点也是我们的基本主张之一。

第三,我们从他们的讨论中可以发现,在哲学家的视野中,死亡虽然很明显不等于大自然中某一有机生命的结束,但是死亡对人仍然是一种破坏性的东西,它是活生生个人的彻底毁灭。生存被看作人生依然延续,死亡被看作是人生完全毁灭。人生存毁而非生命有无是哲学关于何谓生死的基本观点。由此出发,生与死的问题就主要是生存与毁灭的关系问题,这就更凸显了生命的自我主体性。

---

① (法)萨特:《存在与虚无》,陈章良等译,164 页,北京:三联书店,1987。

四、死亡对生命的意义

无论怎样定义生死,生命首先作为有机体的生与死是一个基本前提,不管社会学层面还是哲学层面的理解如何超越生物学视野,但始终以生物学为大前提,这是无法否定的。因此,我们还得明确,生命为什么会有死?即死亡的意义何在?就我们目前的认识水平,哪怕我们希望科学在将来的某一天能消灭死亡,死亡对我们来说都是一个不可抗拒的规律、是人类自然和生命固有的必然。

(一) 死亡与生命进化不可分

在生物的最初阶段,死亡可能是生物组织复杂性所付出的一种代价(生命系统的复杂性引起死亡)。单细胞生命,除非受到周围环境的伤害(压力和撞击、辐射、毁灭性的气温等),是不会死的,它可通过分裂自我的方式无穷尽地再生:通过组织分裂将其一分为二(脱氧核糖核酸复制)而且总是制造出同样的原型。因此,我们可以说实验室里培养出的细菌就是那个自古代以来就存在的个体。复杂生命,由于它的复杂性这个原因(在细胞和器官的专门化的系统间很艰难地维持着一致),只要它的繁殖稍具带一点性征规则,就会产生死亡,而同时也会有新生,即生命。

当群体衰老或者周围环境改变了,如雅吕·菲耶在《性与死亡》一书中指出的:"人口,只有三种可能性:或是消亡,或是为它固定的遗产去重新寻找另一个可生存的巢穴,或是栖身于有性繁殖中,这个有性繁殖使它能够制造出新的基因组合,在这些组合中,自然淘汰法将挑选出那些最适合环境者。性征带来了真正的再生,这从遗传学角度来讲,是对于死亡的唯一回答。"[①] 对于先天行为类,快速的传宗接代显得很有利,因为它促使它们的转变:昆虫便属此列。反之,在那些缺少先天机制的生命身上,则大归功于随着时间的推移所获得的知识,尤其是个人的学习。

不管怎样,总有一天年幼的必然要代替注定要消亡的年长的。这是由于一种残酷的却又不可避免的双重原因:避免人口过剩,人口污染("人口爆炸");更为了保证创造性的存在,它是生命的第一象征:一个全部由老残及保守分子组成的社会将是一个令人不快的、没有新生力量的、因而是死路一条的社会。

[①] (法)路易-樊尚·托马:《死亡》,潘惠芳译,40页,北京:商务印书馆,2001。

(二) 死亡与浪费和资源匮乏

死亡还有一个作用,它必须解决一个关键的困境:即浪费和匮乏之间戏剧性的冲突。浪费,首先是生命的产物。一次射精能释放出 3 亿个精子。而当一个女婴出生时,她的卵巢里就已蕴藏着 70 万个原始的卵子,其中有 400 个将在今后 30 年的育龄期每 28 天排出 1 个。而这一切只是为了每对夫妇平均只生 2~3 个孩子! 如果所有卵子都受精,所有的鱼苗都成熟的话,那么,一对鳕鱼只需几年功夫就能使所有的大洋都住满鳕鱼。

再说匮乏。从时间上讲:我们没有时间实现我们所有的计划。像我们活着一样,死亡会突然间袭击我们,并且永远地、不容置疑地包围着我们;但更糟的是,它来得太早,至少是正当我们还充满活力,脑子里充满了计划时就来了。从空间上来讲,当我们目睹人口激增时,动物生态学指出,在这块有限的土地上人口过密,便会产生挑衅性,这便是通过逃跑或死亡来调节人口的根源。

尤其从物质上讲,M. 马鲁博士精辟地指出:在适当的条件下,一个细菌能在 8 天内,按几何级数,合成一块比土壤高级的有生命物质。但是,"一个细菌每 8 天并未造出一块土壤也是千真万确的";它必须要与"它自身的限制"自撞。我们也可以就物质是不是最终会不够"用来建设和维持我们的原生质"这件事提出疑问。这就是为什么说"生命是以生命,因此也是以死亡来维持的"。不仅是噬菌体,食草动物和肉食动物也为重建它们特有的物质而毁坏它们吃下的元素,而且所有构成一个生命的原子和分子都是如此。它们已经被包含在过去亿万个其他机体中,而从理论上讲同样的程度还将在永无休止的未来中再生。这里还牵涉到个体的所属类别:当群体数量超过了生物程序规定的总计极限时。我们可以从旅鼠的集体自杀中看到这一点。

为什么人类就不会呢? 因为,人类可以毁灭于"生命伟大而神秘的目的",进化证明了这一点。从这个观点可得出,"死亡从节约生命中找到了它的位置。为了有新的尝试,为了使原生质有新的表现形式,它为生命服务并给予生命新的机会"①。如果种子不死,那么便不再会有生命的创造机遇,不再有年轻人,也不会再有什么变化。面对着匮乏和它自身的限制的双重悲剧的生命,将把完全失败,即死亡当作它自己的结束。但,这个失

---

① (法) 路易-樊尚·托马:《死亡》,潘惠芳译,42 页,北京:商务印书馆,2001。

败只有当人类,"前进在一条铺满一具具尸体的路上"时才能被超越。

第二节 生命的尊严

中文"尊严"一词在英文中有两种表达:一是"reverence"其意思是"崇敬"、"敬仰"和"敬畏",是一个宗教术语;而"dignity"其意思则为人作为人的意义上的尊严,有"值得尊重"之意。将尊严用于生命之上,它表达的就是生命的神圣与品质两个不同却联系着的方面。

一、生命的神圣性

生命的尊严首先源于对生命的总体概括,即我们将生命视为神圣的,才可能谈得上个体"我的生命"的尊严。这个前提不可少,实际上,无论理论还是现实,对生命的任何轻贱都不可能有生命的尊严。

(一) 生命神圣的概念与涵义

所谓生命的神圣性即生命本质地神圣不可侵犯,并不因为其他条件,而正是因为生命自身。故,神圣性是指人类对某种对象发自内心的敬畏和崇拜。生命神圣表明,"活着"本身就有价值,生命是一切价值的来源:第一,人类生命由于它的存在与希望的事实而神圣,它的价值并不依赖于某一特定的生命条件或是否完全,只要生命存在,价值就存在。第二,所有人类生命都具有平等的价值,所有人都有相同的生命权利。

"神圣"这个概念原本是源于宗教。宗教相信生命为超越一切的创造者(神)所创造的,正因为神创造了生命,神和一切属神的事物都是神圣的,不可亵渎的,不可伤害的。侵犯神圣的事物,就是犯了罪恶,不仅该受到谴责,而且将会遭到可怕的报复。"生命神圣"的观念相信神在创造生命的同时,也把神圣性赋予生命,使生命本身具备了属神的、神圣的特质。如此一来,侵犯或伤害生命,都是亵渎神圣之举,应受到谴责。生命是神圣的,因此,我们不能结束自己和别人的生命,在任何情况下,保存生命、延长生命成为每个人的神圣义务;另一方面,又无条件地反对死亡,即使是那些不可避免的死亡,也要加以绝对的反对。

(二) 对生命神圣性的理论与论证

1. 史怀哲敬畏生命的理论

哲学家、20世纪最伟大的人道主义者之一的史怀哲系统地论述了他的尊重生命的理论。在史怀哲看来，敬畏生命构成了整个伦理学的基础，一套只关心我们跟其他人之关系的价值系统是不完全的，所以，会缺乏求善之力量。只有藉由敬畏生命，我们才能在我们能力所及的范围内，同时与人们及所有生命建立一个灵性的及人性的关系。只有用这种方式，我们才能避免去伤害别人，并且不管何时他们需要我们，我们能在能力所及范围内去帮助他们。

所有生命都是神圣的，因此，我们必须活着，将每一个活着的存在者都视为天生有价值的"生存意志"。史怀哲从生命神圣的前提出发，制定出道德所必需的基本原则：维护生命，珍惜生命是善的，毁灭生命或妨碍生命是恶的。史怀哲指出，事实上，每一个在人类相互关系中一般道德评价上被看作是善的事物，皆能溯回到人类生命的物质上与精神上的持续及提升，而且努力将它提升到最高的价值层次。相反的，每一个在被视为恶的人类关系里的事物，分析到最后，都会发现是对人类生命的物质上或精神上的破坏与妨碍，及减缓将它提升到其最高价值层次的努力。史怀哲将对道德善恶区分上对人类生命价值的关注推广到所有生命。"只有当一个人遵循着这居于其上的强制力，帮助他所能够帮助的所有生命，并且刻意避免伤害任何生物时，他才是真正有道德的。"① 史怀哲从来不问"这个或那个生命本身的价值值得付出多少同情？"也不问"它能感受到多少？"对史怀哲而言，生命自身是神圣的。史怀哲不打碎在太阳下闪闪发亮的冰晶，不把树叶从树上扯下，不采摘花朵，并且在走路时，小心翼翼地不去压碎任何昆虫。假如在夏天的傍晚，依傍着灯光工作，史怀哲宁愿让窗户一直关着，也不愿看到翅膀烧焦且无力的昆虫一只接着一只地掉落在桌上。

在当今人类生存危机频繁发生，生态环境日益恶化的现实中，尊重生命应成为我们摆脱生存危机的根本的伦理道德前提。

2. 希尔斯的经验主义生命神圣论

希尔斯认为，生命神圣并非源于宗教，而是植根于人类的一种始源经

---

① (美) 波伊曼:《今生今世》, 陈瑞麟等译, 35页, 广州: 广州出版社, 1998。

验。人类对生命有着一种原始的，由生得来的惊讶、赞叹从而敬畏。"生命之被相信为神圣者只是因为它就是生命。神圣性的观念发生在活着、生命力的基本感觉之体验和害怕它灭绝的基本恐惧之始源经验中。人敬畏地站在他自己的生命力、他的世系和种族的生命力之前，敬畏感乃是这种神圣的归属，因而是对它的承认。"①

在希尔斯看来，生命的神圣是一种体验与经验，是人类自己心灵的一种建构。如果生命不被视作或经验为神圣的，那么，没有什么东西能是神圣的。而生命被经验为神圣的，亦即个体生命的神圣性，倘若个体生命不被视为神圣的，也就不存在生命的神圣性。希尔斯深刻批判了以集体神圣来侵犯个人生命神圣的行径。比如，统治者不关心他们的臣民和国人的生命条件，将军抛下他们大部分士兵的生命，教会和国家迫害且毁灭生命，这些人拒绝个别生命是神圣的，视他们自己为神圣的制度，为了这一神圣的制度不惜牺牲个体生命并视之为道德，实质上这是借集体神圣侵犯了个人生命的神圣。

尽管如此，生命的神圣仍是自明，无论我们怎样通过技术来处理生命，它丝毫不能改变生命力及生命盛衰的秩序，仅这一点就值得人类认同生命的神圣。而且，唯有我们持有对生命的敬畏之情与生命力灭绝的恐惧之情，我们才能很好地驾驭技术，控制它，从而也就是维持人类自身的神圣性。

3. 科学家的宇宙人择原理

科学家们则从宇宙学角度论证人类在宇宙的神圣地位。宇宙的人择原理又称为人择原理或人类学的宇宙原理。它认为可能存在许多具有不同物理参数和初始条件的宇宙。但是，只有物理参数和初始条件取得特定值的宇宙才能演化出人类，人只能看到一种允许人类存在的宇宙。

人择原理的基本思想是由美国科学家 R·H·迪克于 1961 年在《狄拉克的宇宙学和马赫原理》中首次提出的。他认为，狄拉克提出的两大参数 a 和 a′（即氢原子中静电力与万有引力之比和以原子单位来度量的宇宙年龄）不是永远相等的。我们之所以发现 a = a′ 是由于宇宙演化到出现了能够反过来认识和部分改造宇宙的人类。观测到的宇宙允许人类存在，因此，人类虽然并不位于宇宙的中心，但是人类却具有需要特定的物理化学环境才能生存的优越性。英国科学家 B·卡特把这种看法称为"弱人择

---

① （美）波伊曼：《今生今世》，陈瑞麟等译，56 页，广州：广州出版社，1998。

原理",并在推广迪克理论的同时提出"强人择原理"。1974年发表的《宇宙的理论与观测的对抗》一文中指出,氢原子中电磁力与引力之比只能在 10^{-30} 时人类才能出现。宇宙以及它所依赖的基本参数必须容许在某一阶段产生出作为观察者存在的有机生命。卡特不仅明确提出人择原理的概念,并进一步把它与量子力学的多元世界解释结合起来,论证只有能够作为观察者的人存在的那些世界才是真实的世界,在我们宇宙之外,可能还存在无限多的宇宙,但这些宇宙的取值不允许生命出现,因而是荒漠的宇宙。

由此可知,其一,人类在宇宙中的起源是极其难得的,所以,古往今来,多少思想家、文学家歌唱人的生命的伟大,"人,万物的灵长";其二,人类才是宇宙的观察者,宇宙因人而存在;其三,是人赋予宇宙以价值和生命。人的这种独一无二的地位正说明了人的生命的神圣。如同古希腊人所说的"人是万物的尺度"。

天体物理学家认为,人类不是偶然地出现在一个冷漠的宇宙之中的。现代宇宙学发现,人类生命的存在似乎在每一个原子的特性中都有记载。所以,弗里曼·迪森说:"宇宙知道人类有一天会来到。其论断是,宇宙为生物的存在作了极为妥善的安排,就像给许多物质一个常数一样,如万有引力的常数,强、弱原子能的常数。一切都在一种微妙的平衡之中发挥各自的作用,假如有人在第六十个零后面改变一种数字,宇宙将不成其为宇宙……宇宙的精确度让您目瞪口呆,给您打个比方,一个站在一百五十亿光年远的地方的射手,可以射中直径为一厘米的靶子,由此您可以想象宇宙到底有多精确,而我们是在这种精确度控制之下。我们怎么还能认为自己是偶然的果实呢?一丝一毫的想法也不应该有。"[①]

4. 生命科学揭示出生命孕育的神奇

生命孕育于两性的结合,但这一过程是神奇之旅。当2亿~3亿个来自父亲的精子进入到母亲的体内时,根据研究,发现精子的路途非常艰难。大部分精子在半路死去或被女性的白血球吃掉,最后仅存数百个精子能靠近卵子。这数百个精子使用头部的酶素消除卵周围的卵丘细胞,又折损了大半。只有数十个精子能接近包住卵子的透明带膜。然后,只有一个

[①] (法)贝尔特朗·韦热里:《禁止死亡》,李建英译,111~112页,深圳:海天出版社,2004。

精子的酵素融化了透明带，把父亲的遗传基因带去与卵内母亲的遗传基因组合。

想想看，2亿~3亿个精子奋勇争先，最后只剩下一个成功，而这一个胜利者据统计也有一半以上在发育过程中死去。变成人类真难啊！

生命科学的研究启示给我们繁衍不是随机的过程，因为只有最强的精子才能成功到达卵子，乃是一个有选择的过程。当然，最强的精子不代表最好的基因，因为精子的活力与精细胞之粒腺体中有DNA有关，可以这么说，大部分的人类不论痴愚聪明，或体弱身强，当初的诞生都是用最好的工具——活跃的精细胞才得以完成的。除非是试管婴儿或人工授精。真可谓一将功成万骨枯。从这里可以找到与老子智慧的相通之处：生与死相随。生命不是很神奇吗？

（三）中国文化传统中的生命神圣观

在中国传统文化中，也有生命神圣和敬畏生命的观点，尽管不是出于上帝造物的理由。儒家"仁"、"孝"的观点中都包含了这种思想：孔子之"始作俑者，其无后乎"可以看作是对以人偶陪葬亵渎人性尊严的严厉谴责；而孟子"民胞物与"、"仁民爱物"的思想中似乎也蕴含了敬畏生命的意思。当然，儒家的生命神圣思想集中在孝道上："身体发肤，受之父母，不可损毁，孝之始也。"但是，儒家的生命神圣论不是绝对的，所以有"杀身成仁"、"舍生取义"之举。在这个意义上，儒家的生命神圣论不是一种真正的神圣论，而应该理解为尊重生命或生命尊严论。

道家和佛教无疑是较为彻底的生命神圣论者。道家崇尚自然无为，其无为自然也就包含了对生命的无为，即不干预生命的自然周期——诚然这种不干预生命周期的生命神圣论不是一种积极保护和呵护生命的神圣论，而是对生命规律顺其自然的不作为的尊重，既包括生命也包括死，生得神圣，死得也神圣。道家对宇宙秩序的尊崇既是自然主义的，也是有机论的，这种立场与希尔斯的哲学是一致的：所有生命有其内在力量，人类敬畏自身必然蕴含敬畏所有生命，这种敬畏感乃是神圣的归属。

佛教之生命神圣论不仅体现在其大慈悲的宗教情怀中，更体现在其对"不杀生"的戒律中——"不杀生"意味着对所有生命的尊重，也包括对人的生命的尊重。

（四）生命神圣论与人的价值取向

生命的神圣性表明生命的唯一性与生命本源的相通性。生命的唯一性与生命的神圣性密切相连。因为人之生命是唯一的，所以它是神圣的。在人类历史上，许多宗教和神秘文化皆认为人此生之生命的结束即意味着人来生之生命的开始，生生死死，死死生生，循环往复，永不止息。但是，且不说这一看法永远无法证实，即使人有来生的生命，那么，彼之生也绝非此之生，人之生命仍是唯一的。中国古代的道教宣称可以通过某种操作使人之生命永存，达到所谓永生不死。且不说这种讲法无法证实，即便能够实现人的肉体之永生不死，那对这个不死的"真人"而言，其生命也还是唯一的，因为他不论活多久也还是只有一次生命。

可见，每个人的生命都是唯一的，并无更多的所谓生命。这包括两层意思：

一是指"我"的生命与"他"的生命不同，故而是唯一的。生命从分子存在的水平来看也许是相同的，但人之生命不仅仅是生理性的，更是社会与文化的。每个人生存与生活的环境和条件都有这样或那样的不同，所以，其生命的表现形态和人生的存在状况也就不一样。虽然表面上看来，许多人在生命过程中的活法和生活的内容似乎差不多，但实质上还是有很大区别的。每个人的生活内涵及其人生道路都是不同的，所以每个人的生命必然是唯一的。意识到生命对每个人而言皆是独特的，那么，人们就应该在人生中十二分地努力，活出自我的价值。

二是指每个人的此在生命只有一次，不会有第二次，更不会有更多次。生命是在一维时间之流中延续，它一去不复返。这一点让我们每个人都意识到生命的神圣性。我们都要万分珍惜自己的生命，都应该充分利用生命中那宝贵的分分秒秒。尤其是我们不仅要在生命的质上达到高品质，在生命的量上也必须善用此生，善待生命，努力活够天地自然赋予我们的生命时光。

从终极意义上而言，人之生命是源于天地自然的，这可以说是人类生命性质之相同方面。但生命表现于每个人身上，则又有不同的显现，这可以说是人之生命差异的方面。一个人如果很好地理解到这一点，做到超越现实的生活，努力地在生命的源头上与天下人之生命相沟通，超越生命的差异性，就能够在现实人生中不汲汲于个我一己之私的得失，不时时刻刻忙碌于种种区分，也不成日里挖空心思去你争我斗，这就达到了较好的生存状态。

如果人们能从这一层再进一步，真正从心灵上体验到生命源头的

"一",那么人们还能达到视天下国家亲如一家、天下之人亲如一人的境界。达到此境界者,心胸无比宽阔,人格无比崇高,待人接物无比慈爱,这可以说达到了人之生命存在的最高层次了。然而,世俗生活中的人往往执于生命之"异"而无视生命之"同",故人间就缺少爱,我们才呼唤"爱",但要真正去爱,就应该建立起生命相通相有的神圣性。在这种爱的哲学支配下,人们才有可能去除过分的一己之私,从而少些纷争,多些和谐。

二、生命的品质

(一) 生命的神圣、尊严与品质

生命的尊严是生命神圣性的必然结论:生命神圣论的基本推论是,活着(be alive)本质上是有价值的。那么这个价值是谁的价值呢?它必然是活着者的价值,而活着对活着者有价值意味着活着者能够认识到或感知到活着。这样就导出了另一个结论:感知到或意识到(being conscious)才是本质上有价值的。然而,"意识到"的价值又是如何确定的呢?它是通过需要之满足即幸福来确证的。于是我们到达了另一个推论:作为人才是本质上有价值的。因为人能有幸福,所以人的生命是值得活的(life worth living)。这样,就产生了人的尊严。

人的尊严就是人之作为人,而不是作为他者,这也是生命神圣性可以推出的一个结论:生命神圣就是生命只为自己存在,只是自己的目的和手段。如果是这样,那么当人不能作为人的时候,人就失去了作为人的尊严和内在品质,即使它仍然存在生命,但它已经不是人的生命。

生命的神圣性表明"所有生命都是神圣不可侵犯的"。所有的生命是否在本质上都具有同等的价值?如果这样,农民就不应该拔去田间的杂草;在瘟疫流行时,我们就不应该杀死携带病毒的动物。实际上,生命的神圣性是要求不可任意轻侮生命,在内心深处建立对生命的尊重与敬畏之情。本于此,当具体某种生命妨碍其他生命时,对他们采取不同方式对待,恰恰是生命神圣性的体现。

这就涉及到生命的品质问题,实质上,这就是生命的价值问题;而且,生命之所以神圣也正在于它有价值。在生命普遍神圣的前提下,个体生命是否值得存在则取决于它自身的品质。相对于人的生命而言,由于人始终是自我主体,因此,没有一个人能够为另外一个人决定正是哪一种生命值得一活,我们应该尊重其他人对他们自己生命是否值得一过的评估。故此,凸现的是生命个体的自我主体性和自我决定性。这也恰恰是生命神圣性的体现。

(二) 生命的自我决定性与尊严

这种生命的自我决定性,是人的生命的内在规定。因为人的生命是有着生物生命与人格生命的区分。人格是生命品质(尊严)的核心,是人类生命的目的本身。当康德说人是目的时,指的是人格。所谓人格指的是能为自己行为负责的主体。人格作为目的,正是必须把"自己为自己负责"当作目的的。由此而搭建起整个道德秩序的王国。因此,人格必须受到尊重。如果人格不受到尊重,整个道德秩序也将瓦解。"理性,具有自我意识的行为者能要求被当作目的本身对待,因为它能够经验自己,都知道他们在经验自己,自我意识的行为者是自我决定的,而且能要求被如此尊重,亦即,他们能要求被尊重为自由行为者的权利。"[①] 生命的尊严也正是建立在人格生命基础上的。所谓"士可杀不可辱","三军可夺帅也,匹夫不可夺其志"。

这种自我决定根本还在于生命是否值得活下去是由自我主体所决定的。这是我们理解安乐死的根本前提。

(三) 生命的价值

基于自我主体决定的生命值得一活,等于说是"有价值的生命",究竟怎么样才是值得一活的生命呢?它可能是因人而异的,但如果有任何人的生命值得一活的话,那它就是神圣的,不可侵犯的。生命并非本质上就有价值,亦即不是神授的,而是它值得活时,它才有价值。

1. 生命价值的衡量标准

生命价值论认为,生命并非是无价的,生命的价值也不是人人都相等的恒量。衡量生命的价值,一方面取决于生命本身的质量,另一方面则取决于生命个体对他人和社会的意义。前者决定生命的内在价值。后者决定生命的外部价值。这两个标准包括了人们对于生命质量分类的三大内容:一是生命的主要质量,即生命个体的身体和智力状态;二是生命的根本质量,即生命个体的存在意义和目的;三是生命的操作质量。一个生命质量低下的人,对他人和社会只能具有较小甚至是负的价值,它的存在基本上

---

① (美)波伊曼:《今生今世》,陈瑞麟等译,81页,广州:广州出版社,1998。

是无意义的。生命之所以神圣,并不在于因为神的恩宠,而是在于它的质量和价值。应该说这是人类认识领域的一大飞跃,是现代文明的重要标志之一。

正是在生命价值论的引导下,为了改善人类的基本素质,使人类向健康、智慧的方向发展,生物学家高尔敦研究创立了一门新兴学科——优生学,使人们最早对优化生命的兴趣和渴望最终成为一门科学和一个有组织的运动。

2. 生命价值的内涵

有价值的生命或生命的品质,可从人类生命的自然、精神与社会三方面来展开说明。

第一,首先表现为作为肉体生命存在时,对生活品质的追求,尽情享受生命。人既然得知生命的唯一性,死的不可逾越性,就要勇敢地投入生活,品味生活、享受生活。放浪形骸、肆情声色固然不是好的人生态度,但紧紧地束缚躯体、禁锢心灵也不是正确的人生观。人之一生,在遵循人际的、社会的、道德的规范之下,不妨尽情尽兴尽形地享受生命。而享受生命最重要的表现就是人的七情六欲的实现,从中可分出品质高下。"全生为上,亏生次,死次之,迫生为下。故所谓尊生者,全生之谓;所谓全生者,六欲皆得其宜也,所谓亏生者,六欲分得宜也,亏生,则于其尊之者薄也,其亏弥甚者,其亏弥薄。所谓死者,有无所以知,复其未生也。"[①]

对人之七情六欲应做客观全面的理解。以往,我们讲到人的情欲时,皆是将其与具体的物质享乐相等同并进而将之归结为享乐主义人生观,并大加挞伐。其实,这是禁欲主义的极端表现。固然,有人在情欲追求上走向极端化,但并非情欲之错。七情六欲是人之生命的基本属性,而且,对其满足也不单单是物质层面的追求和感官方面的满足,还在精神的内容,如爱情,这便是人类生命的高贵方面。全生与迫生之区别趋避,恰恰也在于对生命品质的追求,也正说明了当我们能对生命有所欲且能使诸欲相宜时,生命才值得一过,设若如果我们对生命无所欲求,怎么谈得上生命值得一过?还谈什么生命的品质?

第二,精神生活的超越。人的生命具有精神性,这是人类生命区别于动物的本质所在。对人而言,肉体生命是有限的,客观上对肉体需要的满

---

① 张双棣等译注:《吕氏春秋译注》,38页,长春:吉林文史出版社,1986。

足也是有限的。许多时候,人生的痛苦不是来自肉体而是来自精神。人类精神生活不仅是无限的,而且能克服肉体无法摆脱的有限带来的束缚,从而使人达到自由境界,并使生命真正变得神圣伟大。

颜回是孔子的得意弟子。孔子每每谈及他的这个学生时,其喜悦与赞赏之情溢于言表:"贤哉!回也。一瓢饮,一箪食,在陋巷,人不堪其忧,回也不改其乐。"孔颜乐处,这是中国知识分子所追求的至高精神境界,也正是自古至今,许多贫寒之士的生命过得异常丰富多彩的人格力量所在。人总要有点精神,这才是真正的人。

第三,奉献生命。生命的品质更在于超越个体,从而达到整体生命的高度。

巴金先生说:"生命的意义在于奉献。"巴金先生是我国著名的文学家、翻译家和社会活动家,他一生坚持这一人生信仰与行为准则。20世纪30年代,他应友人之邀,担任文化生活出版社总编辑。《骆驼祥子》、《人生采访》、《日出》、《雷雨》、《北京人》、《死魂灵》、《战争与和平》、《安娜·卡列尼娜》、《罗密欧与朱丽叶》、《简·爱》等一大批中外名著都是他在任时奉献给读者的。然而,他这位大编辑却分文不取,全是义务的。那时,他就说,"我一直保持着这样一个信念:生命的意义在于付出,在于给予,而不是在于接受,也不是在于争取。"巴金奉献于社会的财富是巨大的,他的26卷本的著作和10卷本译作,为几代人享用。在晚年,当不能将更多的作品奉献给社会和读者后,巴金以其他方式实践自己的信仰,那就是他将自己所有的藏书一本一本整理后捐献给国家。他不断地隐名埋姓,向希望工程、受灾地区捐出自己的存款,他奔走、呼吁建设中国现代文学馆和"文化大革命"博物馆。但是,当他病倒在床不能活动时,他却感到痛苦。他的痛苦在于他现在索取,而不是奉献;既不能工作,还要拖累家人、医院和国家。1998年12月1日,他在与记者论及生命的意义时说,"我对国家没有用处了。"他多次向医院提出,他已经不能工作了,不要为他用什么好药了。1999年2月,巴金在手术前,对主管医生崔主任说,"不要用药了,让我安乐死吧",以后他多次表达了这一想法。[①] 巴金先生的痛苦当然既有肉体的,更有灵魂的,精神的,有他

---

① 《瞭望东方》记者赵兰英:《巴金老人:多次提出希望安乐死》,新浪网,2003年11月17日。

生命不再付出展现人的价值的痛苦。

(四) 生命的辱与尊

论及生命的品质与价值时,总避免不了正反两面:有价值和品质的生命为尊,无价值和品质的生命为辱;同时,在自我的评价和他人评价中,得到价值肯定为荣而遭到否定为耻。然而,尊或是辱、荣或是耻却不是绝对区分的。因为,对生命的立论还得看是立足于个体,还是生命整体,或者说,是看你是立足于个体生命的差异,还是立足于作为生命绝对无二的同一。如果是立足于个体,生命则产生了儒家之无辱而尊;立足于生命本体,则产生了道家之守辱而尊与佛教之忍辱而尊。①

1. 儒家主张无辱而尊

儒家以礼与孝为个体生命举纲张目,将生命的尊严与德性紧密相连。提倡"尊生"即生的尊严,"尊生"就是"六欲皆得其宜"的生命,是健全的生命即"全生";相反则是"亏生",已经开始丧失人的生命尊严,是"尊之者薄",而且这种丧失随着程度的增加而增加,"其亏弥甚者也,其尊弥薄"。丧失自我尊严的生为"迫生",迫生不如死,"辱莫于不义,故不义,迫生也。而迫生非独不义也。故曰迫生不若死"。② 不可辱为大节,大节不可屈、不可移易。"士议之不可辱者之大也,大之则尊于宝贵也,利不足以虞其意矣。虽名为诸侯,实有万乘,不足以挺其心矣。诚辱则无为乐生,若此为也,有势则不自私矣,处官则必不为污矣,将众则必不挠北矣。"③ 越是持不辱之节的人越能做到关键时刻任大事,行大义。

迫生比不义更不道德,因而"儒……可杀而不可辱"。(礼记·儒行)董仲舒将这种为道德尊严而死的思想发挥到一个新的高度:"夫冒大辱以生,其情无乐,故贤人不为也……天施之在人者,使人有廉耻,有廉耻者,不生于大辱。""今被大辱而不能死,是无耻也;而复重罪,请俱死,

---

① 参见颜青山:《挑战与回应——中国话语中死亡与垂死的德性之维》,163~164 页,长沙:湖南师范大学出版社,2005。
② (战国)吕不韦:《吕氏春秋·仲春纪》。张双棣等译注:《吕氏春秋译注》,38 页,长春:吉林文史出版社,1986。
③ (战国)吕不韦:《吕氏春秋·忠廉》。张双棣等译注:《吕氏春秋译注》,298 页,长春:吉林文史出版社,1986。

无辱宗庙，无羞社稷。""故君子生以辱，不如死以荣，正是之谓也。"①曾子也有过同样类似的思想："辱若可避，避之而已，及不可避，君子视死如归。"②发展到作为一种人格的文化价值取向，则是"宁为玉碎，不为瓦全"。

2. 道家持"守辱而尊"

老子在尊严问题上采取的态度是安于屈辱、卑微的地位和生活："知其荣、守其辱，为天下谷。"（《老子·二十八章》）面对任何屈辱，主张逆来顺受，维持自然的态度。这是一种对自然、生命尊严的敬畏和尊重，可以看作是"面对死亡尊严地活"，是一种临终关怀意义上的"尊严死亡"，以自然的态度勇敢或坦然地面对病痛折磨，自然地走向死亡。道家的尊严是一种本然意义上的对自然的维持和保全，反对"以物易其性"。

庄子将这种守辱而尊的态度发挥到极致，如瓠、樗之无用应该是没有尊严（因为无价值）的存在物，但它们仍然有自己的尊严和价值，可以作为浮渡工具和休闲之所，从而获得自己独特的尊严和价值。（《庄子·逍遥游》三）而栎树及异木之不能成船、造棺、为皿、为柱，恰恰成就了自己的生存尊严（《庄子·人世间》）。最能体现这种思想的是庄子对一位支离疏的残疾人的推崇，像这种面部到肚脐、肩高于头、发髻指天、五脏错位、四肢畸形的人，应该是没有尊严的人，然而，他却比健康人活得更长久、更为逍遥，因为他的无用却可以免除兵役、劳役，还能获得抚恤，最后能终其天年，得生命之"尊严"。（《庄子·人世间》）从庄子所推崇这些"守辱而尊"的人物来看，他也是强调生命本身之尊严的。

道家之守辱而尊，在现实生活中却是非常重要的一种修身与处世智慧。俗话说得好：水至清则无鱼，人之至察则无徒。深谙此理者，为人则必不孤立于世，尚能左右逢源。洪应明在其《菜根谭》中说："完美名节，不宜独任，分些与人，可以远害全身；辱行污名，不宜全推，引些自己，可以韬光养德。"

3. 佛教之"忍辱为尊"

在佛教眼里，耻辱荣尊不过是世俗之累，主张众生平等，所有生命没有差等，因此，似乎不太可能有人作为人的尊严，但却有敬畏意义上的尊

---

①② （汉）董仲舒：《春秋繁露·竹林》，钟肇鹏主编：《春秋繁露校释》（校补本上），108页，石家庄：河北人民出版社，2005。

严。不过，涉及到人之为人，佛教在论及处世之时，还是有尊严观的。佛教之处世论的核心德性就是"忍"，是卑谦忍辱。晋代佛家郗超对忍的解释是："《摩竭》云'菩萨所行，忍不住辱为。'若骂詈者，嘿而不报；若挝捶者，犯而不校；若瞋怒者，慈心向之；若谤毁者，不念其恶……犯而不校，常善下人，忍辱也。"（郗超《奉法要》）显然，佛教以忍辱为尊。其忍辱德性是包含了种种亚目的系统，它们被归为三类：一是生忍与法忍；二是耐怨害忍、安受苦忍和谛察法忍；三是内外忍等十忍。不过，佛教在中国化过程中也融合了儒家之恭敬、礼让、仁义的尊严观，六祖慧能在其《疑问品第三·坛经》说："心平何劳持戒，行直何用修禅。恩则孝养父母，义则上下相邻。让则尊卑和睦，忍则众恶无喧。"《华严经》言："应以忍辱，卑下自心。"

三、生命的长度

（一）生命的质与量

生命就像任何事物一样，有其量与质的两方面。生命的长度即生命的量亦即寿命。我们在讨论生命神圣性时，总说生命不可侵犯，侵犯一个人的生命，换一个角度看就是缩短人的生命长度。延长生命，活得更长些，这是人类亘古以来的永生渴望的具体体现，甚至在很大程度上，人类文明的努力就旨在延缓死亡以延长生命。求取生命的长度是无需证明的，延续较长的值得一活的生命比同样值得一过却较短的生命要好，有些人在思及他们自己的生命时，视长寿为最大希望。当然，还有一些人则认为寿命年数不重要，他们的生命的品质才是一切。

"如果一位神明告诉你，'明天，或者至少今天以后，你将死掉'，除非是最不堪的人，否则你对它是发生在今天下午而不是明天清晨将不会感到很大的焦虑，因为，在它们之间有什么不同？同样地，它是否发生在多年后或者明天都不是很重要了。"[①] 列夫·托尔斯泰也说过："离死亡半世纪半小时难道不是一回事吗？在死亡面前和现时面前是不存在时间长短的。"[②]

当然，以此来支持生命长度不重要的论证不具说服力。因为，只根据

---

① （美）路易斯·波伊曼：《今生今世》，陈瑞麟等译，76 页，广州：广州出版社，1998。
② （俄罗斯）A·H·拉夫林：《面对死亡》，成都科技翻译研究会译，139 页，呼和浩特：内蒙古人民出版社，1997。

一些对我们无关紧要的小差异并不能推论所有的差异是不重要的。假如，某人偷了你几乎所有的钱，你不会在意他留给你多少，但它并不能推论富的和贫穷之间的差别是琐碎的。为什么较长的寿命被认为比较短的寿命要好有两个很好的理由：一是生命的品质并非全然无关它的长度，很多计划的展望若没有好的时间机会来完成，它们将不值得负担；另一个理由就是，其他的事物是同等的，但好的事物更多总好过较少。

历史上，多少丰功伟业却因当事人英年早逝而成未竟之业，并成为千古遗憾，"出师未捷身先死，长使英雄泪沾襟"，于今思之，谁不为之扼腕叹息？

对于人的生命，我们很多时候是强调它的品质，"人生不是你活着的时间，而是你用这段时间所做的事情"。因此，我们始终不渝地坚持追求生命的意义，谱写生命的赞歌。然而，谈生命的品质并不是不要生命的量。离开生命的量，生命的品质又何以能充分展现？殊不知，生命走向成熟，需要时间与过程。在某种意义上，生命的长度本身就是生命品质的内容。生命的质与量是密切不可分的，如同我们常见的一副贺联："寿比南山松，福如东海水。"

（二）给生命以时间，给时间以生命

科学技术，尤其是生命科学的发展正突破人类生命长度的极限，人类永生不死或许不再是梦想。而与此同时，也引发了人们对生命的品质的进一步思考。请看《生命的赌注与生命的质量》：[1]

眼下，一些科学家正在为人类今后到底能活多长打赌。但这一次的赌注比上一次预测人类基因数的赌注大多了，为 150 美元。而且由于开奖时间为 150 年，到时这是一笔累积达 150 亿美元的巨奖。

这次打赌的是美国爱达荷大学的动物学教授奥斯塔得和该校的一位俄裔科学家奥尼尚斯坦。他们在今年（2001 年）2 月人类基因图谱宣告完成后不久就公开为人能活多长时间打赌。奥斯塔得所赌的人类最高年限将达到 150 岁，因为分子生物学和基因工程的进展将使人们不仅能修复衰老破损的器官，而且能进行基因的候补和替换，这为人类长寿奠定了内在基础。同时，由于人的生活方式和健康概念的完善与改进，如不吸烟、注意饮食和锻炼等，将可能保证在外因方面推进人的长寿，因此，人活 150 岁

---

[1]《生命的赌注与生命的质量》，载《光明日报》，2001 年 12 月 5 日。

不成问题。甚至用不了150年就有很多人会活到150岁。

但奥尼尚斯坦认为尽管人类的寿命可能因基因工程的发展而延长，但也不是能无限制地延长，顶多能达到130岁就不错了，而且认为这就是人类寿命的极限。他们各自出了150美元设立了一个信托基金。他们委托国际著名的科学家组织如世界卫生组织挑选3名德高望重的科学家，到2150年1月1日时，对他们的打赌作出评判。到时这笔基金将累积到150亿美元。打赌的赢家的后代将获得这笔巨额资金。如果赢家没有后代，这笔钱将归爱达荷大学所有。

对于这两个科学家的打赌，很多人认为不过是一场学术游戏而已，但是，也有很多人当真。有人认为奥斯塔得能获胜，但更多的人认为奥尼尚斯坦能获胜。并举出了比较有力的例子。因为根据打赌的要求，人活到150岁并不是说活着就行了，还要求到了150岁时人必须头脑清楚，对周围环境能做出反应，有自主意识，也能站立行走，具有生命的质量。这样才算是活着。有人提出，早在人类基因组完成之前，有的科学家就用果蝇做过实验。他们调取了果蝇的一些长寿基因，结果确实比一般果蝇活的时间要长一些，但这引起长寿果蝇的生命毫无质量，因为它们长期处于昏睡之中。所以人的长寿也很可能是像果蝇一样是没有意义的长寿，这样奥斯塔得打赌人能活150岁恐怕很难操胜券。

无论这两个科学家谁胜谁负，都涉及人的寿命与生命质量问题。如果人的寿命延长了，但却像是一个植物人一样长期昏睡，这样的长寿可能是大多数人所不希望的。长寿但也要健康，也要有生命价值和意义，这才是人们所希望的真正长寿。所以，世界卫生组织提出两个口号：给生命以时间，给时间以生命。前者指的当然是长寿，而后者则指的是在长寿的同时要追求生命质量，要活得有意义。从这个意义上讲，生命的意义是适应，适应生活、适应环境、适应社会。只有适应环境的生命才可能变成真正意义上的长寿。

第三节 死亡的尊严

傅伟勋在其《死亡的尊严与生命的尊严》一书中指出有必要从理想条件和起码条件两方面，去了解"死亡的尊严"的本质。他说，"就理想条件而言，我们都希望面临死亡之时不但能感到此生值得，问心无愧，且有安身立命之感（不论是儒教意味的还是其他宗教或哲学意味的）。同时也都希望能够避免恐惧、悲叹、绝望等负面精神状态，能够死得自然，没有痛苦"。就起码条件而论，"就算没有宗教信仰或没有找到高度精神性的生死意义，至少能够依照本人（或本人所信任的家属友朋）的意愿，死得'像个样子'，无论苦乐，心平气和"①。

著名死亡学家卡洛指出，死亡就像一座大山，每个人都经由不同途径最后都走向这座山。然而，怎样登上这座山，却是每一个人都关注的问题。费尔巴哈提出"属人地死去"的命题，即是"以人的方式"登上死亡这座山，"属人地死去，意识到你在死里面完成了你最后的属人的规定地死去，也就是，与死和睦相处地死去，——让这成为你最终的愿望，最终的目的吧"②。

儒家强调尊严死，"君子生以辱，不如死以荣"，尊严地死往往与不尊严地生存在一种逻辑关联：如果遭遇屈辱，便不能继续活下去，求一个好死是最佳选择。或者，为了避免迫生，便要尊严地死。儒家的论断似乎是在生与死之间作了断。这显然就是上述理想条件下的尊严死。它不能涵盖人之死亡的全部外延，当生还是死产生冲突时，选择尊严死只是其中一种，而还要一种选择，"好死不如赖活"。因此，死亡的尊严是立足于人必有一死的必然性方面所谈及的死亡，即无论什么情况下，人应该怎样死而不是是否死的问题。

一、死亡的神圣性

生命是神圣的，必然地，死亡也是神圣的。也可以说，如果没有死亡的神圣性，生命何谈神圣呢？正因为有死亡，生命才显得弥足珍贵，至高无上。正是因为死亡，生命才显得不可逆。而且，生命的意义从根本上说，并不是来自生前，而是来自死后所产生的意义。就像《死亡日记》一书作者陆幼青所说的："生命因为死亡的结局而绚丽。"

首先是因为死亡是人类必须严肃对待的事情。"千古艰难唯一死"，

---

① （美）傅伟勋著：《死亡的尊严与生命的尊严》，23页，北京：北京大学出版社，2006。
② 《费尔巴哈哲学著作选集》，上卷，荣震华、李金山译，318页，北京：商务印书馆，1984。

这是三国时期曹操的一句感叹。曹操一生雄才大略，南征北战，可说是历史上少见的英雄豪杰，而且他的诗歌开一代诗风，在文学史上有着重要地位，他惊叹于"神龟虽寿，犹有竟时"，问人生"对酒当歌，人生几何？"然而，"老骥伏枥，志在千里；烈士暮年，壮心不已"。面对生命的短暂，从未胆怯恐惧。但是，他却说，"千古艰难唯一死"，表明他对待死亡的态度的凝重与严肃。可见，死亡之事不可等闲视之，更不可小视。因为，生命的死，人的死不仅仅是人生的终结，而且是人生的前提。每个人必须面对死。

面对死亡这一大前提，人们却心存侥幸，渴望永生不死。但是，永生又离不开死。因为生命的存在必须处于时间之中，时间中的万物皆有始终，生命难道没有始终？可见，既求永生，又不能没有死亡，这岂不是一个悖论？如果不存在时间中呢？如果不存在于时间中，生命就不可能成为现实，只是存在于理性之中。看来，永生企求也难以摆脱死亡，所以，弗洛伊德说得好："你想长生，就得准备去死。"① 看来，死是人类必须担当的宿命。

其次，死是我的死，个人自己的死，无人能替代。对于我们每个人来说，生是我自己的生，死也是我自己的死，生死都是我最本己的"存在"，虽然我完全有可能放弃我自己的生，任由别人去规划、安排、负责、支配；同样，虽然我也可以放弃我自己的死，让神或上帝去为我承受这无法承受的重负，然而，生与死归根到底是属于我自己的。因为，不仅我的人生之路无论这样走，还是那样走，无论走与不走，总是我的人生而非他人的人生，而且死毕竟也要我自己去死，无人可替代。

存在主义哲学大师海德格尔说"死亡是此在的最本己的可能性"，人们之所以将死亡排斥于人生之外，源自死亡的不可经验性，而死之不可经验则是因为它是人生从此不再可能的可能性，无论其他可能性确定与否，死亡这一可能性总是已然确定了的。因而，死亡并不在人生之外，它乃是人生最本己的可能性。我们的确无法言说死亡，然而，这并不意味着我们不能言说死亡对人生的意义。不仅如此，思考死亡对人生的意义至关重要、性命攸关。

一方面，它是我的死，我就应该严肃对待。莎士比亚在《裘力斯·

---

① 弗洛伊德：《论创造力与无意识》，孙恺祥译，233页，北京：中国展望出版社，1986。

恺撒》中说:"懦夫在未死之前就已死过好多次,勇士一生只死一次。"轻率的死就是懦夫的死,没有尊严的死。人应该死得有尊严。另一方面,既然是我的死,任何他人都无权赐予或剥夺,它必须是我的选择。这正是我的死亡的神圣性,即不可移易性。

再次,死亡又具有社会性。个体的死所产生的后果却是群体的,死亡是"双人的事件",是"双人的感受"。没有人把死亡看作是纯粹个人的事件。因此,任何人都应该认真地对待自己的生活。认真对待不单是一个珍惜生命的问题,也是一个重视死亡的问题。一个人的死,首先当然是意味着他的生命(生活)的结束,可是他的死总会直接或间接地影响到许多的人和事。亲人会为之悲痛、哭泣,甚至痛不欲生。朋友会为之扼腕叹息。如果他的生牵涉甚广,其死还会引起族群、社会、乃至人类世界的关注、悲痛或者快意、伤感或者舒心,如此等。所以,人之死常常会令死者的个人事件变为生者的公共事件,死者个人的结局游戏并不随着他的生命结束而结束。这无形中加重个人死的分量,使死的问题更加值得重视,从而变得神圣起来。

二、死亡的品质

"人生自古谁无死?留取丹心照汗青。"太史公司马迁说:"人固有一死,或重于泰山,或轻于鸿毛。"人们面对必有一死的结局,变必然为自觉,将死亡视作人生最后的一件大事来对待,渴望尊严的死。

死亡的尊严本质上是在垂死过程中,被迫面临能否保持一个完整的自我的危机,这就是完整性与绝望之间的危机。

完整性是对人自己的、也是唯一生命周期的认可。完整性包括"族群的"完整性、"类的"完整性以及"个体的"完整性。"族群的"完整性指基于家庭生命共同体的完整性。这种完整性意味着一个人在垂死过程中仍能保持爱的关系并能承担责任,他既能去爱又能得到爱,既能对家人负责又能对自己负责。"类的"完整性表明一个人在垂死过程中始终保持一个人所拥有的爱与尊严,包括男女之爱(这是源于远古时代的)、一定职业角色所赋予的人格(如一个军人或职业革命者)以及其他社会关系的本质属性(如友谊、团体归宿等)。"个体的"完整性即基于自我认同的完整性。完整之人虽然认识到各种不同的生活模式——此模式给予了人类奋斗的意义——具有相对性,但他仍然将准备保护自己生命模式的尊严。这种尊严是与所有生理上和经济上的威胁相对立的。因为他知道，一个个体的生命，仅仅是一个人的生命周期与一个历史片断的偶然相符；于他来说，所有完整之人，都面临到一种他所分享的完整方式。

相反，失望却是失去自尊的结果，即没有保持住他自己的尊严，没有保留住他曾经拥有过的东西。因此，"没有必要让人像狗一样堕入他的墓穴"，"并非你将死去，而且你如何去死——在死神来临之际，希望与勇气都会有助于你保持自己的尊严"。①

既然死亡是个人的死亡，每个人都以自己的方式迎接死亡，这就产生了死亡的品质问题，它赋予生命以最后的尊严。

"丧死无憾"，这是传统儒家的终极诉求，于个体为"考终寿"，乃五福之一，于形而上则为"王道之始"（孟子）。"丧死无憾"在本质上体现了死亡的品质，表现为4个方面的特征：一是被意识到，即死亡主体能够知道或意识到死亡的来临；二是被接受，即死者从内心深处接受这次死亡；三是时机恰当，即作好心理、物质以及社会的准备；四是安详，即没有痛苦或克服了痛苦，没有遗憾和恐惧的死亡。

"考终寿"即是"死福"，人们为求死福，毕其一生为求得一善终，战战兢兢，"如临深渊，如履薄冰"，却少有人享有。诗人流沙河说："死福只是人生美好的愿望之一而已，鲜见有获享者。不痛苦，这很难。不恐惧，就更难。"② 正因为如此，人类才孜孜以求之。

（一）主体：受还是悟

人类的死是自我意识的死。自我意识状况决定死亡品质。"最有意识的死是最美的，生命取决于别人的意志，而死亡则取决于我们自己的意志"，"在死亡来临之时，能有与健康人一样的表达，是要有力量和勇气的"。③ 面对死亡，主体表现出来的义无反顾的赴死的勇气，从根本上区别于苟且偷生，也从根本上区别于恐惧状态下的没有尊严的死（迫死）。那种视死如归的气质，面对死神的镇定自若体现出来的是死的优雅、死的美。这也是许多文学家笔下的美。悟死，既有临死一刻的突然觉醒，更有

---

① 南川、黄炎平编译：《与名家一起体验死》，108页，北京：光明日报出版社，2001。
② 李书崇：《与死亡言和》，228页，成都：四川人民出版社，2002。
③ （法）伊莎贝尔·布利卡：《名人死亡词典》，陈良明等译，25页、36页，桂林：漓江出版社，2001。

在生存过程中对死亡的自觉,这是一种人性的死,不是要硬让自己去死,而是头脑清醒,心甘情愿去死,正如柏拉图笔下的苏格拉底之死。所以,悟死是有准备的死,早做计划。打有准备之仗,不打无准备之仗,前者是悟,后者是受,悟则微笑而去,受则痛苦而往,其间有天壤之别。

古罗马思想家西塞罗说得好:"最聪明的人总是能从容地去死,最愚蠢的人总是最舍不得去死。"① 一个死得有尊严的人是能真正面对死亡,在正视他生命周期的终结时,他还能保持尊严和自尊,逐步放弃不可获得的东西,尊敬自己过去的形象,从而有一个完美的谢幕。

主体的清醒的意识状况从根本上决定着死亡的品质,它是一种非常优雅的尊严的死亡:"死亡应该是旅行者的客栈,而不是临终之人的寓所;死亡应该是放下负担,而不是捣烂枷锁。死亡应该是劳苦的中断,而不是继续;死亡应是有益身心的药水,而不是可怕恶毒的食粮。因此,幸亏有了思考,死亡不再不为人知的;幸亏有了等待,死亡也不再是不可预料的。死亡降临,不会让人吃惊;死亡从我们打开的门深入进来,不必费力去开启,死亡走了进来,不是突然涌入;死亡摇晃沉睡者的腰胁,而不是拍打他。我们彬彬有礼地接待死亡,而不是怀着恐惧。"②

冯至在《忘形》一文中写到:"人在死时,有的死得很温柔,有的死得很粗暴,有的很痛苦,有的在最后一瞬间还神志清明,有的长时间已昏迷不醒,所以死后的面貌有的很美,有的却显得很庸俗,很痛苦或是很丑陋甚至五官都挪动了地位,但是,这些面型对我还有一个共同的启示:就是人类应该怎样努力去克制身体的或精神的痛苦,即使在最后一瞬,也要保持一些融容的态度,在历史上有多少圣贤在临死时就这样完成他们生命里最完美的时刻。"③

在中国传统文化哺育下的中国百姓则是将死亡引进生活,把处理自己的死亡看作最后一件大事来做。比如在经济条件不是很富裕的乡间,老人们都会预先为自己准备一点钱来用于家人给他办后事,他不愿在经济上拖累家人,而是力所能及地早做准备,还有就是置办寿材,买木料,请木匠

---

① (古罗马)西塞罗:《论老年 论友谊 论责任》,徐奕春译,39页,北京:商务印书馆,1998。
② (法)达尼埃尔·亚历山大-比东:《中世纪有关死亡的生活(13~16世纪)》,陈劼译,26页,济南:山东画报出版社,2005。
③ 陈平原编:《生生死死》,35页,上海:复旦大学出版社,2005。

打制棺木，刷上油漆，选好坟地等。那种对待死亡的从容坦然是何等高明的生死智慧！甚至在一些地方还有未亡送终的习俗，有些地方让上了年纪的人住到专门等死的房间，待死之人安之若素。相比之下，"自古皆有死，莫不饮恨吞声"，其死亡品质不知低了多少。

主体面对死亡，存在着4种接受，其品质各不相同：第一类是"不愿意接受地被迫接受"，或者说"挣扎抵抗到底，不愿接受、拒绝接受（死亡的事实）"。这类末期患者根本不可能死得甘心，死得心平气和，死亡的尊严与他们无缘。第二类是"莫名所以、无可奈何地被动接受"，这类末期患者既不再抱有希望也不再挣扎，但也难于心平气和而带有尊严地死去，只是以一种"无可奈何的"莫名心情被动地等待死亡的来临而已；第三类是"自然而然、平安自在地接受"，这类末期患者多半感受到，死亡也是自然现象，犹如春天花开、秋天落叶一样，与其挣扎抵抗，不如自自然然地接受死亡。我们可以在此类患者身上可以看到起码意义上的死亡尊严；第四类是"基于宗教性或高度精神性的正面接受"，这类末期患者都有不可动摇的宗教信仰、哲理智慧或高度精神性信仰（如人类爱、宇宙爱与信念等），不但能像第三类那样，死得自然而心平气和，同时由于抱有这样的信念信仰，故有安身立命之感，反映了理想条件意义上的死亡尊严。

（二）临终：独还是群

每一个人都会走向死亡，然而，每一个死亡都不相同，无法形成模式或一个什么所有人都觉得可接受的状况或待遇。不过，所有人都忌讳在孤独中死去。在孤独中死去从本质上违背了人的生命本质——社会性。它是为人及人群所抛弃的死。当一个人在临终时期处于孤独时便是他的亲友将他抛弃的结果，尽管从生理上他未死，但在社会生命上却已死了，临死得不到家人与人群的眷顾，这大概是一个人最可悲且最痛苦的事情。

《生死之歌》一书作者写到："七成五的人在疗养院或医院中咽下最后一口气，大多数的人皆在视死亡为寇雠的环境中辞世。我见过许多人在身心孤绝的情况下步向死亡，鲜少受到鼓励去放开心怀，卸下想象的恐惧。他们在心灵上往往与原本可以共享这宝贵时刻的亲爱之人发生隔离。由于无法信赖自己的内在本质，他们怀着极度的惶恐不安赶往另一个生存世界。"[①] 病魔本身将人与他人隔离起来，而当一个人濒临死亡时，情况

---

① （美）斯蒂芬·雷文：《生死之歌》，汪芸、于而彦译，4页，北京：东方出版社，1998。

更是如此。"共同的观察结果表明,当病人濒临死亡时,其他人就争相作别了。这种对病人的离弃不仅是一种心理现象,而且是我们都市技术的反应:在都市中,垂死的过程已变得非人化和机械化。死亡中确实存在着不可避免的分离,然而,在人类史中,我们的文化也许首先是一种增加了垂死的孤立性的文化。""我们的精神,素以人类友谊为其养料。知觉器官丧失的试验生动地向我们表明,人若失去与他人的接触,就将很快分裂以至丧失其自我的完整性。"① 当人首先面对死亡的景象时,对这种孤独的恐惧似乎才是至关重要且最为直接的。

一个人在临终时期,家人与亲友环视之下,他虽死犹生:一是他从根本上可清除即将到来的死亡恐惧;二是他可以很好并从容地处理好自己的事情,比如遗言,交代后事;三是最后享受人间的爱;四就是与所有有关的人作最后的告别,并带着美好的希望而去。日本医生山崎章郎说得好:"足堪取代宗教的,既不是富饶美丽的自然环境,也不是一个舒适的病房,而是人与人在相互的依赖下产生的共鸣。即便是没有特定的宗教,我们在日常生活中,仍然能随时可以感受到这样的东西。也就是说,对癌症末期病人而言,最重要的是能够不必感到孤独,并且能够实实在在地感觉到有人相信他、爱他,与他心灵相通;而他自己,也深信、深爱着这些人们。"②

(三)死后:荣还是辱

死后哀荣。中国人最注重死后名声,最忌讳身后骂名。儒家文化的一项基本内容就是今生今世的名望并以此作为尊严死的条件,"君子疾没于世而名不称焉"。由对身后的关注转而对生时的关注,它促使人们注重人生的修养。客观上说来,生的意义从根本上说并不是来自生前的意义,而是来自死后的意义。中国人注重生前死后,传统文化重生,讲求积极入世的人生态度,但传统文化又非常看重盖棺定论,在骨子里看重今生之所为能为身后肯定这一哀荣,在相反的角度则是惧怕今生做坏事死后被打入十八层地狱,享受不到死后哀荣便遗臭万年。

实际上,现实人生与死后世界是内在统一和一致的。为着死后好评,

---

① 南川、黄炎平编:《与名家一起体验死》,104页、105页,北京:光明日报出版社,2001。

② (美)傅伟勋:《死亡的尊严与生命的尊严》,170页,北京:北京大学出版社,2006。

在生前就得有所作为，就得行仁尽孝等，可见，死后哀荣来自于生时主体自我对生命的价值肯定，以及其人生选择符合社会发展必然性所由产生的价值评价。实际发生的是活着的人对死者的充分的肯定，并通过隆重的仪式表现出来的死者的精神上在人们心目中存在的影响力与时间长短。尼采说过："当你们的死，你们的精神和道德，当辉煌得如同落霞之环照耀世界，否则，你们的死是失败的。"①

苏联作家阿尔森古留加在《康德传》中描写了这位伟大的哲学家的死后哀荣。康德在去世前5年已就自己的安葬问题作了安排。他要求在死后的第3天安葬，要尽可能从简，希望只有他的亲人和朋友参加，遗体埋葬在普通的墓地上。康德葬礼那一天，全城的人都来与康德告别。人们连续16天来瞻仰死者遗容，天气寒冷，哲学家的遗体停放在没有生火的客厅里，安葬那天，24个大学生抬着灵柩，后边走着排成长队来送殡的驻防军军官和几千同胞。大学评议委员会等在大教堂前迎接送殡的队伍，大教堂前响彻了送终词的声音，康德被安葬在邻接大教堂北侧的教授墓穴中，他的墓上面安置着康德的半身雕像，刻着两行诗："在这里，伟大导师将流芳百世，青年人啊，要想想怎样使自己英名永存！"

30年后，年仅十几岁的马克思在《青年在选择职业时的考虑》一文中写到："如果我选择了最能为人类福利而劳动的职业，那么，重担就不能把我们压倒，因为这是为大家而献身，那时我们所感到的就不是可怜的、有限的、自私的乐趣，我们的幸福将属于千百万人，我们的事业将默默地，但是永恒发挥作用地存在下去，而面对我们的骨灰，高尚的人们将洒下热泪！"②

（四）时机：死得其所

死亡既是必然又是偶然，我们认同死的必然，却畏惧死之偶然——不知死亡何时以何种方式降临，我们头上悬挂一柄达摩克利斯之剑，我们被迫问自己：当死不期而至时，我准备好了吗？我在赴死之前，我做了该做的事吗？死亡的来临是构成我的人生的断灭还是人生的完整？于是，死的时机成为一个我们关注的焦点，并影响着死亡的品质。

---

① （德）尼采：《查拉斯图特拉如是说》，余鸿荣译，第21节，哈尔滨：北方文艺出版社，1988。
② 《马克思恩格斯全集》，第1卷，459页，北京：人民出版社，1995。

中国儒家强调死亡时的生命价值最大化，孔子曰："志士仁人，无求生以害仁，有杀生以成仁。"孟子曰："生，亦我所欲也，义，亦我所欲也；二者不可兼得，舍生而取义者也。生亦我所欲，所欲有甚于生者，故不为苟得也；死亦我所恶，所恶者有甚于死者，故患有所不辟也。""杀身成仁"、"舍生取义"是对死亡时机的根本价值把握。"死得其所"，曾子称之为"得正而毙"，活着要如履薄冰似的尽职尽责，死也要按照自己的本分去死，从而可能使死具有重于泰山的价值和意义。如武将死在战场上这是得正而毙；文官冒死劝谏，勇于直言自己的见解，假使死了也是正死或得正而死；如作为一个农夫，一生勤勉耕耘尽到人伦义务，也是寿终正寝，得其所哉。老子所谓"强梁者不得其死"，其实质上也是强调一个死的时机——当死与不当死，当死而死，则死得其所；当死而不死，则会失其所哉，就必然会死于非命。不论儒道两家所理解的"死得其所"具体涵义有多大不同，但有一点是相同的：即他们都强调人对死亡的主体性选择，而这正是人的死亡尊严的根本所在。

西方传统文化同样强调死亡的时机与价值，不同之处在于西方传统强调的是个体的自我价值主体性。苏格拉底认为，他的一生过得非常充实，深得友人的尊重。在这种情况下，如果自己的年纪延长了，老年的虚弱不可避免地为人们意识到，反倒破坏了自己在人们心目中的崇高形象，所以，他说，"当死亡依然在他身体硬朗、神志清醒，可以仁慈待人的情况下来到时，这样的死倘若错过，岂不叫人痛惜？"① 古罗马博物学家普林尼曾说："并不是人人都希望把人生拖到最后，你，纵有此心，也难逃一死，不管你是王侯将相或是罪恶滔天的混世魔王，同样非死不可。所以，'自然'所赋予人类最优厚的财宝就是'在适当的时机而死'。"② 古罗马思想家西塞罗明确指出："假如我们不是永生的，那么，一个人在适当的时候死去也是件值得欣慰的事情。因为'自然'为一切事物设定了极限，人的生命也不例外。"③

什么是"在适当的时机而死"？在临床上，一种适当的死就在于：垂

---

① 段德智：《死亡哲学》，58页，武汉：湖北人民出版社，1996。
② 黄应全：《生死之间》，96~97页，北京：作家出版社，1998。
③ （古罗马）西塞罗：《论老年 论友谊 论责任》，徐奕春译，40~41页，北京：商务印书馆，1998。

死并非一种外来的陌生的过程,相反,是结合成方式、意义的过程,此过程的顺序就是:"(1)冲突减少;(2)获得了与自我一致的思想;(3)保存或恢复了重要关系的连续性;(4)实现了基本本能的守成和幻想再现的希望。"① 每个人适当死亡的具体性质是不同的,但上述顺序都能够适合于他们。

适当死亡如果称之为"死得其所",那就意味着首先死得值得。它既是表现为一种时机,又表现为求得尊严之死的条件具备。一个人如果当其处于生死关头,必须进行选择时,可能但求一死比苟且偷生更令生命有价值,就人生而言,其死重于泰山。苏格拉底在劫狱与就死之间选择死,正是这一时机,它最大限度地显现出个人自我的主动权,反之,不具备这一时机,生难死易之时,求一死则显得轻于鸿毛,他不敢于担当生的责任。因为很多时候,人哪怕忍辱负重也要活下去,这岂是一死能了之的?

构成死亡时机的条件:一是人生理想得以实现——你能做到死而无憾;二是享受了生之乐趣——你能死于安乐;三是生命因此而完整——死为结局。

三、死的方式(死法)

(一)死亡方式与死亡品质

死法包含两个方面的意思:一是死因;二是死的样式。一般说来,死因与死的样式内在关联一致,比如暴力死亡与疾病死亡两者既能区分出死因的相异,也能区分出死亡样式的不同:暴力死亡中躯体是不完整的和残忍可怖的,而疾病死亡则可能相反;正常死亡与非正常死亡同样可从死因与样式上作区分;自然死亡与非自然死亡等均表现出由于不同原因造成的各种死亡的样式。

人皆有一死,无人幸免。但是,死亡归根到底不过是人生之终结,每个人人生的终结却也有不同。换言之,死亡有不同的方式,死亡的方式影响着死亡的神圣与品质,或直接构成死亡的品质。古往今来,人们对死亡的不同方式有着一定的价值评价和取向上的倾向性,从一个侧面表达了人们对死亡品质的关注。比如,民间有好死与凶死之分,有寿终与横死之别等。

---

① 南川、黄炎平编:《与名家一起体验死》,113页,北京:光明日报出版社,2001。

佛教曾从物质条件与生命寿限相关的角度概括出人有4种死况：一是人们善于经营，积聚了很多财物，但大限已到，终至身死，这叫"寿尽财不尽死"；二是有些人不善于理财，家境贫寒，或因饥饿或因冻寒，遂至于死，此称"财尽寿不尽死"；三是人们既不善于理财，寿命时限又短，一旦死去，"人财两空"，这叫"寿尽财尽死"；四是有些人财源滚滚，寿限亦长，本应享富贵，得尽天年，但因社会险恶、人际淡薄，忽遭横死，是为"寿不尽财不尽死"。佛教对死的这种分类，无非说明"死"是人们无法避免的事，有钱无钱都会死，寿高寿低必定亡，人们企图用物质营养来延长寿命，或祈求别的什么神灵法术来避免死亡，都注定会落空。不过，在凡人心中，总会对各种死况进行计较，且大部分精力都花在这事上，这是不容否定的。毕竟，人要求得一个好死与善终。即便是佛家，不也是力求一个尊严且保全金身不败的结局吗?!

学者万俊人认为，某种意义上，比死亡本身更为重要的是死的方式。人可能在痛楚、煎熬、压迫、恐怖中死去，也可能在"无可奈何花落去"的哀叹中死去，还可能在比如说偶然事故中意外地死去……"但这些都不是真正的人的死。人之死是个极其深刻的哲学事件，或者干脆地说，人真正有意味的死亡方式是哲学和宗教的方式，即在人真正参透苦海无边的人生真谛之后，意志地或自愿地选择结束生命的方式"①。

（二）正常（自然）死亡与在非常（非自然）死亡

所谓自然死亡，指的是一个人的自然生命衰老到了一定程度，按其正常的速度终止了它的存在，通常也称之为"天年已尽"，因而"无疾而终"、"寿终正寝"或"寿终"，中国人把它列为人生"五福"之一。然而，我们无法判定古人是否有人"无疾而终"，尽其天年。不过，现代人却很少有人有这样的福气了。因为肉体生命的衰老必然伴随器官功能的衰竭或病变，所以几乎没有人真的"无疾而终"，死亡证明书上总要注明"因某种疾病而死"等字样。而且即便是"寿终"，也少有"正寝"者。现代人多半不是在家中去世，而是在医院死去。不过，活过平均寿命以上，且非外力意外而死，亦可算是"正常"死亡。

关于自然死亡，早在1909年，"自然死亡"一词就出现在《德意志大百科全书》中。书中是从该词的反义词出发而为其定义如下："自然死

---

① 靳凤林：《死，而后生》，序一，7页，北京：人民出版社，2005。

亡是非正常死亡的反义,因为非正常死亡乃是疾病、施暴或机械性周期干扰的结果。"显然,这里将疾病死亡视为非正常死亡之列。有一本知名的哲学辞典则说:"自然死亡就是无自然疾病、无特定原因状况下的死亡。"①

所谓"非自然死亡",一般指由于战乱、瘟疫、疾病、自然灾害、交通事故、自杀等原因而未尽天年或外力造成的死亡。非正常死亡由于其死因并非意料之中而是出乎意料之外,故而带有极大的偶然性。这正是人们恐惧死亡的地方。因此,被人们视为"凶死",最是为人所忌讳。

到现代社会,尤其是中国,人类对是否疾病属于非正常死亡、如何区分自然与非自然死亡并不十分关注,人们对死亡样式关注的核心在于以独有的死亡价值标准来理解和划分的"好死"与"凶死"之辩。这在中西方两种文化体系中都是常见的。

(三) 中外民俗中死亡方式的态度取向

早在先民时候,人们对这两种不同方式的死亡都是持相反态度。现今,在不少较原始的民族习俗中都隐约可见其对待两种死亡的不同价值倾向。如生活在东尼泊尔的林堡人的习俗中,明显表现出对老死和病故的正常死亡同偶然事故和难产的非正常死亡有极不同的态度。② 在林堡人看来,起初,上帝用金和银造人,却不能使他说话。如果上帝以最初的创造而履行其职责的话,那么,人类社会有永恒的生命;但作为能够说话的代价,上帝给予人类以死亡。因而死亡是不可避免的,然而死亡的方式却各式各样。因此,由年迈和疾病引起的正常死亡被认为是不可避免的,认为是神的作用,而不认为是神没能创造一个完善的人类的结果。而那些因暴力事件、意外事故或难产所致的非正常死亡则归咎于人们的过失,这些人受到邪恶的幽灵的诱惑,出于对生者的嫉妒,这些幽灵们使人们夭折身亡。在被适当地安葬其遗体并且受到一个时期的悲悼和一场祭祀的抚慰后,正常死亡者的灵魂达到了死者的境界地,非正常死亡者的灵魂则羁留在世上,在他的家附近或死亡之处徘徊游荡,以骚扰或折磨那些当地的生者,并且出于嫉妒,他会使生者同样死于非命。因此,在死亡仪式上,两种死亡受到截然不同的对待,根源在于人们对两种死亡的相反的倾向性。

---

① (德) 弗兰茨·贝克勒等编:《向死而生》,张念东、裘挹红译,38页,北京:三联书店,1993。

② 南川、黄炎平编:《与名家一起体验死》,296页,北京:光明日报出版社,2001。

对死亡的方式的对待，到西方中世纪发展为一种死亡类型学说，认为"死亡是多种多样的，并非只具有否定意义。这就帮基督徒们给自己做了定位。最主要的是，死亡应伴随着圣事，这就是'好死'；与之相反的是'坏死'，其中排在第一位的是暴死。其实，信徒们最大的不安，便是没有举行教会的圣事就死去"。在中世纪人们看来，意外死亡就是一种"凶死"：家庭事故、工作事故、交通事故——这些遭遇并不令现代人感到陌生——令那时的人们倍加提防。比如说，旅途中，死亡时刻窥视身边。突然遭遇一次失事，没有忏悔礼，没有领圣体礼，失去举行所有临终圣事的机会，草草地下地狱，这就是让旅行者和水手们担心的地方。他们的亲属们害怕找不到尸体来掩埋，怕看到自己消失了的亲人变成幽灵。因此，当亲人或丈夫出去旅行时，不管是在水上还是在陆地上，都可以虔诚地朗诵一种适合用口说的祷告，这能保佑他们避开水火，避开雷电风暴等。在睡梦中死去也被视为一种暴死。"对这种死法的恐惧成了信徒们最大的不安之一。因此，人们用圣水来小心保护睡眠中的人，家里的女人总会在卧室里用一个专做此用的'桶'来存放几滴圣水。每个人都在睡觉前小心翼翼地请求上帝不要让自己在睡梦中死去。"①

在我国民间信仰中，对于非正常死亡，民众一反从容的态度，既十分害怕，又十分厌恶，唯恐避之不及。这些被人所惧怕、所厌恶的死才是真正的、彻底的死、永久的死，也就是凶死。

民间的观念里，"凡是'凶死'的人，其灵魂也是恶的，他的尸体不能同本族人的尸体埋在一起，往往另埋葬在一处"②。可见民间对凶死者的鬼魂是非常恐惧的。贵州的水族，人们称非正常死亡的人为"反面死"者。例如，被雷击死、上吊死、溺水死、难产死等，都谓反面死者。人们认为，凡反面死的人，都是"前世有罪"的因果报应。而对于反面死者，不许把尸体运回家，不梳洗净身，就地给死者穿上白色衣服，以木匣装尸后抬到适当的地方停放待葬。对反面死者不举行任何葬礼。只择吉日进行"火化"之后，收其骨灰、择地埋葬，但不能葬入集体坟地，以示区别。贵定县苗族称非正常死亡者为野鬼。死者不能停灵于堂屋，也不能土葬，

---

① （法）达尼埃尔·亚历山大－比东：《中世纪有关死亡的生活（13～16世纪）》，陈劼译，28页，济南：山东画报出版社，2005。

② 李仰松：《谈谈仰韶文化的瓮棺葬》，《考古》，1976（6）。

只能火化之后拣骨埋掉。他们认为非正常死亡是因为恶鬼缠身而死,如果将尸体埋在地下,以后亡人的魂魄会出来害人,故须将尸体烧毁,把缠身的恶鬼烧死之后方可埋葬。

东斯拉夫人对待死人的态度同样取决于死亡的方式:因生病、年老而自然死亡的被认为是"清净的",对这一类的死者不分年龄和性别都被认为是"亲人"。因暴力致死或非自然原因死亡的死人,如被杀者、自杀者、溺水者、醉死者等被认为是"不洁净的",人们对待这两种死者的态度截然不同:"洁净的"死者——"亲人"受人们的尊敬;而"不洁净的"死人,则使人人立生惧怕感,因而要尽力设法使其不能为害。①

俗信中,由凶死者所变之厉鬼、恶鬼,以整个人类为祟害对象,并不因其与被祟害者关系亲疏而有何差异。因此,这类鬼魂引发的恐惧情感尤为强烈。如汉族对溺死过人的池塘、河汊,就非常忌讳,绝对不允许人尤其是孩子到那里去游泳。据说溺死在那里的人变成了凶猛的水鬼,要拖人下水溺死它才能获得解脱。

非正常死亡者,因是被迫而死的,死之过程便有尽力挣扎的行为,一般都是极为痛苦的,其面目及表情自然也是狰狞恐怖的。死后又遭众人鄙视,得不到应有的礼遇。更为重要的是,不能顺利转世,需寻找替身,让另一个人也死于非命,被人视为厉鬼、恶鬼、野鬼。因此,不怕死的中国人对于此类凶死十分惧怕,这是真正的死亡,永无出头之日的彻底死亡。

---

① (俄罗斯)A·H·拉夫林:《面对死亡》,成都科技翻译研究会译,529页,呼和浩特:内蒙古人民出版社,1997。

第三章　向死而生

在世上难免一死的生物中，人是唯一意识到有死的生物。唯有人十分自觉地在面对死亡，视生命为有始有终。而且，唯有人认为死亡是一个难题。正如曹操所言"千古艰难唯一死"。人能预见到自身的完结，意识到死亡是随时都能发生，同时，又要去克服死亡这一难题。"因而，（个体对群体）要采取措施以免遭灭顶之灾，这是几千年来人们在社会上共同生活的重要职能，并且一直保留至今。"① 死亡意识是人类历史与文化进步的内在动力。

就内在结构而言，死亡意识包括死亡的恐惧，死亡态度，濒死体验与临终心理，死亡观念（包括死亡价值、死亡意象）。就其层次结构而言，死亡意识包括3个层面：最低的是非理性的日常状态的死亡心理、情绪体验、风俗习惯等；理性的观念层次包括死亡的概念、理论体系、死亡哲学等；最高层次是死亡的超验层次，包括死亡的信仰、宗教等。以上的死亡意识的3个层面也叫做死亡意识的自发状态、自觉状态和超验状态等3个层次。

第一节　死亡与生命觉醒

热爱智慧的人们，把自我意识看成是人类智慧的最高境界。在古希腊，古老的德尔斐神谕告诫人们："认识你自己。"这个神谕永远提醒和鼓励人类去探索自身的奥秘。殊不知，这个神谕是从特拉普修道者的一句问候语转化而来的。这句问候语是："记住，你将死去。"也就是说，记

---

① （德）弗兰克·贝克勒等编：《向死而生》，张念东、裘挹红译，401页，北京：三联书店，1993。

住你将死去，意味着认识你自己。鉴于这种认识，西塞罗认为，智者是用其整个生来准备死。

生命觉醒始于死亡发现，基于不死渴望，通过文化创造达到对死亡的超越。

一、发现死亡

所谓死亡的发现或发现死亡，有两方面涵义：一是个体对死亡的自觉意识。人之外的生命没有意识，也就谈不上对死亡的意识；无知状态下的个体也不会意识到死亡，更谈不上死对生的意义。"一旦知道死，童年就算逝去了。"[①] 可见，自觉意识到死的本质与意义是人走向成熟的重要标志；二是指个体对"我的死"的意识。这是死亡的最终发现。寻常状态下，人们只是站在旁观者角度去对待他人的死，却无法领会到"我的死"。

死亡的发现之旅经历了三个阶段，或包含3个要素：时间的发现、他人之死、我的死。

（一）时间意识

1. 伤逝

死亡的发现始于对"逝"的领悟，而逝则见于死亡意识与时间意识不可分。在时间的领悟中，伴随着时间的流逝的是生命衰老的痕迹。如孔子站在长江边上发出的万古叹息："逝者如斯，不舍昼夜。"

贺知章一首回乡诗正是表达了人们这种光阴易逝、时光难驻的情怀。"少小离家老大回，乡音无改鬓毛衰。儿童相见不相识，笑问客从何处来。"这首诗明白如话，相当通俗。然而，其中蕴含的情感却令人荡气回肠，泪如雨下。这还乡的欢乐，儿童的亲切和天真，对家乡持久不断的思念，特别是人生易老的感怀，足以让人悲喜交集，使情感达到难以言说的沉重。喜气中透露出悲凉，轻松中隐含沉重，最巧妙地表达了还乡情感的辩证法。所以，我们说，近乡情更怯！更为重要的是，还乡本是回家，但自己却已是客，表面上是现实身份的变换，实质是对人生如寄的感怀，如人们常说的："梦醒时分身是客。"

在自己的家乡有伴我们一起成长的斯花、斯柳，有与我们共享时间的

---

① （德）弗兰克·贝克勒等编：《向死而生》，张念东、裘挹红译，129页，北京：三联书店，1993。

老街、老屋、小河、山丘，在这些记录着我们生命痕迹的事物上，我们更为容易感受到岁月的流逝，生命衰老，死亡的真实，更真切不过地领悟到时间在生命中的意义。正如李清照在《金石录后序》中用"墓木已拱"来表达逝者去后的无情岁月。《世说新语》中有"木犹如此，人何以堪"的浩叹，树木在生长，人在衰老或亡故，生存论的感怀和时日不多的思虑真叫人难以承受。

2."时间"的产生与变迁

人类的时间意识并非从来就有。就整体而言，时间意识有一个发展变化的过程，它与人类历史的发展相关联；就个体而言，个人时间意识也并非生来就有，它是伴随个人的成长而产生的。

时间意识的最初形态是循环时间观念，它出现在原始人中间。原始人生活在"圆圈"中，他们把世界想象成一个"循环轮转"的世界，正是这种神秘的时间意识使他们产生了祖先崇拜和泥守传统的习俗，也使他们产生或普遍接受再生、复活或死亡可以逆转的信仰。

对于远古意识来说，生命的流逝（乃至一般时间的流逝）不是直线过程，而是循环过程。这个过程的主体不是个体，而是部落、公社。无文字氏族的人一般都不知道自己的个体年龄顺序，并且认为这无关紧要，对于他们来说，只要说得出集体年龄，即自己属于某一年龄阶段和长幼辈分（一般用谱系术语表示）之类，这就够了。在没有身份证件制度的氏族中，人种学家在询问年龄时，至今仍常得到这样的回答：谁算过我的年纪？古代的成年仪式也是以群体方式进行的，以重新命名方式肯定的"自我"新生和"故我"的象征性死亡，使个体存在的连续性成为问题和模糊不清。

循环时间是作为整体时间而存在的，而一维时间则是以具体事物为主体存在的。

一维的时间形态观念出现在人类发展到私有制社会之后，它是随人类意识的发展及对世界的认识走向深入才出现的。到了近代伽利略使用钟表计时，时间取得了更加精确的量化形式。一维时间使得人们更加切近地理解生命由生到死的自然流程，从而强化生命的主体意识。一维时间使人们感觉到万物的不可久驻，生命的短暂与易逝及不可逆转，从而升腾出一种极普遍的时间意识。

"前不见古人，后不见来者，念天地之悠悠，独怆然而涕下。"陈子昂一首《登古幽州台歌》表达了人处于悠悠的时间长河中时，人的生命却如此短暂的寂寞无恃。登台远眺，茫茫宇宙，天长地久，人生孤旅，不禁孤单寂寞，悲从中来，怆然落泪。真的是"生年不满百，常怀千岁忧"。《楚辞·远游》："惟天地之无穷兮，哀人生之长勤；往者余弗及兮，来者吾不闻。"

实际上，"一维时间"的出现使人领会到"人生一世，草木一秋"。但是，循环时间却依然存在于我们的意识中，甚至可以说，人们对时间易逝的某种程度上的反抗来自于循环时间的存在。"离离原上草，一岁一枯荣，野火烧不尽，春风吹又生。"天地万物循环往复以至无穷，难道这不也是一种普遍意识的时间存在吗？在农业社会，"日出而作，日入而息"，直接就是人们的生命活动的方式。人们面对的是循环永恒，以至人的生命也是如此，"子子孙孙，万世不竭"。海德格尔的乡愁情绪不正是步入工业社会之后，由于人们对循环时间的遗忘而产生的一种向往吗？一年四季，昼夜交替，既从某种程度上缓解了对死亡的恐惧，也产生了人们面对对立时间的内心焦虑。这种焦虑缘于事物是循环的，而人生则是一维的。

朱自清在他的散文《匆匆》写到："燕子去了，有再来的时候，杨柳枯了，有再青的时候，桃花谢了，有再开的时候。但是，聪明的你，告诉我，我们的日子为什么一去不复返回呢？——是有人偷了他们罢？那是谁？又藏在何处呢？是他们自己逃走了罢？现在又到了哪里呢？我不知道他们给了我多少日子，但我的手确乎是渐渐空虚了，在默默地算着，几千多日子已经从手中溜去了，像针尖滴水滴在大海里，我的日子滴在时间的流里，没有声音，也没有影子，我不禁'头涔涔而泪潸潸了'。"

人类时间意识正是在这种"循环——一维—综合"的辩证过程中，内在地将生与死统一起来。

3. 个人时间

一维时间最关键的是"个人时间"的发现。苏联哲学家科恩提出"个人的时间"概念。科恩认为，个人时间的发现是个人自我意识成长的结果，也是由于意识到个人的存在的有限性并从而意识到个人应该在其有限的一生时间内使自己的才能获得实现。

个人时间的发现使个人成为时间的主人，从而提高了个人的自由度。人可以掌握时间，可以通过自己的活动来加快时间，这样，时间从上帝的财产变为人的财产。另一方面，时间在人们心目中成为一种可丧失的物质的东西，时间同个体异化，把它的节奏强加于人，使人手忙脚乱。因而，又扩大了人的不自由度，时不再来，人要赶快，但不是因为他愿意赶快，而是因为他怕来不及，他怕落后于人，"错过了时间"。

这种个人的时间感使人以新的方式提出生与死的关系问题。它使得人须在自己的时间内处理生与死，而不是交由外在的神秘的力量或集体。

个人时间的发现，使得善终有了新的尺度，即寻求加入永恒的世俗方式（如通过身后的名誉），善终实质上表现了新的时间感和生命价值感，是通过积极生活的理想解决的，这种生活的重心已经不在现世生活之外，而是在现实生活之中了。养老与死何者优先的问题的争论导致一个结论：生善死善，生恶死恶。时不我待、时不再来的观念把对死亡的思考和恐惧之类引向积极的方向。同时，由于意识到死的绝对性和不可避免性，人更加关心自己唯一的现世存在的意义和方向。死的意义的问题变成了生的意义的问题，如斯宾诺莎所言："自由的人绝少思想到死；他的智慧，不是死的默念，而是生的沉思。"[①] 生的意义的问题一旦带有世俗的色彩，立即被移植于实践的土壤，产生怎样生和做什么的问题。

时间的发现意味着人们觉察到易逝的无常，意味着明晨将临，甚至意识着明晨肯定来临，也代表着人们在等待、期待着什么。时间本身既使人深切地领会到"逝"之必然，逝之无情，也使人产生一种期待，一种向往，这种期待与向往又反过来令我们无视时间的不可逆并产生一种永恒意识。

时间意识催人惊觉，"人生一世，草木一秋"，人生如梦。这些感悟并非虚无主义，而是基于人生短暂易逝的死亡意识，它所蕴含的恰恰是一种积极的思想，真切表达了人类渴望不死的深刻体验。

时间就是生命。梁实秋在《时间即生命》中说："最令人怵目惊心的一件事是看着钟表上的秒针一下一下地移动，每移动一下，就是表示我们的寿命已经缩短了一部分，再看看墙上挂着的可以一张张撕下的挂历，每撕下一张就是表示我们的寿命又缩短了一天。因为时间即生命，没有人不爱惜他的生命，但很少人珍惜他的时间。如果想在有生之年做一点什么事，学一点什么学问，充实自己，帮助别人使生命成为有意义，不虚此

[①] （荷兰）斯宾诺莎：《伦理学》，第四部分命题，第六十七，贺麟译，北京：商务印书馆，1997。

行，那么，就不可浪费光阴。"于是，如鲁迅先生所言的，产生了"赶快做的念头"，"要赶快做的想头，是先前所没有的，就因为在不知不觉中，记得了自己的年龄"[①]。

(二) 他人的死

1. 旁观他人的死

在印度史诗《摩诃婆罗多》中，达摩问年轻王子优底提罗："一切世上惊奇的东西，哪一样最是让人惊讶的？"优底提罗的答复令达摩很满意，他说："每个人都看到所有身旁的人逐一死去，却没有人相信他自己也会死。"

他人的死，首先是旁观，将死亡对象化处理。如同海德格尔所说，在日常生活中，通过各种仪式和告别、瞻仰祭祀活动，死亡变成了我正在处理的日常事务。这种对象化处理之后，已经与我没有关系，在意识中，我与死亡的联系已经切断。人皆有死，张三是人，所以张三会死。我们习惯于这种推理的思维方式，但这种推理却是把我排除的伪全称命题。

生活中，我们也时常看到这样的场面：村里或社区刚死了人，我们亲戚朋友去吊唁，气氛很是凝重，甚至压抑得透不过气来。但仪式再复杂也有结束的时候。走出灵堂，我们依然进行着正常的日常生活，依旧欢声笑语，地球照常运转，生活继续进行，风继续吹，一切依然如故。甚至在吊唁仪式守灵的时候，人们为了排遣难挨的夜晚，会搞些娱乐活动，比如听戏、打牌等。一边是躺在棺木中的死者，一边是充满生机的人群，表面上极不协调，其实又是极和谐。正如陶渊明诗中所述的："亲戚或余悲，他人亦已歌。"毕竟，死亡是他人的死亡。

然而，对象化处理死亡也是一种策略，一种摆脱死亡恐惧阴影的策略。虽然，每个人必死无疑，无法抗拒，但我却未面临死，为何要让死亡纠缠自己？对象化处理死亡，使死亡远离我们，这未必就是自欺。况且，对死亡作对象化处理，目的只是不让自己的日常生活处于死亡的阴影之下。

人们以另外的方式去熟悉与接近死亡，比如科学、艺术和游戏等形式。这种形式对死亡作对象化处理，以某种给人以愉悦的方式让人接触死亡。

[①] 《鲁迅全集》，第6卷，609页，北京：人民文学出版社，1973。

更为重要的是,他人的死成为我们思考现实、干预世界、处理问题的重要依据。在当代高科技时代,发生在任何一地的死亡事件得以鲜活生动的画面出现在我们视界,使我们更加真切地了解世界正在发生着什么,将会发生什么,成为人类共同关注并一致行动的内因。战争、海难、灾害等,不仅考量我们的生命价值观,也在拷问我们的生存方式。

2. 直面他人的死

"他人的死"也有其不同结构,包括陌生人的死、朋友的死与亲人的死。

"有时,在我们生活中有死亡来临,尤其是某个我们熟识的、与之有联系的,而且也许是我们热爱的人陷入垂死,说不上哪一天,死亡就会夺走他的时候,那时,我们才惊恐地发现:这个我们热爱的人,这个现在突然死去的人却是我们自身生命的决定性的部分。因此,随着被热爱的人的死亡,我们自身中有一些东西与之同归于尽。他的死深深地袭击了我们,致使我们共罹苦难,致使我们这些暂时还活着的人中存有一种垂死。诚然,这不是任何一种垂死,而恰恰是这种垂死,即这个朋友,这个为人热爱的人的难以理解的死。"[①]

1981年诺贝尔文学奖获得者、西班牙作家伊利亚斯·卡内蒂说:"我才40岁,可逝去的每一天,我几乎都要获悉熟人去世的消息。随着如水的流年,死鬼逐日增加,死亡已潜入每时每刻,每分每秒。到头来怎能不叫人以死为最后归宿呢?"[②]

这时,死亡可能因之与我们接近,我已不完全是一个与死无关的旁观者,他人的死反倒成为一种难以接受、难以理解的事实,甚至朋友的死、亲人的死已不再是一种事实。这样的表现正是死亡的眼由远处到近处接近我时的情形,先前那种对象化、冷静而客观的死亡观感不复存在。

1989年,沈从文先生去世。直到沈先生辞世8天后,国内媒体才报道他去世的消息。巴金先生获悉,沉重致哀,他说:"没有一滴眼泪,悲痛都在我心里,我也在埋葬自己的一部分。那些充满信心的欢聚的日子,

---

[①] (德)弗兰克·贝克勒等编:《向死而生》,张念东、裘挹红译,431页,北京:三联书店,1993。

[②] (德)弗兰克·贝克勒等编:《向死而生》,张念东、裘挹红译,146页,北京:三联书店,1993。

第三章 向死而生

那些奋笔和辩论的日子,都不会回来了。没有哭泣,没有呼唤,也没有噪音惊醒他,人们就这样平静地跟他告别,他就这样坦然地远去。"①

"死亡撕碎了我们生活日常表面现象——自欺,死亡把我们带到了极端的真理面前,我们对其他人的死共罹苦难,我们也随之开始注意我们自己的未来的死。"② "凡人皆有死,我是人,我也有死。"这就是费尔巴哈所说的,"最残酷,最摧心的真理就是死"。他人的死构成了我处于其中的直接现实,死亡逼近我,令我不得不思考生与死的永恒真谛。由"他人之死"开始起进入到"我的死"。

藏传佛教有一个芥菜子的故事,正是表达了我们如何从他人之死中领悟生死真谛。相传乔达弥是一位生长在佛陀时代的少妇。她的第一个儿子在1岁左右就病死了。乔达弥伤心欲绝,抱着儿子尸体在街上奔走,碰到人就问是否有药可以让她的孩子复活。有些人不理会她,有些人嘲笑她,有些人认为她发疯了。最后碰到的一位智者,告诉她世界上只有佛陀一个人能够为她施行奇迹。

因此,她就去找佛陀,把儿子的尸体放在佛陀的面前,说出整个过程。佛陀以无限的慈悲心听着,然后轻声说:"只有一个方法可以治疗你的痛苦,你到城里去,向任何一户没有亲人死过的人家要回一粒芥菜子给我。"

乔达弥很高兴,立刻动身到城里去,她对每户人家说,"佛陀让我从任何一户没有死过亲人的人家拿回芥菜子。"

"我们家已经很多人过世了",第一户人家回答。她于又走向第二家,得到的回答是:"我们家已经有无数的人过世了"。她又走向第三家、第四家,向全城的人家去要芥菜子,最后终于了解佛陀的要求是无法办到的。

她只有把她儿子的尸体抱到坟场,做最后的道别,然后回到佛陀那里。"你带回芥菜子了吗?"佛陀问。

"不!"她说,"我开始了解您给我的教法,悲伤让我盲目,我以为只

---

① 乌尔沁:《老人——中国当代老年人形形色色的暮年生活》,87页,北京:西苑出版社,2000。

② (德)弗兰克·贝克勒等编:《向死而生》,张念东、裘挹红译,432页,北京:三联书店,1993。

有我一个人受到死亡的折磨。"佛陀问:"你为什么又回来呢?"

她回答:"请您开示死亡和死后的真相,我身上是否有什么东西是不死的?"

佛陀开始对她开示:"如果你想了解生死的意义,就必须经常如此反省:宇宙间只有一个永不改变的法则,那就是一切都在改变,一切都是无常。令郎的死亡帮助你了解我们所处的轮回世界是无法忍受的苦海。脱离生死轮回的方法只有一个,那就是解脱之道。因为痛苦使你准备学习,你的心也已经打开大门迎向真理了。"①

这故事告诉我们:接近死亡,可以带来真正的觉醒和生命观的改观,以至最后接受死亡,直面自己的死亡。

(三)我的死

1. "我的死亡"是真正的死亡

那摧心的残酷的真理是在"我之死"的发现中被揭示的。

面对他人的死,甚至目击他人的垂死过程,也只是他人死亡的旁观者,仍然经历不到真正的死亡。死亡虽然对我们表现为一种丧失,但实际上真正的丧失远远不是我们这些遗留者所经验到的。这种丧失,我们并不是在本然的意义上经历他人的死亡过程。我们最多也不过是"在旁"。即使假定我们也能以同情的态度把他人的死亡"从心理上"自认为了解清楚了,甚至感同身受,或恨不能替他去死,但这种凭猜测和想象而获得的死亡观念也是不真实的。

死亡,总是"我自己"的死亡,每一个人向来必须接受他自己的死亡。按海德格尔的说法,只要死亡"存在",它依本质向来就是我自身的死亡。这就是说,不仅人的死亡一般说来就不同于其他事物的消失,而且,人的死亡完完全全是个别性的,不可重复的。我的死不同于任何人的死。我的死只是我自己所独有的。这是不能从对他人之死的观察中了解死亡的根本原因。

加缪说过:"自由只有一种:与死亡携手共赴纯净之境,于是,一切都不成其问题。我无法强迫谁信仰上帝,信仰上帝意味着接受死亡;一旦

---

① (美)索甲仁切波:《西藏生死之书》,郑振煌译,39页,北京:中国社会科学出版社;西宁:青海人民出版社,2002。

你接纳了死亡,上帝的问题也就迎刃而解——而不是相反。"①

赫伯特·普吕格《人和人的肉体》一书中指出:"每个人都从自己的经历中了解到熟人或生人的突然死亡,如中风、心肌梗塞,就属于此列。还有致死性的肺堵塞和致死事故。"②

2. "我的死"来自于自我,这个具有意识的"自我"

其他事物,甚至其他人,甚至我们所爱的人的死亡,使我们悲哀,而且自然会使我们敏锐地意识到那种事情也在等待着我们,但只有这种关于我们自己最终将灭亡的意识才使我们恐惧。濒临死亡,最终死去,不再存在,化为乌有——为什么要有这种绝对的灾难?为什么要把这样的灾难降临到人生最美好的事物之上?牲畜是幸运的,它们虽然也害怕,但并不知道它们所害怕的是什么。我们却知道所怕的是什么,没有人对我们隐瞒这种灾难。我们像一个被带往绞刑架的囚犯一样,十分清楚地知道这种灾难。

每个具有正常思维的人都能意识到,对于死亡的恐惧感正来自于"自我"。注定要消灭的正是这个具有意识的"自我"。这个所谓"自我"的东西,哲学家名之为"心灵"或"精神",神学家名之为"灵魂"。"自我"是事物的真正核心,是实在的真正中心。"自我"以外的其他一切他物,在不断发生变化,只有那个"自我",在时光的流逝中,在经历了一切变化之后,始终保持自身的同一;当它发生变化的时候,也就是自身灭亡的时候。因此,他人的死,似乎与这个"自我"并无多大关涉;要是"自我"灭亡了,天地万物的存在对"自我"的所有者来说也就没有意义了。

3. 认识"自我"就是认识"我的死亡"

人对自身的认识,不断强化了对死亡的意识;与此同时,人对死亡的意识,又促进了对自身的认识。在罗马国家博物馆里,有一幅古老的用马赛克镶拼出的巨型图画,图画上与其说是一个活人,不如说是一个死人,他已形销魂散,毫无生气,血和肉、运动和生命正从他身上消逝,一切都

---

① (德)弗兰克·贝克勒等编:《向死而生》,张念东、裘把红译,125 页,北京:三联书店,1993。
② (德)弗兰克·贝克勒等编:《向死而生》,张念东、裘把红译,389 页,北京:三联书店,1993。

指向死，他的活也只为说明死。人像的下面是大写的希腊文：认识你自己。这整幅图案似乎是一面镜子，用直观形象唤醒人对死亡的意识，旨在让人更好地认识自身。这时，"死不是被理解为一般的认识对象或最重要的认识对象，而是被理解为一切认识的根本对象，'记住，你将死去'与'认识你自己'是同一性说明，每一认识都旨在认识将要死去及必然死去。在此，死被考虑为涉及认识本身的一个事件"①。死不仅是认识对象，而且左右着认识本身。通过死的意义，人可以更好地认识自己的生，以便更好地完善自我。

黑格尔在他的《精神现象学》中称死为思想之源，并且竭尽全力牢牢抓住死。他认为，在认识中，以某种东西是熟悉的为前提并以此满足，这是最常见的自欺欺人。人们漫不经心地谈论熟悉的东西，但并未获得新的知识和认识。存在于死之中的思之源泉具有强大的否定的力量，它可以使熟悉的东西不再熟悉，从而加以认识，使知识有所进步。畏惧死亡逃避毁灭的生命不是精神的生命，精神的生命承受死亡并在死亡中保存自己。他说："精神的生活不是害怕死亡而幸免于蹂躏的生活，而是敢于承当死亡，并在死亡中得以自在的生活。"②

二、不死渴望

从无神论者立场看，永生不死本身是不可能的，它本质上只能是一种幻想。但从很多宗教信仰角度来看，永生不死却是完全可能的；甚而至于，对他们而言，永生不死是必然存在的一种真实事物。因为对宗教信仰者来说，存在着理性的真实和信仰的真实两种不同的"真实事物"。他们也承认永生不死从理性上说荒谬不实，但却认为从信仰的角度看永生不死是非常实在的。严格来讲，任何超越死亡达到不朽的追求都只是一种信仰，在无神论者看来是虚构的东西，在信仰者心目中却是一种完完全全的现实事物。永生不死追求的基本条件是相信不死，坚决地、毫不含糊地相信不死。所以，我们在这里要考察的就是各种各样的永生不死信仰。

---

① 沈毅：《生命的动力意义——论死亡恐惧》，209页，杭州：杭州出版社，2001。
② （德）黑格尔：《精神现象学》，上卷，贺麟、王玖兴译，21页，北京：商务印书馆，1979。

（一）民俗的不死诉求

1. 存在来世的不死信仰

"随着人类自我意识的发展，由于人们在精神上不愿接受死亡，所以它越来越不被当作个人存在的终结，而被视为使他们产生根本变化的时刻；在变化时，生命会在死亡的神秘中获得新的实质，并在另一形式下延续，即迁入'死亡者的国度'；不死的灵魂从会死的肉体中分离，使它或归于神的宇宙存在之中，或过渡到阴间的个人生活。"[①]

人死变鬼，从阳世转入阴间，在阴间受苦或是享福，这是远古以来中国民间流行的一种基本的生死信仰。中国普通百姓不相信死亡是人生命的彻底完结，不相信人最终会沦入虚无，他们有意无意地相信，除了活人居住的世界，还存在着另一个死人居住的世界，人死后就转入这个世界。死亡不是人的彻底毁灭，而只是生命形态的转化，即由人向鬼的转化。鬼可以说是人的另一种生存样式，有了它，人就不会有死后一片空白的恐惧，活在世上和将要死去时也会坦然镇定得多。当然，如果不掺杂佛教轮回因素，他们一般不会认为人转变为鬼的过程可以倒转过来，它是单向的，不可逆转的，人不断变鬼，鬼却不能随意转生为人，阴阳两界还是有很大区别的。

延续至今的"事亡如事存，事死如事生"的顽强态度，很能表现中国百姓相信另一种生命形式的存在，相信另一个世界（阴曹地府）的存在。现代大量的考古发掘证实了这一点。中国古人早就有厚葬死者的传统。他们往往把非常珍贵的实物如生产工具、生活用品、金银财宝、甚至活物活人，尽其所能地埋入地下。这种厚葬行为不仅仅是情感表达的需要，而且更有着非常"实用"的目的，这就是他们坚信死人在地底下可以享用这些物品。

西安出土的兵马俑（有士兵、战车、成千上万的物资）非常突出地表现出当时人对地下王国生活的信仰。现代中国老百姓往往不再把实物埋在地下。他们除了为死者提供各式各样的美味佳肴外，还发明了许多的替代物（纸活）作为随葬品。常见的纸扎明器有布匹、元宝、房屋住宅、箱笼柜箧、车马随从，还有金山银山、摇钱树、聚宝盆等，甚至于有形象

[①] （俄罗斯）А·Н·拉夫林：《面对死亡》，成都科技翻译研究会译，124 页，呼和浩特：内蒙古人民出版社，1997。

逼真的收音机、电视机、汽车之类现代生活用品。

阴阳两界的分立是老百姓生死信仰的基本因素。他们就是通过对这样两个世界的信仰，消弥作为断灭的真正死亡，以达到事实上的永生。因此，要了解中国老百姓的生死态度，必然了解阴阳两界信仰。

既然相信生而为人，死而为鬼，生而居阳世，死而住在阴间，既然相信存在着活人与死人、人与鬼，阴间与阳世两种生存状态的划分，那么，非常自然地，就会出现各式各样的阴阳双方互通往来方式。

我们可以看到，这种人鬼信仰实际上是一种很自然、很易理解的永生不死信仰。这其中包含着一种对生存终将毁灭的无意识的否认，死亡不被看作是人归于虚无，而是被看作人转化为另一种"人"即鬼。因此，人实际上不会死，只会有朝一日从地上转入地下，从阳世转入阴间。作为断灭的死亡在这里被轻而易举地克服和战胜了。没有了沦为虚无的死亡，人理所当然地就实际上处于常存不灭的状态中。因此，人鬼信仰骨子里是一种人生不朽的信仰，一种恒久生存的信仰。人类自古以来就很少真正相信死亡（断灭）的存在，人类始终可以找到超越死亡或淡漠死亡的回避死亡方式。

2. 种族延续的不死诉求

人类对长生不死的追求，体现在生儿育女、现世享乐等世俗方式中。例如，在中国古代就有子女是"父母精血"合成的观念，因此，子女在父母亡故后仍然活着的事实，说明了作为父母的个体超越了个体生命的灭绝；而子子孙孙永远的繁衍，无疑是生命的环环相续、永不中断，从而超越死亡达到不死。

现代生物科学的研究表明，所谓"父母精血"，实际上是一种生命的"基因"，它借助于个体生命的繁衍自我，代代相传，相续相接，从而实现"不朽"。人类有"生"，必有"亡"。永恒的个体生命的延续实际上是不可能的。但是人们将子孙的延续存在理解为个人生命的延续，这就在某种意义上理解为个体的长生不死，在精神上实现了长生不死的目的。

"愚公移山"的故事便是典型的个体生命延续例子。某种事业通过家族子孙的繁衍，代际相传，万世不竭，使人的某种精神达到不死。而我们继承先驱者的遗志，延续他们未竟之业，则是在推动着生命的不死存在。

随生命科学的发展，个体生命可以通过器官移植达到续存。尽管，当前器官捐献还没有为大众所接受，但不久的将来，人类生命延续的观念的进步,通过捐献自身有用的器官来延续生命必将成为一种新的个体生命延续的世俗方式。

(二)宗教的不死诉求

1. 基督教的灵魂不灭与死而复活

基督教追求永生不死,表现为两种形式:一是相信灵魂不死;一是相信耶稣死而复活。前者是早期教会神学、中世纪神学乃至近代神学一贯的教导;后者是马丁·路德宗教改革后,尤其20世纪以来新教神学试图从《圣经》中恢复的不朽信仰。

灵魂不死源于古希腊哲学。死亡在西方很早就被广泛地看作是某种东西从肉体中分离出来,并进入另外的场所。最常见的就是把它说成是鬼魂,它居住于不同于人世的阴曹冥府。荷马在《奥德修记》中曾叙述主人公奥德修说,我真想拥抱我死去的母亲的魂灵,我三次向她跑去,心想抱住她,但是三次都像影子和幻梦一样,她从我手中溜走了。他很痛苦,一再追问,她母亲对他解释说,一般人死后都是这样的:人死后骨肉分离,魂灵就像幻梦一样飞走,到处漂浮。

到了后来,这种漂浮的魂灵就变为一种实体。毕达哥拉斯在其所创立的神秘学派中,强调灵魂作为实体被放逐于低级的肉体之中,肉体是灵魂的坟墓的学说得到信徒狂热的信奉。灵魂肉体分立在柏拉图那里得到完善,在中世纪成了神学用来阐发基督教教义的主要学说之一。灵魂在这里得到大大强调,成为神圣的实体。灵魂之所以是神圣的东西,不仅因为它从道德上说是纯洁的,还因为它与禁锢它的肉体完全不同,它自身是不死的。这种观念可能主要是由于对无生命躯体和有生命(有灵魂)躯体两者区别的思考,以及对人的精神能力的思考而产生的。基督教神学认为灵魂本身并不因为它自身是某种神圣物而不死,它的不死性来自上帝,是上帝恩赐于他的,神学家们尽力使灵魂不死观念与上帝观念相结合。与死而复活相连接时,就成为基督教自成一体的不死诉求。

当代新神学家云格尔在分析灵魂不朽时认为,灵魂不朽的逻辑是:"如果人将死去,因为而且只要他是肉体,那么,人不会真正死去这一结论显而易见,因为而且只要他不只是肉体,还是其他东西,是灵魂或精神。所以,不朽的灵魂(或不朽的精神)与其必朽的肉体相对立。"[①] 也

---

① 黄应全:《生死之间》,131页,北京:作家出版社,1998。

就是说，灵魂不朽注意到一个基本事实，人不只是肉体而且还具有超出肉体之上或之外的东西；他们也注意到人会死去的事实，因此他们就推论说人的肉体的部分会死，而非肉体的精神或灵魂部分却不会死。在我们看来这只是一种信仰，而在他们看来却是一种颠扑不破的"逻辑"。传统基督教在这个逻辑中加入了上帝恩赐或精神不朽这一因素，使灵魂或精神不朽不再是自然的，而是上帝的意志和作为。这样，信仰上帝和信仰灵魂不死就联结为一体，上帝成为永恒生命最后的和唯一的保障，没有上帝就没有永恒生命。

新教神学将永生诉求与耶稣死而复活相联系。《新约全书·马太福音》详细记叙了耶稣死而复活的神秘故事。进而解释指出耶稣的生不同于普通人（尤其不信上帝者）的生的地方在于，它是能够经历死后又从死中复活的生，因而实质上是能永生的生，能超越死的生，而信徒们如果虔信耶稣基督（从而也就是虔信上帝），耶稣基督就愿意让他们分有他的这种生，从而他们就会因此像耶稣一样从死中复活得到永生。

在神学家那里，死亡有两种，一种是无信仰者包含虚无的死亡（灾难性死亡），一种是信仰者不包含虚无的死亡。无信仰者的死亡就是作为断灭的死亡，作为彻底终结的死亡。而对于基督徒而言，"死不一定是灾难性死亡"，他可以通过建立与上帝的联系来摆脱这种死，信仰耶稣死而复活的人在承受死亡时并没有恐惧和痛苦，因为不存在断灭和虚无。由于有耶稣复活，上帝战胜了作为断灭的死亡，每个信仰上帝、相信耶稣复活的人，上帝将让他们也分有这种胜利，从而，虽然他们也必然走向终结，但终结只是永生的一个环节，而不是短暂一生的彻底中断。

2. 佛教生死轮回与解脱

获得永生的关键是如何克服死亡。所以，对死亡的分析解释是一切不朽信仰首先必须做的事情。与传统基督教把死亡解释为不朽的灵魂脱离必朽的肉体不同，佛教把死亡解释为转化，死亡成为佛教基本教义之一业报轮回说的必要组成成分，从而在实质上否定了人的必死性，肯定了人的永恒性。

在佛教看来，众生处于生与死的无尽循环之中，犹如车轮旋转不停一样。众生生死流转即不断地从生到死、从死到生循环不止的动力在于业力。"业"即行为或作为的意思，众生的行为和决定行为的意志，本质上都是"业力"。"业"有不同的性质，这就决定了报应的差异，死后来生就会在不同的境界中轮回。总的说来，存有3种"业力"，构成"六道轮回"。

佛家指出，人生通过"死"的环节虽然循环无穷，但每一生的性质却大不一样，由此分出了所谓"六趣"。一为"地狱趣"，它在空间上处于地层下面，内极尽恐怖、寒热之苦，人堕入地狱，命运就悲惨之极；二是"饿鬼趣"，它存在的地方在人间之内，但众生却看不见。人若死后轮回到此"趣"，就成为求饭食不得之"鬼"，备受饥饿的煎熬；三是"畜天趣"，它与人界同在，但与"饿鬼趣"不同，是众生见得着的，人死后入此趣，就会变牛作马等而受驭使屠宰之苦；四是"阿修罗趣"，它虽然也存在于人间，但处于深山幽谷之中，与世俗社会相隔绝，人死后若轮回进此趣，多成好斗、好争、好胜心强者，相互间充满仇恨，无时不在撕咬拼夺；五为"人趣"，此即人间的社会，它被分割成阎浮提等四大洲，各洲完全分离，不能沟通。人生在世间，亦如身陷"苦海"，受苦受难；六为"天趣"，此"趣"有繁杂的划分，是众生快乐的栖息地。

在《诸经要集》卷十九中，佛教还提供了一种可操作方法，判断人死后往生何趣：

"一验生人中，若作善之人将死时，先自足冷到脐，脐上犹温，而后气尽者，即生人中。二验生天上，若作善之人，头顶皆温，而后气尽者，即生天上。三验饿鬼，若自顶冷至脐，腰下犹温，而后气尽者，即生饿鬼中。四验生畜趣，若自顶冷至膝，膝下犹温，而后气尽者，即生畜趣中。五验生地狱，若自顶至足，足底犹温，而后气尽者，即生地狱中。六验入涅槃，若罗汉圣人入涅槃，或心或顶数日皆温者是也。"①

3. 道教徒长生不死

与其他宗教对死亡的克服不同，道教的超越是对死亡结局的否定。无论基督教还是佛教，虽然都以某种方式肯定了不死的生命，但它们都不否认人的肉体将要死亡。唯有道教则认为肉体可以不死并且加以认真实践。

道教认为不死的神仙不仅存在而且还有等级之分，认为神仙存在，人人都可以通过后天学习而成仙，达到长生不死的状态。

道教在理论上大多来自《老子》、《庄子》等道家著作，但在一个基本点上正好与道家背道而驰：道家认为自然不可战胜，人应该顺应自然；道教则认为自然过程可以逆转，人应该逆自然而动。现代研究者已清楚地

---

① 参见郑晓江主编：《中国死亡文化大观》，72~73页，南昌：百花洲文艺出版社，1999。

注意到这一点:道教是一种极端重视自然生命的宗教,它坚信只要通过人自己的积极努力,就可以永远保持自己的生命,就可以彻底战胜肉体死亡。道教有"我命在我不在天"的逆自然而动的信念。

道教在历史上有两种主要的超越死亡、长生成仙的途径,一是服用外丹,一是修炼内丹。

(三) 现代技术的不死诉求

科学,特别是医学科学的诞生和发展,使人们对死亡的恐惧大为减少。因为通过生命科学的方式,人类可以克服许多疾病对人类生命的威胁、抗拒人类寿命的短缩。传统医学对死亡的态度,是尽量保持人类的身心健康,延长人类的寿命,延迟死亡的到来。科学家探讨死亡的机理,企图通过对死亡机理的认识和理解,能够延缓死亡的到来,增加人类的寿命。

就现代生命科学所取得的理论成果,人类可以通过以下方式达到延长寿限的效果:

1. 过氧歧化酶与长生不老

随"人类基因组计划"的完成,将彻底揭开人类生长、发育、健康、长寿的奥秘,极大地提高人类的生存质量。科学家已发现在人体和动植物体内存在一种"超级基因",它既能指挥着生物体的免疫系统,又决定着人体和其他生物体的寿命。通过进一步研究,科学发现在各种生物体基因链上都存在着过氧歧化酶(SOD),而过氧歧化酶与人体寿命长短关系极大。分子生物学家兰克莱斯用霉菌做实验证实,在基因链中,过氧歧化酶的指令基因功能最强的霉菌所产生的过氧歧化酶寿命也最长。专家们相信,总有一天可以找到一把合适的"手术刀",在更先进的显微技术条件下,将人体基因链中的"超级基因"稍微改造一下,使它发挥产生出更多的过氧歧化酶,让人类红颜不老,青春永驻。

2. 死亡激素的控制与长生不老

为了探讨衰老和死亡的生物、化学机理,科学家们经过近百年的努力,已经产生了许多学科,如细胞膜损伤说、细胞遗传性损伤说、内分泌失调说。近年来又有人提出"死亡激素说",即人脑中的脑垂体可以定期释放一种类似"死亡激素"的化学物质,它能阻止或干扰人体内正常细胞利用甲状腺素。这样会使细胞不能利用甲状腺素而致使代谢能力下降,导致细胞逐渐衰老和死亡。每个人从青春期开始,脑垂体就逐渐释放这种"死亡激素",人体的细胞利用甲状腺素的能力逐渐下降,直到最终完全失去这一功能，死亡之神也就降临了。根据这种"死亡激素说"，一个人的生命犹如电影的一盘胶卷，人的一生就像在放电影，放映过程中激素起着开关的作用，其中"死亡激素"控制的是通向死亡之路的调节器。如果去掉"死亡激素"这个关键性的"开关"，那么人的"生命胶卷"就会"空转"起来，人的生命就将停止在某个阶段上，衰老就会与他无缘。

3. 利用固氮功能延长寿命

20世纪50年代，科学家在撒哈拉沙漠中发现了一股游牧民族图布人，他们每天只吃几颗椰枣，喝一点荒漠中的草根浸泡的浓茶维持生命，但身体健壮。同样，几内亚山区的山民，每天只吃一点蔬菜和山芋，最多加一点豆类及花生，每天每人所摄取的蛋白质仅22克，只是世界卫生组织规定的最低标准的1/3，然而，他们的身体却十分健壮，儿童的死亡率也很低。经过研究发现，这些人的肠道内有丰富的固氮菌，在体内可以吸收和固定空气中的氮气，继而合成蛋白质。于是，科学家设想有一天人也像豆科植物那样，具备"根瘤菌"的固氮功能的物质，人类就可以不吃饭而充分依靠大气中的氮气生存。这样可以免除现代人类的食物所引起的各种疾病之苦，从而延长人的寿命。

4. 冷冻复苏术

科学家认为降低体温对长寿有所帮助，人的体温降低，使细胞生化反应和新陈代谢减缓，氧与养料的消耗减少，生命运动的节奏减缓，寿命也会延长。低温环境可以使组织的活动能力显著降低。当外界温度降到一定程度时，机体的细胞既不会衰老也不会退化，处于"生命停顿"状态，因而使其生命得以永恒"封存"。一般认为生命停止活动的温度区间是 $-15\,^{\circ}\text{C} \sim -50\,^{\circ}\text{C}$，一旦能顺利通过这一段临界区域，则不管冷冻多长时间，该生命都将被安全地保存下来，而一旦获得解冻，就可能恢复生机。

冷冻复活的资料及科学家的理论解释，使得许多人对此寄予厚望，特别是一些绝症患者，企图求助于人体冷冻技术，让生命暂"冻结"起来，等待来日治愈绝症，起死回生。目前冷冻技术的发展，可以做到使寿命体长期保存而不出现机体的不可逆转的死亡性变化。有朝一日，当这项技术能够广泛应用于临床时，必定能使得人的寿命大大延长，从而不死的梦想成为现实。

5. 克隆技术与长生不死

克隆技术的诞生，对于人类追求长生不死、以致消除死亡的目的具有划时代意义。根据克隆技术理论，克隆出和某个人完全一样的克隆人是完全可能的，从而达到个体的延续，实现某种意义上的长生不死。假如人类整体上都能够通过克隆来延续，那么人类就可以实现消除死亡的愿望。但是由于在当前受到道德和法律的严厉谴责和严格的限制，通过克隆人来使个体的人长生不死目前是难以实现的。克隆人的企图刚一出现，就遭到包括美国和中国等许多国家政府的反对和拒绝。然而，科学家仍然企望利用这一20世纪末出现的伟大技术，达到人类消除死亡的目的。于是，一些科学家就提出克隆人的器官作为器官移植的供体，同样可以使人摆脱死亡。

科学家设想，一个人如果想长生不死，可以克隆一个自己的克隆人，作为自己器官移植的供体来源。但是，用一个发育成熟的克隆人专供他的母体自然人器官损坏时移植用，会在道德与法律上遭到障碍，也显得过于残酷。因为当这个自然人需要器官时，例如需要他的克隆供体人提供肝脏，那么显然就会导致这个完整克隆人的可怕的"突然死亡"。所以，可以把一个或多个的无性繁殖系用来作为来自同一核供体的备件来源。科学家们设想，到21世纪人们会发现，如果需要的话，人们可以在实验室制造一个"人"，这个"人"专门为他的无性系列伙伴提供"备件"。由此，我们也可以进一步设想，如果有人为了获得"备件"而利用人的无性系列，那么，他就不必要克隆完整的人，而仅仅是克隆他所需要的专门"备件"就行了。

这样，人体的其他器官病损后也能用此方式移植，于是个体的生命将会不断地借助克隆的器官而得到延续，达到长生不死的目的。

三、超越死亡

否定死亡、追求不死也许要算人类自古以来最强烈的一种冲动了。追求不朽就是超越死亡，就是获得永生，它从根本上来自于人对死亡至深的恐惧，来自于不愿相信死亡是人的必然归宿，来自于不甘让死亡夺去生存希望的不可遏止的情绪性要求，来自于对终生幸福的渴望。因此，不朽的追求在人类活动中占有极重要的地位，它是人类文化创造的根本动力之一。

（一）人的生命的超越本性

"人，只有人，倘使他是人本身（person）的话——能够自己作为生物——超越自己，从一个中心，可以说，空间时间世界的彼岸，把一切其中包括自己本身,变成他的认识对象。"① 弗洛姆指出:"人除了通过发挥其力量,通过生产性生活而赋予生命意义外,生命就没有意义。"② 人渴望不死,不是祈求外界或神灵的恩赐,而是通过自我主体的创造来克服自身的必死性来实现的,"人如果停滞在现实性中而不思突破其有限性,或者说安于现实而不思进取,那就是死亡而不是人生:停滞于感性中有限的东西,固然是死亡;停滞于一些固定的概念,那就叫做思想僵化,也是一种死亡。"③

而创造性完全不限于少数人的少数活动,它作为一种人要追求不死的诉求途径表现在人的生存方式与生活之中,它作为一种必然性根植于人本身存在的结构中,如同佛教所言,"担水劈柴,日日是佛。"

人类渴望不朽,然而生命又一如既往地走向死亡。没有任何生命是不死的。然而,人们在追求不朽的过程中从来没有放弃,这种努力所产生的结果就是文化的积累,它又反过来引导个体生命追求不朽,文化成了人的第二天性,是人的生存方式,从根本上表现和实现了生命的不朽。人之死不仅内在地关乎人之生,而且在人的文化本性上,人之死甚至先于人之生,正是因为人性化了的人先有了死亡的生命意识,才能使得人争取了不同于其他种类的生的姿态和生的方式,确立了人不同的生存信念,将生命力之"生"转化为了人类文化创造的"活"与"动",此谓之人的"生"与"活"。

死亡与再生的观念在文化史上是极为远古的观念,"人类生存中的每一决定性的步骤都涉及到某种内在的死亡含义,正如弗兰西斯·赫胥黎提出的问题'凡有渴望——此渴望存在于各种人类文化中——人就在想象着借助一种重建行为来摧毁它',摧毁与重建——即寻求永生性的死亡与再生的联系——都成为人类文化创造的核心方面,这一过程能使我们感到迫切需要改变自己的文化。"④ 死亡与丧失能引起人们的再创造与再更新。因此,帕斯捷尔纳克在《日瓦戈医生》中指出:"历史就是要确定时时代代关于死亡之谜的解释以及如何战胜它的探索。""历史是人类借助时代

---

① (德)马克斯·舍勒:《人在宇宙中的地位》,李伯杰译,34页,贵阳:贵州人民出版社,1989。
② (奥地利)弗洛姆:《为自己的人》,孙依依译,60页,北京:三联书店,1988。
③ 张世英:《希望哲学》,载《学海》,2001(3)。
④ 南川、黄炎平编译:《与名家一起体验》,51~52页,北京:光明日报出版社,2001。

的种种现象和记忆而建造起来的第二宇宙,并用它作为对死亡的回答。"①

(二) 文化的死亡超越本质

戴维科尔—戈登证明,在人类的死亡恐惧和它的文化成就之间有一种因果联系。在《克服死亡恐惧》一书中,他认为,一个人的一切所作所为,他的建造或创造,大部分是企图减轻他的处于遗忘状态的有意识或无意识的恐惧。正是人的必死性和有限性这一人类的苦恼意识,使得生和死的意义变得模糊不清,也正是这一点推动他们去创造、去行动。

文化的死亡超越本质是作为"象征永久性模式"存在的。巴霍芬认为:"死是生的前提,只有在此关系中,即在不断的毁灭中创造力才会生机勃勃,从而,生成与消亡是相互关联着的。"② 人类借象征永久性模式以对抗"活生生的死亡"这种渗透意识。象征永久性模式是需要内在意识的一种表现。此意识与以往发生的事和人等有限生物体的存在结束后将要发生的事是连续一致的,既承先又启后。永久性的意义就不仅仅是对死亡的否认,它来自于人在历史过程中产生的强制性的,提高生命价值的幻想。"人就可将其后代看作他生物学术语上的永生性,将其生命的劳作看作他社会的永生性,将其艺术——无论是健康、文学还是绘画——中的纪念物看作是一种文化的永生性的模式。"③ 这种永生性的意义在生物学上的表现就是通过人的儿子、女儿,以及儿子的儿子、女儿的女儿从而扩展到社会的各方面(宗族的、组织的、人的、国家的甚至种类的方面);在神学上,它表现在来世观或其他形式的从精神上征服死亡的观念之中;从创造性上看,它通过"作品"以及超生物学死亡的持续影响表现出来;从自然方面看,它通过与自然达到同一,通过它与无限扩展的时空达到同一表现出来;或从超验上看,它通过一种十分强烈的感情状态以至时间和死亡都消失不见表现出来。

斯宾格勒在其《西方的没落》一书中指出:"在对死亡的认知中,乃产生了一种文化的世界景观,由于我们具有这种景观,便使我们成为人类,而有别于禽兽。""人类所有高级的思想,正是起源于对死亡所做的沉思,

---

① (苏联) 帕斯捷尔纳克:《日瓦戈医生》,蓝英年、张秉衡翻译,90 页、133 页,北京:外国文学出版社,1987。

② 巴霍芬著:《原始宗教与古代的象征》,载于《文化的中国与世界》,第二辑,481 页,上海:三联书店,1987。

③ 南川、黄炎平编译:《与名家一起体验》,5 页,北京:光明日报出版社,2001。

冥索，每一种宗教，每一种哲学与每一种科学都是从此处出发的。"①

在中国儒学思想中，追求永生就是人的使命，"君子疾没于世而名不称焉"，强烈的不死渴望转化为对文化创造的诉求。胡适在其《不朽》一文中说，他跟随范缜的看法而不相信灵魂不朽，但他根据莱布尼茨的理论而推论，每个人的行动不论大小好坏，对别人都有永久性连续的影响，在此意义上是不朽的。文化就是一个载体，人对人的影响就是不朽的根本途径。佛陀的业报教义所指的，不是灵魂在死时向新的肉体投胎轮回，而是指所有人的行为的结果，都会从一代人转移到所有后代人的身上。

弗洛伊德主义认为，文化与文明是人的死亡本能升华作用的产物。诺尔曼·布朗在《生与死的对抗》一书中指出，无论古代的还是文明社会的经济，最终驱动力都是对死亡的逃避，正是它把生命变成了"生中之死"，"较高文明的成就就是将生命转变为生中之死，这就使人类做好准备去接受死亡"。就如同我们所看到的，人类的创造物都是没有生命的存在物，比如，金字塔、庞大的建筑工程、各种制造品等都是非生命存在，"对死亡的克服竟然以把现实的生命转移到不朽的然而没有生命的物体上为条件"。没有生命的东西才是不朽的、不死的。然而，人的创造又在这些没有生命的物体之中倾注了人的心血，赋予了它以生命和灵魂，非生命的存在因为有了人的渴望与追求而变成了生命的存在，"金字塔中蕴含着对永生不死的希望"，因此，"文明就是人类克服死亡的尝试"②。

众所周知，在人世间的一切艺术形式中，以坚硬、耐腐的石材为载体的艺术作品，能够抵抗千百年风霜雨雪的侵蚀，永葆其艺术生命，如希腊的神庙建筑、中国的莫高窟石刻和埃及的墓穴石雕，不仅象征和表现着永恒，而且当艺术家把自己的思想和生命融入这些艺术作品时，他们自己也便成了永恒。

诚如我国学者靳凤林所指出的："人是基于死亡意识而建构生存信念并使之外化为文化创造活动的综合的历史性此在。"而"文化是人性的主要表征和人类所独有的生存方式，是人类赋予自己的生命行为以尊严、价

---

① （德）斯宾格勒：《西方的没落》，陈晓林译，113页、305页，台北：华新出版有限公司，1976。

② （美）诺尔曼·布朗：《生与死的对抗》，冯川、伍厚恺译，302页、305页、317页，贵阳：贵州人民出版社，1994。

值和意义,从而超越死亡的基本手段"。①

(三) 文学艺术中的不死

文学艺术创造是文化创造的集中体现,诉求永恒的生命是艺术创作的内在动机。艺术家不懈地寻求艺术真谛和献身于艺术创作,就是为了否定死亡的现实和追求精神的永恒。德国美学家赫伯特·曼纽什指出:"一切艺术基本上也是对死亡这一现实的否定。事实证明,最伟大的艺术恰恰就是那些对死亡现实说出一个否定性的'不'字的艺术。"②

罗曼·罗兰说:"创造就是消灭死。"米开朗基罗认为,只有艺术才能超越于肉体和时间而不朽。他在《艺术家的工作》一诗中曾写到:"大人,什么是某些人长期劳动的结晶?为什么用粗石雕成的形象比它创造者的寿命更长,而曾几何时,艺术家却化为灰烬?什么事都有它的成因;艺术战胜自然,显得更加辉煌。我致力于雕塑,对此心里雪亮:艺术超越时间和死亡,万古长青。"

贺拉斯在他的第一首颂歌中指出,写诗这种职业和所有职业(商人、士兵、体育家等)一样,本质上是以自我牺牲和本能放弃为基本特征的。不过只要成功能使他"崇高的头颅跻身于星辰之中",那也是值得去干的。在《歌集》第三卷的结尾,他这样庆贺自己的成功:"我已经建造了一座比青铜更经久,比帝王的金字塔堆积得更高的纪念碑。无论雨水的侵蚀和风暴的吹刮都不能摧毁它,无尽的岁月更迭和时光的流逝也做不到这一点。我根本不会死的。"③"我根本不会死",怀着这种希望的人并不曾活着,他的生命已在征服死亡中耗尽,他的生命已经转移到那些不朽的书页中去了。

中国文化之所以经久不亡,与儒家思想中追求不朽的终极生命关怀息息相关。"三不朽"是中国知识分子的追求,立言、立行、立德无不体现在人们的日常生存方式中,"藏之名山、传之后世",为天地立心、为生民立命、为往圣继绝学、为万世启太平,这些都激励着中国人奋发向上,不断自我超越,由此推动中华文化的灿烂与绵延。

---

① 靳凤林:《死,而后生》,169~170页、326页,人民出版社,2005。
② (德)赫伯特·曼纽什:《怀疑论美学》,古城里译,222页,沈阳:辽宁人民出版社,1990。
③ (美)诺尔曼·布朗:《生与死的对抗》,冯川、伍厚恺译,306页,贵阳:贵州人民出版社,1994。

不朽的作品成为艺术家超越死亡的根本途径。命运悲惨的贝多芬并没有屈服于命运，相反，在几近绝望之处奋起，对死亡的恐惧激发他追求艺术的强大动力，对死亡的意识也更促进他对生命的热爱。贝多芬在遗嘱中写到："这一类的经验几乎使我完全陷入于绝望，我的不致自杀也是间不容发的事了。是艺术，就只是艺术留住了我。"艺术成为贝多芬最高的追求和最大的欢乐。他说，"牺牲，永远把一切人生的愚昧为你的艺术去牺牲！艺术，这是高于一切的上帝"，而"基督不过是一个被钉死的犹太人"。活着，是为了艺术。傅雷先生评述贝多芬的生涯时说，"耳聋，对于平常人是一部分世界的死灭，对音乐家是整个世界的死灭。整个世界死灭了，而贝多芬不曾死。并且他还重造那已经死灭的世界，重造音响的王国，不但为他自己，而且为着人类，为着'可怜的人类'，这样一种超生和创造的力，只有自然界那种无名的，原始的力可与之相比。在死亡里包裹着一切的大沙漠中间，唯有自然的力才能给你一片水草。"①

在所有艺术中，诉求永生意向以宗教艺术为最。它的一切艺术形式无不旨在渲染一种超越的精神。宏伟的教堂、金碧辉煌的壁画、庄严肃穆的音乐，尽在于超越有限的人生，以升腾灵魂趋归永恒。给人以一种神秘的美感。中世纪后期的哥特式教堂可谓将宗教艺术的神秘和崇高的美感特征表达到了极致。整个建筑物用细长的柱子和拱券支撑起来，显示出一种上升、高耸和缥缈的艺术效果。教堂内部：高大的柱子间是镶满彩色玻璃的大窗，辉煌而神秘，人置身其间有一种恍恍惚惚的感觉，在幽暗人生和皓皓天国的强烈对比中体验灵魂向彼岸世界飞升。

第二节　死亡恐惧

一、畏死体验

（一）何谓畏死体验

一般情况下，我们生活在日常状态：春夏秋冬、世事沉浮、潮涨潮消、花开花谢，生与死原本是处于极和谐平缓状态，我们或不知或习惯于

---

① 《傅译传记五种》，170 页、202 页，上海：三联书店，1983。

生生死死。而且，我们生活、学习、工作全都程序化，我们沉沦其中，生死不成问题。

但突然有一天，生死成了问题。生活中的一个偶然事件和偶然时刻令我们整个生活突然之间变得不那么清晰，变成一个巨大的谜。这就是畏死体验。

所谓畏死体验，就是生活中不经意的对于死亡的偶然发现或一次意外死亡事件（灾难）使我们洞悉到生命的无常、死亡的无所不在，进而产生的瞬间对人生实有状态的幻灭感与对人生的焦虑体验。

生死问题不同于科学问题。"3 + 2 = ?"是一个问题，但这个问题同提出这个问题和试图解答这个问题的个人自身没有直接关系。"3 + 2 = ?"是一个可以同时对许多人提出的问题，其答案为"5"也是一个对所有人都有效的答案。自然科学中所谓问题都无关具体个人的性质。相反，生死作为问题却必然是相对于具体个人而言的。我们人人都可能遭遇生死问题，但并非人人都实际遭遇了生死问题。这是因为，生死之为问题是我们每个活生生的人在实际生活中实际地碰撞上的，在我们没有碰上它的时候，它对我们而言实际上还不成为"问题"。生死成为问题是在我们生活中的某一偶然时刻，由于某种偶然事件的触发所致，因此，生死成为问题是我们每个人生活中的一种实际经历或体验。这种实际经历或体验的基本特点是，我们的整个生活突然之间变得不那么明白清楚，一下子变成了一个巨大的谜，生死问题便是个亟待解开的谜。

畏死体验不等于死亡经历。死亡经历是实际地经历死亡，有了这种经历，一个人也就彻底完结了，你也就不再有任何问题，更不会再需要弄清生死这样的问题了。而畏死体验只不过是对死亡的一种情绪性的认识，只不过是一次目睹死亡面目的恐惧经历。因而有过畏死体验的人并没有真正死亡，他仍然活着，畏死体验本质上仍然是一次生存经历而非死亡经历。正因为如此，有过畏死体验的人才会由对死的迷惑而返回来将对生的迷惑一起纳入了自己的人生问题之中，生死便作为一个令他骚动不安的大问号出现在他心中。

（二）畏死体验的存在形式

畏死体验包括：伤逝体验、衰老体验、情境体验、极限处境体验等。

1. 伤逝体验

孔子曾站在大河边，面对滚滚而去的河水感叹："逝者如斯，不舍昼夜!"东晋谢安《与支遁书》云:"人生如寄耳,顷风流得意之事,殆为都尽。""寄"即暂时驻留之意,"人生如寄"是说人如一旅店的房客,匆匆而来,倏忽而去,把人感受为匆匆过客。这是一种深刻的伤逝体验。

2. 衰老体验

中国人对衰老的体验远超过对死亡的体验。由于衰老之中寄有生存不断流逝的、无可奈何的人生怅恨,衰老体验总令人痛彻心脾。"锦瑟无端五十弦,一弦一柱思华年"的绵绵愁绪令人难以释怀。这种体验可能来自于不经意间的发现,比如人到中年后,突然有一天发觉自己身体不行了;或做儿女的在不经意间看到母亲头上生出白发;或有一天在站台边看到远去的父亲的背影时。这不经意间,我们发现了一个人的青春已逝、美丽不再、年华已老,一切美好的东西无法挽留,瞬间之际顿生的惆怅令人无法释怀,当我们回过头来反观当下时,我们会以完全不同的方式对待生活及我们生活中的人与事。

3. 情境体验

情境体验即当人处于某种特定情境中时,死亡可能不期而至进入我们的思绪。《红楼梦》中,作者对人世生存一往不归的"无常"哀感可谓空前绝后,尤以林黛玉葬花一章为最。黛玉一边葬花,一边哀怨:"尔今死去侬收葬,未卜侬身何日丧?侬今葬花人笑痴,他年葬侬知是谁?试看春残花落尽,便是红颜老死时。一朝春尽红颜老,花落人亡两不知!"林黛玉对红颜色易老、人生难再的哀伤,被贾宝玉闻知,引发了贾宝玉人生脆弱、终归虚无的死亡体验。在二十八回,作者这样写道:"不想宝玉在山坡上听见,先不过点头赞叹,次后听到'侬今葬花人笑痴,他年葬侬知是谁','一朝春尽红颜老,花落人亡两不知'等句,不觉恸倒山坡之上,怀里兜着的鲜花撒了一地。试想黛玉花容月貌,将来亦到无可觅之时,宁不心碎肠断!"

黛玉的葬花诗引发宝玉看到了一个平时绝不会看到的不可改变的可怕事实,这就是黛玉、宝钗等人的花容月貌、灵心慧性,终归"无可觅之时",自己也将沦入"无可觅之境"。宝玉所悲者乃是黛玉、宝钗等人与自己将会死亡,将会入于虚无,这正是畏死体验。

4. 极限处境体验

雅斯贝尔斯曾把面对死亡的处境称为"极限处境",身临极限处境的人会得到通常情况下难得到的认识。陀思妥耶夫斯基1849年12月22日因被判刑为政治犯等候处决；20分钟后，又得到赦免并代之以另一级的刑罚。然而，在两次宣判间的20分钟之内，他意识到死亡"确信无疑"地即将到来时，持续不断地产生过这样的念头："如果不死该多好啊！如果能把生命追回来，——那将是无尽的永恒！这永恒将会属于我！那时我会把一分钟都变成一辈子。"他在意识到死亡"确信无疑"地即将到来时，他最后2分钟想到的不是死，而是生，渴望不死，渴望以另外一种方式去生。如果能继续活下去，他将不再像过去那样随意打发时光，浑浑噩噩虚度光阴，他将珍惜每一分每一秒钟，把它们都化为永恒。这表明，最能促使一个人去思考生存问题以及生存与死亡关系问题的，是切身的畏死体验。

死亡是个大迷雾，但有两件事情是可以确定的：其一，我们总有一天会死；其二，我们不知道何时或如何死。因此，我们唯一可以确定的是不知道何时会死，而我们就把它当作借口，延迟对死亡的正视，我们就像小孩玩捉迷藏一样，蒙住眼睛以为别人看不到我们，畏死体验为人驱除这一迷雾，得以一窥真相。

（三）畏死体验对人生的影响

人生如梦，生命无常。这只怕是畏死体验令我们发现的最揪心的真理。我们的日常生活通常犹如身处梦中。我们按照前人和他人教给我们的方式忙忙碌碌地应付一件又一件的具体事件，对于人生全程及人生结局基本上茫然无知，正如一个正在做梦的人对于自己的整个梦境及自己身处梦境的状态基本上无所知晓一样。通常对于这种无视生死大问题的沉迷梦幻状态，一般的人生事项及其体验无法彻底把它打破，无法彻底"惊醒"我们。只有最极端的人生事项及其体验才能使我们突然间彻底醒悟过来。这一最极端的人生事项便是人生终将毁灭即死亡这一事项，这一最极端的体验便是死亡体验。

人类总是从反面、从否定自己的一面最彻底地了解自己。因为，反面、否定因素具有某种强制性，能够不顾人的软弱胆怯，强行把事物的真相显示给人。而这是往往一味迎合人的意愿爱好的正面、肯定因素所缺乏的。畏死体验之为畏，就表明它是强行降临到人身上的。人通常不愿看到人的结局。但是，畏死体验却打破通常的心理惯性，把人的可怕结局摆在他面前。畏死体验是对死亡的一种直接体验，它不是对人世间任何特定事物的恐惧体验，而是对空无一物的纯粹虚无的恐惧体验。畏死体验是对虚无的体验。正是这一可怕的体验惊扰了沉睡般的日常状态，把整个生死变成了一个我们不得不面对的问题。

于是，这一偶然但深刻的体验完全改变了我们自己，使我们的人生来了个急转弯。

2001年的"9·11"事件对于今天的人们依旧记忆犹新。它对人们的影响不仅在于恐怖主义及美国的国家安全战略，也不仅仅对于事件的亲历者与当事人，它使现代的人们深刻体验到生命的无常，从而使得"生命的价值"、"人生的幸福和快乐"、"怎样活着才更精彩"、"为现在活还是为将来活"等问题凸现。它在一个更深的层面改变了许多人的生活价值与生活方式。

"郑松，某国有投资公司项目经理。和多数城市白领一样，他一直生活得很有章法——毕业、深造、晋职、提薪……他努力学习，勤奋工作，享受着物质带来的快乐，也追求着'更有质量'的生活——华尔街的金融精英们是他的楷模，为了向楷模们靠近，郑松从未放弃过英语的学习，已过而立之年的他甚至有了出国深造的念头。在他看来，只要自己努力，就'一切尽在把握之中'。可是，一场突如其来、发生在美国的灾难改变了他的人生计划"。

"那天晚上，我在线上找资料，有朋友从QQ上传来消息，一架飞机撞击世贸大楼，又一架撞了，五角大楼也被攻击了……天！是真的！美国被袭击了！那两座财富象征的大楼就在眼前燃烧！"

一夜没睡好的郑松第二天来到公司上班，同事们说起这事都唏嘘不已。想到大洋彼岸那些怀着期望开始一天生活的人们一瞬间就陷入了灾难，大家感慨良多。"这世界可真难说，你说你奋斗啊奋斗，可突然地你的生命都灰飞烟灭了，那些努力不都白费了吗？"大家七嘴八舌。"生命无常，及时行乐！"不知谁冒出这么一句。

"这句不经意的话，一下子像那两架飞机一样，轰地撞上了郑松脑袋里的两座'世贸大楼'——平时看来坚不可摧的'努力、奋斗'等信念，竟摇晃了起来。"郑松对自己颇为强烈的反应感到吃惊，但他真的开始重新考虑自己的生活。10月，郑松停止了一直进行的留学申请，他开始出现在房展会上。11月，郑松向朋友们宣布："我要买房子了，如果她同意，我们会在明年结婚。"恋爱5年从未言及"结婚"二字的郑松终于考虑自己的终身大事了。

"可能在别人看来，这一切太戏剧化了"。郑松最近的一系列举动，确实让朋友们颇为吃惊。"我也没有想到，竟会因为一个离自己很遥远的事件而让自己的生活转弯。我不多愁善感，不过当我把自己真正放到一个普遍联系着的世界里时，我发现，原来自己笃信的一些东西，会很容易发生碎裂。过去，我总是匆匆地往前奔，觉得前面的路更宽更好，有更有意思的东西在等待你，为了未来，现在吃点苦受点累没什么。可现在，连一向对安全非常自信的美国也不堪一击，还有什么是可以把握的呢？你努力，前面有好路等着你，可是也许你根本就走不到那一天。生命无常，你能把握的不是将来，只是现在"。

现在，郑松说自己的生活词典里"没有过去时和未来时，只有现在进行时。"买房、结婚，在过去的郑松看来，都是"只对生活没有太多幻想了"才会产生的行为，但它们没有先兆地在他身上发生了，来得既现实又平凡。"越漫长的路你付出越多，能得到的回报也越不稳定"。郑松回了个身，"还是即时的好"[①]。

二、死亡恐惧

毕竟，畏死体验并不是每个人都可能经历的，也不可能是平常时刻都能经历的，它还不是正常状态下的死亡意识。而死亡恐惧则是人类个体的一种普遍的死亡意识。

（一）高墙难题

有人问你，路上碰到一堵高墙，你将怎么办？（这里暗示的是，无论左右上下，视力所及都是全面的墙面）有些人不了解这个问题的底蕴，便会考虑各种各样的行动方案，从试图越墙而过到用头碰穿墙壁，提问者看尽他们的窘相之后，才郑重宣布，这个问题暗示着一种测试，看人对死亡的态度如何，那堵高墙乃是象征死亡。雅斯贝尔斯也曾以"一面围墙"比喻死亡，他认为，任何人都必定会撞倒，而且必然会失败，无法跨越。

有一则《死在撒马尔甘城》的寓言，正表明了死亡这堵墙的无所不在和人面对死亡的荒谬性：寓言讲的是一位国王的爱将，有一天匆匆地跑来借一匹最快的马，因为他刚刚在路上碰到了死神，因此，心慌地想立刻逃到遥远的撒马尔甘城去避难。国王看着他的爱将迫不及待地跨上马直奔

[①] 四维：《"9·11"之后换一种活法？》，《中国青年报》，2001年11月15日。

撒马尔甘城，便把死神召来，责问他为什么要吓他的爱将，死神若无其事地说，"我也不晓得他为什么那么怕我，我们真正见面的地点是撒马尔甘城啊！"

死亡有其双重含义：其一，作为必然性的死亡，它指的是所有生命存在的必有一死的最终归属；其二，作为偶然性而存在的死亡，它指的是偶然性事件所表现出来的带给生命个体的毁灭。

所以，雅斯贝尔斯认为，对死亡的恐惧实际上有两种情形：一是对作为虚无的死的恐惧，一是对以死为终的垂死的恐惧。这是完全不同的两回事。对垂死的恐惧就是对肉体痛苦的恐惧，这种垂死状态不等于死，垂死之时，百痛俱在，生命亦不可再生。"我已死过多少次了"，病人会说这样的话。不论我们对垂死的阅历多么丰富，垂死也不等于就是死亡本身。不管受过什么样的痛苦折磨，这始终都是活人遭受的苦难，但是，垂死的痛苦可以通过医学来解决。

然而，任何医学治疗都不能解脱对死亡的恐惧，这是对人的这种可悲宿命的恐惧。这种恐惧源于求生意志，它与具体的灾难事件似乎关系不大，它反过来引致人们思考活着的意义以及如何创造出一种价值可以超越死亡。

死亡毕竟是对生命的否定，拒死恋生是所有人类甚至生命的本性。荷马史诗《奥德赛》曾记叙奥德修斯到冥间拜访阿基里斯的情形："老人，当您活着时，我们希腊人使您像神一样荣耀，而您现在，您有力地控制着死者。因此，根本不必为您死了而悲伤，阿基里斯。"我这样说着，而他直截了当地作出下述回答："不，不必安慰性地提及我的死亡，光荣的奥德赛。我宁愿成为他人的雇工，成为一个得不到遗产，其生活微不足道的人的雇工。这样我就可以活在世上；而不愿成为统治着所有已被消灭的死者们的君王。"

著名德国诗人海涅后来写了一首讽刺诗："尽管内卡河边活着的腓力斯人，生活紧张而又渺小，却远比我培来提斯——一个死去的英雄，地狱中的阎罗王，要幸福得多。"① 再穷，再渺小地活着也要比死去为地狱之王好。

就个体而言，对死亡的恐惧始于何时？人一生来就有死亡恐惧或死亡

---

① 南川、黄炎平编译：《与名家一起体验死》，272页，北京：光明日报出版社，2001。

恐惧是与生俱来的吗?

有研究者认为,对死亡的恐惧并非生而有之,而是在生活过程中获得的心理特性。L·沃森在翻阅人对死亡的心理反应问题方面的文献时,就发现存在这样一个事实:只有成年人,只有有时间思考死亡问题的人,才会产生对死亡的恐惧。事实正是如此,整日忙碌于日常琐事,可能会较少有时间去关注死亡,因而,对死亡的恐惧自然会不强烈。

不过,也有研究表明,年幼的孩子们也常常入迷一般地试图了解为什么有时候年轻人比老年人死得更早。"毫无疑问,孩子们从很小的时候起,就具有怕死的心理,虽然,他们可能并不把死亡当作自身肉体存在的最后终止来接受。在他们的意识中,死亡更多地同肉体的疼痛与煎熬等概念结合在一起。"①

所以,可以看出,孩子们对死亡的恐惧其实就是对垂死时痛苦的恐惧,而成年人则是对死亡作为人类可悲命运的恐惧。

(二) 死亡恐惧的原因

世人怕死的原因不外是3个方面:其一是怕死时的苦痛;其二是舍不得人世的快乐;其三是顾虑家族。苦痛比死还可怕,舍不得人世的苦与乐也足以令人留恋尘世,家族亲人的命运也足以让人牵挂放不下心。

印度当代哲学家乔德哈里认为,对死亡的畏惧大致是基于以下3个理由:"首先,死亡是一种痛苦的经验,一个垂死的人通常要经历巨大的痛苦;其次,死去之后万事皆空,我们生前孜孜以求的享受、荣誉、名位、财富等,一切都将化为乌有;第三,我们将被周围的人忘却,因此失去我们的骨肉和亲朋好友。"②

为什么我们会生活在死亡的恐惧中呢?因为,我们的本能欲望是要活着,而且继续活下去,而死亡却无情地结束了我们所熟悉的一切。我们认为死亡来到时,就会把我们投入一无所知的深渊里,或变成一个全然不同的人。我们想象死后自己变成一片迷惘,处在极端陌生的环境里,就像单独醒来一般,在焦虑的煎熬中,在陌生的国度中,对那块土地和语言一无所知,没有钱财,没有对外渠道,没有护照,没有朋友。

---

① (俄罗斯) A·H·拉夫林:《面对死亡》,成都科技翻译研究会译,143页,呼和浩特:内蒙古人民出版社,1997。

② 陆扬:《死亡美学》,8页,北京:北京大学出版社,2006。

也许我们害怕死亡的最大理由，是因为不知道我们到底是谁，伙伴、家人、房子、工作、朋友、信用卡——我们就把安全建立在这些脆弱而短暂的支持之上，因此，当这些完全被拿走的时候，我们还知道我们到底是谁吗？如果没有这些我们所熟悉的支撑，我们所面对的将是赤裸裸的虚无，总之，死亡令一切不复存在。

叔本华指出，我们怕死肯定不是因为死亡中有痛苦，因为一方面，痛苦显然是在死前这一边，另一方面，我们还每每为了躲避痛苦而投奔死亡，反之亦然，尽管死亡疾如闪电，然而，只要能够多活一会儿，我们有时候宁可承担可怕的痛苦，而躲避死亡。

故而，"我们所以怕死，事实上是怕个体的毁灭，死也毫不隐讳地把自己表现为这种毁灭。但个体既是在个别客体化的生命意志自身，所以，个体的全部存在都要抗拒死亡。"① 叔本华把惧怕死亡的根源归于个体的生存意志（欲望），认为欲望是个无底洞，没有满足的时候。

除了生存意志之外，还有文化的根源。正如《生死之歌》作者指出的，我们的文化把生命视为一条直线，死亡自然就是一种断灭。"线愈长，就自以为活得愈丰实、愈圆满，以为尽头愈不可怕。英年早逝被视为悲剧，并且因此瓦解许多人的信心。"但是，在美洲印第安文化中，生命不是一条直线，而是一个圆，这个圆大约在青春期举行成年礼时完成。之后生命便趋于圆满，持续向外扩展。一旦"圆圈"成形，无论何时死亡皆是圆满。印第安哲人曾说："今日是死去的良辰吉日，因为我生命中的一切均到齐了。"显然，印第安文化中，圆满非以寿命长短来表现，而以生命中每一刻是否过得充实来决定。可是，"我们的文化绝少鼓励人们为死亡作准备"，"据我所见，绝少人在有生之年对死亡预作准备；绝少人探究自己的心灵，妥善准备面对未来种种，包括死病悲苦。"②

三、走出死亡的阴影

（一）死亡恐惧是生命存在的前提

死亡的恐惧与生俱来，正如日本学者武者小路实笃所说的那样，给予

---

① （德）叔本华：《作为意志和表象的世界》，石冲白译，388 页，北京：商务印书馆，1995。

② （美）斯蒂芬·雷文：《生死之歌》，汪芸、于而彦译，4~5 页，北京：东方出版社，1998。

人类死亡的恐惧的不是人类，而是大自然，"所以，假使人类任意克服死的恐惧，人老早就灭亡了。如果死不是痛苦的，不是可怕的，没什么的，活着反而嫌麻烦，那么谁都想死了，道德上再怎么说自杀不好，如果只是像一场睡眠那样睡着就不觉得有活着的必要了，就算我们不晓得人类究竟为什么而活着，但造物者是如何尽可能地想让人类活下去，这一点从人对死的恐惧可以得知。"① 因此，死的恐惧并不仅由于人的胆怯，那是因为大自然无论如何也要人活下去而给的，人对死的恐惧是人活下去的动力，从某种意义上看，死亡恐惧是生命存在的前提，有着内在意义。

对死亡怀有悲戚之情正是持有生命者的应有之情，即便是达到天命境界的孔子本人，对死亡也未能释然，"子在川上曰，逝者如斯！"不正表明了他的感触吗？死亡作为生命的寂灭，尤其是当它降临到我们至亲好友身上时，依然使人悲伤，这连孔子本人也不能自己。他最喜欢的学生颜回死后，孔子悲不自胜："颜渊死，子曰：'噫！天丧予，天丧予！'"这一种毫无掩饰的悲恸之情是否有悖于他顺天命、乐生安死的生死观念呢？

对此，清学者王夫之在《周易外传》中指出："且天地之生也，则人以为贵。草木任生而不恤其死；禽兽患死而不知哀死，人知哀死而不必患死，哀以延天地之生，患以废天地之化。故哀与患，人禽之大别也。"这是哀死和患死的本质区别。患死是禽兽的属性，它无视自然的生死规律，这只是一种盲目的生存本能。哀死则流露出对生命的种种珍惜，流露出人际间的一种温情，它给冷漠的宇宙涂上了一抹暖色，在对自然的认同和协调中体现出一种强烈的人文精神。这里明确提出了两种死亡恐惧：一种是对肉体死亡的恐惧，一种是对作为虚无的死亡的恐惧。哀死与患死其实是存在于人群中的死亡恐惧心理，从而，同样是人类面对死亡的恐惧心理，却有境界高下之分。

在我国，"不怕死"三个字常常含有褒义，但近来似乎有些变化，颇值得深思。因为，人们越来越多地看到，某些作恶者（例如丧心病狂的刑事犯）面对死亡的惩罚时，某些寻欢作乐者（例如玩世不恭的吸毒者）面对死亡的威胁时，越来越表现出"不怕死"的原因，至少有一部分是因为觉得，反正都得死，"人死如灯灭"，"死后哪管洪水滔天"，所以要及时行乐，不管有无意义，不管好歹善恶。与这种"什么都不相信，只

---

① 宋永毅、姚晓华编：《死亡论》，74页，广州：广州文化出版社，1988。

顾此生此世"的悲观阴暗心态不同,尚有另一种"不怕死"的心态,即相信"人死精神在",死后有报偿,因而敢为善事义举而死的心态,这难道不是乐观豁达而又光明正大吗?可见,对"不怕死"应作具体分析,不可一概而论。

(二) 合理的死亡恐惧

恐惧死亡与热爱生命是一体两面。对死亡不怀恐惧之心,难说有对生命的敬畏之情。然而,如果生活在死亡恐惧之中,那无疑的是走向死亡。民间对于被吓死的传言时有所闻,并非没有道理。因此,死亡恐惧存在一个合不合理的区分。

冯友兰先生曾据此将怕死境界分成4种:第一层是自然境界,不知怕死不怕死。对生死问题没有觉醒,只有处于自然状态,生死不成问题。第二层是功利境界,此中人最是怕死,一切行为,都是"为我",死是"我"的存在的断灭。他们有目的地、有计划地设法对付死亡:一是求取长生不老;二是求立功名;三是求眼前快乐;四是相信灵魂不死。第三层是道德境界,此中人知性,能在社会中尽伦尽职以尽性。寻求作为,为社会、为他人而不为自己。他所作之事皆可"承先启后",超越小我,故,最不怕死。他觉得他个体的死亡并不十分重要,因此,他不必设法对付死,而自可不受死的威胁。第四层是天地境界,此境界中人,生是顺化,死亦是顺化。知生死都是顺化者,其身体虽顺化而生死,但在精神上是超越死的。因而,无所谓怕死不怕死。

斯宾诺莎曾经指出,一个自由的人,也就是说,一个单独根据理性指引的人,是不会被死亡的恐惧所引导的。但他并未说死亡的恐惧本身是不合理的。他所说的是,一个理性的人不会让自己被死亡的恐惧所引导。如果任由死亡的恐惧所引导,那就是不合理的。"合理的死亡恐惧将满足两个条件:a. 驱使人们努力去过有意义的生活,维持勤奋的心态;b. 把死亡保存在适当的地位中,不让它把我们生命中的好事物变坏。如果一个人害怕死亡,想费尽生命中的一切力量和所有时间来逃避死亡,那他这种恐惧是不合理的,他成为某种情感的奴隶。"[①]

泰戈尔在他的《采果集》中写道:"让我不要祈望躲避危险,但求无畏地与之面对。让我不要乞求停止痛苦,但求我心能将之征服。让我不要

---

① (美)波伊曼:《今生今世》,陈瑞麟等译,19页,广州:广州出版社,1998。

在生命的战场上寻找盟友,而期盼自己能全力奋斗。让我不要在焦急和恐惧中渴求拯救,而盼望以耐心赢得自由。答应我吧,别让我成为懦夫,只在成功之际感念你的仁慈;请让我在失败之时发觉您紧握的手。"

(三) 克服死亡恐惧

"让死的恐惧缠住心是一种奴役",而"对尚未克服死亡恐惧的人,是无自由可言的"①。走出死亡恐惧的阴影,有如下途径可以采用:

1. 宗教的途径

基尔凯郭尔在《死之厌倦》中指出,死亡恐惧在宗教看来是一种"不治之症",要克服这一"不治之症",只有从基督教那里才能获得一个自然人所缺乏的勇气。"这种勇气是连同对极端可怕事物的畏惧一起获得的。因此,我们常常被赐予勇气,而对大危险的害怕则使我们下定决心抵抗较小的危险;对唯一的危险无止境地害怕,会使别的一切不复存在,而基督徒最可怕的一课就是要学会诊断'不治之症'。"② 这段话表明:第一,死亡恐惧不可能消除;第二,对死亡的恐惧与我们对抗死亡的勇气是相关联的。不怕死并不说明不存在死亡恐惧,恰恰相反,只有在真正的死亡恐惧中才令我们获得一种面对死亡的勇气;第三,真正对死亡的恐惧会使得我们敢于面对人生中的所有危险;第四,宗教的使命就在于引导人们克服死亡恐惧。明朝和尚憨山大师说得好:"非生死外有佛法,非佛法外有生死。"

学者郑晓江认为,无论是佛教视"涅槃"为信徒们"死"后方可实现也好,还是把"涅槃"作为信徒们生前便能达到也好,其目的都在于转化"死"之性质。由世俗人看来,"死"是人生命的终点,意味着人的一切财富、地位、人际关系的丧失,是极为可悲之事。但佛家认为人生时可"涅槃",死后也可"涅槃"的说法,则使世人把悲惨凄切之死在观念上转化为可以接受,甚至能以欣喜的心情迎接归宿。说宗教是麻醉人类精神的鸦片,如果我们从其正面来理解的话,恰恰就在于它对人类死亡恐惧的消解与缓和,这正是人类所需要的。人类学家马林诺夫斯基指出:"原

---

① (德) 弗兰克·贝克勒等编:《向死而生》,张念东、裘把红译,125 页,北京:三联书店,1993。

② (俄罗斯) A·H·拉夫林:《面对死亡》,成都科技翻译研究会译,133 页,呼和浩特:内蒙古人民出版社,1997。

始宗教的起源应该到人对死亡的态度、人对复活的希望，以及人对伦理上神道的信仰中去寻找。"①

2. 理性的途径

法国文学家加缪说得好，让我们的思想与死亡携手。克服死亡，"但不是用自杀的手段来克服死亡恐惧，要克服死亡恐惧，不可放弃自身"，"自由只有一种：与死亡携手共赴纯净之境，于是一切都不成其问题。"②显然，就是在思想中接受死亡，把生与死看成是一体的。

最根本的是如黑格尔说的承当死亡。承当死亡就是指从事精神生活，"精神的生活不是害怕死亡而幸免于蹂躏的生活，而是敢于承当死亡并在死亡中得以自在的生活。"个体生命害怕死亡，恐惧死亡，在黑格尔看来是因为他们还没有达到自觉的意识或自我意识。如果知道自己的真正存在，便能始终抓住生命的根本。

叔本华称理性为"对付死亡观念的解毒剂"。他说："人类因为具备理性，必然产生对死亡的恐惧……由于对死亡的认识所带来的反省致使人类获得形而上学的见解，并由此得到一种慰藉。所有的宗教和哲学体系，主要针对这种目的而发，以帮助人们培养反省的理性，作为对死亡观念的解毒剂。"③

我们所谓的"怕死"，其实是"怕自己"，而所谓"怕自己"，寻根究底不外是"怕自己将要完全失去世上所喜爱过的事物"，包括爱人、家属、好友以及自己所偏好的世上东西。"怕死"的问题，关键在一个"我"字。因此，克服死亡恐惧首先是"无私无我"，这是必要条件。孔子的"绝四"（毋意、毋必、毋固、毋我），老子的"无身"（"吾有大患，及吾有身；及吾无身，吾有何患"），佛之"无我"等无不暗示我们超越死亡或生死对立的智慧之道。其次就是以无私无我超越死亡挑战的人必须有爱心，爱亲戚、爱朋友、爱邻居、爱人类；再次就是希望的存在。

---

① （苏）谢·亚·托卡列夫：《世界各民族历史上的宗教》，魏庆征译，7页，北京：中国社会科学出版社，1985。
② （德）弗兰克·贝克勒等编：《向死而生》，张念东、裘把红译，125页，北京：三联书店，1993。
③ （德）叔本华：《爱与生的苦恼》，陈晓南译，149页，北京：中国和平出版社，1986。

没有希望,就没有信心,没有信心等于精神的死亡,不必等到肉体的死亡。①

明代王阳明,因上疏为当时的忠臣戴铣脱罪,得罪了宦官刘瑾而入狱,后来又被谪往贵州龙场。在路途中,随时要面临刘瑾的追杀,死亡恐惧强烈地威胁着他。为了超脱死亡的恐惧,他干脆为自己做了个石棺,日夜端坐其中静思默想,借面对死亡的彻悟方式来化解对死亡的恐惧心理。他当时发誓:"吾惟俟命而已。"通过此事,王阳明终于参悟出"吾性自足,心即是理"的尽性知命之学,面对死亡的威胁尊严无畏。

3. 实践的途径

罗素指出:"应当把我们的心思转移到旁的事情上去。"② 摆脱死亡的纠缠,让生命投身事务,执著于自己所从事的事业,舍生忘死,这是最有效的克服死亡恐惧途径。

法国医生和作家安德烈·吕兰推荐了一个比较简单的处方——赶快跑到墓地去作预防性适应。据记载,19世纪俄国的职业军人就有这样一种游戏:俄国驻扎在彼德堡的近卫军骑兵军人就有这样的娱乐活动,19世纪20年代末,每逢夜晚便会有一艘黑色快艇在黑溪上游弋,艇上放着一副黑色棺材,棺材里没有死人,而是放着一瓶瓶酒,划桨者手持火把,坐在棺材旁,凄凉地唱着祈祷文《安魂曲》,这样便惊动了当地的居民和别墅客,把他们给吓着了。由于类似的娱乐活动,一些军官后来受到降级处分并充军到高加索。③ 蒙田在《随笔集》中曾举例说,埃及人在宴会中,当气氛达到最高潮的时刻,会突然抬进一具被解剖的尸体,叫宾客在毛骨悚然之际领略生命的短暂。

所以,死亡游戏有助于克服死亡恐惧。

4. 民俗的途径

从人类学的角度看,各项资料表明,民间有关死亡的节日有着极大的克服死亡恐惧、对死亡作预防性适应的功能。

---

① (美)傅伟勋:《死亡的尊严与生命的尊严》,142~143页,北京:北京大学出版社,2006。

② (英)罗素:《西方哲学史》,下卷,何兆武、李约瑟译,103页,北京:商务印书馆,1981。

③ (俄罗斯)А·Н·拉夫林:《面对死亡》,成都科技翻译研究会译,425页,呼和浩特:内蒙古人民出版社,1997。

中世纪,被认为是"死亡渴望"时期,那时的死亡节日逐渐增多,"这就必然导致了一种令人心安的亲近之情;死人并不一定让人害怕,他们是拯救活人的最好的道具之一,或者至少能拯救其灵魂。"①

《生死之歌》一书的作者也指出:"在某些社会,死亡让整个部落或家族齐聚一堂,庆祝且承认生命无常的本质。在这些庆祝活动中,一段针对死亡所做的深具精神内涵的讲述,往往令许多人深切体会到自身的真实本质。对这些社会而言,死亡是一个持续不断的机会,可藉其舍却生命的假象,看清它的真貌,以爱心迎接周遭众生。""在墨西哥,十一月有个'死者之日'。当日,孩童购买纸做的骷髅,插入爆竹将纸骷髅炸碎,或与父母到小镇墓园野餐,庆祝生死消长的自然现象之时,在一旁吃骷髅糖。"②

第三节 生 死 态 度

一、恋生拒死

就人类而言,甚至就一切生命来说,恋生拒死、爱生恶死、趋生避死是自然之本性。自我保存是自然本性,也是生命赖以发展的前提。因此,论及生死态度,这是最基本也是最正常的态度。死亡恐惧的普遍性存在也从某一侧面表明了人类的这一基本立场与态度,这是不言自明的。

当然,作为一种生死态度,显然表明价值判断的倾向性,即对生与死的价值选择。这样的话,恋生拒死所恋之"生"是有价值、有意义、有尊严之"生";所拒之"死"是无价值、无意义、无尊严之"死",这种死是违背生命内在本质的。

如果,"生"是无尊严之生,那么,恋生拒死就表现为贪生怕死、苟且偷生。如果换一个角度,则是忍辱而生。这两者形式相同却本质相异。

---

① (法)达尼埃尔·亚历山大-比东:《中世纪有关死亡的生活(13~16世纪)》,陈劼译,45页,济南:山东画报出版社,2005。
② (美)斯蒂芬·雷文:《生死之歌》,汪芸、于而彦译,6页,北京:东方出版社,1998。

二、生死两顺

对生死问题淡然处之。它又分常人的自然生死与哲人的超然生死两种态度。

(一) 常人的漠然

普通人亦即老百姓,不存在生死问题。在他们看来,人的生死是平常的事情,不值得大惊小怪。这种自然态度表现在对死亡问题上是视而不见,将发生在身边的死亡事件视为日常生活中的正常事件,他不会刻意去思考,而是一如既往在日出而作,日入而息。人们天天谈及有人死去,并不时还拿某某熟悉或不熟悉的人的死作为日常谈资;他们不时为之伤感痛惜。一般而论,他们已经习惯死亡。

然而,他们又总与死亡保持着一定距离,不会让死亡来影响日常生活,甚至必要的时候他们会采取鸵鸟哲学。常人的这种对死亡的回避也就是沉浸于细碎而杂乱的日常事务,确实可以有效地抑制死亡的浸入,就像海德格尔所说的陷入于操持与繁忙之中。这样,"不知老之将至",死亡的来临如同生一样自然而然。北宋张载说过,"存,吾顺事;殁,吾宁矣。"意思是说,活着的时候,我就干这个世界要求我干好的事;等到死亡来临的时候,我自然就安息了。

普通人就是着眼于当下事务的明智之人,他按照虽然不断发生变革但又相对稳定的习惯安排自己的生活。在他眼里,一切都是一个平面上可以心平气和加以对待的东西。有人生有人死,自己生自己死,这对他来说没什么可惊奇的,它就像每天吃饭、每晚睡觉一样平常。

持有这种生死态度最紧要的就是要有一颗"平常心"。中国禅宗讲"平常心即道",有其佛教内涵。但在现实生活中,"平常心即道"却是至理,它有助于人们把一切都消弭在自己早已习惯了的状态中,使自己与所打交道的任何事物既相接触,又保持一定距离,从而能从容不迫地对待像生死这类被某些哲学家和文学家说得十分玄乎的东西。

托尔斯泰就非常赞赏这种生死态度。他在当时俄国朴实的、永远按部就班地遵循东正教方式活着的农民身上,看到了理想的应付死亡和由死亡而生的生存价值虚无的最好方式。那就是不去提问,只是按简单与最基本的信念,"日出而作,日入而息"。周而复始地完成上帝赋予人的使命,最后无声无息地魂归天国,一切都那么自然。

显然，常人是通过习惯的日常生活将生死问题融进去从而消弭生死，从而没有生死问题；而哲人则是在周围筑起一道透明的墙以摆脱生死，用高妙的智慧将生死问题化解，从而使得生死问题不成问题。

（二）哲人的超然

在古希腊，有伊壁鸠鲁式的超然。他被称之为"大众哲学家"，第一位医治"死亡创伤"的人。他说："不能医治心灵创伤的哲学家的话是空洞的。"他认为最严重的"心灵创伤是由对神灵的恐惧和对死亡的恐惧所引起的创伤。对神的恐惧来自于人死后将受到惩罚，对死亡的恐惧来自于对人生断灭的预期"。所以，他的哲学就是论证死亡与人生的无涉，提出了"死亡并不存在"的认识："一切恶中最可怕的——死亡——对于我们是无足轻重的，因为当我们存在时，死亡对于我们还没有来，而当死亡时，我们已经不存在了。因此死对于生者和对于死者都不相干；因为对于生者来说，死不存在，而对于死者来说，本身就不存在了。"[①] 公元前1世纪，一座大理石碑上刻下了伊壁鸠鲁的基本哲学："死不用怕，神不用怕，难免忍受痛苦，就能够得到幸福。"伊壁鸠鲁之所以教人不要在乎生死问题，就是为了避免由生死而来的痛苦和恐惧，求得愉快的幸福生活。因为，他说过，肉体的健康和灵魂的平静乃是幸福生活的目的。

在古代中国，有庄子式超然，"齐生死"的超然方式。庄子明确指出有生有死是不可避免的，"死生，命也，其有夜旦之常，天也。"就是说，人有生存和死亡，就像自然界有白天和黑夜一样，是天赋的命运，人力无法改变。他在《庄子·齐物论》提出"方生方死、方死方生"说，即肯定人与万物都处在不停的运动变化之中，"死生有待耶？皆有一体"，死与生是同一事物的永远轮回。

《庄子·知北游》中写到："生也死之徒，死也生之始，孰知其纪！人之生，气之聚也；聚则为生，散则为死。若死为生之徒，吾有何患？故万物一也，是其所美者为神奇，其所恶者为臭腐；臭腐复化为神奇，神奇复化为臭腐。故曰：'通天下一气耳。'圣人故贵一。"

因此，生与死都是造化的两个必然环节和阶段，不是人力所改动的。对待死亡问题，尤其要懂得顺服的道理。要认识到死亡并不是人愿意存在

[①] 北京大学哲学系外国哲学史教研室编译：《古希腊罗马哲学》，366页，北京：商务印书馆，1982。

就存在，不愿意存在就不存在的事情，死亡是造化自然安排好的人的必然结局，"知其不可奈何而安之若命，德之至也"。最聪明的做法就是，知道某件事情是命中注定自己改变不了的，便放弃任何努力由它去。既然"生"与"死"二者都是命运，所以要安于"生"而顺从"死"。对于生死都能达到安时而处顺，便达到了"死生齐一"的境界了。

庄子本人正是这样去做的。妻死鼓盆而歌的故事表明了庄子高妙的生死智慧和超然态度。

三、爱死恶生

生死冲突之际，一种态度是放弃生而追求死，不要求生而要求死。采取这种态度的人，通常并非由于精神不正常，或是要以一种最极端的行为证明自己的存在，而是因为生存对他而言成了一个不堪忍受的沉重负担，死亡则是生存痛苦的彻底解脱。

《庄子·至乐》讲述了庄子与骷髅的对话。有一次，庄子到楚国去，路上遇到一个骷髅，就带了回去。当晚，他拿骷髅当枕头睡觉。半夜里庄子梦见骷髅对他说：活着是人的累患，死去就没有那么多忧虑了。死了以后，上面没有君王，下面没有臣子；也没有一年四季的冷冻热晒，自由自在，与天地一样长久，国王也没有这样的快乐。庄子说，假如我让神灵使你复活，再把你送回父母妻子和孩子身边，你觉得怎样？骷髅摇头不已，说：我不能抛弃国王一样的快乐，却返回劳苦烦恼的人间去。庄子无疑地在此表达了乐死恶生的生死态度：人活着不过是个苦役犯，死后却是个国王；人间形同地狱，阴间却是天堂。死了最好，死是人生苦役的解脱，快乐生活的开始。

生劳死息。《庄子·大宗师》说："夫大块载我以形，劳我以生，佚我以老，息我以死。"造化自然给了我形体，而这并不意味着生存可爱，死亡可憎，相反，生存是劳役，衰老是安勉，死亡是休息。西方作家哈兹利特说，人死之后，不再应邀登上生活舞台。衣着严整或者褴褛，大笑或者哭泣，受呵斥或者被吹捧，一概无所谓了。"我们始终安卧在隐蔽之处，舒适温暖，安然无危，一直长眠千百世纪，而不期被唤醒。我们被遮盖在最优质松软的土地之中，平静安宁，无忧无虑，长期处在未成熟状态，比婴儿睡得更深沉香甜。"现代瑞士作家黑塞在《流浪者致死神》一诗中也写道："你也会来找我，你也不会忘不了我，于是结束痛苦，于是折断锁链。"而歌德在《游子夜歌》中吟唱道:"群峰,一片沉寂;树梢,微风敛迹。林中,栖鸟缄默;稍待,你也安息。"

生活在这个世界上,我们并不是独自一人呆在一座孤岛上,而是作为一个自然与社会存在物而活着,因而我们的生存除了受惠于自然和社会力量外,还不得不承受无数自然或社会的外在力量的压力。在通常情况下,我们能够承受这一切压力。但在某些特殊情况下,外在压力显得过于强大,我们自己显得过于脆弱,于是,我们会清晰地感到自己肩负沉重的负担,我们也明确意识到自己的承受力十分有限,此时生存就彻底变成了一种不堪忍受的巨大折磨。而卸下肩上的重负,摆脱自己的折磨,自然而然地成了我们最大的愿望。

如果我们能从一种生存方式逃到另一种生存方式,也许我们就不会借助死亡这一种极端的方式解脱自己。但是,在某种特殊情况下,人承受的"压迫"达到了极限,使人感觉到不只这样生存是痛苦的,那样生存以致无数其他形式的生存也是痛苦的,感觉到生存本身就是难以忍受的折磨,那么,这时人就已经无路可走,只有死路一条了。一个人之所以爱死恶生,主要是由于他已经感受到自己(或他人)不值得再活在这个世界上,主要由于人已经对生存完全绝望,主要由于对他而言活着就是最大痛苦。或者说,一个人不愿意生而愿意死,主要因为人生之路全部被堵塞了,只剩下死亡一条路。

四、舍生忘死

在生死问题上,世界上有一种人,他们为了某种自认为是无比重要的东西,"奋不顾身"、"舍生忘死"。他们是颇为独特的一种人。绝大多数人虽然也爱身外之物,但毕竟把自家性命看得更为重要些,在生死关头为保住自己的生命往往很自然地放弃所珍爱的事物;而舍生忘死之人却是广义的"亡命徒",他们把生命之外的某种东西看得比生命本身还重要,不惜一切代价终生追求它,必要时甚至心甘情愿地为它付出自己的生命。这是另一种将生死置之度外的态度。

此种态度有正面与反面之别。匈牙利诗人裴多菲曾有名言:"生命诚可贵,爱情价更高,若为自由故,二者皆可抛。"爱情高于生命,而自由又高于爱情,为了自由,生命和爱情都可以抛弃。此等以身相殉以殉情和殉道为突出,且在历史上和人类文明的进步中是大书特书的。

(一) 殉情

殉情可追溯到人类远古时期。2007年，在意大利北部一个五六千年前的新石器时代遗址中，发掘出一对拥抱着的男女遗骸，考古学家将此命名为"永恒的拥抱"①。对于这一奇特葬式的成因，多数人认为是出于殉情而死。

殉情是历来文学艺术的主题。元好问曾有诗："问世间情为何物，直教人生死相许。"男女之间浓郁的爱情总像熊熊燃烧的烈火，置身其间的恋人们总是身不由己，处于生死的边缘而无从顾及。英国现代作家毛姆在《刀锋》中说："如果爱情不是激情，那就不是爱情，而是别的什么东西；激情不是由于得到满足而增长，而是愈不顺利愈强烈。""而激情是能毁灭人的，激情如果不再有毁灭人的能力，它也就死亡了。"真正的爱情必定是一种激情，它像激流漩涡一样把当事人卷入其中，情侣们在爱情中总是不由自主，随波逐流。死亡与爱情形影不离。台湾作家三毛说得好："我跟荷西的爱情是永恒的，因为荷西已经死了。"综观古今中外的爱情经典，没有离开死亡的故事。从中国的《孔雀东南飞》、《梁山伯与祝英台》等，到西方经典《罗密欧与朱丽叶》、《魂断蓝桥》等，其情到深处便是死亡的出现，这大概也是故事千古传颂的、人们为之感动的理由吧。

身处爱情中的人是殉情者。他们把爱情看作就是一切，生死荣辱等可一概不顾。他们往往生死相许，随时能为爱情走向毁灭。殉情最惊心动魄的地方正在于这以死为证：在殒身而不悔中才能真切地现出爱与被爱的圣洁和伟大。人类对殉情的评价一般是正面的。莎士比亚为了强调殉情之可贵，曾在自己的剧本中颇为愤激地喊道："这个可怜的世界差不多有六千多年的岁数了，可是从来不曾有过一个人亲自殉情而死。"

(二) 殉道

最为人类文明称颂和肯定的就是殉道。圣·奥古斯丁在他的《赞美诗》中曾经阐述过生命与殉道的关系，他说："殉道者不是因为热爱生命而否定生命的人，而是为否定生命而失去生命的人。于是，他们不想为生命而舍弃真理，他们以死而为真理生。"② 为了真理而不惜牺牲自己的生命，向来被视为最高尚的举动。《钢铁是怎样炼成的》有一短名言："人

---

① 《新石器时代合葬地惊现 永恒恋人拥抱了5000年》，《现代快报》，2007年2月7日。
② (德)弗兰克·贝克勒等编：《向死而生》，张念东、裘挹红译，207页，北京：三联书店，1993。

最宝贵的东西是生命。生命对人来说只有一次。因此，人的一生应当这样度过：回首往事时，他不因虚度年华而悔恨，也不因为生活碌碌无为而羞愧；这样，在他临死的时候，能够说：我的整个生命和全部精力都献给了人生最宝贵的事业——为人类的解放而奋斗。要赶紧生活，因为一场莫名其妙的疾病，或者一个意外的悲惨事件都会使生命中断。"

殉道者心中本着道而非外物，道就是自己所信奉的真理。著名学者梁漱溟先生的父亲梁济1918年11月8日自沉于北京积水潭净业湖。梁济在其遗书中写道："梁济之死，系殉清朝而死……殉清……非以清朝为本位，而以幼年所学为本位，吾国数千年先圣之诗礼纲常，吾家先祖先父先母之遗传与教训，幼年所闻，以对于世道有责任为主义，此主义深印于吾胸中，即以此主义为本位，故不容不殉。"①

献身于人类正义事业，死而无憾，这是历史上仁人志士们的共同心声。伟大的殉道者总是目光远大、充满理想，着眼国家、民族乃至全人类的共同利益，公而忘私，奋不顾身。他们把道义看得高于一切，生为道义而生，死为道义而死。他们为了自己的理想甘愿牺牲一切乃至生命。殉道者总相信他已掌握了超越生死和时间的真理，相信他为之奋斗的事业是正确的，而正确的事业是战无不胜的。由于对他的事业的正确性和终极必胜性充满信心，于是当生死悬于一线，不得不献出生命时，他们能够平静地走向死亡。

19世纪初，曾在埃及哈默迪医院诊病的英国医生A·怀特，故意让自己感染上鼠疫。他从一名患腺鼠疫的妇女身上提取脓汁，搽在自己身上，让它浸入大腿。第2天则更进一步，在自己前臂上开一个切口，再往里面抹进一些脓汁。怀特医生试图通过接种，像发现天花抗体一样发现鼠疫抗体。但他的实验以失败告终。他在第8天由于患上鼠疫被送到拉希德鼠疫医院救治。1802年1月9日，他在极度的高烧中死于医院。类似为科学而献身的例子不少。而在中国革命史上，为中国人民解放事业慷慨赴死的英雄更多，他们献身正义事业的精神永远激励我们。

（三）殉物

殉物是反面的殉身。民间所谓"人为财死，鸟为食亡。"中外文学中的守财奴就是典型，还有就是为权钱而不惜命的人都是最令人不耻的殉物。

---

① 《最后的大儒·梁漱溟琐记》，载《炎黄春秋》，1997（2）。

《庄子·骈姆》曾提及这种殉身亡命的追求方式：故尝试论之，自三代以下者，天下莫不以物易其性矣。小人则以身殉利，士则以身殉名，大夫则以身殉家，圣人则以身殉天下。故此数子者，事业不同，名声异号，其于伤性，以身为殉，一也。《庄子·让王》也说："今世俗之君子，多危身弃生以殉物，岂不悲哉！"所谓以物易其性，意即用外物替代自己的生命，殉物者一般都把外物估价得比生命更为宝贵，不过，庄子将殉道、殉情等均归于殉物，并加以反对，似有他的偏激之处。

第四节　濒死体验与临终心理

一个人由生走向死的过程如何？我们关注的不仅仅是生理上的变化，这一点，科学已经有了长足的进步，更为重要的是关注"一个人"是如何完成这一过程的，或直接说，他或她的思想的历程如何？

迄今为止，尚无法获取这方面的资料，不过我们可以从濒死体验与临终心理两方面来研究一个人走向死亡的过程。濒死体验与临终心理在许多有关死亡学的著述中没有过严格的区分，但对它们作出区分是有必要的。毕竟它们不是一回事。就其走向死亡而言，濒死是可逆转的，而临终则是不可逆转的过程。

一、濒死体验

（一）何谓濒死体验

濒死体验是由某些遭受严重创伤或疾病但意外获得恢复，和处于潜在的毁灭性境遇中预感即将死亡而又侥幸脱险的人所叙述的在死亡威胁下的深刻体验。

自从盘古开天地，就流传着垂死的人逃过鬼门关，重返人间生活美满的故事。时至今日，科学技术日新月异，在过去时代束手无策的病危状况，现代医学都可以救治，使得这一类起死回生的故事更时有所闻。"濒死体验并非医学上的特例，事实证明这种事可能发生在任何人身上，不分年龄、地点、时间。根据1992年一项盖洛普民意测验，美国有濒死体验的人已经从十年前的800万人，提高到1 300万人。但是这项统计数字并不包括婴儿及儿童，也不包括其他国家为数众多的专业人员在本国晤谈的个案。我们从这项新的资料中得知，各国的濒死体验个案虽然有文化上的差异，但是所描述的死后世界，基本上都是相似的。"①

医学科技已经进步到能够重新界定死亡意义的地步。以前认为心脏停止就是死亡的观念已不再适用，许多心脏病发作的患者都可以成功地被救活，只要脑部并未缺氧过久而受损，他们就可以"活过来"，而且，不必担心有任何严重的后遗症，其中有少数特例，如心跳完全停止并超过安全时间，他们的脑部应该受损但却奇迹般地复活。

令人倍感惊讶的是，曾经垂死或技术地被宣告死亡的人，竟然描述出非常类似的经历或感受。那些因意外事故或疾病造成生命濒临结束状态的人，有1/3~2/3的人，叙述出记忆鲜明、对他们影响深刻的经验，几乎没有什么例外情形，大致都相同。

早期知道这种现象的人，只有接触过病患者的医护人员。可是从1970年以来，这个问题渐渐受到一般人重视，引起大众广泛关注。而许多学者专家也开始对此加以研究。

人们把这种经验称之为 NDE（near-death experiences，濒死体验）。古希腊认为 NDE 是他们死后世界的证明。柏拉图在他的《共和国》中记录了完整的 NDE，故事描写战场上阵亡的将士，大家正准备为他举行葬礼，但火尚未点燃，他却醒过来爬下了高台，接着他叙述了他的濒死经历：他和一些人来到受审判的地方，一边各有几道门，有的通往美丽的园地，有的能通往刑场。那些人接受审判，各自被送往目的地，战士却受命回来，把他的见闻告诉其他人，接着，他还阳了。

濒死体验一词是1975年做濒死研究工作的美国内华达大学教授雷蒙·穆迪提出的。穆迪博士在对100例濒死体验的病例进行研究后，著成了《生命之后的生命》（《life after life》又译《濒死体验访谈录》）一书。此后对濒临死体验进行研究的科学家愈来愈多，1978年，国际濒死体验研究联合会成立，成为濒死体验研究者交流和支持的平台。

该联合会网站上汇集了几乎所有濒死研究领域的科学家。其中苏珊·布莱克莫尔被称为投身该领域最为专注的科学家之一，她是英格兰西部大学心理系高级讲师。在她还是一名牛津大学的学生时，因吸食大麻过量而中毒，在鬼门关绕了一遭。事后她回忆当时的感觉时说，在她的大脑中感

---

① （英）爱特华特：《今生来世》，张艾茵译，15页，台北：世茂出版社，1995。

觉特别的奇怪。她感觉自己穿过一条长满树的隧道，向一束光飘去，而后又觉得自己飘在天花板上，并且看到自己躺在地上的身体。之后她看到一条银色的链子把她漂浮的意识拉出房子，然后周游英格兰，最终经过大西洋飘到了纽约。在纽约的上空盘旋了一会儿之后，她一下子又回到了牛津大学自己的屋子里，她感觉自己变得很小，从脚趾又进入到了她的身体里。然后不断地变大，最后大到好像充满了整个宇宙。这种意识充满宇宙的感觉在很多其他的有过濒死体验的人都有过。

在这一次的经历之后，当她的睡眠出现不正常时，就会有类似的感觉。这次经验也使她走上了研究心理学的道路，成了一名心理学家。几年后，她发现，她所经历的是一个非常值得研究的意识形态，因此她开始了濒死体验的研究。

中国内地，最早开始濒死体验研究的是天津安定医院。

(二) 濒死体验研究者的结论

心理学家肯尼斯·赖因格将人类的濒死体验分为学术界已经认可的5个阶段：第一阶段，安详和轻松。持此种说法的约占57%。第二阶段，意识"逸出"体外。有这种感觉的人约占35%。第三阶段，通过"黑洞"。有此感觉的约占23%。第四阶段，与亲朋好友欢聚，他们全都形象高大，绚丽多姿，光环萦绕，宛如天使。第五阶段，与宇宙合而为一。①

发生 NDE 与具体境遇相关联，表现各异：

发生意外者感受较强烈的狂喜，并且对回到肉体有极端的排斥反应；心跳停止的人，经常看见已经去世的亲人和朋友；接受麻醉的病人，对光芒的部分意识较深；发生意外者较多可能感觉时间缓慢下来，或者变得完全无关紧要；心脏病发作的人较可能经过隧道。年轻人的 NDE 较神秘新奇。发生在夜晚的 NDE，关于光和遮影部分感觉较强烈，色彩鲜明些，光线更亮，同时，溺水事件中的 NDE 也有类似的状况。

濒死病人体验的3种类型：

1. 超然存在型

生命垂危的病人往往在眼前浮现出以前的生活情景，见到那些已故的亲友。他们描述说，自己的身体好像进入了一个黑乎乎的山洞，又好像置身于一片云雾中，并隐约听到仙乐般的美妙声音，然后身体倏然上升，恰

---

① 《人是如何辞世的》，载《羊城晚报》，2000年6月14日。

似科幻影片中的时光隧道一般,最终来到一个完全陌生的地方。在那里,蓦地见到了已故的长辈或亲友,此时的感觉惊喜交加,很是兴奋。

2. 身体幻想型

犹如自己另外有个灵魂,悠然地从自己的躯体脱颖而出,高高地飘浮在躯体上方,俯视着那些医生护士对自己的躯体进行抢救。还看到了亲人们围着自己的躯体放声大哭。

3. 综合型

既发现灵魂脱壳,又经历了时光隧道。

但并非所有科学家都确信"濒死体验"的探索结果,尤其是关于"死亡测验"、"地狱考察"和"死而复活"的说法,更是遭到一些科学家的反对。

麻省理工学院的两位教授认为,"濒死体验"的5个阶段纯粹是无稽之谈。这无非是因为窒息而导致的死亡幻觉,它是由于感觉缺失而造成的,至于为什么会出现如此奇特的幻觉,科学家则认为与当事人受的教育、经历和个人的性格特征有关。

也有科学家指出:人在死神降临的一瞬间,短时间内的主观体验一般来说是类似的——尤其是相信有天堂存在的人在西方比比皆是,所以更容易产生"濒死体验"。生物学家罗兰·西格则从生物学角度来解释,他认为,每个人在死亡时,大脑会分泌出过量的化学物质,这些物质有些能引起奇特的幻觉。[①]

(三) 濒死体验的影响

在濒死体验中,有一个令人深思的共同现象是"全景式生命回顾"。有这种经验的人不仅会巨细靡遗地回顾一辈子的事件细节,还会看到他们的行为所产生的结果。事实上,他们会经验到自己的行为对别人所产生的全部影响,以及别人心中所生起的一切感觉,不管是多么的恼人或震撼。

"濒死体验的力量,不在于故事内容,而在于故事所造成的'影响';因此,任何濒死体验的'人'都不是'超级巨星'。濒死体验所造的效果,才是真正可贵、有意义之处。濒死体验有关'死后生命'的报告,

---

① 《人是如何辞世的》,载《羊城晚报》,2006年6月14日。

固然十分有说服力；但它更使我们了解，活生生的生命才更令人赞叹。"①

英国心理学家玛特葛芮说，许多因外科手术或其他原因造成生命垂危的人，都表示在昏迷时有了不寻常的遭遇。这个经验启发他们对人生有了新的认识。通常，他们会提到发光体、死去的亲友，体会到无与伦比的宁静、美丽和升华，因此，不再对死亡感到恐惧；并更进一步深刻体会到生命的意义，从而以更加开明，更具爱心的态度来面对一切。②

1. 对死亡不再恐惧

"有 NDE 都随时愿意走，他们不害怕死亡"，"对死亡的恐惧降低，无敌的气概，特殊的使命感"。有人明确表示，"我自己一点也不害怕面对死亡，留下来的人当然免不了伤心，不过我相信对走的人而言，死亡并非狰狞可怕的事，它将带给人安详宁静。"

2. 相信死后世界

"强烈相信死后有生命。我想把喜悦与众人分享，和全世界分享，真的太棒了。我现在知道死亡是宁静的，而死后生命是美丽的，我知道那是一片乐土——我明白那些跟着我的孩童一样开心。这件事彻底改变我对死亡的观感，发生死亡事件时，伤心难受的是留下来的人，绝不会是死者。"

3. 令人更加重视生活并改变以往的生活观

几乎所有的 NDE 的人，都因此而有所改变——他们再也不那么在乎物质追求，对人变得更富有爱心，更着重精神生活。"在我有了 NDE 之后，我不愿意加班，赚更多的钱，那样不足以弥补我不能陪伴家人的损失"，"人生非常短暂，非常珍贵，随时可能出差错，人就走了，明天是靠不住的，所以我现在天天告诉我的孩子，我爱他们。事业曾经是我生命中的唯一，目前则是孩子至上，和死亡如此贴近之后，我对权利和义务有了新标准，我向来爱我的孩子，发生那件事后，我更爱他们了。"

4. 改变并提升人格

"事实上，我的 NDE 才是我这一辈子最重要的事情，它改变了我，对我有无可取代的影响，它造就了我，提升了我的人格。""我看得比较开，不知道是因为死里逃生，又有 NDE 的关系，还是因为有了第二次机会，觉得人要惜福。我比以往更有耐性，能分辨事情的轻重缓急，适应力比较

---

① （英）爱特华特：《今生来世》，张艾茜译，14 页，台北：世茂出版社，1995。
② （英）琴·芮特旭：《打开生死门》，徐和平译，4 页，西安：陕西旅游出版社，1998。

强。""在意外发生之前,我个性很强,从不服输。现在我温和了许多,不容易发脾气,不像以前动辄生气,心情比较轻松了,以重生的心态来学习一切。"

二、临终心理

人类在寻求更多的防御措施来抵抗死亡、保护自己。如果生理上人的自我防御能力变得越来越小,那么,心理上的防御机制就必然成倍增加。人不可能永远持否定的态度,不能经年累月不费吹灰之力地假装自己安好无恙。

然而,每个人都要走向死亡,那么,人们是如何走向死亡的?对这一问题的思考与研究就涉及到临终心理。

(一) 何谓临终

首先得谈谈临终,临终是人生必经之路。

人生的旅程,是在呱呱坠地的婴儿响亮的啼哭声中开始的。其间经过婴儿阶段、青年阶段、中壮年阶段、老年阶段,最后到达旅程的最后阶段——临终阶段。在此阶段中,大多数人会在亲友们的哀恸声中结束一生的旅途(死于非命者除外)。由于每个人所患疾病不同,所遭遇意外情况不同,一个人的临终阶段可长可短:长者达数月,如晚期癌症患者,短则可几小时甚至几分钟,如猝死者。但无论其长短,临终阶段是人生必经阶段。

生命的诞生,人生的开始尽管是以新生儿的哭声向世界宣告的,但是它意味着生机和快乐。死亡是人生的终结,它意味着生命的结束。由生到死,意味着由明亮转入黑暗,由有形有体有声有色转化为虚无,或静静地长眠地下,或化作青烟在人间消失,于是人们对死亡产生了恐惧。面对这一结局,人类只有无可奈何地接受,承受临终前的恐惧与痛苦。

研究临终心理,才能明了人类走向死亡之谜。

(二) 临终心理理论

1. 库伯勒·罗斯临终心理五阶段理论

瑞士出生的心理学家库伯勒·罗斯女士从1964年开始,在芝加哥大学医院里临床观察研究了200多个临终病人案例,同这些病人进行深入、系统的谈话并进行了细致的观察,从中得到一些描述性的材料,收集在她1969年发表的《论死亡与濒死》一书中。在本书中,库伯勒·罗斯将临终心理发展分为五阶段:

第一阶段:否认。多数病人得知患上绝症后,最初的反应是"不!

那不是我","那不可能是真的",有的病人坚决认为医生诊断错了,或是跑了一家又一家医院,企图推翻这种令人绝望的诊断。

第二阶段:愤怒。实际上是心急焦虑的表现。如同许多人来时遇到不顺心的事情一样,气愤、不平、嫉妒,各种心理纷至沓来,混成一团,填塞胸中,"为什么别人都活得好好的,偏偏让我得癌症","上帝太不公平"。此阶段病人,一般较难照护,他们往往会认为自己被家庭、亲友、社会遗忘了,因此怨天尤人,甚至无理取闹。

第三阶段:讨价还价或称"协议"期。临终病人,得知自己的否认、愤怒都不能改变必然死亡的事实时,就产生一种以守为攻的心理。就是与疾病、与"上帝"或"神"、与医护人员讨价还价,争取延长自己的生命,哪怕几天、几小时。比如有的病人会说:"医生,让我多活几天,我会把我的科研项目完成。"有的会说:"只要你们延长我的生命,我会把我所有的财产都捐献给医院"。讨价还价的心理基于一种延缓死亡的企图,这是人的本能和生存欲望的体现。

第四阶段:抑郁期。此时病人情绪最为消沉,自发的愤怒、向外界乞讨般的协议均不能达到延缓生命,逃避死亡的目的,更不能否认自己的病情,于是便被一种巨大的失落感所笼罩。这时病人沉默寡言,对一切事物表示冷漠,很难激发他们对周围事物的兴趣。

第五阶段:接纳期。走向死亡的临终者发现自己那种"超脱现实"、"超脱自然"的需要压倒了一切,大多会主动地接受"死亡"到来。"我累了,操劳了一生,现在该休息了,也需要休息了。"这种接纳不同于"无可奈何"的无助心理。对病人来说,这是他人生漫长旅程中最后心境的平静与休息。哲学家认为,这种心境的发生,是生命最后阶段的"成长",是人的生命即将跨入死亡门槛时最后一次升华。这个阶段,临终病人不再抱怨命运,也不再灰心冷意,常常回忆过去的亲友,显得疲乏喜睡,愿意一个人悄悄离开世界。

2. 威斯曼临终心理理论

威斯曼在对晚期癌症临终病人的心理过程进行研究后,将其归纳为4个阶段:

第一阶段:存在可怕境况阶段。在此阶段,有些病人一旦发现自己罹患不治之症,并不是贸然地拒绝否认,而是马上就感觉到这种灾难的严重性、可怕性和不可避免性,从而感到震惊和恐惧。进一步意识到这种可怕状况将在自己以后生命活动中笼罩上一层浓重的阴影。这一阶段的时间大多是从确定诊断开始,向后可以持续一段时间。

第二阶段:缓和顺应阶段。由于疾病的反复发作或不断恶化,使病人感到想生存,就必须依据自己的身体现状和现实环境,例如经济状况、医疗条件,尽量配合医护人员的治疗以减轻痛苦、缓解疾病、延长寿命。此时的病人心态即要求身体舒适,还关心自己的工作和家庭其他成员的状况,并想继续参与一些社交活动,避免所谓"社会性死亡",让自己的亲人或同事依然感觉到自己的存在,在他们中依然发挥着一定的作用,对于工作有所贡献,对家庭(如孝敬父母、关爱伴侣、抚育子女)仍在尽自己的责任和义务,从而维护自我存在的意义和价值。

第三阶段:衰退恶化阶段。处于这一阶段的病人逐步感觉到自己病情日益严重,心理上受到极大威胁。他们虽然不断地求得顺从和适应现状,但随着疾病的恶化和体质的衰弱,强烈地意识到死亡的即将来临。但由于此时病人的意识尚较清楚,所以还可以根据自己的意愿、能力,对一些事物做出力所能及的适当安排。

第四阶段:濒死阶段。此时临终病人已经感到治愈无望,因而处处显示出绝望的情绪。虽然还可能有求生的欲望,但因为病情日益恶化,体力精力极度衰弱,迫使自己不得不放弃一切活动,唯求解脱,默默地等待死亡降临,以便平静地接受死亡。

(三)临终心理研究的意义

一方面,临终心理的研究对于人类认识自身的死亡具有不可低估的理论意义。临终理论尤其是库布勒·罗斯的理论,其不朽意义(或者说是罗斯的伟大发现)建立了死亡中主体的自我建构理论,它不再被认为是物化、对象化、客体化存在,不是等死和被消灭,而是自我的生成。按罗斯的说法,即是最后的完成。《死亡文化史》一书的作者指出:"自20世纪60年代起(如果以库布勒·罗斯为参照,是从1965年起)为临终阶段人道化进行的斗争迈出的一步,也即将对话者的尊严还给垂死者。使用所谓的nursing(护理)办法以耐心的照顾与心理问题结合,以'陪伴'结合辅助治疗的步骤,同时避免无益地强加于人的做法。"①

另一方面,为临终关怀提供了理论基础和实践指南。正如库伯勒·罗

---

① (法)米歇乐·沃维乐:《死亡文化史》,高凌瀚、蔡锦涛译,新版序,8~9页,北京:中国人民大学出版社,2004。

斯女士指出的:"鼓励别人,不要从'无希望的'病人身边逃去,反而是更去接近他们,因为在他们最后的时刻里,别人是能够给他们很大帮助的。在他们生命最后关头能助一臂之力,能够做到这一点的极少数会发现,这是对他们自己与患者双方都一样有益的体验。他们当会学到更多关于人类的心灵功能,生命存在独特人性层面也可通过这一体验的丰富化,而对他们本身的生命终结性更少感到忧虑。"[1]

---

[1] E. Ross:《论死亡与濒死》,谢文斌译,20页,台北:牧童出版社,1979。

第四章 个体生死

所谓个体生死,一是指任何生死都是个体的,个体生死是生死的终极表现;二是指生死的关联与对抗极具个体性,是以个体形式展开的。本章个体生死取第二种含义。疾病与衰老表明了生死矛盾展开的必然形式:任何个体都不可避免疾病,而疾病则是死亡赖以实现的普遍方式;任何个体都必然走向衰老,而衰老是走向死亡的不可逆的过程。灾难则表明了生死矛盾展开的偶然形式,这是个体生命的无常,它是以某种剧烈的方式展开生死的矛盾,因而对于个体产生的痛苦尤甚。居丧体验则是个体间的生死关联。在一个生命共同体,任何一个个体的死亡都构成对另一个体的重大丧失;同时,任何一个个体都不会对另一个体的死亡无动于衷。可以说,人对自我的认识最根本的就在于对个体生死的认识,这是个体生命走向成熟,人类文化不断发展的内在动力。

第一节 疾 病

一、疾病与人类死亡

(一) 疾病在人类死亡因素中的地位

严格说来,除了所谓的自然死亡和暴力死亡之外,人类的死亡基本由疾病造成。即使在自然死亡中,所谓"寿终正寝"和"无疾而终",也并非真的与疾病无关,而是多少都与疾病有一定的关系。这可能有两种原因:一是由于死者的疾病未被发现,或人们对其死亡的疾病当时尚未认识;另一个是由于这样的疾病是没有多少痛苦的疾病。"一部人类进步史,就是一部人类与疾病斗争并不断取得胜利的历史。"①

联合国1991年资料显示,全世界每年死亡人数在5 000万~5 500万人之间,绝大多数人(93%)死于各种疾病。所以,有人认为,死亡并非无法对抗,死亡仅仅是自然发展节奏的一个后果。不是死亡,而是疾病,才是真正的敌人。只有经过医学的努力,才能不断地把那些可逆转的病理过程同非可逆转的病理过程区分开来,不断地采取一些措施使人体与疾病力量的平衡转变为有利于维持生命,有利于延缓死亡。

(二)不同历史时期人类死亡疾病谱的变化

20世纪70年代以前,致人于死命的主要是传染病,如鼠疫、麻风、梅毒、天花、霍乱和流感等。当代医学的发展进步,使疾病谱发生了显著的变化,导致人类死亡的疾病由以传染性疾病为主转变为由非传染疾病为主。当今有数百种疾病困扰着人类,人类头号杀手应数心血管疾病,占死亡率的51%;第二位的癌症,占死亡率的17%,现在全世界每年死于癌症的约为500万人;第三位是糖尿病;第四位是老年痴呆症。当前,被称为20世纪鼠疫的艾滋病,成为威胁人类死亡的疾病。从1988年到1994年国际艾滋病研究会在日本东京举行时的几年中,艾滋病已夺去了世界上近百万人的生命。1995年全球共有2 000万艾滋病毒感染者。截至1999年9月30日,我国共报告艾滋病毒感染者15 088例,其中包括477例艾滋病人。预计在有效的药物发明之前,21世纪全世界会有更多的人成为艾滋病病毒感染者,会有更多的人因此而死亡。

人口统计学提供的数据表明,疾病作为人口的主要死因,既表现了人类死亡的必然与实现形式,也是随历史变迁,随社会政治、经济、文化发展而变化。可以说,人类发展到现代社会,"无疾而终"几乎是一个梦想,有疾而终成为当今绝大多数人摆脱不了的宿命。社会的发展变化所改变的是疾病死因结构,却改变不了因疾而死的必然趋势。资料显示,"1951年以来,没有美国人死于衰老,从1951年起,美国政府把这种死因从死亡证书上删除掉。"② 颐养天年,寿尽而终毕竟是极少数,可以忽略不计。从死亡的年龄结构来讲,婴儿、青少年、壮年的死亡中,疾病死

---

① (法)米歇乐·沃维乐:《死亡文化史》,高凌瀚、蔡锦涛译,624页,北京:中国人民大学出版社,2004。

② 《地球周刊·封面故事》,载《南方都市报》,2007年4月29日。

亡是一大死亡原因。老年人口中，仅循环系统疾病、呼吸系统疾病、恶性肿瘤、消化系统疾病、传染疾病和寄生虫疾病、损伤和中毒六大死因占城乡老年人口全部死亡的90%以上。①

二、有病之生

（一）致病的因素

清代的一位学问家李光庭在他的《乡言解颐》中有一段很精辟的论述，他说，神农教人们种五谷、尝百草，知善食者则五谷能养人，不善食者则五谷能使人得病。因此，结论是吃五谷杂粮，哪有人不生病的道理？所以民间说得好：食五谷，生百病。可见，得病，是人生不可避免的常事。人会得病，可说是必然的规律。生活实践告诉我们，一个人什么时候得病，得什么病，或得病的轻重等，这是偶然的；而人会生病这一点却是必然的。起码到目前为止，世界上还没有发现不得病的金刚不坏之人。

爱德加·曼海姆在他的《作为危机和机会的疾病》一书中写到："一个成年人在他一生的二十五年中平均要得一次危及生命的病，二十次严重的病和大约二百次中等程度的病。"②

导致人类得病的原因虽因人、因时、因地而异，但归纳起来无非3个方面：

1. 来自大自然的侵袭

风霜雪雨等自然气候的骤然变化，被污染了的大气、水源带来的病毒，地震、水、火等天灾给人们带来的心理压力和生理损害，各种生态失衡的现象给人的生命形成了种种威胁，在一定条件下，某种疾病的传播、扩散，特别是在各种自然灾害中，各种病菌就更加活跃，对人的危害也更大，使人得病的危险性更大。

随着经济与社会的发展，人们生活水平提高，给人类生存的环境也同时带来了不少负效应，甚至构成了对人类健康的严重威胁，这已经成为一个全球性问题。因此，全世界的科学家们不得不大声疾呼"救救地球！"

---

① 游允中，郑晓瑛主编：《中国人口的死亡和健康》，110页，北京：北京大学出版社，2005。
② （德）托·德特勒夫森、吕·达尔克：《疾病的希望》，贾维德、李健鸣译，64页，沈阳：春风文艺出版社，1999。

2. 来自社会因素的影响

社会因素是造成人们患病，影响人们健康不可忽视的条件，这是被人们的实际生活所反复证明的。如果从使人致病的原因和条件上看，可从大社会和小社会的不同角度考察。

所谓大社会的视角，就是从一个国家的客观条件上，去考察人们患病状况与社会制度、经济发展水平，以及历史发展、文化素质、伦理道德等方面的联系。不同的社会制度对人民的卫生防病或疾病治疗采取不同的基本政策，而不同的经济发展水平，又为人们的防病斗争提供不同层次的物质条件，一般说来，经济发展水平越高，人们卫生防病水平也高。当然，还涉及社会公平、制度合理性等诸方面。所谓小社会的视角，就是要正确认识我们具体的工作、学习环境和家庭条件与人们得病的关系。它包括物质性环境和人际环境。

3. 来自个人的因素

从先天条件看，遗传因素致使某些疾病与生俱来，遗传和营养条件还往往决定一个人一生的体质水平。从后天条件看，一个人的生活条件、体质强弱决定着人们对疾病、特别是传染疾病的抵抗能力。一个人的生活方式、习惯以及性格特征，都同患病有直接联系。

（二）疾病的根源

致病因素只是表明那些因素导致疾病的发生，但并不能说明疾病的根源，人生病，不可理解为让人生病，而是人有病，根源当然要在人自身去寻找。俗话说，"苍蝇不叮无缝的蛋"，辩证法认为事物存在的根本原因是内因，外因只是变化的条件。因此，从哲学层面来看，疾病还有其更为深刻的原因，这原因就根植于人类或者说生命自身，在于人自身的冲突与片面性。

从医学角度看，疾病是外于生命的对生命的破坏，医学把疾病看作是对健康这种正常状态的不受欢迎的干扰。因此，不仅试图尽快地消灭这种干扰，而且首先是要更好地预防疾病，最终消灭疾病。相反，在哲学看来，"我们要加强这样的认识，疾病不仅仅是身体的功能缺陷，疾病是一个包罗万象的体系的一部分，这一体系是为进化服务的。不能把人从疾病中解放出来，因为健康需要疾病作为它的对立极。"[①]

---

① （德）托·德特勒夫森、吕·达尔克：《疾病的希望》，贾维德、李健鸣译，60 页，沈阳：春风文艺出版社，1999。

第四章 个体生死

　　人生病是因为人本身不完整、不和谐统一（中医叫做阴阳失调）。什么也不缺的健康人只能在医学解剖图里看到，在活人里面不存在这样的人，也许有人几十年没有特别明显的或严重的症状，但这并不足以改变这样的事实，即他们也有病，而且会死。

　　疾病是佛教苦海之一，谓"病苦"。佛教认为，世间一切皆由"四大"（地、水、火、风）构成，"四大"从功能上看，则为坚、湿、暖、动。人身体亦由"四大"组成，"四大"不调，则众病皆发，如"地大"不调，身体僵硬沉重；"水大"不调，则虚浮肿胖；"火大"不调，则人遍体蒸热高烧；"风大"不调，则举身性燥不安。这些足以引发人们诸多的病痛。中国传统中医的病理同样认为疾病是由于人体自身失调与不和谐，是由内在冲突所致。

　　"病指的是非完整状态，易受侵害和伤害的状态和要死亡的状态"，如果仔细观察一下，就会惊讶地发现，那些所谓的健康的人也都有许多症状。因此，我们应该摆脱那种可以避免疾病或者消灭疾病的幻想，"人是一个充满冲突的生命体，所以也是有病的。"[1] 作为一个内在冲突的存在，人总是片面性的，而疾病就在于克服人的这种片面性。

　　"人活着是从他的自我出发，这个自我总是追求权力。人说的每一句'我就是要……'就是这种权力欲的表现。这个'我'越来越膨胀，而且善于用新的和高贵的伪装强迫人为他服务。'我'是靠与别人划清界限生活的，所以就害怕献身、爱和与万物融为一体。'我'做决定，要实现一个极并把由此产生的阴影推到外部，推到'你'身上，推到环境上。疾病就是补充了所有这些片面性，其做法就是根据人离开中间点的距离，由症状把病人推到相对的那一边去。人出于自我的傲慢所走的每一步都会因病而得到纠正，所以每一种能力和每一分精明都会使人相应地生病。"[2]

　　"生病属于健康，就像死亡属于生命一样。这样的话虽然不动听，但好处是，每个人能通过不带偏见的观察自己去感觉其正确性。我们的目的不是提出新的观点，而是要帮助那些愿意接受帮助的人，使他们的目光更为敏锐，并用一种不平常的角度来取代习惯的看问题的角度。打破幻觉并

---

[1]（德）托·德特勒夫森、吕·达尔克：《疾病的希望》，贾维德、李健鸣译，63～64页，沈阳：春风文艺出版社，1999。

[2]（德）托·德特勒夫森、吕·达尔克：《疾病的希望》，贾维德、李健鸣译，64～65页，沈阳：春风文艺出版社，1999。

不是一件容易的事，也不很舒服，但会打开一个新的自由的空间。"①

生活本来就是一条失望之路——每个人要承受一个又一个欺骗，一直到他能够忍受真理为止。那些敢于承认疾病、人体的逐渐虚弱和死亡是生命难舍难分的忠实伙伴，并且勇敢地承受它们的人，很快就会体验到，这一认识并不会以绝望而告终，相反，他们会发现这些伙伴是智慧的和乐意助人的朋友，会不断地帮助人找到他的真正的和健康的道路。必须谨记的是，正是疾病能使人变得健康！

（三）疾病的本质

疾病的本质就是死亡的实现形式。福柯说得好："疾病使生命在死亡之中找到了它最独特的表现形式，打开了一个微妙的视角。疾病是生命牺牲的形式，其意义生命在死亡中结束。死亡离开了它悲剧的古老天国，成了人类感情的核心，人类的一切看不见的客观存在，一切看不见的秘密都在其中。"②

每个人都明白生命必死，但并不明白生命走向死亡的实际发生即疾病，且是极不接受。疾病与死亡似乎没有内在关系。随着对疾病处理的职业化，人们更难以了解疾病的死亡真相，努兰医生在她的《死亡的脸》一书中指出："现在已经很少有人在家中过世，即使有也多半是一些慢性病病人，而且这些病人常服用了许多药物、止痛剂，掩盖了不少死亡的真相。大约80%的美国人是在医院过世的，而医院却掩盖了生命最后旅程的许多细节，使得人们更无法了解死亡的真相。"③

死亡不是真正敌人，真正的敌人是疾病，疾病可怕的力量才是需要人们去面对的；死亡不过是一场精疲力竭的败仗的产物而已。甚至我们在面对疾病时，也必须知道疾病只不过是把人们送往类似出生前身体、心灵那种"非存在"状态的方法罢了。无论医学、病理学上有多惊人的突破，也只是对于不可避免的死亡给予短暂的缓刑而已。医学曾将疾病分为"可治愈"和"不可治愈"两类，从而造福于人类，将生死间的自然平衡以人为的手法向维持生命的方向移动，但现代医学也错误地引导人类，使

---

① （德）托·德特勒夫森、吕·达尔克：《疾病的希望》，贾维德、李健鸣译，65页，沈阳：春风文艺出版社，1999。
② （法）贝尔特朗·韦热里：《禁止死亡》，李健英译，19页，深圳：海天出版社，2004。
③ （美）舍温·努兰：《死亡的脸》，杨慕华译，8页，海口：海南出版社，2002。

人们不愿面对不可避免的死亡。

中世纪炼金家兼医师帕拉切尔苏斯说得好："病是世界的譬喻，因为人人都在死亡中行进。"① 在外，疾病是世界的反映，是对人自身存在的观照与提示，在某种意义上是人应对环境的方式。在内，疾病是人的内在结构的不可缺少的组成。《我不抱怨：一位创造性之人与疾病邂逅的自述》一书描述了德国诗人莱茵霍尔德·施奈德的疾病遭遇及对疾病的理解。他认为："病，就是命运的一种形式，同样生而有之，属于肉体结构、生理结构的一大要素"。他患上了严重的胃病，不得不静卧打发时光，只能进一小口偏食，垂危之际只靠流质度日。在他看来，没有痛苦的日子，已成稀罕。"但是，这与肉体疾病无关，危险不在病，而在自身。"② 他透过疾病看到了人自身的本质缺陷，与其说他在与疾病搏斗，不如说是在与自身缺陷搏斗。他从疾病中领悟到生命的真理，疾病就像一堵无形的墙，把他与别人以为重要的事物隔开去，他能进入到别人进不去的世界。

三、与疾病相处

从人类健康角度看，疾病如同世间其他事物一样，具有两重性。一方面，疾病是人类生命与健康的大敌，我们必须毫不留情地，千方百计地预防，消灭它，战胜它；另一方面，疾病又是锻炼和提高人体免疫能力的一个条件和机遇，我们又必须研究它，重视它，又很好地利用它。这才是辩证的、全面的、科学的观点和态度。

（一）战胜疾病的力量

虽然大多数人都知道，不同的疾病将经由不同的过程把人们带向死亡，但只有非常少的人能完全了解最后将人的灵魂与躯体分开的力量，其种类几乎是无限的。就是说，我们人类面对肉体疾病的摧残时，我们本来拥有巨大的精神力量可以与疾病抗争，而且这种力量的产生可以每个人独特的方式进行。

---

① （德）弗兰克·贝克勒等编：《向死而生》，张念东、裘挹红译，112 页，北京：三联书店，1993。

② （德）弗兰克·贝克勒等编：《向死而生》，张念东、裘挹红译，112 页、116 页，北京：三联书店，1993。

对待疾病的态度很重要。疾病作为死亡的实现，如何对待疾病，体现为如何对待死亡。唐朝的洞山禅师在临终前，就生死大事，对其弟子作了一次精辟的说法。当时，洞山卧病在床，有位弟子问道："师父有病，是否还有不病的体呢？"洞山回答说："有"。于是，弟子又问："不病的体是否看得见师傅呢？"洞山回答说："是我在看他"。弟子又问："不知老师怎样看他？"洞山说："当我看他时，看不到病。"

对身体的信念与意志则是内在力量的源泉。长久以来，在面临疾病时，我们都太轻视了自己身体的能耐，而高估了医生的能力，如轻微的创伤，大可不必经手术而自然痊愈。这就是身体这个内存环境"努力维持恒定的功劳。若是我们忘却身体对抗疾病的本能，而求诸针剂、药物及至手术，那不但辜负了身体的智慧，更助长了医疗环境的恶化：医生拼命开药来讨好病人，病人动不动就依赖药物，形成恶性循环，最后不但加重了保险制度的负担，更会造成身体的负荷"①。

很多例子都表明，许多在人们甚至在医生看来难以医治的疾病，最终被战胜了，关键在于建立面对疾病关系中的主体性。患病，当然是自我生命与疾病的对抗。可是，我们在许多情况下尤其是在身患重症、令人谈病色变的情形下，早早地放弃了自我生命的主体，而是一味地求医问药，将这场战争的主导权让位于医疗机构与他人。结果，如果这场战斗打赢了，我们也将之归功于医生；不幸打败了，我们对结果极端不满，难以接受死亡的结局。无论怎样都无法令我们的生命得以突出其尊严。

夏伦，一个怀孕6个月的35岁孕妇，被诊断患上乳腺癌，她说："那天，我的神经紧绷，坐立不安。我在病房哭了又哭，心中满是忧虑，不只担心自己的病，更害怕肚子里的宝宝会受到影响。"进一步的检查表明她的淋巴结已有癌细胞，表明癌细胞已有转移迹象。

经过剖腹，产下约4千克的女娃娃，两星期后，她开始接受化学治疗。12年来，她顽强地活了下来。"我们常听人说，'万一得了癌症，我真的不晓得如何是好'，但我想，力量就在我们心中，就看你如何运用，若是你不保持乐观，就很容易自暴自弃的。"她说："我虽不是非常虔诚的教徒，但我想，在危急的时候，还是有一种我们可以依附的力量。"

---

① （美）舍温·努兰：《生命的脸》，林文斌、廖月娟译，276页，海口：海南出版社，2002。

"放弃等于自杀，家人需要我们，孩子不能失去我们，或许每个人生来都有某种目的，因此，我们没有自杀的权利。"[1]

（二）安乐病

人与疾病有某种彼此消长的关系，安乐病正表明了这种人与疾病的消长关系（用民间的话就是疾病像弹簧，你弱它就强）。

人的世界观、人生观、价值观，在对待疾病方面的具体表现称为疾病观。安乐病不是想得病、享受疾病，而是以健康的心态对待疾病，在病程中，仍然保持积极的人生态度，正确处理疾病与治疗、病人与家人，病人与社会的关系。

以癌症为例。癌症是当前威胁人类身心健康最严重的疾病之一，因恶性肿瘤病程长，病情变化快，所带来的痛苦大，死亡率高，治疗棘手。临床治疗后仍有复发和转移的可能。故，一旦确诊为患有癌症，对家人精神上将产生重大打击。经济上带来巨大的负担，自身精神、心理将发生一系列变化，而这些变化对临床治疗亦起到消极或积极的作用。

热爱生命的真正勇士，不是不对癌症惧怕，而是不被恐惧所打倒。当致命疾病来临时，他不怨天尤人，不自暴自弃，也不听天由命，而是把疾病作为人生旅途中难以避免的特殊状态。面对疾病，保持着一个平静的、理智的、平衡的心态，在病程中仍然拥有积极的人生态度，与自身的疾病作抗争，认真配合医生进行诊治；在处理与家人关系上，他不是作为弱者单向地向家庭索取关心、体贴、照顾，而是积极地分担着家庭的责任，合理有效地使用家庭的医疗资源，尽力避免因自己的疾病而影响家人生活和工作正常运转；在处理社会关系上，他绝不因自己是病人而逃避自己的社会责任或向社会提出不切实际的过分要求，而是利用自己的疾患向社会大众宣传抗癌经验以及预防知识，鼓励更多的人战胜疾病，筑起一道防癌抗癌的坚固的生命长城。

安乐病者医疗费用也大节减。Browne 等人对加拿大 215 名慢性疾病患者进行研究的结果发现，对疾病适应和调节水平与医疗服务费用之间有极强的关系，相反，与疾病严重程度却关系不大。适应最差的病人需要医疗关怀服务的费用与适应最好的相比要高 75%。Levenson 等人在美国也

---

[1] （美）舍温·努兰：《生命的脸》，林文斌、廖月娟译，56 页，海口：海南出版社，2002。

证明了这个发现。焦虑和抑郁程度较高的患者平均住院日比那些心理、病理和疼痛水平较高的患者要长40%，平均住院费用要高35%还多。①

（三）死亡学习从疾病开始

人患病，且必然会病，因为人必死，这是真理，是残酷的真理。而且人必须病，无病则难以自我走向完整。这就是向疾病学习，这也是真理。因而，培养一种疾病观很重要，尤其是现代人扭转对疾病的看法更是必要。

我们绝少把疾病当作一种机会，用它来审查自己与生命的关系，或探究对死亡的恐惧。疾病被视为厄运；我们标榜健康，崇拜广告模特儿的活力。若是健康便自认无恙。但是，若对可接受的事物抱固执不通的观念，要如何接纳不可能之事物？如何怀着坦然胸襟步入未知世界呢？

一位苦行僧人在山洞里打坐。一只老鼠钻了进来，咬他的鞋。苦行者生气地睁开眼，说道："你为什么打扰我的祈祷？"老鼠回答："我饿了。"

"你走吧，讨厌的老鼠"，苦行者请求道："我正在寻求与上帝的统一，你怎么能打扰我呢？"

老鼠问道："如果你都不愿意与我一体，你又怎么能和上帝统一呢？"

美国著名品牌花花公子的创始人休·赫夫纳谈到，一次中风成了重新塑造他的一种契机。1985年，他60岁时患上了轻度中风。"多亏了这次中风，它给了我放下生活中的包袱的借口，不再试图向自己或他人证明什么（无论是蓄意反抗性压抑，还是在工作中证明自己），继续按别人的看法去生活，即使是以反抗的形式，也还是一种局限的生活方式。我试图证明什么？重要的是生活，是构成你真正生活的那些联系。"他说："使我和所有人感到惊讶的是，我人生的秋季过得有滋有味，中风使我悟到'你唯一真正拥有的是生活本身'。一旦认识到这一点，你便能尽情品味生活，品味它的一切。你不用使它复杂化，你可以接受发生的一切。"②

---

① 陈蓉，李伟长主编：《临终关怀与安乐死曙光》，126~127页，北京：中国工人出版社，2004。

② （美）贝蒂·弗里丹：《生命之泉喷涌》，李淑芹等译，603页，北京：作家出版社，1997。

第二节 衰 老

人生苦短,这是死亡给人类出的一道难题,伟大诗人屈原在《远游》中表达了人类的这种悲凉情绪:"惟天地之无穷兮,哀人生之长勤;往者余弗及兮,来者余不闻。"

一、生命与寿命

(一)寿命的涵义

1. 寿命就是个体生命存活的时间长短,在这方面,寿命与自然年龄一致

从人类历史发展来看,由于疾病、饥饿、战争以及自然灾害的存在,人类未能活尽生命的生理极限。但是,人类的平均寿命却在不断提高。据考古资料表明,7万年前的尼安德特人,平均10个青少年中,有2个可能活到30岁;3万年前的人类,只有12%的人可以活到40岁,86%的人却活不到30岁。据日本学者菱沼徒尹的推算,新石器时代,人类平均寿命为14.6岁;原始社会,人类的平均寿命为20岁;奴隶社会,人类平均寿命22岁;封建社会,人类平均寿命为26.5岁。

我们可从唐代诗人白居易《闻哭者》了解到古代人的寿命:"昨日南邻哭,哭声一何苦!云是妻哭夫,夫年二十五。今朝北里哭,哭声又何切!云是母哭儿,儿年十七八。四邻尚如此,天下多夭折,乃知浮世人,少得垂白发。"

随着世界物质文明的进步,人类生存环境的改善,医疗条件的提高,人类的非自然死亡的因素大大削弱,从而使人类的平均寿命得以延长。尤其是在1790年,琴纳发明用牛痘预防天花之后,恶性传染病得以极大控制。到1850年前后,欧洲人的寿命从公元前的20岁增长到40岁。自20世纪50年代以来,由于青霉素、链霉素等抗生素的发现并广泛运用,人类健康得到进一步保障,以致一些发达国家的人均寿命达到70~80岁。

人类寿命的延长是异常显著的。据统计,人类平均寿命从旧石器时代中期的14~15岁提高到18世纪的30岁,花了几十万年的时间。而从30岁增长到60~70岁,却只花了200年的时间。从1950—1985年,人口平

均寿命，发展中国家增长 14.6 岁，发达国家增长 7.2 岁，全球平均增长 12.2 岁。从 1949—1981 年，中国的人均寿命从 35 岁增长到 67.88 岁。至 1985 年，中国平均寿命，男子达到 67 岁，女子达到 71 岁。

现今，80 岁以上的"长寿老人"，90 岁以上的"超长寿老人"乃至 100 岁以上的老人，都成了并非稀有的事情。1970 年，苏联全国人口普查表明，当时的百岁老人就有 19.3 万人，平均每 10 万人中就有 8 个 100 岁或 100 岁以上老人。每 10 万人口中的百岁老人，美国有 2.98 个，希腊达 20.94 人。

就人的每一个体而言，总是有生有灭的。计量这个生命过程的办法之一就是年龄，也可以说年龄是一种最简单、最普遍的计量生命过程的办法。

2. 寿命既是绝对的又是相对的

在某种意义上，时间是人类思想的产物，时间的真实性是由人的意识所决定的。与"不知晦朔"的朝菌，或"不知春秋"的蟪蛄相比，人算是长寿的人。而传说中的彭祖 800 寿，就更长了，但若与无始无终的天地相比，朝菌、蟪蛄、彭祖之长短又算什么？可见，我们所关注的是相对年龄，永远是由死亡所决定的。可不是，彭祖虽寿，也不过是有一个定数，逃不过必死的劫难。

当人类企图千方百计地延长自己的生命，却发现肉体生命实在无法延续时，便寄希望于精神生命的永恒。"死而不亡谓之寿。"在动物与其他生命身上体现的时间问题在人类生命身上被赋予了更为丰富的内涵，那种量度时间的矢量成为人的生命的创造与无限展开的存在形式，"当无法延长它的长度时，可以拓展它的内涵"。这样正如白居易在《和陶诗》所说的那样，"泰山不要欺毫末，颜子无心羡老彭。松树千年终是朽，槿花一日自为荣。何须恋世常忧死，亦莫嫌身漫厌生。"人活到什么年龄才算是长寿？难道以时间为唯一标准来界定人的寿命？显然不是。有时候，只要精彩，如槿花只开一日也自荣耀。因此，一方面，我们把时间赋予生命，另一方面，我们赋予时间以生命。寻找生命的不朽内涵，最后从根本上扭转生命短暂的宿命。

（二）年龄的结构

人类社会的发展，使年龄这个概念的内涵越来越复杂起来，它不仅记载着一个人已经生存的自然年数，而且还记载着人的生理、心理、社会、智力等方面的生命状况的变化程度。也就是说，人们越来越清楚地发现这样的规律：一方面，人的生命在一定的年龄阶段，在生理、心理等方面都有共同的发展特征；另一方面，在一个共同的年龄阶段群体内，比如都是60岁以上离退休人员，在生理、心理、智力等方面又有明显的差异。为科学地、准确地说明人的生命发展的不同侧面的情况，自然年龄、生理年龄、心理年龄、智力年龄和社会年龄等概念就被提出来，并受到关注。

1. 自然年龄

自然年龄也称时序年龄或年代年龄，指一个人从出生之日起所经历的年数，每过一年就增长一岁，所谓"天增岁月，人增寿"。自然年龄是认识其他结构年龄的前提。

2. 生理年龄

生理年龄反映一个人的生理状况。为了弄清每个人的生理年龄，事先就要根据不同年龄组的各项生理功能测量参数，制订出各年龄组各项生理功能的标准值，然后把某个人的各项生理功能指数与这些标准值相对照，符合那个年龄段的标准度就是某个人的生理年龄。通俗说来，它反映某人的身体健康状况，比如说"60岁的年纪，30岁的心脏"。和自然年龄与日俱增累积不同，生理年龄是可变的，受其所处的社会和历史，物质生活条件和文化、生态环境、营养与遗传等诸多因素制约，但总体上，生理年龄是递减的，即表现为生命力的衰减过程。

3. 心理年龄

心理年龄反映特定的年龄阶段的人的心理状态，或者说，反映一个人的感情、意志、性格等精神状态。一个人的心理年龄是由他的心理状态同他所处的年龄段的心理年龄的标准值相比较得出的。也就是说，一个人的心理年龄可能同他的自然年龄相一致，也可能比本年龄段的标准值更好些，也可能差些。重视一个人的心理年龄的研究，是因为一个人的心理状态如何，对于他的生理年龄即身体健康影响很大。当然，心理年龄与个体生理、社会、智力年龄相关联。

4. 社会年龄

社会年龄说明在每个特定年龄阶段的人奉献或服务社会的能力。也就是说，是不同年龄阶段的人，在社会发展过程中所处的地位和作用。当然，其服务社会的能力既指从事社会物质产品生产的能力，也指精神产品生产的能力。人的本质是社会性，因而，社会年龄是人的生命的一项重要年龄结构。只是它不能像其他年龄结构可以进行统一指标测定，而且，它也只表明一种可能性。要实现这种能力,还要具备其他条件,比如,就业岗位。一个人的本事再大,如果没有用武之地,也是不行的。

5. 智力年龄

智力年龄指一个人与本年龄阶段人的知识状况的标准值相比,所反映出来的智力水平的高低。世界各地往往根据本国文化、智力发展状况,制订出"年龄量表"(也称年龄—当量量表)。这是根据对不同年龄的人进行标准的能力测验所得出来的平均分数制定的量表。然后以每个人智力测验的分数去和年龄量表相对照,就得出个人的智力年龄。如果,一个10岁儿童标准智力测验的健康等于20岁青年的平均数,他的智力年龄就是20岁。像国内出现的神童、少年大学生均属此种情况。

二、老年与衰老

(一) 老年

无论我们怎样去分析年龄结构,但有一个话题却是绕不开的,那就是人总要走向老年和衰老,"神龟虽寿,犹有竟时",衰老和老年是谁都绕不开的生命阶段,它是人生的最后一个阶段。因为它是人生的最后阶段,所以,"老"大多是同"朽"、"衰"、"废"等不太让人喜欢的字眼联系起来。

在普通人的眼里,老年意味着什么?

1. 老年意味着生命的结束和走向死亡

"死亡,是'分配'给老年人的一个专门任务,它跟其他任务的分法一样,通过劳动分工。在死亡一例中,老年人被分配了死亡的工作,使年轻人或多或少不用关心和担负死亡与垂死过程的责任。"[①] 一些民间谚语很能说明这个问题。比如,"五十年过午,身埋半截土。""六十一条线,后事赶紧办。"还有什么"五十不栽树,六十不盖房,七十不制衣。""七十三、八十四,阎王不请自己去。"更有甚者,悲观到"五十里外要带伞,五十岁外要带板"。

2. 老年代表着生理衰退

江苏镇江的金山寺,卖着一种用文字构成的老人图像,名为《老来难》的招帖画,通俗易懂,把老年人的老态龙钟的悲惨形象描绘得惟妙惟肖,说什么"耳聋难与人说话,差七差八惹人嫌,雀蒙眼似鳔粘……"

---

① (美)德克尔:《老年社会学》,沈健译,301页,天津:天津人民出版社,1986。

人怕老年，车怕老爷。诗人韩愈说："视茫茫、发苍苍，齿牙动摇"，形容生命力随年老衰退的现象。

佛教有所谓"老苦"。在《中含阿经》中，是这样描述老年的："老者谓彼众生，彼之众生种类，彼为老耄，头白齿落，盛壮日衰，身曲脚戾，体重气上，拄杖而行，肌缩皮张，皱如麻子，诸根毁熟，颜色丑恶，是名为老。"把人体衰老时种种生理表现描述得令人毛骨悚然。人生苦短，老景催人。在不知不觉中，人就由童年、青年、壮年而老迈，眼花、发白、肤皱、齿落、背驼，此为人生必至之时，能不"苦"吗？

就客观来看，按人的生理年龄划分，一般是 20～39 岁为成熟期，40～59 岁为衰老前期，60 岁以上为衰老期。也就是说，人们的各种生理器官一般到 40 岁发展到顶峰，从 40 岁之后在一些方面就开始衰退，到了 50 岁时，不少人就开始感觉到某些器官的衰退了。

美国开国元老汤姆斯·杰克逊于 1814 年 7 月 5 日 71 岁时写信给 78 岁的老约翰·亚当斯，说："我们的机器（指身体）已经运转了七八十年了。我们可以预期它将损坏。这里一个轮轴，那里一个轮子，现在一个齿轮，下次一个弹簧将会出现故障。虽然我们能暂时将其修理好，但终究都会停止运转的。"[①]

3. 衰老意味着多病

由于与年龄相关的变化，如免疫系统功能下降增加了老人患病的机会，不健康老人的比例比不健康年轻人的比例要大得多。"人过了 30 岁后，死亡率大约每 8 年增加一倍，患其他严重疾病的机会，特别是退化性疾病（相对传染性疾病而言）如癌症、中风、心脏病也随年龄的增加而增加。"[②]

无论明显的生理情况改变，还是表现在大脑等的退化，真正在损耗的，其实就是生命力，这就是衰退的基本方面。

4. 衰老意味着放弃

问题不在老化是否造成衰退与无法克服的疾病，而是为什么会老。《旧约圣经》传道者所罗门王，是西方传统中最先表达下列观点的人："凡事都有定期，天下万物都有定时；生有时，死有时。"在所罗门王之

---

① （美）舍温·努兰：《死亡的脸》，杨慕华译，48 页，海口：海南出版社，2002。
② （美）理查德·A·波斯纳：《衰老与老龄》，周云译，25 页，北京：中国政法大学出版社，2002。

前，荷马也写到："人类如叶子一般，当一代兴盛时，另一代就衰微。"有很好的理由支持一代必须让位于下一代，正如可敬的杰斐逊在生命接近终点时写信给同样可敬的亚当斯的信中说的："无论对只是人或自己而言，当我们必须离开，让位于别人生长时，就是死亡的成熟时间了。当我们活过了自己这一代的年岁，就不应去侵占另一代的。"①"让出一个空间，以利他人成长。"这是人们理解接受衰老与死亡的最简单理由。蒙田，这位法国16世纪伟大的散文家、哲人在其《学习哲学即学习死亡》一文中写到："让给别人空间，正如别人让给你一样"，"生命的用处，不在于寿命的长短，而在于时间的运用；一个人可能活得很久，却只活了一点点。"②

（二）科学家的衰老理论

衰老这个词意味着随着年龄增加，机体逐渐出现的退行性变化、死亡率上升。衰老的普遍性、内因性、进行性及有害性作为衰老的标准被普遍接受。千百年来，人们一直在探索健康长寿的奥秘，充满对青春长驻、延年益寿的向往。自有史记载以来，我国古代的人们就一直在寻求延年及养生的方法。那么，衰老是如何发生的呢？对生物为何衰老即衰老机制的研究则是探索衰老本质的核心问题，同时又是比较复杂、尚无最后定论的关键所在。人类只有认识了自己为什么会衰老，揭开了衰老之迷，才能有效地防治老年性疾病，推迟老年的进程，使人类最大限度地延长生命。

然而，在科学家那里，研究生物衰老的机制是摆在人们面前的一大课题。基本上，对老化过程和解释最有说服力的有如下几种理论：

1. 损耗理论

损耗理论强调在普遍环境卫生和日常生活中，由于细胞与器官持续地执行正常功能，以致逐渐损坏。

损耗理论关键之处在于"环境"。环境既可指整个地球环境，也可指细胞周围与细胞内部的环境，比如背景辐射（来自太阳或者工业的），污染物、微生物、大气中的毒物等因子，都可能会造成慢性伤害，使传递至子代的基因讯息改变。但也有可能环境因素并不扮演任何角色——讯息传递错误可能是传递过程中的随机错误所造成。无论是何种方式，这些在

---

① （美）舍温·努兰：《死亡的脸》，杨慕华译，80页，海口：海南出版社，2002。
② （美）舍温·努兰：《死亡的脸》，杨慕华译，94页，海口：海南出版社，2002。

DNA 中累积的变异，可能会造成细胞丧失功能并导致细胞死亡，而整个有机体的明显改变就是老化。有些人称这种细胞死亡的过程为"错误灾难"。

无论起因是环境，传递中的随机错误或代谢的有毒产物，DNA 中错误的形成常被许多人认为是老化过程中的主要因素。

2. 基因理论

基因理论认为老化是由于基因中原本就存在着决定寿命的因子，除了控制着细胞与器官的寿命外，也控制着整个有机体的寿命尺度。基因理论主张整个过程都决定于基因。此理论认为，每个生物体内都带有一种基因程序，以逐渐"关闭"其正常的生理活动，最终关闭所有的生命。在人类，不同的人有不同的情形，至少我们每个人最显著的老化特征都不太相同，这使得老化的现象并不一致，诸如免疫力丧失，皮肤起皱纹，恶性肿瘤的发生，痴呆症的产生，血管弹性下降，以及许多其他现象。

近来，科学家们正在寻找死亡基因。研究者认为，生物死亡是预设的，称之为"自灭"（apoptosis 由希腊文而来，意为"自……消灭"），是一种叫做"myc 基因"的蛋白质，在特定的异常环境下展开一连串强而有力的基因反应。举例来说，在培养皿中的细胞，若移去养分，真菌基因就展开一种类似细胞内爆的程序，会在大约 25 分钟的过程中摧毁细胞。这被称为"自生命中消失"。这种预设的死亡，对于成熟有机体的形成相当重要，因为借此过程，在发展过程中不再有用的细胞将会被那些属于下一阶段的细胞所取代。在完全成熟的个体也可见到"自灭"的例子，它们是由环境中不同的事件所引发，从而对细胞产生影响。

由此，死亡基因说其实是对前两种理论的协调。这种基因引导的死亡，可由环境及生理上许多不同的因子来激发。进一步研究发现，myc 基因所产生的蛋白质和另一种被称为 max 蛋白质之间相结合时，细胞被指定去完成下列三件事情中的一件——成熟、分化、或经由自消灭的方式自毁（指定的方式是什么尚不了解）。很明显地，myc 基因在发育、成熟与预设方式的死亡上扮演着相当重要的角色。这些新发现不只在了解正常生理过程，而且对于了解像癌症这种病理状况也有很大的影响。

3. 衰老的进化理论

衰老进化理论将人们对衰老的视角从个体与环境转到个体对后代的关系上，将衰老看作是与寿命相辅相成的因素。这种理论分为经典的衰老进化论和衰老的新进化理论。经典的理论为威廉·汉密尔顿等人提出，认为需要父母哺育的物种才可避免短命，因为物种内部的自然选择偏爱那些促进生产后保持长寿（所谓祖母效应）的基因。而大多数动物在繁殖后代后就完成了生命历程，因为继续苟延残喘也不能提高后代的生存几率。因此，当你为负担子女巨额的大学学费而头痛时，至少有一点可以让你欣慰：如果你不必为子女操劳，可能早就一命归西了。衰老进化理论让那些为后代鞠躬尽瘁的父母看到了光明的一面。

然而，人类生命周期的诸多特征却无法通过这一理论得到完满的解释：比如为什么青少年的夭折多发生于童年时期，夭折比例随年龄的增长而下降。

加利福尼亚大学人口统计学家罗兰·李提出了一种新的衰老进化理论，其成果发表在2003年7月15日的美国《国家科学会学报》上。经典理论从自然选择和繁殖力的角度解释衰老，通过"祖母效应"承认抚育后代的作用。但李博士认为，应该从整个生命周期的角度审视抚育后代这一人类行为，因而赋予它更大的分量。人作为接受者开始生命，当他们的孩子出生后，角色逐渐转换为给予者。

新衰老进化理论预言，人的一生中，任意年龄阶段的死亡率均由两个因素相互作用决定：经典效应所指的剩余可生产（繁殖后代）值和经济学家所谓的转让效应（即抚育后代）。在非社会性物种中，父母不承担抚育子女职责，因而不存在转让效应，在此，经典理论适用。在社会性物种中，生产子女的数量和在对后代投入的资本达到黄金平衡。繁殖力的差别不起作用。衰老的速率完全受转让效应控制。新衰老进化理论解释了为什么婴儿的死亡率最高，之后猛然下降；导致较大年龄的儿童（父母已经付出太多投资）死亡的基因变异在一个种群中消失的速度快远大于导致婴儿死亡的变异。这一理论也解释了妇女绝经期后死亡率的下降：妇女对抚育后代贡献巨大，是保证物种延续生存的重要财富。

新理论通过证明繁殖力、死亡率和抚育后代之间的相互关系来解释人类衰老的原因，因此，他将其理论命名为"为给予而生"（live—to—give）。

三、危机与机会

（一）老年危机

首先是自我认同的危机，其次是丧失的危机。

当代美国著名社会学家，女权主义代表人物之一贝蒂·弗里丹曾表达自己对老年的回避与讨厌心情："当朋友们出其不意地给我过60岁生日的时候,我差点杀了他们。他们的祝辞似乎充满了恶意,他们这样做似乎是在逼我公开承认我已经60岁高龄了,从而把我推出生活,推出人类;从职业、政治、个人及性的角度,使我远离50岁、40岁,以及30岁的他们。"作者记叙那次生日聚会后,她沮丧了好几个星期,并感到远离了他们所有的人。她开始关注并深入研究老年问题,尤其是老年女性,她称之为"危机四伏的老年"。

老年首先充满危机,从而被认为不幸。古罗马老人西塞罗精辟指出,老年之所以被认为不幸福有4个理由："第一是,它使我们不能从事积极的工作;第二是,它使身体衰弱;第三是,它几乎剥夺了我们所有感官上的快乐;第四是,它的下一步就是死亡。"① 老年的危机更在于由于时间无多而产生的人生紧迫感,"老冉冉其将至兮,恐修名之不立。"[《战国策·屈原(离骚)》]"宿昔青云志,蹉跎白发年。谁知明镜里,形影自相怜。"(张九龄《照镜见白发》)真是老景催人啊。

老年期是丧失期,不仅会失掉金钱,还会丧失配偶,更为重要的是还会丧失健康。正因为如此,这个年龄段,也是容易丧失生存的意义的时期。因此,在高龄老人中,心理疾患常常比生理上的疾痛更多地困扰着他们,而这一点又常常被人们所忽略,而且常常贻误治疗时机。因此,社会学家指出:"老龄生活可以从社会学角度归纳为一个主题——'丧失'。"②

人们以自己的方式走进老年,最先感受到的是丧失以往的作用和职责、个人和社会的联系。"丧失"是从社会学角度归纳出来的老年生活的主题。卡明与亨利曾提出分离理论与缩短了的生命前景观。所谓"分离"是指年老的个人及其团体逐渐并且共同地退出社会。卡明与亨利提出,分离以一个在自我之内的事件开始或者更为特殊的以我们生命前景之事件开始,当我们临近生命的晚期,我们才最终体会到我们今生有限,凡事我们都在希望和计划去做,但却没有足够的时间去完成到底。终于,我们还体会到时间不仅有限,而且正在耗竭殆尽。死亡作为显著的前景而出现,这种改变了的生命前景观,内在地关联着分离。时间无多,死亡将近,是引

---

① (古罗马)西塞罗:《论老年 论友谊 论责任》,徐奕春译,10页,北京:商务印书馆,1998。
② (美)贝蒂·弗里丹:《生命之泉喷涌》,李淑芹等译,556页,北京:作家出版社,1997。

起分离的心理连锁反应的原因。丧失、分离与缩短内在互为因果,根本的还是与衰老和死亡内在相关。

实际上,虽然人生一如流水般,从一个阶段到另一阶段,但是,人对这种转换的感受却并不是那么自然而然的,往往是突如其来的,就像贝蒂·弗里丹过60岁生日那样,突然体会到老年阶段的来临。当我们还习惯于往常生活,并从而采取一种固定的方式生活时,我们个体与环境、人们总是无法分开的。但是,一旦我们意识到老年已至,我们就被迫从那种固定的联系中割裂出去。"我已是老人",这种认知是对人生的极大转变。而要适应新的阶段则谈何容易?与此同时,各种各样的老年事务纷纷来临,比如退休、身份变化等。更为重要是所有这些无不表达一个信息:个体业已衰老并走向死亡。在此,人们对死亡的恐惧体现为对衰老的恐惧。因此,说老年危机四伏,并非夸张。

(二) 创造力的高峰期

老年又是人生的一个充满创造力的时期,贝蒂·弗里丹称之为"创造力的双峰现象"。她指出,社会地位(作用)、前程(准则)、及关系群体等的丧失并非坏事,所谓"塞翁失马,焉知非福?"她认为,在社会前程越来越渺茫的同时,个人的自由有可能越来越多,人的创造力进入到第二个高峰期。

老年是人生的第三时期。贝蒂·弗里丹总结社会学家彼得拉斯来特的研究工作,指出人生有3个时期:人生第一时期是通过学习为将来的工作和家庭做准备;人生第二时期是积极的家庭繁衍和为支持家庭而生产阶段;人生第三时期是为了自身而学习以便发展、成长,将自己的能力用在自己永远也不会从中退下来的工作上。人生的第三期由老年人自己管理。她认为,这是一次人口革命,一种自身的解救和优势,老年人摆脱了外在的束缚(名、利、一些非常现实的关系等,前面所称的丧失)以自己的方式展开参与性学习与人生最后成长期,"将老年人正在收缩的世界转化为正在扩展的世界。你惊奇地发现,有那么多的新生事物冒了出来,而你使它们成为属于你自己的东西"①。

老年也是一次冒险。老年期有可能迫使我们去具备新的冒险意识。这

---

① (美)贝蒂·弗里丹:《生命之泉喷涌》,李淑芹等译,575页,北京:作家出版社,1997。

种意识会减弱我们自童年时代起就长期拖曳的不必要的重负和我们曾发誓再也不要面对的挫折。"多自由啊,我们不必去担心,也许都不必去感受那些在工作或爱情中遇到的关于成功和失败问题和旧有的冲突。如果说这种新的冒险意识曾一度显得沉闷、阴郁、昏暗;而如今我们正在进入的人生第三时期出人意料地减轻了我们的负担,照亮了我们的道路,那么,那种美好的,解放人的身心的轻松可能就是一种重要标志——一种生存的路标、发展的路标。"①

创造力的双峰现象出现在退休之后的老年生活中。假如不以年龄为标准,而是以个人生活曲线为依据来绘制创造力的平面图,那么,在越来越多的依然活着并继续工作到古稀之年的男女公民当中,结果要丰富多彩得多。创造力并未出现明显下降的趋势。研究人员发现,有时会出现双峰现象,"经过一段长时期的下降趋势,大约是在退休年龄时可能会出现创造性生产力的第二次激增"②。

人的创造力与年龄趋向有相悖离的情况,而且,创造力的年龄曲线跟实际年龄的关系似乎小于跟从事该职业时间的关系——在不同领域中,这种曲线有很大的变化。在30岁左右年龄达到顶峰,然后急剧下降的现象只在纯粹数学和理论物理学领域出现。在其他领域——小说创作,历史,哲学,医学,一般学术——出现的是一直到50岁都在循环上升的现象,之后即便不是没有下滑趋势,也只是稍微下降一点儿。在对16个不同领域进行的研究中,历史学家,哲学家及学者70岁时发挥的能量是总能量的84%至90%,60岁以后的岁月里通常比20多岁时更多产;科学家们60岁及其以后的生产能力仍然似乎是他们处于巅峰时期生产力的60%。

"创造力可以是老年个体对存在的局限性和不确定性所做的最有意义的反应。"③ 日本学者池田大作先生说过,必须抱有这样一种人生课题:怎样才会使自己无限地成长起来。同时,还必须抱有能产生原动力的生活意义。"只有这样才能克服因年龄增长而出现的停滞,产生真正将人生有

---

① (美)贝蒂·弗里丹:《生命之泉喷涌》,李淑芹等译,576页,北京:作家出版社,1997。
② (美)贝蒂·弗里丹:《生命之泉喷涌》,李淑芹等译,578页,北京:作家出版社,1997。
③ (美)贝蒂·弗里丹:《生命之泉喷涌》,李淑芹等译,583页,北京:作家出版社,1997。

意义地活下去的力量。"①

（三）老年的生死观

维克多·雨果说得好："年轻是美丽的，然而，年老是崇高的。""人之最可贵的是老年，因为只有这个时期是他的一生决算期……因为我们的一生说到底，是为创造出这可贵的老年所做的准备。"② 有两句诗是讲老年的，一句是"夕阳无限好，只是近黄昏"；另一句是"但得夕阳无限好，何须惆怅到黄昏"。两种截然不同的态度，有些老年人，总是为老年晚景所束缚，以致不能在自己的老年开辟一个新的人生境界。

对于老年人来说，培养一种健康健全的生死观非常重要。老年毕竟不同于人生的其他时期，它最大的特点是面对丧失、走向死亡。作为老年人，他要树立起一种与其他年龄阶段不同的生死观，这种生死观能够帮助自己恰当地处理各种丧失，最大限度地让生命走向辉煌和顺利往生。

1. 顺应自然，了悟生死

老年对死亡有着高度自觉。"应当承认，老年离死不远了。但是，如果一个老年人活了一辈子还不知道死亡并不是一件可怕的事情，那么，他肯定是一个非常可怜的老糊涂！"③

一切顺乎自然的事情都应被认为是好事。没有什么比老年人寿终正寝更顺乎自然的。人像苹果一样，少年时的死亡是受到外力作用的结果，老年时的死亡是成熟后的自然现象。"我认为接受死亡的'成熟'阶段非常可爱，越接近死亡，我越觉得，我好像是经历了一段很长的旅程，最后见到了陆地，我乘坐的船就要在我的故乡的港口靠岸了。"④如果有一天，人们会意识到衰老，发现他已经不是原来的那个"他"了，而且他永远也不可能是那个"他"了——然而，最重要的是人们看见了衰老，由于衰老的不可逆转性，人们认为衰老是不可抗拒的，从而坦然处之。

---

① （日）池田大作：《我的人学》，铭久、潘金生、庞春兰译，30页，北京：北京大学出版社，1990。
② （日）池田大作：《我的人学》，铭久、潘金生、庞春兰译，19页，北京：北京大学出版社，1990。
③ （古罗马）西塞罗：《论老年 论友谊 论责任》，徐奕春译，32页，北京：商务印书馆，1998。
④ （古罗马）西塞罗：《论老年 论友谊 论责任》，徐奕春译，34页，北京：商务印书馆，1998。

"假如我们不是永生的，那么，一个人在适当的时候死去也是件值得欣慰的事情。因为'自然'为一切设定了极限，人的生命也不例外。可以说，老年是人生的最后一幕，这时我们已疲惫不堪，尤其是当我们自己也觉得已经活够了的时候，那就该谢幕了。"①

孔子说："六十而耳顺，七十从心所欲不逾矩。"老年进入到人生的最高境界：天地境界。这种境界最重要的就是对死亡的接受，视死如归。冰心先生说得好："我常常得到朋友们逝世的讣告或消息，我除了请人代送花圈外，心理并不悲伤。我觉得'死'是一种解脱，带病延年，反而痛苦。""至圣先师孔子说得过：'自古皆有死'，我现在是毫无牵挂地学陶渊明那样'聊乘化以归尽，乐夫天命复奚疑'。"②

2. 面对丧失，升华自我

老年人因为各种原因，会逐渐退出社会生活舞台，远离利益冲突和名利角逐。一方面，这是客观规律和社会发展的要求，所谓"长江后浪推前浪"；另一方面，也是步入老年之后的自我觉悟。可是，对这种人生的重大转换，人们很容易视其为悲哀，曾经的种种躁动和喧哗都成为过去，不复存在时，痛苦异常，情难自禁，结果人未死，心已死。究其原因，是看不透名利关。而破不了名利关，自然也就破不了生死关。长期习惯于追名逐利，将生命等同于利益得失，一旦自己失去这些时，自然也就产生悲观主义。这种悲观主义会导致对死亡的恐惧，无法接受正走向死亡的老年。

然而，这丝毫改变不了老年必须退出现实的必然性。其实，老年的这种丧失是生命的一种成熟，一种升华。"一个演员，为了赢得观众的称赞，用不着把戏从头演到尾，他只要在他出场的那一幕中使观众满意就行了。一个聪明的人也不需要老是留在人生舞台上一直等到最后的'喝彩'。因为不管生命怎样短暂，活得光明磊落和体面总还是可以的。"③

丧失是一种过滤，"衰老的过程就像是一种过滤，从他不能负重的身

---

① （古罗马）西塞罗：《论老年 论友谊 论责任》，徐奕春译，41页，北京：商务印书馆，1998。

② 冰心：《我从来没觉得"老"》，载范泉主编：《文化老人话人生》，4页，上海：上海文艺出版社，1992。

③ （古罗马）西塞罗：《论老年 论友谊 论责任》，徐奕春译，34页，北京：商务印书馆，1998。

心滤去废物,留下一些真东西"①。以自然的态度对待人生晚年的各种丧失,使之不动于心,以求得内心的平静与和谐,这就是一种升华。

3. 享受老年,创造辉煌

衰老不应成为人的不幸。老年是人的自然过程,更是人的最后成熟。衰老不过是一种契机,"没有人因为衰老而死亡","可以肯定,衰老绝对不会使人死亡,死亡的终极不是走向毁灭的极端,虽然死亡对每个个体来说都是一道难以逾越的鸿沟,虽然人的寿命变数取决于疾病、饮食、天灾人祸,然而,没有任何一项法则可以对某一个体的衰老和死亡做硬性的规定,不管是转瞬即逝的昙花还是千年古树,世上万事万物的寿命长短,都在于它的属性"②。人的生命属性,在于他的创造性。

老年人有其自身的优势。西塞罗说:"生命的历程是固定不变的,'自然'只安排一条道路,而且每个人只能走一趟;我们生命的每一阶段都各有特色;因此,童年的稚弱,青年的激情,中年的稳健,老年的睿智——都有某种自然优势,人们应当合时宜地享用这种优势。"③

老年没有固定的界限。只要你能担负起责任,将生死置之度外。你就是在非常恰当地利用老年,如孔子那样,"不知老之将至"。必须从青年时代起就接受这方面的教育,才能置生死于度外,有了对死亡的知识,才能有宁静的心境。

衰老在实际上有两种:一种是和社会的进步联系在一起的衰老,物质衰老了,实际上是物质和生命进步了,成熟了;另一种便是人们认为可怕的,它不再是一种进步,而是每况愈下,甚至一种灾难。常常有这种情况,如果自我放弃,听任命运摆布,身体还没有出现衰老,人们就已经在他身上看到了衰老。不想继续生活的生命,是一种衰落的生命,是一种死亡还没有到来前的死亡。

作家刘白羽说得好:"一个人可以衰老,可以病死,那是自然法则,人们并无畏惧。但人绝不能在肉体还活着的时候而灵魂却已枯死。"④ 西

---

① 万方:《我的爸爸曹禺》,载《读者》,1997(4)。
② (法)贝起特朗·韦热里:《禁止死亡》,李健英译,44页、45页,深圳:海天出版社,2004。
③ (古罗马)西塞罗:《论老年 论友谊 论责任》,徐奕春译,18页,北京:商务印书馆,1998年版。
④ 丁克、崔崇文:《生命与老年》,374页,北京:京华出版社,2004。

塞罗告诫老人们，正如应当同疾病作斗争一样，也必须同老年作斗争。这里的老年就是一种死亡来临之前死亡的老年，也就是一种精神衰老，一种真正可惧、可怕的衰老。

第三节 灾　　难

一、无常生死

(一) 何谓灾难

无妄无灾，一生平安。这是自古及今人类的最起码的，也是最普遍的诉求。"好人一生平安。"人类的这一美好愿望恰恰也就表明了灾难和不幸与人类相伴久远。天有不测风云，人有旦夕祸福。回顾历史，我们不难发现，人类是在灾难中生存与发展起来的，正是战胜了无以数计的灾难，才繁衍生息为如今的几十亿人口。

所谓灾难，即是指违背人的意愿，且在人的意识之外，以极大的破坏力造成伤害，降临到个人头上的事件。灾难不是生活常规发展的结果。一个人平常不注意卫生，结果导致染上传染病，这不是灾难。但一个身体健康的人，遭遇一场车祸致死或致残，这就是灾难。这种事态的发生完全超出了人的一般的思想准备。它既是人无法预见的，又是人控制不了的。它完全违背人的意愿，与人们对生活追求是背道而驰的。它重则导致人员伤亡，轻则导致家中财产损失，从而毁掉生存的基本条件。

作为给人类生命和财产造成重大损失的灾难事件，有天灾也有人祸。天灾是大自然所为，可能是天文地理因素使然，也可能是其他生物作祟的结果。人祸可能是一时疏忽或技术故障所致（如车祸），也可能是有意为之（如投毒、谋杀）。灾难可能是局部的，受害者范围有限；也可能是广泛的，受害范围很大。可能是爆发性的，也可能是持续性的。然而，作为生命个体，任何一次灾难事件都对其生存构成重大破坏与打击。

在人类历史上，灾难存在着多种形式，大体可分4类：其一是瘟疫，这是一类大规模传染病，具有高致死性特点，对人类有着毁灭性影响，比如黑死病、流感等以及"非典"等。其二是灾害：包括地震、台风、海啸、火灾、洪水、泥石流等，可称为自然灾害。其三是技术性事故：矿难、空难、海难、车祸及各种工程事故等。其四意外事故：暴力伤害、溺水、坠楼、中毒等。

值得注意的是，灾难既可以是群体性的；也可以是个体性的。造成局部或全局影响固然是对人类而言的灾难，而造成个体伤亡的事件同样是对人类而言的灾难。其本质在于它以对生命毁灭的方式影响着人的正常生死进程，破坏了生命与死亡的自然发展，对抗了人的自我主体性，从而剥夺了人的尊严。它昭示给人们最残酷的生死无常、命运叵测，使人们在灾难面前显得无能为力。

（二）灾难的原因

灾难发生的原因，一是客观必然性。这是客观事物运动发展变化的不确定性所致。这是任何社会都遭遇到的，即便在农业社会，人们日出而作，日入而息，生活平静安宁，个人生存的风险不太多。但也无法消除人生的无常与灾难。规避与应对灾难成为生活中的重要内容与诉求，只是没有科学应对之策，"祈福禳灾，占卜吉凶"，"晴带雨伞，饱带饥粮"，但也消除不了生存中的风险因素，灾难及灾难恐惧成了人们挥之不去的梦魇。

二是社会根源。一方面，由于社会生产力水平低，人类对抗大自然的能力弱小，更多的只能是承受灾难带来的后果。即使现代社会，人类面对灾难也会束手无策，甚至无能为力；另一方面，社会制度设置存在缺陷，对灾难的存在疏于防范。统治阶级不管民众的死活，残酷剥削人民，社会资源分配不公平，致使多数人无力应对生活中的无常，从而加剧无常的灾难性质。此外，社会灾难预防机制不完善或者缺失，也会导致灾难频发。总之，从中外历史来看，天灾与人祸是并行而生的。

到了现代，灾难的存在还有一个重要的历史原因，那就是人类已经进入风险社会。社会发展的不确定性随全球化时代的到来而加剧。全球化进程使得人类社会日益开放，人类交往愈益普遍，参与人类文明进程的因素也越来越多。我们时代的风险增加了，风险代替危险成为全球化时代的主要特征。

德国社会学家贝克最先提出"风险社会"理论。贝克认为，风险是全球化时代毋庸置疑的客观社会现实，这种事实表明我们正处于从古典工业社会向风险社会的转型过程中。贝克从8个方面概述了"风险社会"的特征。贝克认为，时代已进入了一个"没有敌人的社会"，殊不知，这个社会是"不知敌人在哪里"的社会，风险代替了危险，"成为时代主词",我们生活的全球化时代危机四伏。英国社会学家吉登斯指出:全球化的社会并没有越来越受到我们的控制,而似乎是不受我们控制,成了一个失控的世界。以往的社会当然有危险,但它基本上是可控的,确定的。全球化时代的风险则是不可控制的,甚至不可预测的。

风险时代、风险社会有如下特征:第一,风险的规模和范围发生了重大变化。由局部发展到全球。第二,风险的程度发生了根本性的转变。此前的风险可能只是影响某个人或生活的某方面,而如今却会对人类生存和发展产生严重威胁。第三,风险社会是"被制造出来的风险"占主导地位的社会。吉登斯区分了两种风险:外部风险和被制造出来的风险。外部风险就是来自外部的,因为传统或者自然的不变性和固定性带来的风险。被制造出来的风险就是由我们不断发展的知识,对这个世界的影响所产生的,是指我们没有多少历史经验的情况下所产生的风险。"今天人们的死亡部分仍然是自找的,或是不可避免的:因事故而发生的暴死急剧增加,还有生命周期中的组织的损坏导致的死亡。"[1]

科学的发展,不断地揭示着自然的规律。人类对自然的认识不断由未知走向已知,由知之甚少走向知之甚多。但人类对自然和社会的认识是无法穷尽的,永远存在着一些新的未知领域有待我们去认识,而且,更为重要的是,大自然与客观物质世界的不可确定性不以人的意志为转移,加上人类对自然界干预与破坏过多,从而导致了一系列新的不可确定性的产生。的确,人类生命较以往并未减少面对灾难的袭击。

在现代社会,灾难的面孔依然是对人类造成巨大的死亡,但灾难的实际发生却出现了新的变化。如果说,传统社会的灾难是以人类无法预期和控制的异己力量降临,那么,在现代社会,一方面,出现了许多由于社会自身发展与技术进步所造成的灾难,如核泄漏与污染及其他技术性事故等;另一方面,即便是自然天灾也脱不了人的因素影响,如由于环境与生态破坏,使人们意识到"非典"、禽流感、山体滑坡与泥石流等,都是大自然对人类的报复。

---

[1] (法)米歇乐·沃维乐:《死亡文化史》,高凌瀚、蔡锦涛译,619 页,北京:中国人民大学出版社,2004。

二、灾难与死亡

某种意义上,灾难所显示的不确定性正是死亡的不确定性的体现。人类对灾难的恐惧正是基于对死亡的不确定性的恐惧。它都是造成意外伤亡,使得生活有不可承受之苦难。

(一) 灾难死亡及其现代变迁

在传统社会,灾难主要是瘟疫、洪水、地震等形式,多为自然力原发型灾难,与人类活动关系不大。在现代社会,在传统灾难形式中,由于科学技术的进步和生产力的发展,相当一部分得到控制和消灭,但也产生了一些新的灾难形式,比如交通事故(车祸、空难等)、工伤事故,还有由于环境破坏造成的灾难层出不穷。现代社会灾难的特点是自然灾害与事故并存,死亡率有所下降但影响面越来越广。

瘟疫,这是人类遭遇到的最大灾难形式。"千村薜荔人遗矢,万户萧疏鬼唱歌"的悲惨情景在人类历史上累累上映。公元前430年,一场瘟疫席卷古希腊,夺走了1/4希腊城邦人的生命;公元前165—公元180年间,罗马帝国发生黑死病,导致1/3的人口死亡;公元700—1050年间是日本史上的瘟疫时代;公元846年,在入侵法国的诺曼人中间爆发天花,诺曼人杀死所有的病人和看护病人的人;1347—1351年,中世纪欧洲殖民主义者把传染病带到美洲,扫掉了美洲土著95%的人口,由此引起了大规模的黑奴贩卖;公元1555年,墨西哥天花大流行,200万人不治身亡。20世纪,天花就杀死了世界上3亿多人,这个惊人的数字相当于20世纪所发生战争中死亡人数的3倍。据世界卫生组织报告,现在每年全世界约有5 400万人死亡,其中近2 000万人死于各种传染病。一些似乎已经被征服的传染病也重新出现,长时间不再具有大规模杀伤力的白喉病于1990年在俄罗斯重新爆发,进而波及东欧15国,病例逾10万例。天花的致死率高达25%~30%,埃博拉病毒能杀死90%以上的感染者,艾滋病的致死率几乎100%,流感病死亡率为8%~10%。

2008年5月12日,中国汶川发生里氏8.0级大地震,一座座城池夷为平地,有的甚至整座村庄被埋,遇难人数达69 146人,失踪17 516人,伤374 072人,损失为新中国史上最严重的一次。在1976年7月28日的唐山大地震,是迄今为止4 000多年世界地震史上最悲惨的一页,它相当于400枚广岛原子弹在距地面16千米的地壳中猛然爆炸,在强烈的震撼中，这座百万人口的城市顷刻间被夷为平地。24万人死亡，16万人重伤，直接经济损失在100亿元以上。

中新网2004年2月4日电，据法新社报道，印度洋海啸遇难者总人数已经超过29.2万人。更多的人失去家园。

在现代社会，意外死亡成了灾难死亡的最重要部分。

事故死亡自人类进入工业社会之后才成为一种主要的灾难形式。在世界历史上，进入20世纪30年代以后，"工伤事故和公路车祸的死亡人数又回升了。在第二次世界大战的前及后，意外事故的死亡率曾经下降，但它又膨胀起来了。以法国为例，这类死亡在20年中差不多增加了1倍，从每10万居民中每年死亡26人增加到了40人。"因此，"声称事故死亡率的增加为一般死亡率的减少以某种方式抵消并不给人以慰藉。何况人们注意到抽样调查表明，事故死亡沉重地压在年轻人身上，今天从15岁到25岁，或到30岁的人最容易遭到这种死亡"[1]。

车祸是现代社会非正常意外死亡的首因。中国社会随着人们物质生活水平的提高，汽车的普及，车祸也日渐严重。年均死亡在10万人以上，伤50万人左右。如果仅以每位死者直系亲属3人计，一年中有30万个家庭遭到家破人亡的灭顶之灾；如果以10位亲属计，死者牵连到的亲属约100万人。10万个鲜活的生命葬于滚滚车轮之下，碾入车轮的有多少撕心裂肺的人间惨剧。

据统计，我国20世纪70年代火灾年平均损失不到2.5亿元，80年代火灾年平均损失不到3.2亿元。进入90年代，特别是1993年以来，火灾造成的直接财产损失上升到年均十几亿元，年均死亡2 000多人。随着经济发展，火灾发生频率在增加。

2005年矿难事件及其他各类生产性事故死亡12万人。

(二) 灾难恐惧

灾难死亡有其自身特点。就其本质来说，灾难死亡属于非正常死亡。但这种非正常死亡却有其自身令人恐惧的特征：一是死亡的无尊严；二是死亡的非人化；三是死亡的不可接近，比如传染病死亡处于与活人的隔离中等。灾难体验可以上溯到远古人类祖先。发生在远古时期的洪水、森林

---

[1] （法）米歇乐·沃维乐：《死亡文化史》，高凌瀚、蔡锦涛译，627页，北京：中国人民大学出版社，2004。

火灾及其他自然灾难，使古人类失去家园，失去同伴。由于人类在当时无法认识自然为什么会有强大的力量控制着人类的命运，自然为什么会发生地震、洪涝灾害，甚至为什么会出现电闪雷鸣等天气现象从而屈从于自然的淫威，对自然的神秘力量产生莫名的恐惧和颤栗。中外历史上关于大洪水的各类神话实际上就是人类经历灾难的一种记忆。

2003年，"非典"（SARS）风暴席卷中国，国人经历了一次灾难与死亡的恐惧。据有关媒体调查显示，面对"非典"的侵袭，有1/4的北京市民感到很紧张，1/2的居民感到有点紧张，两者合计所占的比例为76%，即有3/4的北京市民对于"非典"有不同程度的紧张。①

面对灾难，人类主要对以下4种因素产生恐惧：

1. 我们祖先的历史令我们对一些东西感到恐惧

早在石器时代，人类的情绪就被自然界检验和塑造了，那时的风险在我们思想中固化下来：我们至今害怕蛇、蝎子、蜘蛛，虽然这三样东西合起来每年致死的人少之又少。飞行或许比骑车安全得多，但我们过去的生命史决定了我们害怕禁闭和高度，所以也就害怕飞行。

2. 我们害怕我们所无法控制的东西

据估计，滑雪比食品防腐剂造成的健康风险要高出1 000倍，但仍然有很多人愿意愉快地冒滑雪的风险，因为这是我们能控制的。驾车是我们能够控制的，飞行则不是，"自己能够很高兴地做的事情，我们厌恶让他人替我们做"，风险分析家昌西·斯达尔这样说。

3. 我们害怕立即的后果

十几岁的少年对吸烟的害处不以为然。因为，他们只在乎当下的快感，而不是遥远的未来。飞行的危险主要体现在飞机的起飞和降落中，而驾车的危险则被分散在无数的时刻，风险也就被相对化解了。

4. 我们害怕记忆里的鲜明印象

协和飞机在巴黎上空爆炸，或是联合航空公司175航班一头撞进纽约世贸中心的景象，都在人们心头留下长久的印记。记忆的唾手可得为人们判断风险提供了本能的经验法则。因此，大多数人都认为意外事故比中风更危险，谋杀比糖尿病更致命。而在现实生活中，死神借中风而掳去的人数是意外事故的2倍，借糖尿病而掳去的人数是谋杀的2倍。

---

① 桑林等：《瘟疫：文明的代价》，222页，广州：广东经济出版社，2003。

三、灾后重建

(一) 消除"后灾难"的阴影

1. 正常生活被破坏是灾难造成的最直接和最普遍的影响

以发生于1999年1月24日的中国烟台海难（大舜号沉船）为例，此次海难造成282人遇难。

不论是对死者还是对生者，灾难都极大地改变了人的命运和生活。幸存下来的人受灾难影响直接表现在两个方面：一是生理上的。可以说，这次海难中，每个幸存者都有显现生理身体上的疾患：如幸存者李洪亮在寒风中多呆一会就会发烧，幸存者董颖关节出现疼痛，另外还有支气管炎，心率异常也不少见；二是精神上的。幸存者王海平老是想起另外几个遇难的同事，晚上睡不着觉。幸存者老阳一遇到刮风下雨就心情紧张。同时似乎所有的幸存者都不愿再坐船，而对幸存者更为深刻的影响就是老阳说的，"正常生活的破坏"。

灾难在1年前发生，但在1年后不少人仍然难以摆脱灾难的阴影。记者的采访集中表现了灾难的影响仍然存在。

老阳是海难幸存者，这次灾难性事件对老阳影响很大。用老阳的话说，就是"破坏了正常的生活"。由于种种原因，他已经有1年没有上班，1个月就几百元钱，两个女儿正在读书，不多赚钱是不行的了。老阳很健壮，但他说，出事之后，一碰上刮风下雨的天气，心里就莫名其妙地紧张，不敢出门。他说他不愿上船了，他妻子也不让他去，但照目前的生活现实看，上船会多赚些钱，他只有去干。

灾难对家属的影响更为深远，尤其是家庭失去顶梁柱，生活无以为继。海难中遇难者姜清山的妻子佟秀霞，在"没有丈夫的日子"里生活更是难以为继，艰难异常。她本就没有工作，而没了丈夫之后，家里一下子就陷入困境。"丈夫'走了'"，佟秀霞一点都不敢哭。因为，还有为她担心的事——儿子精神方面有毛病，受不得刺激。她硬把泪水往肚子里咽。今年是没有姜清山过的第一个冬天，佟秀霞曾试着烧煤暖炕，但炕总是一热一凉，"以前都是他爸烧，我们娘俩都不会。现在家里一有什么事做不来，就不由自主想起他爸。"佟秀霞看着空荡荡的房间，眼里有些怅然。但是日子还要过下去。作为一个母亲，她必须坚强地面对一切，她得有抵抗灾难的力量。①

2. 创伤后遗症是灾难对幸存者最深刻的影响

创伤是指人们在没有准备的情况下受伤或看到意外发生，如车祸、火灾等，所造成心理上的后遗症，进而影响人们的日常行为及以后的人生。

绝大多数灾难的幸存者、搜救者及照顾者都会经历一定之压力。这些压力会一般持续数天到数星期，可能造成以下之影响：情绪影响：震惊、恐惧、悲伤、生气、罪恶、羞耻、无力、无助、无望、麻木、空虚，以及丧失快乐及爱之能力；认知影响：困惑、犹豫、无法集中注意、记忆力丧失、不想回忆、自责；身体影响：疲倦、失眠、身体疼痛、身体紧张、心悸、恶心、食欲改变、性欲改变；人际影响：无法信任、无法亲密、失控、觉得被拒绝、被放弃、退缩、工作问题、学校问题。在生理上会造成中枢神经系统之神经化学系统改变，也直接影响身体健康，如：容易血压升高、心脏动脉硬化、甲状腺功能异常、免疫系统功能下降而易于感染，对于疼痛感受力增加而容忍度下降则更易造成慢性疼痛。

哪些人会容易有创伤后遗症？灾难会诱发出每个人之前存在记忆中的创伤经验，也会强化目前存在的所有社会、经济、心理及医疗问题；而另一些人比起一般人更容易有创伤后压力症候群，如：曾有其他创伤、慢性身体或心理疾病、长期贫穷、失业、无家、最近有重大生活事件及压力等。

3. 积极介入、适当宣泄与予以支持是必要的应对之策

第一，对灾难之后的悲伤情绪必须及时介入。悲伤源自失落，死亡是终极的失落。死亡的形式和遗族的悲伤调适有很大关系。毫无预警的意外死亡，较预知及有时间缓冲的死亡，对遗族是更困难接受、也需要更长时间的调适。

灾难导致家庭破碎，无数家庭在遽失家人后，面临解组的残酷考验。无论城乡，有的走了两代、有的仅存一人、有的人震惊、麻木，有的哀痛逾常……根据统计，至少有50%的人口会遭受造成心理创伤事件（包括意外、人为疏失、天灾及战争等），而高达67%之幸存者会有持续之心理困扰。幸存者之长期心理困扰包括：创伤后压力症候群、恐慌症、畏惧

---

① 岳夫：《"我想有抵抗灾难的力量"——烟台"11·24"海难周年回访》，载《南方周末》，2000年11月30日。

症、焦虑症、忧郁症、药物或物质滥用。

调适不好的人会陷入沮丧无力、丧失活力与求生意志，或转向酗酒或发展出生理症状，必须及早预防。介入就是干预，就是将灾难体验造成的心理情绪危机化解，引入正常轨道，避免后灾难引致的进一步毁灭。介入包括适当的药物治疗、心理咨询和相关课程修炼。

第二，适当宣泄。灾难造成的创伤是人类企图压抑恐惧反应，而又忍不住不得不想的结果。这乃是因为当刺激过大时，会产生"异常记忆"，也就是在脑内深处的海马回之处，留下"铭刻性记忆"，以致每有相似线索触动时，它便会在当事人的眼帘脑海出现如放映电影一般生动的画面，重演当时的可怖现象。

而此种来自肾上腺与荷尔蒙分泌异常所产生的中枢神经亢奋变化，会造成语言功能的不活跃，而使当事人退回到生命早期的知觉与塑像的记忆模式。对儿童来说，由于其语言能力之限制，更会表现为"身体化"现象（如哭泣、僵化的表情等）。这种生理上的持续性和全面性出现的过度亢奋现象，不但使当事人陷入极端敏感与恐惧的状态；而且会以一种或两种特定的重复的形式做噩梦。因此这段时间的噩梦与"夜惊"（半夜惊叫着醒来），都是会常发生的。类似的现象包括"睡不安稳"或"难以入睡"。儿童此时期如果从事游戏，会发现失去平常愉快的色彩，而带着严肃表情（主题）的一些重复性扮演。

成年人事后则往往采取"逃避"的反应，意即力图将生活扳回常轨，而不愿再去面对、思考或讨论当时所发生的那件事。这对"重整家园"的目标来说也许是有用的，所谓"化悲痛为力量"。但如果过分努力的克制自己不去表达或发泄一些负面之情绪，如害怕、忧郁、灰心或绝望、生气，则此种"适应过分有效"的状态，可能是表相的与暂时的。

退化与回避都造成不良的后果，都不利于正常生活的回归。假以时日，未被处理的情绪，终将如水管的漏洞一般，会以更大的能量，在别处借机爆发出来的。因此，适当的宣泄非常必要。

第三，获得和给予支持非常重要。这就要"接纳自己和别人的负面情绪"。这在家人之间，格外难为。父母总会期望孩子要"共体时艰"，殊不知负面的情绪，唯有在得到机会宣泄并得到接纳后，才有"正面转化"的可能。这一点，易被忽略，但很重要。

就环境而言，一句安慰的话语、理解的语言、理解的点头、轻拍肩头、紧握对方的双手或拥抱接受其哭泣，都是合宜的且重要的。

如果没有适当宣泄与支持，则当事人（不论成人或孩子），将因外在的漠然（若无其事）与内在的失去希望（孤单、罪恶感），而产生进一步心理上的不适应症候。那就是自生活中退缩，减少与人之交往及联系，迷信增加（常常在寻求预兆）。这都是因为对自己及环境的自信消减的缘故。这样，便无法回归正常生活。

（二）自我重建

"后灾难"的最后消除必须有赖于正常生活的重建。而重建生活最根本的就是生活中自我主体的重建。从另一方面看，真正从灾难的废墟中站立还是要靠自己。自我"站立"起着决定性作用。这是任何灾后重建不可忽视的前提。那么，如何重建自我？人们从不同的角度会得出不同答案。但有一点非常明确的就是："从哪里倒下去，就从哪里站起来。"这是我们寻求的相同之处。

灾难破坏了正常生活，人们可以从结构意义上分析，正常生活的破坏从最外围就是物质性破坏：比如房屋毁坏、财物损失、居住环境破坏等；第二层则是生命威胁或是身体伤害；第三层则是失去家庭、邻居以及小区，失去和亲密关系的支持及沟通；第四层则是失去价值观、信念和信仰等。所谓重建就是包括物质建设、身体康复、支持网络、价值体系等四大层面。前两项有赖社会保障与政策支持，第三项则需要自我和环境协力解决，第四项则依靠自己。更为重要的是，所有重建是否真正产生效益还得取决于自我能否真正建立起生活信念，所以，某种意义上，灾后重建本质就是自我重建。

1. 重建生活价值

灾难破坏正常生活，其实质就是击碎了原先支持生活的价值体系。包括失去对生活的信念与信仰，产生对生存能力的怀疑和前途的迷茫，改变对活着的意义与价值的理解等。比如飞来横祸令先前一切皆成泡影，人们或许觉得生命无常，世事极难料，很容易自暴自弃，消极应付，沉沦下去。再如，家庭结构在灾难前后的巨变，会令人失去活下去的信心，从而不能全面完整地看待家庭，所谓"夫妇本是同林鸟，大难临头各自飞"。因此，重新建立起对生活的使命感与责任感非常重要。

2. 整合社会关系

灾难最基本的破坏是对个体生活于其中的社会关系网络的破坏。经历灾难打击，个体的力量极其脆弱，要想从灾后站立，必须借助社会力量；另一方面，灾难打击很容易令受灾个体从社会退缩，从而边缘化自我。因此，对社会关系的建立也是自我重建的重要方面。这样，整合社会关系，既是灾后重建的保证，也是灾后重建的重要内容。

所谓整合社会关系，一是要从环境中获得支持和帮助；二是要将自己融入环境与社会，在群体性灾难中还包括有求助与助人的统一。实际上，当一个人怀着同理心时，即便他急需别人帮助，他也会去帮助别人，并从中获得一种重建的动力。整合社会关系中，我们应该看到，最根本的一点就是自我社会身份的强化以及社会主体性的建立。从而避免了因为灾难而产生的自我孤立。

3. 使生活回归常态

使生活回归常态是具体的可操作环节。灾后一段时间会有很多混淆的情绪及事情要面对，先从最重要、较容易完成的部分着手，不要一次处理太多事。不要用酒、毒品。不要孤立自己，要多和朋友、亲戚、邻居、同事或各种宗教、心理辅导团体的成员保持联系，和他们谈谈你的感受。规律运动，规律饮食（尤其青菜、水果），规律作息，照顾好身体。注意这段时间免疫力容易变差，小心感冒。

也有可采取的简单步骤：此时此刻，您"想要达到的"是什么？那么，您现在"正在做的"是什么？您"正在做的"可以达到您"想要的"吗？如果答案是"NO"，那请您想想看有没有其他的方法；而如果答案是"YES"，就请您进行下一步骤。订定实际可行的步骤，下定决心做到，绝不放弃。

举例来说，如果您现在"想要的"是"回复原来的生活"，为了达到这个目的，您可能做了许多事，像是"找朋友聊聊"、"很慌张，晚上睡不好"、"无法安心上班、上课"、"借钱"等。然后，请您一项一项想想看：这些您"正在做的"事，可不可以帮助您回复原来的生活。如果"很慌张，晚上睡不好"使您白天没有精神，根本没有力气去想、去做，那就请您不要继续。因为，这样做根本无法达成您所"想要的"——回复原来的生活。

而如果您觉得"找朋友聊聊"常常可以让您心情比较好，而且在比较好的心情底下，通常您比较能够去做关于"回复原来的生活"的事情，那么就请您真的去找朋友聊聊。

接下来，请您计划更细致的实行步骤，比方说，"找哪位朋友（老张）"、"去哪里找（邻村）"、"怎么样找（走路去）"、"什么时候去（明天下午两点半）"等。

当然，这些可以帮助您达到"回复到原来生活"的方法愈多愈好。还有一点更重要，那就是，当您下定决心去做之后，就一定到贯彻到底、不能半途而废！

（三）危机协助

1. 身体接触的治疗性意义

灾难引发家破人亡，对幸存者而言，其主要的情绪经验应包括有恐慌（怕再来，余悸犹存）和哀伤（失去了直接或间接的亲人、亲戚、邻居以及财产房屋）。而不论是"害怕"或"哀伤"，当事人的感觉都是非常孤立、无助、寂寞与难过的。因此，身体性的接触经验也可视为是灾后心理复健的一个重要媒介。就西藏脉动的观点而言，害怕主要来自"灵视体"（也就是通常所说的灵魂）的受到震动（此与西方科学所说的大脑深处的海马回部分的铭刻作用，有类似的意义）。对应之道，除了进行该系统特有的口腔内的神经刺激之处理外，对大部分人来说，可行的做法是对受惊吓而呆住或哭闹不休的当事人进行一些身体接触和按摩。

对容易夜惊的孩子，则可于其睡觉中，坐在其身旁。以一手的三指并拢，放在其肚脐眼处，轻轻下压—松手，下压—松手，另一手的掌心则放在其后脑勺处，轻轻护住。此时可观察体会自己两手所接触的孩体的脉动，直到感觉其两边脉动逐渐平稳一致后，便可停止。

2. 引导宣泄，聆听、陪伴是最基本的支持

在同一场灾祸中幸存的家人或族人，都会背负着沉重的罪恶感，太多内在的自责："为什么不是我？""如果我……"这样的罪咎很难解套，仿佛要为逝者的亡故负责。

相对于内心的愧疚，生还者多半也有强烈指责的需要。因为对莫名的大灾难，除了惊恐，也挑起心中种种愤恨不平，恨与灾难相关人员、恨天地不仁，怪政府、媒体，气此时暴露的人性弱点。

通过诉说、回忆、分享，悲伤可以找到一个宣泄的出口，即使勾起伤心，如此地面对仍是绝对必要的。因为，旁人能够聆听、陪伴，是最基本的支持。对于强烈的情绪表达，无须制止、建议、说教，任何人遭此巨变，都会有难以承受的悲痛、愤恨；此时听者的接纳、尊重、给予空间，

是很重要的。

3. 协助重建

协助对方自问题的挫折抱怨、无力中，导向其希望改变的地方设定目标；自对方觉得一切都无能为力的无望状态中，发现自己的确还有不那么无望的时刻与做法，并增强这种小小的力量和成就。可在 5 次左右（每次 1 小时）的心理协助过程中，明显的协助当事人自废墟的心理状态中，重新站立起来！

唤起现实感。悲伤辅导中，有时我们用"现实感"来引导："事发那么突然，你也吓坏或受伤了，究竟能做什么救出家人？""如果真的回头去救，可能的后果是什么？""常有人丧生，是不是都是他们家人的责任，没把他们救出？""如果家人有错，是什么错呢？"有时经过现实感的加强，家人终会承认：如此天灾，人各有命，生者无罪，自己也是灾难中的受害者。

协助当事人自每日生活作息中，重获"掌握感"，从而恢复其自信与自我概念。其做法非常简单，即要求当事人每日临睡之前，拟定次日要完成的 5 件事，并且这 5 件事中还要包括一件是帮助别人的。借着设定每日的生活目标，当事人比较不会自生活中解离，并且也比较容易自伤痛中走出。

重新建立安全感。复原所花的时间及恢复程度受到许多因素，如和灾难靠近的程度、受灾难破坏的程度、社会支持系统的强弱等因素影响。对这些过程的了解可使在救灾同时即进行复原过程，如在刚发生震灾的这段时间，建立安全感乃是当务之急，而此时的重点在于：

首先使受难者得到明确的信息（包括社会环境、身体、心理各种可能的问题及其解决方式的信息；资源的转介系统）。同时使受难者恢复其权力及控制感，如任何的危机干预均应和受难者商量，让其成为主动参与者；受难者注意控制自己的身体，如吃饭、睡觉、活动的平衡，避免持续的警醒度增加。建立安全的环境（包括庇护所、安全的亲友或社会支持网络、安全的生活情况以及发展未来的保护计划）。

很明显，这些是必须依靠社会及受难者合作才能达成。陪伴不是接过对方的痛背在自己身上，而是伸出自己的手，让丧恸的家属知道有人同行。

第四节 居丧体验

一、失丧与悲伤

(一) 失丧

损失或失丧乃人生命中不可避免和不可分割的一部分,丧失挚爱的亲友固然带来沉重的打击,但生命中许多转变所引起的损失也不容忽略。Humphrey & Zimper 这两位美国善终服务界的资深咨询员兼学者指出,人过去所经历的损失,往往影响今日面对失丧时的反应,同时,每一个损失的经历都会带来一些"次损失",即因基本损失带来的相关损失。昔日被隐抑的悲伤可能令今日的居丧体验变得复杂化,因此,如果敏锐地洞察过往经验与未来潜在损失的影响力,将可更有效地帮助居丧者走出幽谷、步向成长。

一个人在出生与死亡之间所失去或破灭的东西多不胜数,失去的可以是人、有生命的动植物,或者任何无生命甚至无形却又灌注了情感的事物。从这里看出,人实际上也是一个不断丧失的过程。美国学者 Machin 曾对人生经历的各种损失归为 3 类:

1. 成长性损失

婴儿必须离开母体的庇护才能出生,丧失腹中那份舒适与安全,来到陌生世界;入学象征着我们与父母进一步的分离;青春期的种种身体变化提醒我们儿时不再;毕业、就业和失业、下岗都始于告别了一个曾经为我们提供保护与哺育的学习、工作环境。父母离世、自己身体机能的退化、年老、患病、退休、老朋友与配偶陆续辞世等,这些发展性的损失中,有些是出于人无法控制的自然规律,也有一些是源自于人所作的选择取舍,但都是人生在世有机会遇上,或者周而复始、循环不息发生着的经历。

2. 创伤性损失

相对于成长性损失,创伤性损失并非是每一个人必然或常有的经验。这种损失带来的压力与创伤,源于它的突发和不可预测性,诸如天灾人祸、战争、矿难、工业及交通事故等以及人为伤害事件等。有一点需留意的是,成长性的损失同时亦可具创伤性特质;而创伤性损失的影响也会有程度上的差异。

3. 预期性损失

有一些损失尚未真正发生，却又在人的预期之内，我们称之为预期性损失。这些预期性损失会为人带来预期性悲伤的反应，这些反应常见于被诊断为患上长期疾病或不治之病的病人及其家属之中。虽然死亡的威胁并未迫在眉睫，但病者与家人已预期随着病情的恶化，知道病者将不能如往昔般过正常、独立、自主的生活。

预期性悲伤的反应亦可有其适应性作用，就是帮助病者与家属储备心力，准备去面对真正临到的损失。然而，为时过久的预期悲伤可能会导致过早的情感抽离与耗尽，对病者和亲友都会带来负面的影响，如产生很深的内疚、绝望、自暴自弃及其他复杂情绪。

在我们的信念里，得与失往往是同一个钱币的两面，任何损失的背后都有等待着我们去发掘的收获，同样，任何得到的背后也常常伴随一些损失。所谓"塞翁失马、焉知非福？"只是损失带来的得到、成长、积极意义与幸福，往往不容易为正在悲伤中的人所体察、认同甚至欣赏。

《必要的丧失》一书的作者告诉我们："这些丧失是生活的一部分——它们无处不在，不可避免，不可抗拒。这些丧失是必不可少的，因为我们通过丧失、离别和放弃而成长。"[①] 经历亲人的死，带给人们巨大的悲痛，但同时，也是个人成长的契机，"当一个亲人死亡时，我们有两条路可走——生活在哀伤、不安及隐藏的罪恶中；或是面对这些感觉，克服它们，接受死亡，并投入生活。"[②] 因此，理解人生的核心就是理解我们如何对待丧失。我们所谓的悲伤，有多少是对以往失落的一种体验？我们如何让这种悲伤成为生命的驱动力？我们如何接触那深切的痛苦，那对生命本身的恐惧，那种对自己深入体验世事之能力的怀疑——因为我们太害怕失去和改变？

（二）悲伤

所谓悲伤，指任何人在丧失所爱或所依附之对象（主要指亲人）时

[①] （美）朱迪斯·维尔斯特：《必要的丧失》，张家卉等译，导言，2页，北京：北京大学出版社，1988。

[②] （美）库布勒·罗丝：《成长的最后阶段》，孙振青编译，107页，台北：光启出版社，1993。

所面临的境况。这境况既是一个状态，也是一个过程。作为一种境况指一个人在面对损失或失丧时出现的内在生理、心理反应。内在心理方面则主要包括情感与认知的部分；作为一种过程则指一个人面对损失或丧失时，因身心反应而带来的外在社交、行为表现。

当所爱的人死亡，是一个人生命中最大的失落。因为，我们的生活与这个人有太多在一起的部分，不只是具体的（一起吃饭、一起睡觉……），还包括情绪的共同分享与分担（快乐、哀伤、生气、沮丧……）。而失去的也不只是一个生命，它可能隐藏多重的失落，例如失去对未来的希望、梦想，失去一份关系，失去稳定的生活等。

所以，当所爱的人死亡，伴随而来的感觉便是悲伤的情绪，一种生命遭受破坏及不完整的体验。

每一个人的一生中，或多或少皆会面临丧亲的经历。若处理得好，这种经验会帮助我们生命增强韧度，帮助我们了解生命的本质，并能教育我们下一代有能力去面对失落与分离。若你想从悲伤中恢复，首先，就从了解悲伤开始，并且学习与它共处。

一般而论，悲伤可分为正常的悲伤与病态的悲伤两类。

1. 正常的悲伤（又称为"自然的悲伤"）

所谓人非草木，孰能无情？悲伤程度的持续时间若在一般常人范围，则被视为正常悲伤。正常悲伤的表现是，在情感方面有忧愁、愤怒、罪恶感、焦虑、孤独、疲乏、无助感、怀念、解放、解脱及麻木等表现；在生理感觉方面有胃部不适、胸部不适、喉部不适、对声音过分敏感、呼吸急促、自身解体感、肌肉衰竭、浑身乏力及口干等表现；在认知方面有无法接受死亡事实、混乱、全神贯注思念死者，强烈感觉死者的存在及幻觉等表现；在行为方面有失眠、食欲缺乏、心不在焉、忌讳提及死者、寻找、叹息、坐立不安、哭泣的表现，并常常停留在死者常去的地方、保留死者遗物以及佩带一些物品以示怀念死者。这些正常悲伤反应在不同个体存在一定差异。

然而，既然是正常的悲伤，也就意味着当人们面临丧亲体验时，上述悲伤反应才是正常且自然的，否则，便可能存在问题，需要临床治疗或心理咨询。比如"有丧不悲"，如果长期发展可能引发人格障碍。沃克哈特和迈克尔在《居丧和精神健康》一书中指出："一个居丧者应该表现出悲伤，既是作为尊敬死者的标志，又是为了他自己精神健全—悲伤的表现

'如释重负'地赢得了精神健全。"①

2. 病态的悲伤

在悲伤过程中，如果某些因素使正常悲伤过度延长，则可能导致病态悲伤。一般将病态悲伤大体分为长期的、延迟的、压抑的和掩饰的4类。

长期的悲伤指悲伤持续的时间过长，经数月或数年，仍未能完全缓解。延迟的悲伤指家属对死者逝世的情绪反应相当强烈，表现为过分的忧郁、愤怒与非理性绝望，甚至可能对死亡有相当大的恐惧。压抑的悲伤指家属对丧失的情绪反应一时没能完全表达出来，过了一段时间后，哀伤的情感才逐渐显露出来。掩饰的悲伤指家属未能在其外显言行上表达出自己的哀痛之情，这可能与自我功能尚未发展至能够面对丧失的事实有关，故采用自我防卫方式保护自己，结果造成适应不良的行为、生理的疾病及精神症状。

如因压抑悲伤则出现二种反应，一种是改装成生理症状，会出现类似逝者的疾病症状，如出现和逝者死于心脏病的相同胸口疼痛症状。二是隐藏在某些不良的行为下，如无法解释的沮丧、失控的情绪等。

艾瑞希·林德曼在《极度悲伤的综合症及其诊治》②一文中指出病态的悲伤反应表现为反应迟滞与变形的反应。它们可以被归纳为9个方面：其一，过度敏捷并没有一种病失感，而有一种幸福和风趣感，而这种活动具有自大狂和冒险性质，并类似于死者生前所从事的活动。其二，获得属于死者之绝症的综合症状。其三，一种公认的医学上的疾病，即一组身心关系的状况，主要指溃疡结肠炎、风湿症关节炎和哮喘。其四，亲朋关系变更。这种病人易激怒，不想被人打扰，避免先前的社会活动，并且担心自己的缺乏兴趣和批判态度会使朋友们反感。其五，反对别人的强烈敌意。其六，许多居丧者极力反对敌对感情并进而对其掩饰，结果变得木然呆拙或刻板拘谨，并使其感情、举止类似于精神分裂症情形。其七，与这种状况密切相关的是一种社会相互作用方式的持续丧失。其八，他们放弃其所有物，很容易沉溺于愚蠢的经济交易，通过一系列的"愚蠢行动"而失去其朋友和职业上的名望。其九，最终导致这样的状况，即悲伤反应

---

① 南川、黄炎平编译：《与名家一起体验死》，244页，北京：光明日报出版社，2001。
② 南川、黄炎平编译：《与名家一起体验死》，210～211页，北京：光明日报出版社，2001。

呈现出一种顽固焦虑不安的抑郁，伴随着紧张、焦虑、失眠症、无用感、痛苦的自谴和明显的处罚需要。可见这种病态悲伤反应是一种走向自我毁灭的过程。

病态悲伤使家属增加罹患各种心身疾病的可能，甚至导致死亡。在美国，研究人员曾进行一则对比调查，对象是经历亲人去世的家属：第一组的家属903人属于悲伤过度的，第二组878人属于比较能克制悲伤情绪的。跟踪一年的结果是：一年内第一组的死亡率高达5%，而第二组的死亡率只是0.68%[1]，生命难以承受丧亲之痛。中国是一个伦理情感特别浓厚的国度，研究显示[2]：丧失至亲者在第一年居丧期的死亡率，要比年龄性别相同的其他居民高7倍；鳏夫的死亡率远较寡妇为高，这可能因为前者不善于抒发及表达情感的缘故，而压抑越多，则伤害越大。一般认为，情绪压力不仅能减低人体对疾病的抵抗力，而且可能影响一个人的生存意愿。

二、悲伤理论

（一）悲伤的发展阶段

1. 悲伤的4项任务

悲伤是人面对丧亲的一种调适，它不单是一种情绪体验，而且是个体以情绪方式表达的对丧亲局面的一种应对策略。因此，完整的悲伤必须解决实际的问题。对疾病、临终和悲伤问题做过研究的美国心理学家华尔顿认为，一个完整的哀悼过程要完成4项任务：首先是面对丧失的事实，承认事情已经发生，逝者不会再回来；然后，必须经历悲伤的痛苦，逃避和压抑这种痛苦不利于自己生命的成长，甚至会在日后引发抑郁症；第三个任务就是重新适应一个逝者不存在的新的环境，这也包括重新面对自己因丧失的改变；最后调整自己的情感，重新投注到新的关系中。在世界上继续有效地生活时，哀悼的任务才算全部结束。

2. 悲伤反应四阶段理论

美国社会学家帕克斯提出，悲伤的过程可分成不同的阶段并且是循序

---

[1] 陈雪春：《中国脑死亡鉴证》，95页，江苏人民出版社，2003。
[2] 孟宪武：《优逝：全人、全程、全家临终关怀方案》，103页，杭州：浙江大学出版社，2005。

渐进的，而每个阶段的转换是逐渐推进的，中间并无明显界限。他将失去亲人的家属所产生的悲伤反应分为4个阶段。

麻木阶段：丧失亲人的第一个反应是麻木和震惊，特别是突然或意外的亲友死亡。产生这种反应的人，可能会发呆几分钟、几小时或者几天，而不能发泄自己的悲伤。

渴望阶段：麻木之后的反应是悲伤、渴望和思念已逝去的亲人，希望死去的人能够回来。他们到死者去过的地方，珍惜死者用过的东西，反复回忆死者在世时自己对死者的言行，检视以往对死者的过错。有时，临终病人家属会强烈感觉死者的存在，看到影子或听到声音，就以为死者已经回来。

颓丧阶段：寻求死者复生的努力失败，临终病人家属开始接受这个永久的损失，痛苦的程度和次数随时间渐渐削减，但人会变得颓丧，感到人生的空虚及平淡，对一切事物不感兴趣。

复原阶段：家属的悲恸渐渐地减弱，并且开始探索他可以面对的世界。意识到只有放弃不现实的希望，放弃原有的"自我"，重新建立一种新的生活取向，才能有新的开始，才能恢复正常的生活。据帕克斯的观察，临终病人家属经历上述4个阶段，大约需要1年时间左右。有时候家属在许多年后，会偶尔触景生情，思念失去的亲人，再度出现伤感，但此时的"悲伤"已经融进了许多令人快乐的思念，即思念与亲人在一起的幸福时光，或回忆失去的人曾给予自己的令人难忘的关怀与帮助。这种思念与感觉会作为家属新生活的组成部分。

（二）悲伤应对策略

1. 弗洛伊德：防卫机制理论

早在1910年，弗洛伊德就对忧郁与哀悼的现象作了比较和观察性研究，强调割断生者与逝者关系联结的重要性，其理论的一个假设就是过去倾注于逝者的心力需要被释放，并转而投注于新的对象身上。

他认为，当旧有的联结由于逝者离世而消逝时，如果心力从关系中被抽离释放出来的话，过度性精神投入的过程便会开始。生者的情感会随时投入重温与逝者有关的每一个记忆，并持续地发现逝者不再存在这一现实而产生波动与抽离。然而，随着时间的流逝，这些经过不断投入与抽离的精力会渐渐转移到新的对象身上，直到生者的哀伤最终可以画上休止符。如果这一自然过程遇到异常的外在或内在干扰，当事人仍停留在与逝者关系中，其精力难以发生转移，因而形成延迟、夸大或病态的悲伤，这种情形就需要介入与处理。

2. 包彼（Bowbly）：依附与分离焦虑理论

包彼指出，依附是从初生婴儿及其母亲身上本能地产生，而这种亲密的联结稍后会扩展到其他重要的人。任何联结的瓦解，均会引致焦虑、愤怒、对抗或寻找的行为。对包彼来说，悲伤基本上是分离的一种。当一个人失去所爱的时候，尝试重获与逝者的亲密关系会自然成为当事人的焦点及动机。如果丧亲者最终未能打破过去的联结，则可被视为适应不良。

3. 温理觉（Winnicott）：过渡客体理论

当人在成长中会与身边的人和对象以情感和以意义来作为联结，以建立有意义的关系。面对改变和失落时，我们会寄情于身边的人和物。例如孩子成长中的洋娃娃、朋友等。当面对改变而又失落时，我人交情感会渐渐从失去的人或物身上继而投资在新的人或物身上。这些人或物称为过渡客体。这种过渡客体可以是短暂的或长线的。在正常情况下，人会将已断了的关系重建在新的人或物上。

4. 柏加氏（Parkes）：心理社会性过渡理论

柏加氏视死亡引发的哀伤为一项重大的心理社交转移（Psycho-Soical Transitions，缩写为PSTs，即心理社会过渡理论）。人们需要重新审视他们的世界观及对各种关系的假设，这些改变牵涉痛苦并会引发出人的心理防卫机制，以帮助适应紊乱的情绪，如果能帮助人面对转变，作出调整的适应技巧和防卫机制是非常有用的。他的研究表明，PSTs的结果与PSTs发生的环境、当事人作出调适的程度和可供使用的资源有关。PSTs发生的环境关乎事件是否已预期、有否带来重大或多样的转变及事件有多大程度的创伤性；调适的程度则决定于性格因素和过去适应的方式及历史；可供使用的资源如支持网络、建立新角色或地位的机会，会影响及帮助预测哀伤的结果。

5. Walter：故事构建理论

Walter从个人的亲身经历出发，突破联结框架，将悲伤理解为一个故事的构建，帮助当事人把对逝者的回忆整合于生活中。与友辈倾诉，一方面帮助减轻痛苦，一方面则帮助生者重建没有逝者的新身份。悲伤被视为在自传式叙述中为自我和关系寻找意义的过程。

三、悲伤弥合

（一）自行弥合

开启一扇窗，让悲不再伤。由于悲伤会以各种形式出现，有时它是自责，有时它是罪疚，有时它是生气，有时它是哀凄，有时它是痛心，有时它是轻松与解脱……无论什么情绪，它们都是悲伤的记号，也因此不断提醒着我们失落的存在。

在经历这些情绪的途中，又往往可以感受到一股想逃离、想掩盖的冲动。如果一切不发生是多么美好的事，如果事情能重来又会不会更好。这样的冲突就在心理反复出现。

一直到悲伤找到出口，悲伤的感觉随时间渐渐清晰，我们也愈来愈清楚自己失去了什么。然后，人们开始发展自己的应对悲伤能力，在面对往后生活里的挑战，我们知道了自己已有了什么样的能力。

碰触悲是不容易的，因为那种痛只有经历过的人才知道。所以，我们更需要柔软的心，强而有力的同理心以及不断的自我内在对话来对待它。

一些合适的方法可供选择：比如，给自己一些时间，允许自己处在正常的悲伤情绪中；找到自己可与之分享的人去诉说；告诉他人自己需要独处；在他人那里找到帮助；和其他家人朋友共同回忆与分享，整理逝者对自己的意义；适当的运动与休闲来放松；在内心与逝者对话以示纪念；多饮水并摄取足够食物；必要的发泄。

开展自我对话：辛苦了；难过是自然的；我的悲伤是重要的，我可以和它共处；有时也许哭出来会好一点；我很想念他，也很怀念他；虽然他离开我有被遗弃的感觉，但是，他还是在我的心中；这是一个困难的时刻，可以给自己多一点时间；我现在的心情是……总之，打开一扇窗，这样既走出自我封闭情绪小屋，又能融入环境与人群，这是有效的弥合之道。

（二）社会抚慰

任何一位丧主，由于亲人的离世而陷入于孤立，此时，他需要一种力量去支撑自己哀恸的心，而这种力量来源于他人与环境。因为，人类最大之不幸就是死亡的宿命，这就是一种人与人的"共命"，任何人眼见他人丧亲不可能无动于衷，这就产生了"同理"与"共情"：一种同情心，一种不忍人之心。这是社会抚慰赖以存在与成立的前提，是帮助丧主走出悲伤阴影的基本弥合之道。

香港学者林孟平对"同感"或"共情"作出了如下定义:"同感是咨询员乐意放下个人主观的参照标准,尝试设身处地地从当事人的参照标准来看事物,并感受由此而生的感受。"[①] 这一定义虽然是从专业咨询的角度得出,但其基本意旨却可通用于社会抚慰。它所表达的是这样一种信息:兔死狐悲,物伤其类。人同此心,情同此理。中国儒家非常强调这种同感,论语曾说"闻有殡、莫高歌"。邻里发生了丧亲之事,不可表达欢快情绪。这是为了表达对居丧者的尊重,更是对生命的尊重。毛泽东同志也说过:"村里死了人,开个追悼会,以示我们的纪念。"所表达的是一个革命者基于生命神圣的共理心。试想一下,他人正在经受丧亲之痛,旁人却对他的悲伤不予反应,显然是情理上说不过去的。

有效地向当事人表达同感可产生如下帮助:让当事人感到被尊重,这对于恢复正常的社会支持关系非常重要;让当事人感到被了解和接纳,因而有足够的安全感进行更深入的自我探索;使助人者尤其是咨询员检查自己对当事人的了解是否准确。

当然,聆听与陪伴是表达同感的先决条件。积极聆听即是对当事人及自己与当事人关系的言语与非言语信息。言语包括经验、思想、感受和行为;非言语包括身体行为、面部表情、声音语调及可观察的生理反应等。

社会抚慰的实质内容是共建。因为,对丧主而言,亲人的离世是自我生命共同体的残缺与不完整,这是人类最大的丧失。如何帮助他渡过难关,需要环境支持。如果他能从一种和谐的社会环境中获得支持,这在客观上弥补了他的残缺,这令他有希望和信心重建自我的生命共同体。

共建包括心理共建、社会共建、物质共建等。前述"共情"表达的就是一种根本的心理共建。至于社会共建则需要一些实质性的社会交往与维持,它要求避免"人走茶凉"的人生悲凉。社会共建还包括一些具体的支持网络:职业、政治与法律、文化与教育等方面。物质共建则需要全社会给予支持,协助解决丧主实际困难,营建一个较好生活环境条件,以维持其正常生活。

[①] 陈维樑、钟莠筠:《哀伤心理咨询 理论与实务》,36页,北京:中国轻工业出版社,2006。

第五章　社会生死

所谓社会生死，一是指生死的意义已超出个体从而具有社会性；二是指生死关联与对抗不是以个体形式展开，而是以社会形式展开。本章社会生死取第二种含义，它表明的是：生死矛盾不再是存在于个体生命的内在矛盾，而是群体间的外在矛盾，它将有机统一的生死一体转化为一部分人的生与另一部分人的死之间的矛盾。但是，就它最终未能克服死亡的必然而言，这种社会生死对抗是不合理的、荒谬的。战争以暴力方式出现，既是解决群体间生死对抗的方式也是群体间生死对抗的一种极端形式；贫穷（包括饥荒）是现实中以"合理的"制度方式产生的群体间不平等的生死；死刑则是以社会报复形式出现的极原始的群体间生死关系。这三种形式都是对生命主体与尊严的剥夺。而堕胎与动物权被归于社会生死，是因为堕胎问题与动物权问题直接取决于整个社会对待生命的态度，审慎对待堕胎以及善待动物不仅已是人类生存的内在要求也是检验一个社会文明成熟与否的标志。

第一节　战　　争

一、战争与集体死亡

（一）战争的死亡本质

"夫兵者，不祥之器，物或恶之，故有道者不处。"（老子）古希腊历史学家希罗多德也认为，没有人愚蠢到爱好战争甚于爱好和平；在战争中，不像平常那样儿子埋父亲，而是父亲埋儿子。卡莱尔在《过去与现在》中说，天底下没有什么比两个人咬牙切齿、横眉怒目、互相打得皮开肉绽更为丑陋的；它将宝贵的，活生生的人体，将无价的，活生生的灵魂，变成一堆无名的，仅能当作肥料的腐烂尸骨。

战争，作为人类集体死亡形式，它既作为一种本能的体现，也作为一种人口调节的社会机制。造成人类死亡的最人为的原因之一可能就是战争了，它既满足了人的好斗性——人是唯一能制造杀人武器的生灵——同时，又起到了调节人口增长的作用：人们曾谈到过战争造成婴儿出生的断层。战争，由于它所起的破坏作用，也被与浪费和牺牲联系在一起，"死结"，G·巴塔耶说道，或者叫做"死亡与生命协调的表现方式"。"必须承认，战争是一种死亡率很高的社会机制，它由一些被分离出来的社会机构来执行，它追求一种多价的结果，这种结果的最主要的方面就是破坏了人口的增长：死亡人数大量增加；出生率下降；由于男子的减少，而导致年龄金字塔的老人和妇女的这一边的扩大。"①

人类进入核武器时代之后，战争与死亡的历史出现了重大转变，战争的死亡本质更为凸现。古代战争中，两军交战决不针对平民，死亡仅是参战双方的士兵，这是人类走出野蛮时代、进入文明时代的标志，它是基于对生命的尊重和保护生产力的需要。当战争进入以火器为标志的热兵器时代之后，尤其是现代战争，不仅以造成交战双方人员巨大伤亡，而且还针对平民实行灭绝政策，这是人类文明的退步。待进入以核武器为标志的冷兵器时代，交战双方的参战人员的伤亡降到最低，可是对平民的伤亡却上升，并且，核战争本质上就是以摧毁平民生存为取胜前提。

（二）传统战争与死亡

从中国历史看。仅以战争为例，在商朝的《卜辞》中就记载了各种战争61次。而据《春秋》记载，在春秋时期242年间各种战争448次。到了战国时期，仅大规模的战争就有222次。孟子说，春秋无义战。岂止春秋！2 500年来，哪一场自相残杀谈得上正义？哪一次改朝换代不是人口死亡过半？

战国末中国人口2 000万人。可中国军队却远远超过欧洲：秦始皇守五岭用兵50万人，防匈奴用30万人，修长城用50万人，造阿房宫秦皇陵用130万人（其中受宫刑者达70多万人）。以至于"丁男被甲，丁女转输，苦不聊生，自经于道树，死者相望"。

从公元前195—前205年西汉建国初期，共历10年。秦朝末年有

---

① （法）路易－樊尚·托马：《死亡》，潘惠芳译，6~8页，北京：商务印书馆，2001。

2 000多万人，到汉初，原来的万户大邑只剩下两三千户，消灭了原来人口的70%。大城市人口剩下十分之二三。甚至出现了"自天子不能具钧驷，而将相或乘牛车，齐民无藏盖"的现象。

从世界历史看，第一次世界大战（1914—1918）使得8 538 315名士兵丧失生命。而在1940—1945年的战争中，单是死亡和失踪的军人亦有1 600万人，其中53.18万人是轴心国成员，113.69万人是同盟国成员；非军事人员的死亡也很多（轰炸、复仇、集中营），总计2 429万受害者。最后，朝鲜战争造成81万名军事及非军事人员伤亡。越南战争使得105万名军人和51万名老百姓丧生。阿尔及利亚战争又葬送了140万条人命。内战与民族战争期间所造成的死亡人数的变化也同样很能说明问题：这些战争不断地发生：1820—1859年间的92次战争中有80万人死亡，占当时世界死亡人口总数的0.1%；1860—1899年间，发生的106场战争中，共死亡460万人，占死亡人口0.4%；1900—1949年间发生117场战争，死去4 200万人，占2.1%。

（三）**核战争与死亡**

人类发展到20世纪中期以后，战争由热兵器时代进入冷兵器时代即核战争时代。

据测算，人类试爆的第一颗原子弹威力相当2万吨梯恩梯炸药，超过美国原子弹之父奥本海默原先估计的20倍。而对爆炸情景，试验场上的科学家们都有一种抑制不住的恐惧感，奥本海默马上对世界的未来感到担忧，并用他喜爱的梵文吟诵出印度的一首古诗："漫天奇光异彩，犹如圣灵显威。只有一千个太阳，才能与其争辉。我是死神，我是世界的毁灭者。"

首次核试验后不久，原子弹的秘密公布于天下，美国人在新墨西哥州的爆炸点建起一座核试验纪念碑。至今它还屹立在那里，向世人诉说着这一对人类祸福难测的科学成就。

而首次充当试验品的则是日本的平民。1945年8月6日8时15分，这是人类历史永远不会忘记的时刻。一颗名为"小男孩"的原子弹被投在日本第八大城市广岛的市中心区。遭受原子弹攻击后，市区一片残垣断壁，房屋90%受到破坏，其中1/3被夷为平地，距离爆炸中心4千米之内，因温度高达5 000 ℃以上，房屋上的瓦和地面上的水泥都熔解成玻璃状。爆炸中心区的许多人在瞬间被烧化，只在地上留下一个影子。

随之而来的放射性微粒造成巨大伤亡。据日本方面估计，8月6日遭原子弹轰炸当天，至少有7万多至8万人当场死亡。还有约7万人受伤。爆炸后的几星期里，广岛市内又有两三万人因伤重或受到放射性污染死去，加上若干年内因原子病死亡者的最高的死亡人数估计13万人。

1945年8月9日10时，名为"胖子"的原子弹被投到长崎，因云层天气原因未能投到市中心区而是偏离了2.4千米，尽管如此，造成了3.5万人丧生，6万人受伤。

二、人类战争的悖论

战争造成巨大伤亡。"春秋无义战"，就其造成巨大杀戮而言，任何战争都是违背生命本性的。但是，人类历史又似乎与战争紧密联系。古今中外，最伟大的篇章都是由战争写就的，最宏大的诗篇史学就是战争史学与艺术。人类用最恶毒的字眼描绘战争，同时也用最动听的语言形容战争。"在能够致死的东西当中，没有比战争事件更不确定、更无法预见的事，也没有什么是如此超出人类智力范围的。"[1]

如果我们将视角定位于人类最根本的存在即生命，用生命来拷问战争，才能寻找到人类对待战争的一致立场与态度。

（一）战争的根源与本质

马克思主义从历史唯物主义角度来考察战争，认为一切战争都是私有制的产物，就其存在于其中的这种制度的过渡性而言，战争（无论国内战争还是国际战争）都只是一少部分集团掠夺生产资料的手段，是为统治阶级服务的，也就是从根本上违背生命本性的。因此，唯有消灭私有制，实现共产主义社会，才能从根本上消除战争的土壤。

弗洛伊德则从其精神分析的角度，揭示了战争根植于人的生命本能。他写于1915年的《目前对战争与死亡的看法》一文中专门就人对死亡的态度作了分析，以其死亡本能来诠释战争。无疑地使我们惊觉：人类应该如何面对来自人自身的毁灭本性，战争最终是人的自我毁灭。

弗洛伊德分析原始人对待死亡的态度上的矛盾性：他们一方面不愿承认自己死亡，一方面又用截然不同的态度去对待他人，嗜杀成性，他们喜欢杀人，视杀人为理所当然。在其他动物身上还有抑制同类之间自相残

---

[1] （法）达尼埃尔·亚历山大-比东：《中世纪有关死亡的生活（13~16世纪）》，陈劼译，33页，济南：山东画报出版社，2005。

杀、互相吞噬的本能，这种本能在原始人身上却找不到。这样来看，原始人较动物更见凶恶，更见残酷。动物还知道同类之间不可以自相残杀，可是在原始人身上连这一本能都找不到。原始人是这样，现代人又如何？"无意识对死的态度完全同原始人一模一样，在这方面，就像在其他很多方面一样，史前的人毫无变化地活在我们的无意识中。"① 弗洛伊德认为，这正像现代人无意识中对待死亡的态度：人类的血液中流着嗜杀欲望，这就是犯罪，战争的渊源。从古至今，人类对凶杀制订了最为严厉的法令，然而，如此严厉的禁令只能说明它是用来针对同样有害的本能冲动的。

战争的反生命本质在很大程度上清除了人类对抗死亡的努力，"人类进入到20世纪之后，一方面是对疾病的坚韧不拔的斗争和取得的胜利；另一方面是有计划有准备的战争的野蛮屠杀，这是多么沉重的讽刺呀！19世纪资产阶级社会签订并认为永久有效的一大部分公约，其中包括尊重平民百姓和战士之间的关系的公约，被恣意践踏和违背；在第二次世界大战中，为战争暴力所杀死的平民超过了战死的军人的数量，屠杀的规模前所未有。在法西斯灭绝思想的指导下，有计划地屠杀犹太人、斯拉夫人，甚至低能儿，我们这个世纪，尽管在与死亡的斗争中取得了许多决定性意义的胜利，但由于这些大屠杀，却是一个悲剧重演的世纪。"② 日本军国主义发动的所谓"共建大东亚共荣圈"的侵华战争同样造成巨大的死亡，充分体现出战争的反生命本质。

(二) 战争的吊诡

1. 人类战争有其二重性

一是战争作为一种国家（阶级）行为而出现；二是战争又是由个人所组成的群体来进行的。前者令我们对战争作为一种客观事物与社会现象来进行评价，产生了国家（阶级）在面对战争时，如何决定有道德的应战策略和手段？后者使我们透过战争现象看到个体生命的命运，产生了个人如何在遭遇战争时，以正当的行动来对待敌人？无论前者还是后者，都需要战争的道德法则。

---

① 宋永毅、姚晓华编：《死亡论——世界名人论死亡》，59页，广州：广州文化出版社，1988。

② （法）米歇乐·沃维乐：《死亡文化史》，高凌瀚、蔡锦涛译，620页，北京：中国人民大学出版社，2004。

战争尤其是现代战争是国家和国家之间的军事冲突。国家出动军队以及高科技兵器互相交战，战场不仅限于前线，也延伸到大后方，这是宏观的战争行为；但战争的微观本质乃是个体与个体之间的集体交战，因为国家和军队都是由国民所组成的，战争也就是两国国民之间的杀戮。

国家可以为求胜利不择手段吗？从战争的不可避免来看，我们就有了正义战争与非正义战争的分野。但尽管如此，为什么在人类有限的历史中，战争如此频繁，和平的年月寥若晨星。以战止战遏制得了一时的侵略行为，但永远无法禁止战争的再度发生。况且，战争一旦发生，带给人类巨大的痛苦又岂是胜利的荣耀所能弥补？即使自战争中侥幸残存，亲人朋友生离死别，肢体伤残和战争的心灵噩梦之惨痛却永远烙印在生还者记忆中。在往后岁月里伴随着踽踽独行的背影直到墓碑尽头。

正是战争的二重性，使得现代战争陷入更加荒唐的处境：现代战争从大的层面被视为交战国之间基于科技水平的综合国力的较量、民族文化与文明的竞争等，我们尽可能地将它上升到所有高度。但是，我们却看不到个体生命的存在，我们只是看到先进武器，精制导弹等，"人体的金属化"倾向加重，正像法西斯美感所表达的那样，"战争是美的，因为它以防毒面具、令人恐惧的扩音器、火焰喷射器，小坦克为工具而建立起人对被征服机制的主宰权。战争是美的，因为机关枪的火红怒焰装点了盛开花朵的牧场。"① 人体金属化对同类伙伴关系毫无感觉。

2. 战争中的吊诡还在于战争的正义性问题

正义战争理论相信战争一般而言是罪恶的，但在某些情况下的战争可以有正当的理由。换言之，它是一个正义战争。它包含两个基本层面：

一是战争有其正义的理由，即战争赖以进行的前提是基于正义，有下列诸条件：a. 它是反侵略的防卫战争；b. 战争作为最后的诉求手段，当和平谈判、斡旋，准战争的军力展示都失去效用，敌军已侵犯领土之时；c. 必须由合法当局宣战；d. 其目的在于矫正不正义。这一层被称之为"进行战争的正义"，即师出有名。然而，这种战争的正义性也有其自身的吊诡：它的目的是维护正义，而正义的本质就是对生命的尊重与维护；但正义战争却通过制造死亡来达到对正义的维护。古今多少战争都是打着

---

① （美）路易斯·波伊曼等：《生死一瞬间——战争与饥荒》，陈瑞麟等译，58 页，广州：广州出版社，1998。

正义的旗号进行着大肆杀戮，反过来想，哪一场战争是公开打着非正义的旗帜进行的？

二是战争中的正义，亦即战争的进行当中，面对敌人时的道德原则。有两条重要原则：其一，相称原则，其二，区分原则。相称原则即是军力的使用不能毫无节制，要在恰好能矫正不正义的等级之内。例如，使用500磅的炸弹就可以达成任务，却投下了1 000磅的炸弹，以致造成人员的伤亡，就违反了相称原则。

区分原则即是必须区分战斗人员和非战斗人员。非战斗人员绝不可以成为攻击目标。但对这一原则的理解必须从以下两个方面来看：

第一，正义战争中的杀人和蓄意杀人差异：在一个有正当理由的战争中杀掉敌方的战斗人员，于某些环境下是可以接受的，而且附带于必然的军事运作之执行上意外发生的非战斗人员之杀害，在某些环境下也是道德上可以接受的，这叫做双重效应原则。非战斗人员具有免于伤害权，这是区分原则的依据和意义所在。作这种区分显然在于将战争中杀人和蓄意杀人之间区别开来。杀害非战斗人员是谋杀，但杀害战斗人员则是为使其失去行为能力，削弱敌军战斗力，而不得已杀了他，这两者不能相提并论。

第二，效益主义原则。在现代战争中，战争的目的也是在寻求最大的善。如果轰炸敌国1万个平民，可以挽救本国15万个士兵，那么这轰炸就是道德的，当然不是有意伤害平民，而是在现代战争形态下，区分原则在最大善的获取目标下，已变得无足轻重。换言之，传统的正义战争之区分原则在今日实在不适用了。即使不考虑现代的战争形态，以效益主义、结果主义眼光观之，在战争当中，杀害平民和杀害战斗人员，其结果完全一样，同样是在杀人，根本无法分辨。要说杀害战斗人员是道德上可接受的，杀害平民就没有道德，实在是没有依据可言。

可见，吊诡根植于战争本身的自反性，根除战争才能使人类摆脱困境。

3. 核战争的吊诡

核战争的杀伤力之巨大，不仅在于它对战斗人员而且也对非战斗人员，更为重要的是它就是以造成一国一城的平民的巨大伤亡为目标。比如，广岛与长崎，原子弹的投放地是针对中心城区，而不是敌军司令部（由于意外原因，长崎市中心未受到攻击），这本身就内在决定着核战争的不道德性质与反人类性质。核武器的出现，使人类第一次面临自我灭种、集体自杀的边缘处境。之所以会这样，实在是因为核武器的力量太大了，造成的死亡一方面是直接非战平民，一方面核武放射性尘埃影响到的区域内造成大规模平民伤亡。即使在今天，单单美国一国所储存的核弹数量还是足足可以把地球的整个表皮炸翻好几次。

二战之后，随着世界进入冷战格局，美苏两大国之间展开了军备竞赛，大国之间利用核武器威慑形成制衡。世界人民处于核恐怖之下。到了20世纪80年代之后，更多国家竞相发展核武器，核武器不扩散条约成为一纸空文。从某种意义上讲，核武器成了全球最大的恐怖主义。

到美苏冷战时期以至多极化的今天，目标瞄准策略都是核大国的首选战略。这一战略即是将核武器瞄准敌方的目标。这样就造成了一个值得关注的道德难题：攻击军事目标或有重要军事价值的工业目标会"间接"牵连大量平民死伤。比如，美国战略核武器瞄准计划（slop——单一整合作业计划）单只在莫斯科市里就认定了60个"军事"目标，在整个前苏联里认定了4万个核武器目标；而攻击美国的几个"工业目标"或重要的政治目标也会造成大量平民死伤。这种攻击所必然杀死的平民数目极其可怕。这个问题不可避免。因为，现代军事设施和生产中心非常彻底地与平民生活和工作交错。如果一方故意把军事目标放在平民人口中心之间，问题就更为严重。

因此，核战争的3种战略：优势战略——先发制人，寻求第一击即制敌的优势；均势战略——维持报复以制敌的能力。这两种战略均是著名的"相互保证毁灭"。这就是同归于尽的人类自杀。而唯有核武器裁减战略，反核武器扩散才是最道德的选择，才是人类和谐的基本内容。当全面实施核武器裁减战略后，全面爆发核战争的几率就会降到最低点。

三、人类和平诉求

（一）和平主义

和平主义是一种反对用暴力解决冲突，以消灭战争和争取实现各民族间持久和平为目标的努力和主张。《简明大不列颠百科全书》对和平主义的解释是："和平主义是指争取实现各民族之间持久和平的一切努力和主张。"和平主义有两个方面的内涵：其一，反对所有战争（不一定反对某些暴力）的反战和平主义；其二，反对所有暴力的绝对和平主义。这是两种极端表现，多数和平主义者介于两者之间。

和平主义的基本理念是：任何形式的战争都是不合理的，战争不是解决国际纠纷的合法手段。如果说，正义战争论是把秩序和以契约为基础的正义视为压倒一切的价值，那么，和平主义则把生命、和平与非暴力视为最重要的价值。在和平主义看来，人的生命是神圣的，不能为了追求其他道德价值（如正义）而牺牲人的生命。因此，大多数和平主义者都反对使用或威胁使用暴力，希望建立一个没有战争、免除暴力威胁的世界。

近代的和平主义始于19世纪初。在拿破仑战争后，英国基督教新教中的教友会宣传反对一切战争和暴力，鼓吹和平主义，并得到英国自由贸易派的支持。后者认为在和平条件下，英国通过自由贸易可以更充分地利用自己在工业上的优势，达到经济和政治上的统治。随后和平主义运动在英、美得到发展。1815年在美国的纽约成立了第一个和平主义组织——和平协会，1867年9月法国作家维克多·雨果和意大利民族运动领袖G·加里波第等人在日内瓦成立和平和自由同盟，它是一个资产阶级和平主义组织。和平主义者从良好的愿望出发，谴责一切战争都是非道德的。他们不分析战争的社会根源，不区别战争的性质，认为通过宣传和说教，或建立国际法庭进行调解，就能消除战争。

日本侵犯中国，世界和平人士纷纷抗议日本的战争行径。世界著名作家巴比塞和罗曼·罗兰发起成立了国际援华委员会，1932年2月，英国基督教和平主义者莫德·罗依登发起组织一支没有武装的和平军，准备奔赴上海，在中日军队之间筑起一道人墙来制止战争。罗依登的和平军计划发表后，很快就有800人自愿报名参加。

可以说，人类的和平实践与人类的战争一样古老。

战争主要是一种国家行为。在现实的国际舞台上，国家一方面把自身所具有的权力作为追求自身利益的手段，另一方面则把扩张自身利益作为强化自身权力的后盾。由于追逐权力与扩张利益成为国家的存在形式，因而，权力与利益的交互作用成为战争冲突最主要的直接原因。于是，关于建立一种世界性的权力机构来对国家权力加以管理，以消除战争的想法在思想家们的头脑中酝酿，而尝试以建立一种超越国家的机构来管理国家权力和分配国家利益的行动也出现在人们的和平实践中。尤其是自19世纪初以来，人类历史上相应于三次世界性的战争之后建立国际政府的努力，推动了和平实践的发展。

第一次是神圣同盟。这是人类建立世界政府维护和平的第一次试验。它产生于拿破仑战争之后，这也是人类在经历战争冲突之后，为控制战争、保障和平而进行的第一次建立世界政府的尝试。

第二次是国际联盟。这是国际政府历史上的"新纪元"。国际联盟是第一次世界大战的产物,是巴黎和会上建立的世界第一个有欧洲以外地区和国家参与的更具广泛性的国际组织。与神圣同盟相比,国际联盟具备了"政府"的更多要素。首先,国际联盟是一个拥有法人资格、代表机构而实际存在的组织。其次,每个国家都能在大会和行政院行使投票权,所有政治决定(包括有关制止战争的决定在内)均需会员国全体与会并全体一致投表决票。再次,大国和小国之间的权力分配并不取决于两者数量对比,而是取决于大国在行政院中所拥有的常任理事国资格。

第三次是联合国。这是在第二次世界大战后形成的最重要的国际组织,它的建立体现了战后世界对和平与世界秩序的理想、目标及战后如何管理世界的庞大构想。毋庸置疑的是,联合国毕竟是人类和平实践的产物,联合国的出现反映了人类向往和平的愿望,联合国的存在体现着历史进步的潮流。

(二)建构人类和平的根本价值与路向

1. 维护生命的存在与尊严,是和平主义的根本价值取向

战争带给人类灾难,所以自古以来,反战与追求和平的运动久已有之。在中国古代,老子说"兵者,不祥之器"。战争是对生命的最大伤害,所以是"不祥之器"。老子又说"兵之所处,荆棘生焉"。战争也是对环境的巨大破坏,它造成了荒凉和生物的毁灭。孟子的"春秋无义战",从根本上指出了攻城略地的战争之反道德,反人类性。墨子更是主张非攻,演绎成中华民族热爱和平的优秀传统。我们主张不同种族、不同民族、不同宗教的人和谐相处,共同维护我们这个星球的和平与安宁。

战争是对生命尊严的亵渎摧残。日本学者池田大作指出,如果"人要真正作为人类来生活,我认为首先要站到人是生命的存在这一不言自明的基点之上",因为,只有这样,才能把"生命尊严始终当作第一义的思想,即认识到生命是没有任何替代物的至高无上的价值"[1]。

生命尊严包括两个层面:一个方面就是把人的生命看作至高无上,从而尊重其生存的权利,这是对待他人而言的,可以说是社会性的一面;第

---

[1] (日)池田大作:《人生箴言》,卞立强译,167~168页,北京:中国文联出版社,1995。

二方面，就要立足于使命感和理想追求上，最有价值地最有意义地投入自己的生命，使其燃烧起来，这是对自我而言的，可以说是主体性的一面。因此，我们无论在什么情况下都必须珍视他人的生命和我们的生命，反对一切战争。

当然，提倡生命尊严，呼吁珍视生命并非让人们贪生怕死、明哲保身、苟且偷安，而是要求人们积极努力，"使生命燃烧起来"，为世界和平而奋斗。为了表现崇高的生命，应当去追求正义、勇气和慈爱。为了追求这种理想，即使会使整个生命陷入于危险之中，也不应放弃这种追求。而为了明哲保身便歪曲正义，胆小怯弱或牺牲他人等，只会损害自己生命的尊严。

2. 寻求人类共同发展是建构和平主义的根本路向

考察近代以来战争史，不难发现战争发生的原因多数在于主权国家的利益诉求和权力争夺。事实上只有主权国家才具有发动战争的能力。要从根本上杜绝战争，实现世界的持久和平，池田大作倡言要实现"从国家主权向人类主权的思想转变"，即提出"人类主权思想"。

首先，世界和平需要人类主体的价值观。国家主权至上论则是偏颇的价值观；其次，全球化问题的解决需要超越国家主权，走向全球主义，在现代社会里，拿和平、环境污染、能源等任何一个问题来说，如果不超越一个国家的范围，站在全球性的观点上，要想求得根本的解决是极其困难的。从这个意义上说，我们认为再也没有像今天的时代这样需要全球主义了；再次，核武器的出现，促使人类必须从"国家主权"向"人类主权"转变。

当然，池田先生的"人类主权"设想是人类未来的一种理想状态，对于人类面临当今世界生存危机，无疑有其积极的理论意义。但是，对于摆脱人类困境，却存在自身的缺陷：其一，他未能够提出一个实践性的行动方案，只不过是一种抽象的理论。其二，对于国家主权，我们反对狭隘的"国家主权"论，这种理论置人类整体利益不顾，只能制造人类的隔阂与冲突。但不能一概反对国家主权，某种意义上，国家主权仍然具有神圣性。

对于建构世界和平最具实质意义的应是邓小平同志提出的"和平与发展是当今世界主题"的理论。这一理论，精辟地指出了当今世界冲突的两个基本方面或根本原因：一是东西对立，一是南北差距。前者是意识形态矛盾，后者是发展水平矛盾。而东西南北又是交织在一起的。邓小平站在人类整体的高度来认识世界和平,可谓高屋建瓴,从根本上建构起人类和平的实践路向:和平与发展互为经纬。

和平既是人类追求的目的,也是发展的前提。综观人类历史,真正和平的岁月并不多有,人类备受战争的苦难,因而渴望和平,追求和平成为人类共同的心声。只有在和平时代生命才能谈得上尊严与意义,才能谈得上人类进一步的发展。而发展则是实现和平的基本路径,没有发展谈不上真正和平:首先,没有发展,任何一个主权国家都无法真正掌握和平的自主权,因此,任何一国的发展都是和平的前提;其次,世界各国在发展水平上的差异是人类走向和平的真正障碍,只有人类共同发展才能有人类和平。可以说和平就是为了发展,发展是目标。

(三) 战争与人道主义

什么是人道主义?人道主义是主张人的价值、人的尊严、人的权利和幸福、人的自由和发展的哲学思想。它具有广义和狭义之分。广义的一般的人道主义,泛指主张维护人的尊严、权利和自由,重视人的价值,把人当作人而不是工具来看待,要求人的自由发展的思想和观点。狭义的人道主义是奉人之道以对待现实与人,相对于"兽道主义",突出一种方法论价值。人道主义强调以人之道待人,本质上要求人与人之间的和谐、平等。人道主义的核心命题就是"人类相爱"。从人类存在和本质层面上去理解人与人之间的关系,并由此提出一种社会关系与交往的实践准则:人对人是人不是狼。可见,人道主义从根本上讲是反对战争的。

战争中的人道主义,以国际红十字组织的成立为标志进入到一个新的历史时期。国际红十字组织的成立,必须回溯到1859年,当时瑞士银行家亨利·杜南(Henry Dunant)先生出差旅行,途经意大利伦巴底,那时正逢奥地利与法国及萨丁尼亚联军作战,在索尔弗利诺(Solferino)一役中,双方死伤惨重,战场上无人照顾的伤兵哀号遍野、随处可见。杜南先生亲眼目睹其惨状,眼见伤兵乏人照顾、辗转致死,其情境令人震惊,心中燃生哀恸之情,久久不能自已。

杜南回到日内瓦后,向公众讲述了他在索尔弗利诺战地的经历。人们鼓励他写书激励世人的良知。3年之后,杜南于1862年11月在日内瓦发表他的名著《索尔弗利诺回忆》,描述他在索尔弗利诺的所见所闻和救护伤兵的故事。在书的结尾中他建议:在各国成立伤兵救护组织;召开一次国际会议,研究制定一项保护伤兵和伤兵救护组织权益的国际公约。此书于1862年自费出版,在朋友、慈善工作者、军官、政治家以及一些有社会地位的显赫家族间传阅。于是,索尔弗利诺事件震惊了这些人,得到广泛的注意与重视。杜南积极向德、奥诸国的统治者进行游说,他的倡议获得了欧洲各国上层社会的热烈支持。

为了防止同样的事件再度重演,杜南先生极力呼吁成立一个民间中立的救援组织,以便在战争发生时,能及时救助在战场上受伤的伤兵。1863年2月9日,杜南和杜福尔将军、莫瓦尼埃律师、阿皮亚和莫诺瓦两医生等一道,在日内瓦公共福利会辖下组成了伤兵救护国际委员会,即人们常说的五人委员会。它的首任主席由杜福尔将军担任,杜南是该国际委员会的秘书,红十字会就这样诞生了。到1880年,五人委员会正式易名为红十字国际委员会。

此后,世界各国特别是欧美各国相继成立了红十字会。第一次世界大战结束后,美国银行家、美国红十字会战时委员会主席亨利·戴维逊倡议建立各国红十字会的国际联合会,在国际范围内组织和协调卫生救护活动。1919年初,在法国戛纳召开了有美、英、法、日、意等国医学界知名人士参加的国际医学大会。会上确定:为了进一步巩固各国红十字会已取得的成就,有必要成立各国红十字会的国际联合会。同年2月1日,由美、英、法、日、意5国组成的"红十字会委员会"成立。同年5月5日,红十字会委员会改名为红十字会协会。后由于伊斯兰国家红新月会的加入和成员数目的增加,1983年10月,红十字会协会在日内瓦举行第三届大会。会议决定修改章程,更名为红十字会与红新月会协会,后改为现名。

1864年,红十字国际委员会草拟并通过《陆地上部队伤兵境遇公约》(又称《日内瓦公约》),这项公约规范了战争时,在保证互惠对待的情况下,交战双方承认战争中的伤兵与救援人员为中立者的特别地位。自此,战争和法律不再是无法妥协的相对者,为人道历史上的一项重大发展。《日内瓦公约》经1906年、1929年两次修订与增补,终于在1949年8月12日重新增订为4个公约,至今有效:

第一公约:《日内瓦改善战地武装部队伤兵员境遇公约》;
第二公约:《日内瓦改善海上武装部队伤兵员及遇船难者境遇公约》;
第三公约:《日内瓦关于战俘待遇公约》;
第四公约:《日内瓦关于战争中平民保护公约》。

四公约的公约国至1997年12月已达188个,为参与成员国最多的国际公约。

如今,人道主义由战争走向和平,从战场上的救死扶伤走入和平时期灾难之后的重建,人道主义具备了更加深厚与广泛的生命内涵与现实基础。

第二节 贫 穷

一、贫穷,人生的灾难与不幸

(一) 不平等的生与死

米歇尔·沃维尔在其巨著《死亡文化史》中曾指出:"社会日益严重的分化对各种群体生存的机会有极大的影响。这也不是什么新鲜事。"他提出"不平等的死"的概念,并通过无可争辩的统计史料,对存在于不同阶级之间的"不平等的死"进行了周密的论证。结合历史和其他论者的结论,"不平等的死"主要表现为下面3个方面:

1. 寿命与死亡预期的阶级差别

19世纪,"在英国和法国,后来随着统计资料的增多,清楚地说明了富人在死的问题上的优越性。1830年,在伦敦,上流社会人员(绅士、高级职员)的平均死亡年龄为44岁。手工艺人和雇员的死亡年龄降到25岁,工人更低,为22岁。"以法国为例,"从19世纪末以来,在40岁时死亡的男人,每万人中老板为90人,工人为160人(更准确地说,在石匠中为271人,在成衣工中为335人)。这个在死面前越来越不平等的状况,有时以特定形式出现,且更为奇特:在美国,1900年期间,同样年龄组的死亡率,白人为176‰,黑人为278‰"①。

社会发展表现在人类征服死亡方面的进步并没有在所有阶级身上得到体现。"在19世纪,至少到70年代,与死亡斗争的胜利在上层阶级中取得了明显的实效,但在新生的无产阶级中,从1820年到1840—1850年间,死亡率没有改变,有时还在上升。"②

从前,社会阶层的差别对1岁以下的儿童的死亡率造成残酷无情的差

---

① ② (法)米歇尔·沃维乐:《死亡文化史》,高凌瀚、蔡锦涛译,474页,北京:中国人民大学出版社,2004。

距。社会底层穷人的孩子在出生时,由于孕妇营养不良以至胎儿发育不善,乃至出生又没有较好的生长环境和物质条件,故夭折比率远大于富裕阶层,这是不争的事实。历史发展到20世纪,不平等的情况同样存在,米歇尔·沃维乐告诉我们:"如果我们参考1955年至1977年的法国人口资料,就会发现不同的社会群体之间的差距依然惊人:一个教员或自由职业者在他的35岁年华正茂时,还有再活40岁的期望,而一个壮工却只有33岁的预期寿命了,其间的差距是8岁。""在美国进行的研究,对不同的社会阶层进行类比,也证明了这一点",社会阶层在总体上造了寿命和死亡预期的差距。①

米歇尔·沃维乐还通过从死亡率在地理上的差距来考察,指出不平等是显而易见的,"我们对死亡的根深蒂固的社会不平等感到吃惊"。他认为,我们世界上存在的死亡差距有两方面:一是国内贫富阶层的死亡差距;二是国际贫国和富国的死亡差距。

2. 面对灾难时,不同社会阶层同样存在不平等

以1850年的伦敦为例,死于霍乱的穷人万分之九十八,比富人高出一倍。②在饥荒年代,饥饿是穷人死亡的重要原因。诺贝尔经济学奖获得者亚马蒂亚·森用经济学论证了饥饿、贫穷和死亡之间的内在联系,进一步说明了生与死的社会不平等。他认为,"饥饿是指人们没有充足的食物,而饥荒则是指由饥饿所造成的尤其是死亡的恶性现象",我们往往形成一种思维即饥荒是对某一地区社会所有人的,看不到其中的贫富差距造成的不平等现象,"虽然饥荒总是包含着饥饿的严重蔓延,但是,我们却没有理由认为,它会影响到遭受饥荒国家的所有阶层。事实上,至今还没有确凿的证据表明,在某一次饥荒中,一个国家的所有社会阶层都遭受到了饥饿。这是因为,不同社会阶层对食物的控制能力差异是不同的。总量短缺只不过使各阶层对食物控制能力的差异明显地暴露出来而已。"③

食物的缺少不仅在饥荒时才有显露,没有饥荒,但对穷人而言,饥饿却是总存在着。我们都记得安徒生童话《卖火柴的小女孩》中所描绘的

---

①② (法)米歇尔·沃维乐:《死亡文化史》,高凌瀚、蔡锦涛译,555页,北京:中国人民大学出版社,2004。
③ (印度)阿马蒂亚·森:《贫困与饥荒——论权利与剥夺》,王宇、王文玉译,58页,北京:商务印书馆,2001。

穷人饥寒交迫的悲惨遭遇，以及杜甫"朱门酒肉臭，路有冻死骨"的诗句所揭露的不平等现象。因此，"不同阶层之间粮食分配问题的重要性，不仅在于它在总量短缺发生时，使不同阶层的遭遇极不平等，而且还在于它能够使我们认识到，即便不存在总量短缺，有些阶层也仍有可能遭受到极为严重的绝对贫困。"①

3. 富有善终，贫无善终

富人得好死与善终，这是古今中外的客观事实。在中国民间五福诉求中，无不沾上富裕的。而现实中，则表现出不平等，"与富人的状况形成鲜明对比的是穷人的疾病，他们往往死于伤残或虚弱，也可以说是'不治'之症。至于说医生对所患疾病的处置是否得当，那是无所谓的。有病而得不到治疗，这种情况刚好说明，穷人的非自然死亡是命里注定。这种看问题的方法正是资产阶级对没有教养的，非生产性的穷人所抱的态度。打从这时起，就为富裕的社会等级保有了'自然死亡'的可能。因为他们花得起钱去充当患者而与世长辞。"② 在19世纪中的英国，有专业医生在1837年和1842年之间对死亡的地区原因作了调查，"它着重于造成尤其是死亡的'社会'疾病，死于消瘦衰竭和呼吸系统感染的（占到20%），以及死于传染病的，实际上都是死于贫困。他的结论是：'在这个城市里成千上万的死亡应归咎于生命必需元素的缺乏。他们死于疾病，但疾病是由低生活水平引起的，加上过度的劳累'。"③

《死亡文化史》一书作者提出了一个关于"死亡的平等与不平等"的悖谬命题。他说："所谓平等，死者必须消费，不平等，付出的多寡决定死亡的待遇。"死亡待遇构成人们"好死"的重要内容：丧事礼仪的隆重程度，死后居所的豪华与否等，这里同样存在阶级差别，这一点是穷人最可悲之处。达官贵人、富商大贾家办一次丧事可以说轰轰烈烈，声震四方，死者顺利地由生时的富贵转入地下死后的富贵，死后同样是人上之人的世界，这是天堂之路。而穷人的死则无声无息：没有遗嘱、没有墓碑、

---

① （印度）阿马蒂亚·森：《贫困与饥荒——论权利与剥夺》，王宇、王文玉译，60页，北京：商务印书馆，2001。

② （德）弗兰茨·贝克勒等编：《向死而生》，张念东、裘挹红译，35页，北京：三联书店，1993。

③ （法）米歇乐·沃维乐：《死亡文化史》，高凌瀚、蔡锦涛译，473页，北京：中国人民大学出版社，2004。

不发讣告，仪式简单甚至没有仪式，"穷人之死的主要特征，并使其置于社会之外的是穷人的孤独。"因此，"争取死亡的权利的斗争是无产阶级的重要内容。"①

（二）穷人的生死品质

"人类贫穷被定义为人们无法获得人类发展的最基本的机会和选择——生命长久并且健康、享受一定水平的生活、自由、尊严、自尊以及他人的尊敬。"② 极度的贫穷被称为赤贫。赤贫是一种罪恶。在赤贫的情况下，却无论什么时候，无论什么人都无法保持住自己的尊严。"为了赤贫，甚至不是把人用棍子赶走，而是拿扫帚把他从人类社会里清扫出去，让他受更大的凌辱；而且，这是公正的，因为在赤贫的情况下，我自己首先就准备凌辱自己。"③

1. 生存品质低下

穷人只能过上不幸的悲惨生活："物质匮乏和不足、身体的饥饿、痛苦、筋疲力尽和时间上的匮乏；社会性的不良的个人关系：遭受排斥、拒绝、虐待、孤立和孤独；与缺乏安全感有关的脆弱性和恐惧；以及由无助、挫折和愤怒反映出来的无可奈何。"④ "恩格斯在对英国工人阶级生活条件的著名阐述中，描绘了一幅非人道的资本主义的图画，它吞噬着男人、女人和儿童。请注意恩格斯不是孤立的，英国和法国的进步或保守的作者，从盖潘到维莱尔梅等，也描绘了苍白无血色的无产者的形象，这样的描绘有时也反映在文学中。"⑤

所谓生存，我们可将它界定为基于生理生命的存在，即活命。因为，穷人的生存仅仅是为活命而展开的。即便如此，穷人的生存总处于危机之中，穷人在收入状况、财产状况、消费状况、医疗状况等各方面都处于一种非常窘迫的生活状态中，普遍表现为：一是缺乏基本的社会保障，特别

---

① （法）米歇乐·沃维乐：《死亡文化史》，高凌瀚、蔡锦涛译，634页、555页、556页，北京：中国人民大学出版社，2004。

② （美）卡尔·里斯金：《贫困、不平等和中国的总体经济政策》，载姚洋主编：《转轨中国：审视社会公正和平等》，200页，北京：中国人民大学出版社，2004。

③ （俄）陀思妥耶夫斯基：《穷人的美德：陀思妥耶夫斯基天才才犯罪论集》，刘开华等译，2页，西安：陕西师范大学出版社，2003。

④ 迪帕·纳拉扬等：《呼唤变革》，姚莉等译，41页，北京：中国人民大学出版社，2003。

⑤ （法）米歇乐·沃维乐：《死亡文化史》，高凌瀚、蔡锦涛译，472页，北京：中国人民大学出版社，2004。

是发生重大疾病的情况下,将会造成严重的生活困难;二是在支付住房、子女教育等大宗费用上发生困难;三是在生活中遇到某些突发事件的时候,会出现难以应付的局面。物质生活的贫困导致生活陷入内在的冲突与紧张之中:第一,眼下生存与未来生存之间的冲突。吃了上顿无下顿,生活难以为继。第二,物质生活与精神生活之间的冲突。消费的高恩格尔系数使得穷人几乎所有收入都投入到衣食住行的物质生存上,肉体、生理的需要压倒一切,至于精神文化生活只能是幻想。第三,维持生存与求得发展之间的冲突。其所拥有的有限资源仅勉强维持活命,没法顺应社会的进步和时代的需要去寻求自我发展。在发展主导生存的当代社会,不能得到适当的发展,生存会陷入更大的危机之中。

2. 生命缺少尊严感

"贫困就是缺乏自由,就是承受沉重的生活负担,以及被未来可能产生的恐惧和沮丧的奴役"。没有自由,生活本身变成为负担,这本身就是尊严的丧失。"贫困从来就不因为仅缺乏某一种东西而产生,它来自于穷人所体验和定义的许多相关因素的共同作用。贫穷与尊严和声望的丧失紧密相连,而尊严和声望经常通过拥有一些象征意义的东西来体现出来。"① 这些象征意义的东西包括身份、地位、名誉、等级以及文化教育等,而这些与贫困都是绝缘的。亚当·斯密说过,"我所理解的生活必需品,不仅包括维持生命所必需的东西,而且还包括这样一些东西:如果没有它们,甚至对最下等的人来说,也会被社会习俗认为有伤风化。"② 出席一个家庭晚会时,你就得有一套当时社会所时兴的晚礼服或一双皮鞋。这些是穷人所难以保证的,穷人很难有一套得体的服装。

穷人无能力维持尊严。亚马蒂亚·森把贫困看作是基本能力被剥夺,而不仅仅是收入低下。他认为,维持生命尊严的相关能力,"不仅具备那些能避免夭折,保持良好的健康状况,能受到教育及其他这样的基本要求,还要有各种各样的社会成就,包括——如亚当·斯密所强调的——能

---

① 迪帕·纳拉扬等著:《谁倾听我们的声音》,付岩梅等译,43页、60页,北京:中国人民大学出版社,2001。

② (印度)阿马蒂亚·森:《贫困与饥荒——论权利与剥夺》,王宇、王文玉译,28页,北京:商务印书馆,2001。

在公共场所出现而不害羞,并能参与社交活动。"① 因此,即便是吃饭没有问题,也冻不着,但是不能让人过上体面的、尊严的生活,只是维持一个温饱。这种无能还表现在穷人无力奉献社会,从而无能在道德上得到他人的尊重,或者有时为了生存而不顾一切从而令他人鄙视。"许多屈辱来自突然间不能使自己的行为与长期以来所信奉的社会规范相一致,当这些道德规范不能再维持下去时,我们就会退缩,在社会上便会变得孤立,产生消沉和悲观情绪。"② 这反过来,进一步令穷人陷入社会隔离,从而被边缘化。

因此,穷人的痛苦不单是生活贫穷的痛苦,更多的还是道德上的痛苦,比如由于资源的有限而不得不作取舍所产生的道义上的痛苦:是挽救病重的亲人,还是养活家人?是用来供孩子念书,还是改善生存条件?"贫困是一种痛苦,家人要承担来自食物缺乏和长时间工作带来的肉体上的痛苦;承受身为附属品以及缺乏权力的屈辱而带来的心理上的痛苦;以及承受被迫作出某种取舍而带来的道义上的痛苦——例如手头上的一笔有限的钱是用来挽救一个生病的家人的生命,还是用来养活孩子?"③

穷人尊严的丧失还在于,因为贫穷,穷人的身体被当作工具和手段。穷人为了生存,被迫通常透支生命,甚至出卖自己,比如卖血、卖器官,从事最累最重的活计而得到极少的劳动报酬。他们因为贫穷而任人剥削,任人奴役。"身体是他们最重要的财产。"④ 河南上蔡县艾滋病村的出现就是因为贫穷,他们以卖血为生,感染上艾滋病。"祈县有个下岗职工,老婆是农民,被以找工作的名义弄到开封卖血,8天抽了7 000 cc,结果抽死了,2000年2月22日死的。"⑤

---

① 姚洋主编:《转轨中国:审视社会公正和平等》,56页,北京:中国人民大学出版社,2004。
② 迪帕·纳拉扬等著:《谁倾听我们的声音》,付岩梅等译,79页,北京:中国人民大学出版社,2001。
③ 迪帕·纳拉扬等著:《谁倾听我们的声音》,付岩梅等译,3页,北京:中国人民大学出版社,2001。
④ 迪帕·纳拉扬等:《呼唤变革》,姚莉等译,127页,北京:中国人民大学出版社,2003。
⑤ 中央人民广播电台新闻评论部:《问题——来自〈新闻纵横〉的前沿报道》,24页,海口:南海出版社,2003。

3. 死亡品质低下

穷人的死亡大多属于非正常死亡,难有善终和尊严的死。如前所述,穷人死于壮年和意外事故是普遍现象。身体是他们唯一的可资利用的财产,因此,青壮年是他们谋取生存的最佳时期,否则,到了老年便会失却价值。而此时,也就是他们容易遭受意外死亡的年龄。劳动强度大、工作环境差以及没有任何医疗保障,这很容易导致穷人在工作时伤亡。

对穷人来说,疾病是一大死因,且有其自身特点。就一般而言,疾病死亡是共有的,但穷人的疾病死亡是与贫穷相连的,不总是不治之症而更多是可治,因为贫穷而不可治。而且它发生在任何年龄段,甚至更多的发生在老年之前。疾病、贫困与死亡形成恶性循环:疾病使劳动力丧失,将一个家庭推向贫困,而贫困则无力救治而导致死亡。这几乎成为所有穷人无法摆脱的铁的定律。因此,与其说穷人死于疾病,不如说穷人死于贫困。河南艾滋病村染病情况便说明这一事实,因卖血患病死亡者都是30多岁,40岁的都不多。一个只有500多人的自然村,90%的青壮年已经感染,也就是200多个常年卖血的人中,大概只有不到20人得以幸免。①

穷人的死总处于冲突之中,因而死不瞑目。所谓寿终正寝的好死往往是寿尽而终,或因客观原因走向临终。而穷人却遭到活着艰难、死也艰难的两难困境。贫困无法保证体面的葬礼,"无力将所爱的人体面地埋葬并支付各种款项,会使家庭的荣誉陷入危机之中"。穷人们非常希望能按当地习俗安排葬礼,以证明他们至少在死亡时是受人尊重的,有尊严的。可是,家人却时常面临两难:"是为了病中的亲人提供医疗服务,还是给他们准备一个体面的葬礼?"② 还有,家里人死了,在准备一个较体面的葬礼和维持家庭正常生活之间也会发生冲突。冷酷的现实告诉我们,除了饥饿以外,死亡和葬礼是给人们造成最为普遍性的打击,尤其是对穷人的打击更大。为了一个葬礼,会让家庭一贫如洗,长时间无法过上正常生活。发生在传统社会中卖身葬亲的事情正是穷人死亡遭遇的雄辩的说明。

穷人的死是卑微的死,无声的死。"在任何情况下,不论我们在场或

---

① 中央人民广播电台新闻评论部:《问题——来自〈新闻纵横〉的前沿报道》,25页,海口:南海出版社,2003。

② 迪帕·纳拉扬等著:《谁倾听我们的声音》,付岩梅等译,79页、172页,北京:中国人民大学出版社,2001。

不在场,都没有人在注意我们。一个穷人死去的时候,甚至没有人为他难过。"① 同样是贫穷造成穷人死亡时的窘迫,连裹尸布都没有,更不用说葬礼。故在中世纪欧洲便有一种"裹尸布施舍会"一类机构负责"向那些无处容身的人和所有支付不起费用的人提供裹尸布——只是一张可用来充当裹尸布的完好的床单而已。"②

二、消除贫穷的社会理想

(一) 贫穷的根源

按照马克思主义历史唯物论,贫穷的根源在于私有制生产关系的产生和生产发展水平的限制。

一方面,人类进入阶级社会之后,剥削和压迫产生了,贫穷便出现了,这是一个必然现象。因此,究其原因,贫穷的原因是人类社会出现私有制,私有制剥削是贫穷的根源。有人富有人穷,且富的富可敌国,穷者无立锥之地。

另一方面,马克思主义告诉我们,生产力是人类社会发展的根本动力和决定性因素。生产力发展水平直接决定一定社会的物质基础。当生产力水平低的时候,它所产生的物质条件是相当有限的。造成物质资料稀缺的原因在于:一是某些自然物质本身就是有限存在,二是我们借以获取物质资料的生产手段的相对不足。

需要是生命的本质,与动物不同的是,人类生命是一个生理、精神和社会的存在。因此,人类生命的需要也就分生理需要、社会需要和精神需要。考虑到生理生命与精神生命和社会生命的关系,我们将人的需要分为生存的需要和发展的需要。前者就是维持生命体的物质生活,后者就是精神生活与社会生活;前者是低层次的,后者是高层次的。

人的需要是无限的。然而,总体上维持生命活动的物质资料是相对匮乏的。这就意味着并非所有个体生命都得到足够的生存资料。私有制社会本质就在于通过剥削方式使得有限资料在个体间进行分配,一部分人拥有

---

① 迪帕·纳拉扬等:《呼唤变革》,姚莉等译,177页,北京:中国人民大学出版社,2003。
② (法)达尼埃尔·亚历山大-比东:《中世纪有关死亡的生活(13~16世纪)》,陈劼译,60页,济南:山东画报出版社,2005。

丰厚的物质资料；而另一部分则只能是极少的物质资料；一部分人奢侈无度，而另一部分人则难以度日……富与贫、贵与贱，社会被划分对立的两极。

当然，在现实社会中，贫穷的原因则要具体分析。究竟致贫因素是什么？具体说，应该包括以下方面：其一，社会制度因素致贫。社会变迁与变革对所有人都产生影响，却产生不同的结果，财富的分配在不同个体身上各有不同，贫富差距的出现在所难免；其二，自我因素致贫。个体在后天努力的程度不同导致结果不同；其三，偶然因素致贫。偶然因素包括天灾、人祸、战争及其他意外等无不改变一个人、一个家庭的生存处境，从而致贫。贫穷使得人的尊严尽失，而且动摇了社会稳定的基础，因此，古往今来，消除贫穷，人类和谐相处成为建构社会理想的基础内容。

（二）传统儒家之养生葬死的社会理想

贫穷的本质在于导致生命尊严的丧失，是对抗生命的。因此，养生安死始终是任何社会的理想，善死善生是每个人的终极人生诉求。生死问题解决不了，社会就是一个悲惨的社会，是不合理的社会，个人就必然遭遇悲惨的人生命运。

先秦儒家的仁政，正是怀"不忍人之心，行不忍人之政"，形成了系统的养生葬死的王道设想。《尚书》中论述道："德惟善政，政在养民。"《礼记》则曰："以保息养万民，一曰慈幼，二曰养老，三曰振穷，四曰恤贫，五曰宽疾，六曰安富。"善政就是养民，就是与民休养生息，本质上就是消除极度贫穷。就当时的历史发展而言，这既是一种制度设置也是一种理想图景，其基础恰恰在于任何生命都要涉及的生与死。

孟子在构想他的王道理想时，明确提出养生葬死的主题。在《孟子·梁惠王》中，他描绘了一个理想图景："养生葬死而无憾，王道之始也。五亩之宅，树之以桑，五十者可以衣帛矣。鸡豚狗彘之畜，无失其时，可以食肉矣。百亩之田，勿夺其时，数口之家可以无饥矣。七十者衣帛食肉，黎民不饥不寒。"使老百姓供养活着的人，丧葬死去的人而心无遗憾，这是王道的开端。五亩的住宅，房屋周围种上桑树，人到了五十岁就可以穿上丝绸了。鸡猪狗等家畜，只要不误了繁殖的时机，七十的老人就能吃上肉了。百亩农田，只要不误了农时，几口人的家庭就不会挨饿。如果，"疱有肥肉，厩有肥马，民有饥色，野有饿莩，此率兽而食人也"。厨房里有肥肉，马棚里拴着肥马，老百姓却面有饥色，甚至城郊有饿死的尸体，这就等于带领野兽来吃老百姓，那绝对不是"王道"。

因此，行王道者，要保证老百姓能凶年免于死亡，"是故明君制民之产，必使仰足以事父母，俯足以蓄妻子，乐岁终身饱，凶年免于死亡，然后驱之善。故民之从之也轻。今也制民之产，仰不足以事父母，俯不足以蓄妻子，乐岁终身苦，凶年不免于死亡。此惟救死而恐不赡，奚暇治礼仪哉？"贤能的君主统治规定老百姓的产业，一定让他们向上可以赡养父母，下可以养活老婆孩子，收成好的时候，能一年到头吃饱饭，收成不好的时候，不至于饿死。这之后再引导他们追求善，老百姓也就容易听从了。现在管理国家弄得老百姓上不能赡养父母，下不能养活妻子儿女，收成好的时候受苦，收成不好的时候难免饿死。活命都来不及，哪有闲工夫讲求礼仪？人都活不下去了，还讲什么面子与尊严？诚如管仲所言："仓廪实，而知礼节。"

中国传统的小康社会理想，就其实质内涵来说，就是养生送死，使老百姓幼有所养、壮有所用、老有所终。这是几千年来人们的社会理想。《诗经·民劳》中有诗歌："民亦劳止，汔可小康。"意即老百姓终日劳动不止，最大的希望就是过上小康生活。宋代洪迈在《夷坚甲志·五郎君》中说："然久困于穷，冀以小康。"强烈表达了对摆脱贫困、奔往小康的企盼。康有为《大同书》中提出人类历史必须经过据乱、小康、大同三个阶段的顺序而进化。孙中山先生在《建国方略》中提出耕者有其田的设想，表达的同样是老百姓对小康社会的向往。

（三）消除贫困的努力与实践

新中国成立之后，在广大农村施行土地改革，在人类历史上第一次将几千年来耕者有其田的梦想变成现实。土地作为最重要的生产资料，才真正为劳动者拥有。当时流传着一句顺口溜："三四亩地一头牛，老婆孩子热炕头。"后来的农业合作化运动和人民公社运动，虽然在现在看来是一种操之过急的极"左"路线，但在客观上是彻底消灭贫困的努力与实践。

改革开放后，建设"小康社会"成为我党在社会主义初级阶段的战略目标。

1979年，邓小平在会见日本首相大平正芳时，首次借用"小康"这一概念，描绘了中国式的现代化进程。1980年1月，邓小平把20世纪末的20年分为两个10年，初步提出分"两步走"，达到"小康水平"的战略构想。党的十二大正式提出分两步走，20世纪末在不断提高经济效益的前提下，工农业总产值翻两番，实现小康社会的经济发展战略，并确定了我国经济建设的战略目标、战略重点、战略步骤和一系列正确方针。

此后，邓小平又多次重申"小康"概念，并更加切合实际地考虑具体的步骤：分三步走，使人民的生活达到富裕水平。1987年党的"十三大"把邓小平"三步走"的发展战略构想确定下来，提出，我国经济发展战略部署大体分"三步走"：第一步，从1981—1990年，实现国民生产总值比1980年翻一番，解决人民的温饱问题；第二步，从1991—20世纪末，使国民生产总值再翻一番，达到小康水平；第三步，到21世纪中叶，国民生产总值再翻两番，达到中等发达国家水平，基本实现现代化。

目前，我国现代化建设"三步走"战略的第一、第二步目标已经胜利实现，人民生活总体达到了小康，但还只是低水平的、不全面的和发展很不平衡的小康。为此，党的十六大确定的全党和全国各族人民在21世纪头20年的宏伟奋斗目标：全面建设小康社会。要使我们社会不仅消除贫穷，而且使人民过上优雅有尊严的生活。"和谐社会"的提出，本质上就是及时解决由于市场经济体制带来的贫富分化现象，真正体现每个人生命尊严与众生平等。和谐社会与生命内在结构具有同构性，和谐社会要求人与人之间的和谐、人与自然的和谐及人与自我的和谐，而人类生命是自然生命、社会生命和精神生命的内在统一与和谐。

三、扶贫济穷的社会救济

消除贫困是一个长期且艰苦的任务，在全球化的今天，更是一个全球性行动。但当贫穷尚是无法消除、长期存在的社会现象时，由贫穷所造成的苦难肆虐不能不引起人们的关注，并由此采取共同的行动，以期在一定程度上消解这一苦难，这就是济贫救困的慈善行动。

（一）社会济贫救困思想

济贫，因贫困而生，因此，济贫救困思想首先包含对贫穷的理解和态度。"贫"有缺乏、贫乏的意思，"穷"是困境、困窘的意思，"贫"与"穷"的意思不完全相同。《论语》曰："贫而无谄，富而无骄"，可见贫与富相对应，而穷与达相对应。所谓"穷则独善其身，达则兼济天下"。在我国，贫者除物质上匮乏外，还缺乏家族邻里的帮助。《孟子》曰："老而无妻曰鳏，老而无夫曰寡，老而无子曰独，幼而无父曰孤，此四者天下之贫民而无告也。"孟子把鳏寡孤独四种在人伦上有缺陷的人视为贫人，因此，贫困具有了伦理的含义。

济贫救困产生的基础原因，按儒家的理解无非是两个方面：一是基于人之善端，二是基于"王道"、"民本"设想。孟子指出，人皆有不忍人之心，人皆有恻隐之心。《孟子》说，"人饥己饥，人溺己溺"，"出入相友，守望相助，疾病相扶持，则百姓亲睦"。《礼记》中说："不独亲其亲，不独子其子"，这些既是"大同"社会的基本要求，也是人际伦理的基本要求。墨家的兼爱思想同样是中国社会济穷扶贫的思想源流。墨子主张"兼相爱，交相利"，提倡"天下之人皆相爱，强不执弱，众不劫寡，富不侮贫，贵不敖贱，诈不欺愚"，"有力者疾以助人，有财者勉以分人，有道者劝以教人，若此，则饥者则食，寒者得衣，乱者得治。若饥者得食，寒者得衣，乱者得治，此安生生"。

关于贫困的原因，清代思想家认为，或由于政府和地主的盘剥（顾炎武）或由于官吏的贪污腐化和商人的贪得无厌（龚自珍），总之，都不是穷人自身的原因。在我国，穷人历来就是被怜悯的对象，而不是被谴责的对象，这一点与西方有很大的不同。在基督教传播的早期，由于耶稣是一个穷人的形象，所以贫穷具有正面意义。但宗教改革后，资本主义得到迅速发展，经济上的成功成为衡量人的新的伦理标准，贫穷不再具有正面意义，反而受到道德的谴责。无能、懒惰、浪费等被认为是贫穷的主要原因。斯宾塞和马尔萨斯等资产阶级学者极力反对政府干预社会救济，认为那样会有损穷人的尊严，也容易养成穷人的依赖心理。这种"穷人应对自己的贫穷负责"的个体主义贫穷观在西方社会救济的历史上长期占主导地位。

清代的思想家对贫穷的原因关注不多，他们更关心解决贫穷问题的措施。顾炎武（1613—1682）把百姓的日用饮食放在重要位置，他提出解决贫富问题的方案不是均贫富，而是要求政府规定私人土地的最高租额，同时国家也要降低土地税率，即让百姓少交租粮，地主也少向国家交土地税，这样就能使"贫者渐富，而富者不至于贫"。他的缓贫方案不是事后救济的治标之策，而是一个通过减赋减租、让利于民来缓解贫困的预防性济贫政策。①

唐甄（1630—1704）强调以人为本，"天地虽大，其道惟人"，"用财之

---

① 王处辉：《中国社会思想史》，106页，北京：中国人民大学出版社，2002。

造,必先冻饿",所以解决吃饭问题是头等大事。他主张有千金之产的人,应在每年的收益中拿出 1/3,"以周饱寒"。这是一种补救性济贫方案。龚自珍(1792—1841)非常重视两极分化,认为贫富不均是社会动荡的征兆,两极分化的程度决定了历代王朝的生死存亡。他说,"小不相齐,渐至大不相齐;大不相齐,即至丧天下。"① 解决两极分化的方法就是他的农宗方案,该方案实际上是以宗法长子继承制为特点的宗族保障制度。

郑观应(1842—1922)也提出了赈荒救灾的办法,如注重救荒宣传,要求官员严格自律,收恤灾区妇女等。

(二) 传统中国社会的扶贫济穷

传统社会的扶贫分为官办与民间两种形式。

众所周知,在中国自汉以来一千多年的封建社会历史中,儒家思想是处于正统地位的,所以,它对中国济贫制度的影响很深。国家的积极介入是中国古代济贫实践的一个显著特点。在当时的自然经济条件下,济贫思想的实践主要是以丰补歉的储粮度荒。从汉开始,中国就有了由朝廷兴办、名为"常平仓"的仓储制度;到了隋朝,又有了以地方劝募为主的"义仓";到了南宋年间,出现了由社区管理,居民普遍参与,带有一定社会保险意义的"社仓"。

11 世纪,宋朝政府就开始对贫弱者实施救济政策。蔡京(1046—1126 年)以平仓为经费来源设立"安济坊"以收容老幼,设立"居养院"以治疗贫病。② 这一做法开启我国历史上官方救济制度的先河。官方救济制度后来历代虽有起伏,但一直没有间断。清定都北京后不久,就对社会救济给予关注,顺治五年(1648 年)十一月,即诏告各处设立养济院,收养鳏寡孤独及残疾无告之人。由于朝廷重视,各府州县均设立了养济院。官办机构除养济院外,还有栖流所和漏泽园。栖流所是清初创办的,专门收养"无依流民及街衢病人"。顺治十年,朝廷议准"五城建造栖流所,交司坊官管理,俾穷民得所"。于是京师五城先后设立栖流所 6 处,以后上海、苏州等地也仿照京师建立栖流所。漏泽园专门收葬死后无归者。官办救济机构所需粮食和资金由朝廷或地方政府拨付,管理一般由地方经办,其职责有明确规定。如养济院的官员需将院内收养孤贫人数按

---

① 王处辉:《中国社会思想史》,107 页、108 页,北京:中国人民大学出版社,2002。
② 梁其姿:《施善与教化——明清慈善组织》,120 页,石家庄:河北教育出版社,2001。

额内和额外两类造册，注明籍贯、年龄、相貌、系何类贫民等内容，交上司稽查，如有变化要及时申报，严禁冒领或克扣口粮。

中国民间济贫、养老和育幼等慈善事业，最早可追溯到南北朝的六疾馆和孤独园。更为著名的则是唐宋年间的悲田养病坊。这种慈善机构最初为佛教寺院所兴办，所以采用佛教名词"悲田"命名。后来采取在官方补助下由佛教寺院办理的形式，所以得到较大发展。最后逐渐完全转到官府手中，由官方委托地方名人管理，改称"福田院"或"居养院"。

宋朝年间，出现完全由民间乃至个人兴办、而且没有宗教背景的慈善事业，最著名的有范仲淹的"义田"和刘宰的"粥局"。前者是一个以庇护和造福宗族为宗旨的"家族扩大化"模式的慈善事业；而后者则以社区居民为对象，以社区组织的方式进行慈善活动。这些组织主要为乡绅所掌握，并得到官府的认可和支持。到明朝年间，出现了最早的以民间互助为主的慈善社团——同善会。

到了清代，非官方机构的救济项目繁多，内容涉及收养孤老节妇及其子女、义学、施衣、施医、施药、施棺、掩埋、佣工救助等。其名称有育婴堂、清节堂、普济堂、义庄、药局、施材所、惜字会等，生老病死悉数在救济关怀之下。

（三）近代扶贫救济

到了近代，中国的扶贫救困思想一方面继承儒家思想的传统，另一方面又受到资产阶级民主革命和西方济贫思想的影响，逐渐形成了一种独特的中国式"补救型"社会济贫思想。"补救型"社会济贫思想将济贫看成是一种在常规的社会机制不能正常运行，或者不能满足一部分社会成员某些较为特殊的社会需求时而采取的应急措施，因此，社会济贫的目标被锁定"为社会弱者服务"，即济贫。

在这种思想的指导下，中国近代史上的国家济贫制度形成于20世纪初，1915年，政府便依照英国的"伊丽莎白济贫法"颁布了《游民习艺所章程》。1928年，政府又颁布《管理各方私立慈善机构的规则》，翌年，颁布了《监督慈善团体法》。1930年，政府在全国推行救灾准备金制度。这些立法显示，中国政府已经开始尝试用法律手段来规范济贫行为。

1941年，政府组织了一些专家学者，准备制定《社会救济法》。1943年《社会救济法》制订实施。这是中国历史上第一部国家济贫大法。同时，政府认为以前制订的相关法律法规已经不合实际，接着又制订了一系列法规，如《社会救济法实施细则》（1944 年），《救济院规程》（1944 年）等，逐渐形成了一整套与济贫相关的法律法规体系。遗憾的是，在民国时期，上述法律并未有得到认真贯彻。

与政府济贫相映照，民间济贫实践也进入到一个新的阶段。一是由于西方现代社会学及其社会工作理论方法传入中国，开始了对贫穷和济贫等社会问题的专门研究，如1911年步济时先生在北京成立的"北京社会服务俱乐部"，发展到600名学生参与。1921年，燕京大学成立社会学系，1929年扩大为社会学与社会工作学系。在他们的推动下，有一批知识分子在中国发起了"乡村建设运动"，其中以梁漱溟的"乡村建设派"和晏阳初的"平民教育促进派"最为著名。二是国外教会和慈善机构在华开展一些慈善活动。著名的如基督教青年会（YMCA）。在20世纪30—40年代，美国的一些慈善组织，如红十字会、救世军等，也来华进行较大规模的赈灾活动，试图以善举解决中国的社会问题。

（四）当代中国的济贫实践

社会主义以消灭贫穷为宗旨，社会主义制度的建立客观上为消灭贫穷提供了物质基础。但是，我们正处于社会主义初级阶段，由于种种原因，贫穷在相当长时期内存在着。自建立新中国开始，我党和共和国政府便为济贫扶困作出了各种努力，并取得了巨大成就。

从建国之初到改革开放，这一阶段基本上是政府救济，鲜有民间救济行为。城市贫穷居民依靠国家保障，农村则是依靠集体保障，农民的生、老、病、死基本通过集体经济力量给予保障，对无依无靠无劳动能力的孤寡老人、残疾人和孤儿等则由集体实行"五保"供给制，即"保吃、保穿、保住、保医、保葬（保教）"，"五保"基本延续到20世纪80年代末期。

到了20世纪90年代之后，随着社会保障制度的逐步建立和完善，贫穷这一人类社会的痼疾必将消除，这既是社会主义的本质要求，也是追求生命品质与尊严的必然实现。

第三节 堕 胎

一、堕胎的概念

（一）堕胎、人工流产及其他概念

与堕胎相关的概念有"人工流产"、"中止妊娠"、"终止妊娠"。从一般意义上讲，都表明在自然分娩之前人为地从母体中排除或分娩胎儿的含义。堕胎可定义为：在胎儿具有可存活性以前自发地或诱发地终止妊娠。堕胎常用的方法包括"强力的吸取"、"刮宫法"、"盐水淹没"等，每一种方法都带有危险性，会严重影响母亲的身心。诱发性的堕胎又可分为治疗性和非治疗性两种。在历史上，无论是医学实践或是伦理学，母亲总被认为比胎儿更重要，故此，引产救母是长期传统。治疗性堕胎是合法的，医生不会因在医院给生命危险的孕妇引产而被起诉；而非治疗性堕胎则被认为是非法的。由于堕胎不单牵涉孕妇的身心健康和自决权益，也涉及胎儿的生死问题，故此，堕胎是一个伦理道德的问题。

在国外，"人工流产"指的是一项合法的医疗技术，即医生在符合法律规定的情形下通过医学技术使胎儿及其附属物排出体外的行为；而"堕胎"往往是一个带有犯罪色彩的字眼，往往与"堕胎罪"联系在一起。堕胎行为的实施者不一定是医生，其手段也不一定是医学技术。但在实施该行为后，一方面可能使胎儿死于母体子宫中；另一方面也可能使胎儿早产，因胎儿发育尚未成熟，产出母体后，立即死亡。而"终止妊娠"则是将自然妊娠的过程结束，是一个中性色彩的词汇。我国台湾地区还规定有"中止妊娠"一词，"中止"的本意即暂时停止，等一定条件或时间后再继续。但妊娠是孕育生命的过程，一经中止，即不会再继续，故，这个意义上，"中止妊娠"与"终止妊娠"无实质区别，乃同一概念。

（二）胎儿与生命

堕胎既是一个法律问题，也是一个伦理问题，它既关涉到孕妇的权益，也关涉到胎儿的权益，而在很大程度上，孕妇的权益似乎与胎儿的权益总是关联的。因此，对胎儿概念的界定也就成为问题的焦点。

何谓"胎"？是否仅限于胎儿？人发育早期的胚胎是否也包含在内？

是否还包含人体外受精的胚胎？不过，根据"堕胎"本身的概念而言，堕胎的"胎"应是以受精卵着床子宫之怀孕状态为前提，故应是包含"胎儿"，也包含胚胎，但不包含人体外受精的胚胎。

接下来的问题就是，胎儿是人吗？妇女怀孕时，怎么给她肚子里的胎儿定性？那是一个人呢，还是不算一个人？显然，从它没有完全发育成人这个角度上看，它还不能算是个人。因此，人工流产不能被看作是谋杀，不能将从母体上清除胎儿与杀害一个人的性命相提并论。然而，人工流产果真像要求合法化的人所说的那样，仅仅是"中断妊娠"吗？人工流产绝不是简单地从一个妇女身上挖掉一个肉团，对这一点我们不能够否认。一个可能成为人的胚胎也许不是一个真正的人，但你不能说一个真正的人不是人，可他曾经是一个胚胎。一个胚胎发育成一个真正的人的可能性不是任意的，这是一种不寻常的可能性。这一点毋庸置疑的：一个孩子孕育在母亲的体内，如果人们清除了他出生的可能性，那么他永远都不可能出生，以后出生的也不再是同一个孩子，而是另外一个，一个多育的妇女每次产出的孩子都各不相同，就是这个道理。因此，"中断妊娠"的说法不准确，从来就不是中断。

什么时候的胎儿才可以称是人？这涉及到人的自然性与社会性。有人侧重于人的自然性，认为只要它是生命，他就是人；有人强调人的社会性，如，极端女权主义者认为，他是人，不是因为他生来就是人，而是因为他将成为人。因此，"人工流产如今不再是一种解决问题的办法，而是一个需要解决的问题，因为人工流产提出了一个人类诞生的日期问题。"[①]

傅伟勋先生在他的《生命的尊严与死亡的尊严》一书中指出，堕胎在美国，仍是一项没有共识或定论的法律问题以及道德问题，很难解决，主要涉及两点：（1）未出生的人胎（fetus）算不算"人"？（2）怀胎的女性是否有决定堕胎的优先权？换句话说，未出生的胎儿与怀孕女性之间，谁占优先地位？[②] 就堕胎的正当性问题，美国上下（自最高法院到一般民众）一直争论不休。赞成与反对的焦点在于胎儿是不是人？或人与非人的分界点在哪里？

（三）生命的标准

不论如何界定胚胎与人，要解决生命始于何时的问题，总得采取某一

---

① （法）贝特朗·韦热里：《禁止死亡》，李建英译，110页，深圳：海天出版社，2004。
② （美）傅伟勋：《死亡的尊严与生命的尊严》，9页，北京：北京大学出版社，2006。

标准。一般说来，有3种标准：

1. 个体/生物学标准

个体/生物学标准只承认生物学存在，否认社会存在。该标准在具体时间的划分上可分为早期说、中期说和全期说，确定以怀孕的不同时期和胚胎发育的不同阶段作为生命的开始。

2. 承认/授权标准

承认/授权标准认为生命的开始必须以胚胎发育到可以离开母体而存活为前提。同时必须得到承认，首先是父母的承认，更为重要的是社会的承认，由社会授予婴儿以权力。

3. 复合标准

前两者都是各自片面地强调生物学或社会学。卡拉汉（Calahan）认为，人的生命开始要根据生物学的、生理学的和文化的诸因素来确定。把生物学生命和社会生命统一起来的生命开始标准有多方面的优点：为控制人口奠定基础；避免了亲属标准中杀婴的危险性；方便妇女人工流产的要求；避免生物学研究的片面性。①

按照上述标准，胎儿是不是人，或人与非人的分界点有下面几种：

1. 胎动期

人们向来认为，灵魂在胎动一开始的时刻进入身体，有些神学家认可怀孕初期的堕胎，是因为他们认为这时候的胚胎还没有灵魂。现在很少有人持这个观点，因为胎动不过是母亲开始感觉到胎儿的动作。

2. 生存能力（受孕6个月之后）

1973年，美国最高法院对韦德案的裁决几乎就是认定生存能力为有生存权与无生存权之间的分界点。法院认为，国家希望能够保护潜在的生命，而当胎儿具有生存能力之后，国家尤其感到有这个义务。

3. 经验

有生存权的生命必须有认知、痛苦、记忆的能力。胎儿没有其中的任何一项能力，因此不能算是一个完整的人类。这种说法十分含糊，首先，这个标准在严格诠释之下，会将婴儿也排除在外，因为他们无法有强烈的认知，也无法记忆。但是，其次，就比较薄弱的经验而言，有些例证显

---

① 何伦、施卫星：《生命的困惑——临床生命伦理学导论》，121~122页，南京：东南大学出版社，2004。

示,胎儿也会觉得痛苦或快乐。此外,这个标准之下,动物(包括昆虫)也有生存权,因为它们也有经验能力。

4. 出生

许多人认为,在人与非人之间的分界点就是出生。但是,这个分界点似乎定得很随便。我们没有理由假设,胎儿在出生前一秒钟和出生后一秒钟,地位就产生了神奇的变化。一个早产儿的发育事实上比一个接近正常预产期的胎儿还不完全。出生事实上只是脱离母体,成为一个肉眼可见的社会生物的时间,它没有任何天然生成的意义。

在法律上认可的作为"人的生命"的开始时限,在不同国家有所不同。例如,美国1973年作出妊娠在3个月前终止为合法的决定。然而,1981年,反对人工终止妊娠的一些团体,试图以"生命法案"的形式规定:"人的生命从受精的瞬间开始,从这时起的胚胎就具有人权",要求美联邦会议审议通过。对此,包括6名诺贝尔奖获得者在内的哈佛大学、麻省理工学院等大学的1 300名学者以及美国医学联合会等都致力于反对"生命法案"。[①] 由此可见,关于生命开始问题,至今没有得到一个公认的解决,加上受宗教、道德观念的影响,问题更加复杂化。

二、关于堕胎的理论

(一) 反对堕胎理论

在反对堕胎的观点中,一种是基于宗教的生命神圣论。在西方社会,对道德问题的思考往往总是体现着宗教神学的影响,而有关堕胎的禁令则更是奠定在传统的基督教信仰之基础上的。基督教理论告诉人们,每个人类个体均是上帝的摹本,因此每个人均拥有一种独特的尊严与地位。任何一个人,不论是成人还是人类胚胎,都拥有神圣不可侵犯的受保护的权利。然而,有关"人的生命的神圣不可侵犯性来自于上帝"这一观念,又是以一系列基本的宗教演绎——如上帝存在的论证、上帝创世说等——为前提,但两千多年以来的实践已经表明,这些宗教演绎本身既无法通过科学手段,也无法通过哲学手段得到令人信服的论证。由此可见,以"人是上帝的摹本"为依据来解释人的生命的神圣性是说不通的,宗教信

---

① 何伦、施卫星:《生命的困惑——临床生命伦理学导论》,122页,南京:东南大学出版社,2004。

仰上的事物并不能以理性的方式为人们所理解与信服，所以也就不可能作为对一种普遍有约束力的伦理进行论证的依据。

保守派认为，所有胚胎都是人类，除非为了解救母亲的生命，堕胎永远不合理。持保守立场最强烈的就是罗马天主教廷，它只允许两种情况的堕胎：子宫外孕——当胚胎在输卵管着床时，以及子宫瘤。当我们"预知"胎儿将会死亡，而非"蓄意"使其死亡，堕胎才是允许的。约翰·诺南代表保守派，提出了一个公式：a. 我们绝对不能杀死无辜的人类（除非当我们的生命受到威胁时的自卫）。b. 胚胎是人类。c. 因此，我们绝对不能杀死胚胎——也就是进行堕胎（除非当母亲的生命受到怀孕的威胁时）。①

（二）赞同堕胎理论

德国伦理学家辛格提出生命三分法。认为生命权在于意识发展水平，一种生物的意识发展水平越高，它的生命就越应受到珍视与保护。他指出，一般而言或许适用的是：一种生物的有意识的生命发展得越高，自我意识与理性的程度越高，可能的体验范围越广泛，则人们便越会重视这种生物——如果人们在它与另一种处于较低意识层次的生物之间必须作一选择的话。他将生命划分为三类：

第一类是无意识的生命，指没有感觉与体验能力的生命。在辛格看来，这种生命没有价值，也不配享有受到保护的权利。第二类是有意识的生命。这类生命能够感知到快乐与痛苦，但没有自我意识，故还不是个体（person），尚未拥个体性地位，因而也同样不应享有生命的权利。第三类是有自我意识的生命。有自我意识的生命的载体就是个体。个体的基本特征就表现在，拥有自我意识、人格、自制力，对未来的意识，对过去的意识、交往、沟通、好奇及关怀他人的能力，都能够对自己的未来怀有某种愿望。

因此，终止一个个体的生命当然是错误的，在未经该个体同意的情况下终止其生命，便是伤害了他有关未来的希望。因此，个体拥有不容侵害的生命权。一个个体的生命，一个理性的、自我意识的生物，拥有着一种与纯粹感知生物不同的独特的价值。

至于胎儿，辛格认为，与其他有意识的生命相比，胎儿并不具备特殊

---

① （美）路易斯·波伊曼：《生与死——现代道德困境的挑战》，江丽美译，94页，广州：广州出版社，1998。

的地位。它不具备自我意识、自主性、快乐与痛苦等体验。因此，堕胎是允许的。

支持堕胎的观点统称为自由派立场。自由派的立场是，因为胚胎不是一个人类，它的地位只是相当于一个器官，因此如果一位妇女想要堕胎，就可以进行堕胎。汤玛斯·萨斯说："在妊娠期的前面两三个月，堕胎在道德上相当于从一位妇女身上去除一块组织。"[1]

1. 主观论，激进的相对论

该理论认为堕胎是私人问题，因此不应该受到法律的规范。没有人应该被迫拥有小孩。

2. 绝对隐私权理论

该理论认为既然妇女有绝对的权利处置自己的身体，而且胎儿只是她身体的附属物，她就可以做任何必要的事情使它摆脱她的身体，包括使它死亡。

3. 生命品质理论

该理论认为重要的不是生命的数量，而是生命的品质。有些生命不值得活，它们没有正面的价值。严重残障、低智能，或是脑水肿的小孩可能是没有正面的存在价值，因此堕胎应该是许可的。

4. "为人"理论

如果理性的自我意识就是拥有生存权的条件，那么胎儿就没有生存权，因为他们既无理性，也没有自我意识。因此，堕胎就是允许的。

（三）有限堕胎理论

温和派反对保守派禁止堕胎，因为它只注重一方面，它只关心胎儿的抽象权利，而忽略了生命的复杂性。他们认为，在做关于堕胎的决定时，母亲的心理和胎儿的生命品质应该列入考虑。但也反对自由派只要需要，就可以进行堕胎的观点。有限堕胎理论认为胎儿有成为人的潜力，身体的其他器官却没有。他们已经在前往成为人的过程，而即将社会化成为具有自我意识的人。他们愈接近出生日期，就愈有生存权利。胚胎没有完全的生存权，但是它有成为人的潜力，因此也应该有些权利，于是堕胎只能在妊娠的早期进行，或是当胎儿可能会有严重残障的情形，或是当怀孕会威

---

[1] （美）路易斯·波伊曼：《生与死——现代道德困境的挑战》，江丽美译，94页，广州：广州出版社，1998。

胁到母亲健康或生命时。考虑到特殊情况下，当胎儿的生命威胁到孕妇的生命，或对孕妇的健康造成严重的影响的时候，也就是说，当堕胎是作为孕妇从某种困境中逃脱出来的唯一出路的时候，那么它便是允许的了。

一般说来，孕妇唯有通过堕胎方能摆脱困境的情形有3种：一是在生产中，当胎儿的生命已经成为母亲生命的威胁的时候，胎儿的生命就必须让位于母亲的生命。二是若怀孕之事实严重违背了母亲的自主意志，如孕妇是在被强奸之后怀孕的，胎儿的出世肯定会给母亲造成严重的心理障碍与精神痛苦；或者计划外的怀孕，使母亲一下子处于一种被动状态，她的自我发展马上就受到巨大的限制，孕妇所遭遇到的困苦之严峻，足以使胎儿的生命丧失了存在的理由。三是若胎儿患有严重的先天性残障或疾病，母亲就有权利对是否堕胎做出决定，因为她有权拒绝自己不愿意、承受不了的负担。海德堡大学人类遗传学研究所女教授施罗德·库尔特讲得好："我只能将最后的决定权留给孕妇，因为她是必须关护孩子的人。产前诊断后得到坏消息的父母在长时间的商议中理解到，从根本上讲他们必须自己去决定。他们承担这一决断的全部负担。我们社会中任何一个人都无法强迫一位妇女去孕育一个她不想与其生活的孩子。这是我们今天对堕胎的态度。"[①]

三、堕胎的中外禁允

堕胎虽然是怀孕妇女的自由，是妇女的私权，是妇女隐私权的一部分。但由于妇女的该项权利往往对一国的政治、经济、社会等带来一系列的影响，各国法律就妇女堕胎权利都作了不同的规范，有的允许，有的限制，有的禁止。

（一）关于堕胎的立法考量与模式

真的是如女权主义所宣称的那样，"我的肚子我做主"吗？胎儿的生命真的就不值得保护吗？孕妇要堕胎，国家在这当中到底要扮演一个什么样的角色，要不要进行规制、又如何规制呢？这一问题非常重要，因为它关系到几种重要的价值，关系到个人生命与自由的抉择，关系到国家的保守中立与积极介入的权衡。

现代各国基于自己的信条、哲学、经历和体验，基本上都对堕胎实施

---

① 甘绍平：《辛格是怎样将"人"消解了的》，《中国人民大学学报》，2001（7）。

规制，直至入罪。这里所说的"规制"包含着两层涵义：控制和规范，其内涵大致相当于调整，它是将限制和保护融为一体的调整。各国对于堕胎的规制，除了宗教上、传统上的原因之外，大致还是出于下列3种权益的考量。

1. 胎儿的生命

限制堕胎，很大程度上就是要保护胎儿的生命。

2. 孕妇的健康

胎儿与孕妇骨肉相连，堕胎对孕妇的生理和心理都可能会造成极大的伤害，尤其在科技尚不发达之际更是如此。

3. 国家的利益

允许堕胎，控制人口的数量，或者提升人的生活质量，保护自己的国民免受他人的侵害，都可被国家视为自己的一项重要职能和利益。有时控制堕胎可能意味着提高人口的数量，如此则可在中央增加自己的议员数量，这也是维护地方利益的一种方式。

如何规制堕胎？各国有着不同的做法，大致可分为以下三类模式：

1. 国家放任模式

国家放任模式是以尊重孕妇的自我决定权为中心的，国家承认孕妇的自我决定权而不予干涉，只是在极其例外的情况下（如堕胎将危及孕妇的生命）国家方可介入其中。介入的目的在于保护某种重要的法益。

2. 国家许可模式

国家许可模式是以保护胎儿生命和人性尊严为中心的，国家承认胎儿的生命是一个独立的、受到宪法保护的法益，而否定孕妇的自我决定权，孕妇只有在得到国家许可的情况下才可实施堕胎。

3. 有限制的国家放任模式

有限制的国家放任模式是在孕妇的自我决定权和胎儿生命之间进行权衡的结果，但该模式仍然偏重于尊重孕妇的自我决定权，只是较国家放任模式更加重视国家对某些重要权益的保护义务的履行。

（二）中外关于堕胎的立法实践

在西方国家，由于受宗教及自由主义传统的影响，许多国家禁止堕胎行为的发生，将堕胎行为规定为一种犯罪，如美国刑法中就有堕胎罪的规定。2006年3月6日，美国南达科他州州长迈克·郎兹签署了一项禁止堕胎的法案。这项法律禁止该州内几乎所有的堕胎行为，甚至包括受害人被强奸或乱伦而导致的怀孕。唯一例外的是当孕妇的生命遭受到威胁。否则，实施堕胎手术的医生被视为违法，最高可判处 5 年监禁。据悉，当前在美国打算跟进立法禁止堕胎的州还有密苏里、密西西比、印弟安纳、佐治亚、肯塔基、田纳西、俄亥俄等 7 个州。

其实，美国有关堕胎方面的法律往往跟政治、党派、宗教是联系在一起的。以民主党为首的"自由派"赞成堕胎；而以共和党为首的"新保守派"则反对堕胎，1973 年的"罗伊诉韦德案"中，大法官 Blackmum 运用妊娠三阶段的理论作出了使堕胎行为合法化的判决。但"罗案"至今已 30 多年，美国社会反对堕胎合法化的生命派和支持堕胎合法化的选择派的争论仍在继续。

大多数美国人也都不赞成非医学理由的流产，然而，"在每年 130 万实施流产术的人当中，只有不足 10% 的人是出于健康、强暴或乱伦的原因"，而且，具有讽刺意味的是，"更多的美国人把流产描述为不道德的，而不是支持法律直接禁止流产"①。可见，无论立法还是道德，对人工流产都只能是模棱两可的矛盾态度，要说明确禁止或允许流产，则是不可能的，在任何一个国家都是如此。这就决定了堕胎立法禁止与允许的妥协。

我国是一个人口大国。早在宋元以来，江南地区就已有人在实行堕胎。在清代，妇女堕胎在民间禁而不止，劝而不绝，但它为主流思想所不容，将此一概归之于过错，以致本应介入的医生，也噤而止步。在当时的堕胎中，非婚受孕即属男女奸情，不但伦理不容，还可能牵涉到官司。所以，当时的私下药物堕胎在民间非常流行。可见当时的堕胎行为只是为道德所不容，法律中并没有禁止性的规定。20 世纪三四十年代，随着中国人口问题的日趋凸现，中国社会出现了关于解决人口问题的思考与争论，节育观念作为一个社会理念被越来越多的人接受，节育共识逐渐达成。这说明当时的堕胎已为人们所接受，但并未从法律角度加以认可。2001 年《中华人民共和国人口与计划生育法》的颁布施行，从法律上对堕胎行为加以认同，而且从某种程度上还有积极推动堕胎的内涵，因此，妇女在堕胎问题上有较大的随意性和自由性。但人口数量的约束，使得一些重男轻女的家庭在出生性别上进行选择，而性别上的选择又导致将来出现一系列

---

① （美）托马斯·A·香农：《生命伦理学导论》，肖巍译，38 页，哈尔滨：黑龙江人民出版社，2005。

的社会问题,在此背景下,我国对于堕胎采取了相关限制。

(三) 禁止与允许的妥协

在堕胎问题上,由于国情不同,各国态度迥异。西方国家一般采取的是"禁止中的允许"态度。而我国采取的是"允许中的禁止"态度。总体说来,各国在堕胎问题上应该都是限制,只不过一些西方国家对堕胎是以限制为主,允许是例外;而我国对堕胎行为是允许为主,限制是例外。从总趋势来看,各国渐趋接近,如美国、瑞士等严禁堕胎国家已修改法律,将禁止堕胎行为限制在妊娠的后期阶段。

《中华人民共和国人口与计划生育法》明确规定,我国是人口众多的国家,实行计划生育是一项基本国策,国家采取综合措施,控制人口数量,提高人口素质。可见,从我国实行计划生育基本国策来看,我国法律在妇女决定堕胎不受限制,而在决定不堕胎时则受限制,即生育的数量上不得超过我国法律的限制,一对夫妻只准生一个,特殊情况下可以安排生育第二胎。

堕胎限制主要体现在胎儿性别鉴定和选择性终止妊娠。《中华人民共和国人口与计划生育法》对此有明确禁止性规定。在具体操作层面上,江苏、河南等省市就"禁止选择性终止妊娠"作出了详细的规定。归结起来有4个方面:其前提条件是符合法定生育条件的妇女;在时间上属于怀孕14周以上的妇女;在程序上要经过行政审批或相关机关出具证明;具有医学上认为必须要堕胎的法定情形例外。

目前医学界赞同选择性人工流产的胎儿,大致有三类:一是出生后可出现严重智力低下的胎儿;二是出生后存活年数不长的胎儿;三是严重畸形的胎儿。如先天愚型、进行性肌营养不良、无脑儿、脑积水、多发性畸形等均应考虑为选择性人工流产适应征。

第四节 死 刑

一、死刑的起源与作用

(一) 死刑的起源

一般认为,死刑萌芽于原始社会。部落、氏族为了争夺土地、财产相互拼杀，将抓获的俘虏全部杀死。虽然当时没有法律，也无所谓犯罪和对罪犯的惩罚，实际上，俘虏确实被判处了"死刑"。到了奴隶制时代，由于奴隶主阶级剥削与压迫，奴隶通过各种途径和形式进行反抗，被处于统治地位的奴隶主阶级通过法律规范规定为犯罪，并通过刑罚手段予以残酷镇压。死刑即是这种残酷镇压的最早表现形式。

死刑的产生脱胎于原始社会的复仇习俗。从历史上考察，在氏族制度的初期，凡氏族成员受到外族侵害，都被认为是对整个氏族的凌辱，受害的氏族要对加害的氏族实行血亲复仇。后来，随着氏族制度的逐渐瓦解，血亲复仇日益松散，逐渐被私人复仇所替代，氏族制度也因此走到了穷途，代之而起的是在氏族制度的废墟上建立起来的国家，私人复仇从此亦被由国家实施的刑罚所替代。正如恩格斯所指出的那样："我们今天的死刑，只是这种复仇的文明形式。"①

死刑是极刑，适用于那些罪大恶极者。从对古代东方死刑的适用对象可以看出，当时的死刑包括如下适应范围：

1. 严重危害王权的犯罪

古巴比伦的《汉穆拉比法典》规定："凡不敬汉穆拉比的规定和判决的人"，都要"终趋灭亡"，"死不旋踵。"② 中国刑法对王权的保护表现在对皇帝人身安全、对皇帝使者的态度、对皇帝命令的服从程度等多方面，严重侵害者都要被处死。唐律规定："合和御药"不如本方的，要处以绞刑，打伤皇帝所派"制使"的，要处以绞刑，等等。

2. 严重触犯神权的犯罪

希伯来刑法不允许人们有亵渎神灵的行为，否则就会被处以死刑。《旧约全书》载明："亵渎主名者，必当治死，必当由会众用石块砍杀之。外邦客旅亦同。"伊斯兰刑法不能容忍信仰多神教的行为，认为这是对真主的叛逆。所以信仰者要被处死，而且杀手还可以得到奖励。《摩奴法典》规定，伤害婆罗门的人"叫做大罪人"，"应该将他们处死"。

3. 危害国家安全的犯罪

中国刑法严禁谋反、谋叛等。唐律规定：谋反就是指"谋危社稷"，谋叛就是"谋背国从伪"。犯谋反、谋叛逆者分别要处以斩刑和绞刑，同

---

① 《马克思恩格斯选集》，第四卷，92页，北京：人民出版社，1972。
② 北京大学：《外国法制史资料选编》（上），49页，北京：北京大学出版社，1982。

时还株连其家人。

4. 严重损害家庭伦理的犯罪

唐律规定，凡咒骂祖父母、父母的，要被处以绞刑；殴打了祖父母、父母的，要被处斩刑；控告祖父母、父母有罪的，要被处绞刑，等等。

5. 侵犯人身与财产的犯罪

为了体现死刑的巨大威慑力，死刑的执行方式经历了一个长期的演进过程。在我国历史上，死刑一直都是十分重要的刑罚方法。在尧舜时期，死刑被称为"大辟"。在夏商周时期，死刑执行方法包括斩、杀馘等行刑方式。西周时期制定的吕刑、五刑之律共三千条，其中大辟二百条。在秦代，执行方法包括枭首、弃市、腰斩、车裂、磔、定杀、具五刑等，这是我国历史上有名的暴政时期。在汉代，执行方法有枭首、弃市、腰斩、夷三族等4种。魏晋南北朝时期，对刑罚初步确立了封建五刑制度。其中死刑仍作为一种主要刑罚手段为其所用。在唐代，死刑包括绞刑和斩刑两种执行方式。在清代以后，削减了死刑条目，改变了行刑旧体制，刑罚方式才有进一步改善。

死刑不仅在古代中国复杂多样，外国亦是如此。古埃及的死刑至少有青鸟刑与火刑两种；古希伯来的死刑分为石击刑、火刑、斩刑与绞刑等4种；古印度的死刑分为斩刑、桩刑、火刑、踩刑、溺刑、热油刑、兽食刑、分尸刑与箭射刑等；古巴比伦的死刑分溺、焚、斩、绞等；古希腊的死刑有毒杀、十字、石击、绞与车盘等；古罗马的死刑包括杖、斩、绞、十字、兽食、鸡犬蛇猿分食和焚等；古日本的死刑则有斩、绞、射杀与扑杀等。

（二）中国古代"重刑观"与"慎杀观"

在古代社会，对于死刑作用始终存在两种对立的观点。在中国古代，存在以法家为代表的"重刑观"和以儒家为代表的"慎杀观"。法家的"重刑观"在某种意义上是死刑大行其道的理论依据。商鞅以为"禁奸止过，莫若重刑"，"行刑，重其轻者，轻者不生，则重者无从至矣。"并认为重刑是达到"刑去事成"的必由之路，视"重刑"为治理国家和消灭犯罪的最好方法。韩非以为"夫严刑重罚者，民之所恶也，而国之所以治；哀怜百姓，轻刑罚者，民之所善，而国之所危也"，"禁奸始于未萌"、"以重禁轻"。还以为"夫小过不生，大罪不至，是人无罪，而乱不生也。""重刑"目的在"禁奸"，不是"伤民"。重刑观往往与暴政相关联,由于统治者认识到暴秦施暴是速亡的重要原因,此后的几千年中,滥施暴政的现象明显减少,但从未绝迹。

以儒家为代表的"慎杀观"主张"恤刑慎杀,先教后刑"。孔子说,"不教而诛谓之虐",提倡先教化后刑罚,"威而不猛"。孟子主张"省刑罚",批判"重刑罚"是"虐政"的表现,把"杀人以政"与"杀人以刃"同样看待。甚至认为与"率兽而食人"没有什么区别。儒家"慎杀观"得以倡导之时,往往是中国历史和平大治之年。无论汉"文景之治",还是唐"贞观之治",尊重生命权,杀人少是其兴盛的重要原因。唐李世明为了减少杀人和慎重杀人,规定了"五复奏"制度,"凡有死刑,虽令即决,皆需五复奏"。其具体办法就是:判处死罪的,在京城里要二天内复奏五次,其他诸州仍要复奏三次,其中"情在可矜者"还可从轻处理。

二、死刑存废的理论

(一) 死刑合理性的论证

赞成死刑的论点主要是"报应主义"和"功利主义"两种。

1. 报应主义死刑论

报应论者的基本观点是,犯了致命罪行的人,就应该接受死刑的惩罚。康德说,如果攻击者犯了谋杀罪,他就得死。这时候,没有其他的替代作法可以满足正义的要求。因为,没有什么事情能和死亡相当——就连最悲惨的生活都比不上,因此,除非杀人犯在法律上被处死,没有任何报复能抵过这项罪行(无论如何,没有任何虐待方式能够取代被害人因人性可怕而遭受的痛苦)。"因此,在谋杀罪与谋杀的报复之间没有平等问题,只有依法对犯人执行死刑。"

"杀人者必得处死。因为对于这种罪行,我们找不到任何审判上的代替刑罚可以满足正义:不管是多么痛苦的刑罚,没有一种与生与死的距离相像或是相同比例的,因此在杀人罪与其报复之间,除了对罪犯给予审判上死刑的执行,没有别的对待的报复方式。"康德说:"罪与罚的均等,只有经由认知到包括死刑的审判才成为可能,而其根据就是报复的正义。"[①]

死刑是任意的私人报复向有序的公共报复转移。莱瑟(Burton Leiser)

---

① (德)康德:《法的形而上学原理》,沈叔平译,166~167页,北京:商务印书馆,1991。

在《自由、正义及道德》中指出,"即使死刑的功能对许多人而言完全不具吸引力,但是,在一个有序的社会中,死刑必须要求市民信赖司法程序,而不是自力救济在证明自己的清白。"① 莱瑟认为,所谓失序,意思就是,依照受害者的愿望施加刑罚于犯罪者,社会以无政府、自卫式正义及私刑的危险状态运行。他举了一个例子,假如中西部有一个小镇,在居民认为当局将不会做任何事情使他们免于一个残暴的流氓的暴力行为时,一大群人设下埋伏,并将流氓射杀死亡。之后,在那个社区中,没有任何人肯与当局合作侦察这件谋杀案。显然他们的正义感是如此粗暴,以至于认为流氓是死于正义的枪下,而不认为是件谋杀。

为避免无政府的自力救济状态,居民同意放下自力救济的权利,而将对伤害他们的人的报复权利转送到政府(统治者)手里,统治者将承担监督正义是否已经被执行的责任。借着赋予政府对刑事惩罚的绝对司法权,人们防止了因社会发展的可能造成的流血冲突,并且为整治犯罪及确定刑事责任带来了秩序。

2. 功利主义死刑论

功利主义强调死刑具有吓阻、改革与避免犯罪的作用。重点不在罪恶的严重性而是如何阻止与避免未来再发生罪恶。功利主义者赞成死刑的原因是,他们认为,死刑可以吓阻人们成为一级谋杀犯。我们没有证据可以证明死刑确实有吓阻作用,但是我们一样无法证明它不具有这种作用。米尔承认,对心狠手辣的犯人而言,死刑并不会引起恐惧,但是它对有杀人倾向的人来说,就会有些影响。"何谓死刑失败?谁能评判这点?我们只知道有些人没有受到吓止;但是谁知道我们阻止了那些人,或是解救了多少原来可能成为谋杀犯的人——如果他们没有从婴儿期开始就将死刑这个可怕的想法和谋杀联想在一起的话。"②

对死刑的阻吓功能,厄尼斯特·海格的赌博理论提供了论证。他指出,虽然我们无法确实知道死刑是否能够避免其他谋杀案发生,我们却不应该赌它不会。的确,在无知的状况下,我们采取的任何政策都是一种赌

---

① (美)路易斯·波伊曼等:《解构死亡——死亡、自杀、安乐死与死刑剖析》,魏德骥等译,190页,广州:广州出版社,1998。

② (美)路易斯·波伊曼:《生与死——现代道德困境的挑战》,江丽美译,125页,广州:广州出版社,1998。

博。不选择死刑来惩罚一级谋杀，就是赌它没有吓阻作用，而赞成死刑，则赌它有。然而，赌法不一样，结果却大不相同。反对死刑是赌无辜的人民不会赢，而赞成死刑则是希望无辜的人民能赢，而谋杀犯会输。

推理的过程是：如果我们赌死刑可行，则有两种情况：A 是我们赢：有些谋杀犯死亡，而有些无辜民众得救；B 是我们输：谋杀犯活着，而一些无辜的人不必要地丧生。如果我们赌博死刑不可行，同样有两种情况：C 是我们输：有些谋杀犯，毫无意义地死了；D 是我们赢：谋杀犯活下来，其他的人不受影响。

假设我们估计一个谋杀犯的社会利益是 5，而一条无辜的性命是 10（它至少是谋杀犯的二倍）。加减的总数是：救一个谋杀犯——+5、处死一个谋杀犯——-5、救一个无辜的人——+10、一个无辜的人被杀——-10。假如每一次处决都只有两个无辜的人被救，那么结果如下：A：$-5+20=15$；B：$+5-20=-15$；C：-5；D：$+5$。

如果所有的可能性大约相等，我们下注的结果如下：假如我们赌死刑会赢，那么 A 加 C 得到 +10。假如我们赌死刑会输，那么 B 加 D 得 -10。因此，处决杀人犯的结果是下对了注。废除死刑，则是下错赌注。我们没有必要拿无辜民众的性命来冒险。海格写到："我们固然不能证实死刑有正面的吓阻作用，我们也不能证实它的吓阻作用为零或有反作用。我相信我们无权为了保住一些杀人犯的性命，而让未来可能受害的人民生命发生危险；相反的，我们的道德义务是要冒着死刑可能失去效果的危险。"[①]

（二）废除死刑的论证

重建主义理论是一种废除死刑的重要理论。重建主义认为，罪行是一种疾病，而罪犯则是一个病人，他需要获得治疗，而非惩罚。重建主义者都指出我们惩治制度的失败与残忍，并提倡一种替代的治疗与重建方式。"治疗，而不是折磨。"这可说是他们的座右铭。罪犯无法控制他们的行为，而且因为他们的个性偏差而深受其苦。罪行大体上是早期环境所造成的不良结果，因此，我们要做的是借由积极强化的方式，将罪犯重新调整。惩罚对反社会的行为而言，是一种不科学的反应。惩罚顶多能够暂时镇压住不良行为，但是如果不加治疗，它将重新出现，有如当事人未曾受

---

① （美）路易斯·波伊曼：《生与死——现代道德困境的挑战》，江丽美译，127 页，广州：广州出版社，1998。

到惩罚,它没有阻止犯罪的用途。显然,重建论者立足于"人是环境的产物,人具有可塑性"这一命题基础之上。当然,它忽视了人自身的主体性。

死刑废止论认为,死刑乃是对一个生存权的强力剥夺,这是一种野蛮、残酷、不道德的刑罚,哪怕只是实行在那些被认为万恶不赦的罪犯身上。废止论者指出,如果我们因罪犯杀人,而以合法手段剥夺他们的生命,那么我们与这些罪犯何异?其具体的观点如下:

1. 死刑是一种残酷过度的刑罚

死刑是一种残酷过度的刑罚,而且,死刑的存在与犯罪率的降低没有任何关系。美国最高法院第一个黑人法官马歇尔指出:"死刑是违反宪法而无效的,理由有二:第一,死刑是过度的刑罚;第二,美国人民如果都明了死刑的目的及不利的结果,就我看来,他们会拒绝死刑,认为它是道德上的不可接受的。"死刑违背了我们对人类生命的尊严的尊重。仅因为"他活该"就夺走犯错者的生命,当然是站不住脚的,这种惩罚在其最根本处来说,完全否定了犯错者的尊严及价值。"死刑不必要去增加吓阻力,不必要去使任何报复的观点合法化,它本身便是一个残酷而不寻常的刑罚,为宪法第八条及十四修正案明文禁止。"[①]

2. 死刑的执行是使人"去人化"

普格斯雷认为,报复原则不能引入死刑。普格斯雷说极刑是对个人的象征性最终放逐,极刑是"完全超越了被处死者的不可侵犯性",并且"完全摧毁了那些刑罚应当努力重建的社会关系"。处以极刑的罪犯并没有被当作一个人来对待,而仅仅视之为将要抛弃的物品,执行死刑是使人去人化,它是"对被处死者的道德价值的完全否定"。法官布列南同样指出,"极刑将人类中的部分人当作'非人类',是戏弄后即将抛弃的物品。"[②] 因为,即使最无价值之罪犯,他仍然是个人,并且拥有一般的人类尊严,显然,极刑对人类尊严来说是件可耻的事。

3. 死刑执行中存在不公平

美国最高法院法官道格拉斯指出:"我们很难在处以死刑的纪录中找

[①] (美)路易斯·波伊曼等:《解构死亡——死亡、自杀、安乐死与死刑剖析》,魏德骥等译,184页,广州:广州出版社,1998。

[②] (美)路易斯·波伊曼等:《解构死亡——死亡、自杀、安乐死与死刑剖析》,魏德骥等译,193页、194页,广州:广州出版社,1998。

到社会中各阶层的人","死刑是针对穷人而设的正义"①；死刑还有一个最令人难以接受的缺点：如果一旦误杀无辜者，则无法弥补。我们的审判系统的确会发生一些错误。而如果错误的牺牲者被处死，那错误是无法弥补的。对此，美国学者进行了专题研究，结果发现，自1990年以来，仅美国就有23人被错误判处死刑。日本近年来也出现了死刑误判事件。②

4. 死刑不是对重罪犯处罚的唯一方式

其实，还有另外的更尊重生命并体现正义的选择：长期监禁。这种惩罚是报复性的，并且可以根据犯罪的严重程度给予相当程度的惩罚。

（三）存废论的对立焦点

1. 关于生命权

无论赞成还是反对死刑，都有一个共同立论：即生命的神圣性。在存置论一方，所以设立死刑正是生命的神圣性。任何生命都是神圣的，你杀害了无辜者，你就应该得到报应，由社会以死刑处置，本身就是极其神圣的，"因为我主张生命是神圣的，我认为杀人就要偿命而不只是遭受监禁一段时间的不便"。"所有宗教都认为人的生命是神圣的，而生命的神圣性应该以杀人偿命来坚持要求。要是我们让一个人明了，如果他夺走别人的生命只会遭受一点点不便，我们就贬低了人命。"③ 正因为生命神圣，所以废止论者坚持反对死刑。

黑格尔反对废除死刑。黑格尔认为，国家不是契约的产物。就国家而论，因为人生来就是国家的公民，任何人不得任意脱离国家。生活在国家中，乃为人的理性所规定。国家的实质并不在于保护和保证作为单个人的生命及其财产，而是维护特殊与普遍的统一。国家有权要求单个人为其牺牲，更无须说对一个严重的罪犯判处死刑。而且，犯人的行为中包含他的自在自为的理性，而且包含了国家对这种理性的"尊重"，刑罚（包括死刑）正是表现了这种"尊重"。

贝卡利亚在人类历史上揭开了废除死刑的序幕。贝卡利亚认为，生命权不可转让。他认为，死刑违背社会成员的社会契约。每个人以社会契约

---

① （美）路易斯·波伊曼等：《解构死亡——死亡、自杀、安乐死与死刑剖析》，魏德骥等译，208页，广州：广州出版社，1998。
② 黄立：《刑罚的伦理审视》，194页，北京：人民出版社，2006。
③ （美）路易斯·波伊曼等：《解构死亡——死亡、自杀、安乐死与死刑剖析》，魏德骥等译，218页，广州：广州出版社，1998。

交给公共机构的权利是非常的、不得已的和尽可能少的，绝不是无限的和全部的，不可能把处分生命的大权交出来。按贝卡利亚的看法，生命权是一种天赋的特殊权利，作为个人无权自由处分，包括无权自杀。那么，死刑的出现，属于权力被滥用和侵犯。①

2. 关于生命的尊严

在康德看来，身为一个有尊严的人，被害人应该让罪犯依罪行的严重性而受到相同比例的伤害，而身为一个有价值与责任感的人，罪犯就应该承认自己活该受到死刑的惩罚。赞成论者论道："死刑不仅不会侵犯失足者的尊严，它还可能是对他们尊严的一种肯定。我们在讨论康德的报应论时曾谈到，以死刑来讨回公道是为了尊重被害人的价值，它同时也是尊重罪犯的尊严，因为它认定后者是一个自由的个体，我们必须尊重其决定，并认定其为自己行为负责的能力。""谋杀是最恐怖的罪行。任何轻于死刑的惩罚都是对被害人和这个社会的侮辱。这表示我们不够尊重死者的生命，杀人者才会受到不完全的惩罚。"②

废止论认为，死刑等于是否决了犯错者为人的基本尊严。无论一个人变得多坏，无论一个人的行为有多恶劣，我们都还是不能不把人当人，因为一个人生而有其尊严。死刑就侵犯了这种尊严，死刑"基本上是完全否定了失足者的尊严和价值。"③ 死刑的执行过程从根本上是非人化过程，去人化过程。有学者认为，仅仅从报应的角度而言，死刑的恐怖亦造成对受刑人的双重报应，死刑不仅仅使受刑人死亡，而且使之承受着很大的死亡恐惧，等待死亡的过程无疑给受刑人一种双重死亡的负担。大赦国际等组织提出，"死刑构成对已由政府当局置于无援状态的人的极度的肉体与精神攻击"，"等待国家掌握的死刑之所引起的心理痛苦"是死刑所必然产生的痛苦等，均是对死刑在剥夺人的生命之外不可避免地连带剥夺人之不受痛苦权的揭示。死刑以剥夺人的生命为内容，但不可避免地导致了对不受痛苦权的剥夺。而不受痛苦权是人作为人所固有的基本权利，对其剥夺构成了对人的基本权利的剥夺，有悖于刑罚人道性的主张。

---

① 参见黄立著：《刑罚的伦理审视》，178页，北京：人民出版社，2006。
② （美）路易斯·波伊曼等：《解构死亡——死亡、自杀、安乐死与死刑剖析》，魏德骥等译，130页，广州：广州出版社，1998。
③ （美）路易斯·波伊曼：《生与死——现代道德困境的挑战》，江丽美译，129页，广州：广州出版社，1998。

3. 关于生命的价值

死刑存置论者认为,以死刑来讨回公道是尊重被害人的价值,而且也尊重了罪犯的价值,因为它肯定了行为人对自己行为负责的能力。

废除论者认为,人作为创造万物之人,人的生命是极其宝贵的。人具有无限的价值,没有人即没有一切,也没有一切价值的创造。而人的价值在于人的存在,人的存在是一切价值和价值创造的基础。伏尔泰曾说,一个绞死的人是毫无价值的,而一个判处苦役的人则仍能为国家效劳。因此,死刑的存在,不但剥夺了人创造价值和享受价值的基础和前提,而且还有使人的生命价值贬值的倾向。在一个以保护人的社会增值为基础而建立起来的社会里,死刑不应存在。而如果我们将人们当成有道德感的行为者,就不应该将他们处决。"如果对罪犯负责的话,就应该将他们当成有道德感的行为人,重新评估他们的行为。如果给他们的惩罚让他们不可能有反省的机会,就等于是不承认他们是有道德感的行为者。死亡这种惩罚就让他们不可能有反省的机会,死亡终止了道德重整的可能性。"[①]

不过,废止论似乎忘了一个明显的事实,死刑自人类文明以来,便早已存在。可见,在长久的历史中,我们并不认为执行死刑有何不妥,这是东西方文化中存在的刑罚。因此,反倒不是死刑应否存在,而是应该追问:什么时候,死刑存在变成是有问题,什么时候人对于死刑的废止,用作捍卫生命尊严的理由。

三、死刑的消亡

(一) 死刑的消亡是必然趋势

死刑历经数千年的发展,自近代以来,其作用明显下降,其主要原因是资本主义人权思想的提出动摇了死刑的基础,现代法制的完备限制了死刑的滥用。几百年中,资产阶级启蒙思想家对科学、民主、文明、自由等观念的广泛宣传,使人们认识到,人是生而平等的、自由的,人有生存、发展的权利,社会应当反对严刑重罚,滥杀无辜。死刑开始受到人们的质疑。从贝卡利亚开始,越来越多的有识之士提出了废除死刑的要求。之后,不少国家开始限制和取消死刑。仅1976年至1996年间,全面废除死

---

① (美) 路易斯·波伊曼:《生与死——现代道德困境的挑战》,江丽美译,130页,广州:广州出版社,1998。

刑的国家便多达 37 个，而超过此前历史上废除死刑的国家总和。没有废除死刑的国家在适用死刑上也趋于谨慎和严格，用一系列的法律程序来避免错杀、枉杀的发生。据大赦国际统计，近年来，废除死刑的步伐正在加快，并且从发达国家向发展中国家发展的趋势正在加强。至 1998 年 3 月，立法上彻底废除死刑的国家与地区已达 62 个。因此，死刑已呈消亡之势。

死刑的消亡是一种必然趋势。死刑所赖以建立两大基础：报复与禁止在产生变化并开始动摇。

1. 以命抵命的报复是一种野蛮时代原始习俗的遗留

随着人类文明的发展，理当为一种新的惩罚犯罪的方式所取代，这是文明发展的趋势也是死刑自身发展的必然结果。这一点从死刑罪的各国立法有日趋减少的势头以及死刑执行由野蛮走向文明就可以看出。

2. 死刑的禁止作用也在减弱

一是客观上，社会犯罪并没有因死刑存在而真正减少，二是我们可以通过提高公民的自身道德与法律素质来减少犯罪。

历史上，也有许多中止死刑执行的事例。从中我们也可以看出，死刑并不是绝对正确不可动摇的。将死刑公开，其目的是出于一种对公众的教育，"罪犯的死起到了一种榜样作用。在 15 和 16 世纪的意大利，家中的父亲会毫不犹豫地带上小男孩去观看行刑场面。这是为了用活生生的榜样来完成对他们的道德品质教育。另外，总归有看到罪犯后悔场面的可能，这就成了对公众的生动教训。观众有时会禁不住叫着，干预行刑。他们因此可以在临刑的最后一刻，救下一名高声叫着声称自己无辜的被判处死刑的年轻人。"[①] 而且，在中世纪欧洲，在行刑前，便有罪犯喊冤而观众干预，和一名与罪犯异性的人有权要求与绞刑架下表示后悔的罪犯举行婚礼并参与到惩罚罪犯的过程中，从而终止执行的例证。

在中国古代，常有刀下留人的生动故事。一个眼见就要被斩的罪犯被从鬼门关救回来。理由无非有二：一是确有冤情，二是他活着会更有价值。显然，这两条都相当重要。要从根本上避免冤刑，只能是废除死刑，那种"宁肯错杀，不肯漏掉"的死刑观实在是不应存在了。而至于生命的价值，当然首先是能活着，否则，一切价值无从谈起。没有人即没有一

---

① （法）达尼埃尔·亚历山大－比东：《中世纪有关死亡的生活（13～16 世纪）》，陈劼译，39 页，济南：山东画报出版社，2005。

切，也没有一切价值的创造。而人的价值在于人的存在，人的存在是一切价值和价值创造的基础。

（二）死刑的废除是一个过程

存在了数千年的死刑，当然不可能在短暂的时间内被废除，它需要有一个过程。这一过程取决于人类社会的自身完善。因为，在马克思主义看来，犯罪的根源在于社会。一方面，社会物质生产日益发展，财富日益丰富，从根本上保证了人们物质生活需要的满足，这是减少犯罪，从而废除死刑的客观物质条件；另一方面，随着文明程度的提高，教育的普及既有助于减少犯罪，也是一种改造犯罪的根本途径。作为一种惩罚手段，源于原始以牙还牙的报复的死刑本质上是一种毁灭性惩罚方式，随着社会发展与各种社会制度的完善，我们可以寻求一种尊重生命的建设性的惩罚方式。而这一切都有一个发展过程。

大赦国际是致力于废除死刑的重要国际组织。在1977年，关于废除死刑的斯德哥尔摩会议上，大赦国际发表了《斯德哥尔摩宣言》。该宣言认为：死刑是根本残忍的、不人道的与有辱人格的刑罚，且侵犯生命权；死刑经常被用作镇压敌对的、种族的、民族的、宗教的与低下阶层的群体的手段；死刑是一种暴力行为，而暴力易于引起暴力；死刑的适用对于卷入该过程中的所有人都是残酷无情的；死刑根本没有被表明具有一种特殊的威吓作用；死刑越来越采取原因不明的暴力、法外处决和政治谋杀的形式；死刑是无法纠正的，而且可能被适用于无辜的人。因此，敦请各国政府立即彻底废除死刑，并敦促联合国明确宣布死刑违反国际法。大赦国际还联合其他42个具有联合国经济与社会理事会咨询资格的国际非政府人权组织，发表了一份《关于废除死刑的联合声明》。

第五节 动物权利

一、悲惨的动物王国

每年的10月4日是"世界动物日"。这本该是地球上所有动物的"节日"。但近些年来，每当人类为其之外的一切生灵打出这个"节日"标牌时，遗憾、尴尬、内疚、不安等难以形容的东西强烈地敲击着我们的道德心灵。动物福利遭受着极大的损害。

1. 实验室里动物的遭遇

以美国为例,在美国的实验室里,平均每分钟都有100只动物被杀。每年有5 000万只动物为了实验丧生。有些是为了工业性产品或化妆品牺牲,有些因为是雌性而被抛弃,有些是被迫喂食或在试验药物的情况下丧命。杀虫剂、农药、油漆、防晒油等几乎所有化学用品在允许人类使用之前,都必须先拿动物来做试验。在许多试验区里,法律规定使用动物实验之前,必须先施以麻醉,但有些动物实验本身就不能事先将动物麻醉。例如,在眼药的实验室,必须先将浓缩的化学产品注入兔子眼中,然后记录其眼睛受伤的范围。这类实验有时候也用到猴子。在实验后,动物就会被销毁。

我们用残酷的方式直接从动物身上取得人类所需要的东西。麝猫被关在一个温度高达华氏110 ℃（43 ℃）的黑暗的小笼子里,直到它们死去。在他们存活的日子当中,人们会从它们的生殖器上刮下麝香。这种香味可以让香水在使用时香味更持久。

有些实验室里,有些狗、猴子,以及老鼠都必须被关在一个小房间里,地板上是钢制的网,人们观看它们对不可避免的痛苦的反应,因此它们受到电击却无从脱逃。在毒气实验室里,它们被关在密封的空间里,被迫吸入喷雾剂、瓦斯以及蒸汽。

2. 食用动物的遭遇

至于动物为食中的残酷更是不鲜见。麦当劳的"工厂农庄"小鸡一出生,就被放在小笼子里。每一个宽25.4 cm、长45.7 cm的小笼子里挤满了5~8只鸡,薄薄网状的地板使它们脚痛,而它们却无法四处移动。它们的嘴尖被除去而痛苦难当,只是为了避免它们在违反自然的小空间里互相啄伤。在其他养鸡场里,鸡只被倒挂在输送带上,一只只送上自动砍头的机器。美国每年有30亿只鸡被这样杀死。同样地,猪和小牛也养在小小的围栏里,无法活动,肌肉也无法发育。它们被迫离开母亲,因此无法接受母亲的哺乳,食物里的铁质含量很低,所以我们才能吃到软嫩的肉。

给活猪注水,活剥青蛙和蛇,活吃猴脑以及我们饮食文化中对各种动物五花八门的宰法、吃法无不表明了人类对待动物的残忍与不人道。

3. 役使动物遭遇同样令人忧虑

人类超时使用蓄力,一直到动物衰老倒下,再将其杀死吃掉;我们在战争中,自古以来,就驱使动物冲锋陷阵,充当挡箭牌等,无不表明人类对待动物的态度的野蛮。

二、动物权理论

(一)无地位理论

笛卡尔是首先提出动物无道德地位理论的人。笛卡尔认为,动物没有权利,也不具有道德地位,因为它们没有灵魂。根据笛卡尔的说法,意识的存在绝对需要灵魂,因此,动物无法感觉到喜怒哀乐,它们不过是机器罢了。就道德而言,你割下狗的耳朵或吃牛肉,和你踢个石头或吃红萝卜没什么两样。

显然,笛卡尔是错误的。动物也会感到痛苦或快乐。它们有意识,而且会做出有目的的行动。狗和猫都有智商,大猩猩和黑猩猩都有复杂的抽象思考能力,而且可以用语言沟通。人类与其他动物之间的区别已经不再是种类的不同,而是程度上的差别。

19世纪英国哲学家威廉·惠威尔的无地位理论稍有不同。惠威尔认为,动物的快乐和人类的快乐不能相提并论。我们必须增进人类的快乐,不只因为它是快乐,而且因为它是人类的快乐。我们因为人性的同胞爱而对人类有义务,我们和动物就没有这种关系。

诺贝尔微生物学奖获得者大卫·巴尔的摩的观点也反映了改良的笛卡尔思想。巴尔认为,动物实验无涉于道德问题。心理学家盖洛普也认为,"人类道德与伦理行为的进化不能应用到其他族类身上。"兽医杰叵伯斯甚至认为,"家畜活在世上的原因就是为了满足人类需要,因此,谈论它的生存权并无意义,因为人类如果不存在,它们就不会存在。"①

(二)间接义务理论

西方哲学和宗教最主要的立场是,动物虽然没有天生的权利,我们还是应该仁慈地对待它们。我们对它们有义务,因为,我们对拥有它们的理性生物、上帝,或其他的人有义务。

创世纪的故事讲述上帝将大自然赐予人类使用,但是为了上帝,人类必须妥善地使用它。托马斯·阿奎那和康德都认为,虐待动物是不对的行

---

① (美)路易斯·波伊曼:《生与死——现代道德困境的挑战》,江丽美译,140页,广州:广州出版社,1998。

为。因为，这会造成凶恶的个性，而导致对人类残忍的行为。他们认为，我们对动物是有间接义务，因为我们对待它们的方式无疑会影响到我们对待人的态度。"如果圣经上有任何段落是禁止我们残酷地对待无言的动物——例如杀死鸟类及其幼鸟——它的目的是为了消除人们对他人残忍的心，以免由于对动物残忍转而变得对人残忍。另一个目的是，无论伤害动物的人或该行为等等都会使人们感到伤心。"①

康德也是持同样观点。康德说，"假如他还有人性，就应该对动物有仁慈之心，因为对动物残忍的人在对待人类的时候也会心狠手辣。"② 这种间接义务观仅仅将对待动物的仁慈视为一种手段，显然是立足于动物不具有自我意识而人具有自我意识。但是，自我意识并不是我们考虑生存权与道德感时的唯一标准。造成痛苦本身就不是善良的行为。我们有义务不这么做，而且要尽量减轻痛苦。这本身就是目的，因为它对所有生命都适用。

（三）地位平等观

地位平等观认为，"将人类与其他动物区分开来并不是一种理性的做法"，主张将人类和动物平等看待。要求：科学研究上完全废止动物的使用；养殖业全部解散；以及禁绝商业性和休闲性的狩猎及捕捉动物。在他们看来，制造痛苦或拆散骨肉虽然有错，却不是最主要的错误。最根本的问题在于，"这个社会制度让我们将动物看成是我们的'资源'，是为我们而生——让我们吃，在医学上任我们摆布，或是方便我们运动或赚钱。"③ 将动物当成我们的资源何过之有？因为它们有"天赋的价值"，而且和我们一样都是一种"结果"。

（四）平等考虑理论

功利主义者边沁相信，道德的精髓在于促进幸福和去除痛苦。动物也能感觉到痛苦，因此，它们和人类一样都应该获得道德上的考虑。所有有知觉能力的生物都因为有感觉痛苦的能力而应该被一视同仁。彼得·辛格在《动物解放》中提出了系统的动物解放思想。

---

①③ （美）路易斯·波伊曼：《生与死——现代道德困境的挑战》，江丽美译，143页，广州：广州出版社，1998。

② （美）路易斯·波伊曼：《生与死——现代道德困境的挑战》，江丽美译，142页，广州：广州出版社，1998。

1. 平等原则

每一个有知觉的生物利益都应该获得同等的考虑，在分配利益时，地位和特权都在考虑范围之外。

2. 功利原则

正确的做法就是加强功利或幸福（或是减少痛苦或不幸）。

3. 物种主义违反平等原则，必须被丢弃

他将物种主义（任意偏好属于自己的物种）和种族主义相提并论。

4. 感觉痛苦能力的平等有异于我们身为有理性、有自我意识个体的价值平等

辛格将造成痛苦和导致死亡的行为区别开来。辛格认为，造成动物痛苦或许比杀死它们更糟，因为，后者可以最不痛苦的方法达成，而且动物通常没有生死的观念。至于人则可能完全相反。人类通常宁可忍受痛苦（到某一限度），也不愿意轻生，因此，杀死一个人是比造成痛苦更糟。

三、动物福利

（一）何谓动物福利

有关动物福利的严肃话题被不断地、越来越多地摆在人类面前：人类在多大程度上去思考过动物和人在生命意义上的平等问题；在生存需求上的相融相通；动物有哪些基本的生命需要；人类在从动物界中攫取利益的同时，应该给动物们怎样的待遇和保障；人类应当怎样合理、人道地利用和对待动物；人类是否应该满足动物们维持基本生命和健康的需求；我们需要不需要为"不会说话、不能申诉"的动物们的基本福利立法；蓄意忽视动物福利而令动物痛苦，或者残酷虐待动物的行动是否应该被视为一种罪行而得到惩罚；最后，动物福利的实质与核心问题是什么。

人与动物的平等性，是动物福利理念建立的前提。按国际公认的标准划分，动物包括野生动物、工作动物、农场动物（经济动物）、实验动物、娱乐动物、伴侣动物等 6 类。所谓动物福利，就是让这些动物在康乐、舒适的状态下生存，即动物在该状态下，无任何疾病、无异常、无心理紧张压抑和痛苦等。动物福利思想在很大程度上显示出动物的生活质量。

国际上普遍认同动物有五大自由：享有不受饥渴的自由；享有生活舒适的自由；享有不受痛苦伤害和疾病威胁的自由；享有生活无恐惧感和悲

伤感的自由；享有表达天性的自由。这些都是动物们本来将应享有的权利，因而要求人类保证它们的权利不受侵犯。

人类不能不利用动物，关键是怎样合理、人道地对待和利用动物。不论是生命伦理学，还是生态伦理学，都从动物的存在价值和生存权利方面，认为动物也需要基本的生存关怀和待遇保障，因为动物也是能够感受到疼痛和痛苦的生命。动物福利关注动物的日常生活条件和心理、行为健康，防止动物在饲养、使用、运输、屠宰过程中受到不必要的痛苦。

随着全球生态环境保护运动的崛起以及生态伦理学的深入发展，针对动物福利及其保护问题，国际社会给予了极大关注和积极响应。2002年5月28日，由国际爱护动物基金会（IFAW）在北京主持召开了动物福利立法国际交流研讨会，也欲将实验动物和动物贸易的福利问题的条款写进相关的国际法规中。该组织成立于1969年。英文名称是 INTERNATIONAL FUND FOR ANIMAL WELFARE，"为了动物福利"的宗旨一目了然。针对所有的动物，IFAW的主要工作任务是：通过减少对野生动物的大规模商业剥削来保护濒危野生物种；利用保护动物的栖息地以实现保护生态平衡和生物多样性；通过救助尤其是人为灾难下受到危害的动物来提高动物的福利状况。目前，国际社会和许多国家在政策和法律上都大力倡导公民爱护、尊重和善待动物，并制订一系列法律、法规、制度，严格禁止并惩罚、虐待、折磨动物的行为。

（二）动物福利保护立法

"有法，动物就有福利"，动物及其福利需要有立法阳光的普照。人们简朴的道德意识和自发行为的作用是有限的，必然要期待用法律保护动物及其福利。通过立法的方式来保护、提高动物福利，惩罚虐待、折磨、伤害动物的行为，其核心与本质是实现人与自然的和谐相处，实现人类社会可持续发展的目标，它体现着一个国家社会文明程度的状况和水平。从表面上看，立法保护动物福利在某种程度上限制了人类处置动物的自然和权利，但用发展和联系的眼光看，今天立法保护动物福利，正是为了明天人类自身的需要。

早在19世纪，西方国家就已开始动物保护立法。1822年，世界上第一个反虐待动物的法律在英国诞生。1824年，在伦敦成立了世界第一个动物福利组织"反虐待动物协会"（PSPCA）。由于工作出色，1840年英女王给该协会冠以"皇家"头衔。在英国各地都有"皇家反对虐待动物协会"的联络中心,数百名监察员轮流值班,随时接受投诉和举报。美国的《动物福利法案》更是对人应该给动物何种正常生存环境从各方面做了非常具体的规定。最近,在民间组织"善待动物协会"的敦促下,肯德基、麦当劳等餐饮巨头承诺改善动物待遇,改变"去喙"(即切除母鸡的嘴)和给母鸡节食的方法以提高产蛋量。

德国议会2002年7月通过了赋予动物宪法权利的《动物保护法》,该法十分详实、周全,对饲养人员、动物生存条件、屠宰动物、动物实验等涉及动物的福利都做了明确规定。如,每一个与动物打交道的人,都必须仁慈地对待动物,并具备相应的物质条件。宰杀动物时必须使用麻醉药,任何动物实验必须获得动物实验伦理委员会的批准。

欧洲立法会制定的宠物保护协约规定,不准将宠物出售给16岁以下者,养主必须为宠物提供良好的食宿条件;对马、骆驼等工作动物实行"退休制度",并可"安享晚年";动物也享有"非超负荷工作的权利","工作动物享有每天的工作时间限制",工作动物的心理不应当受到外来的扭曲和伤害。欧盟各成员国规定到2013年采用放养式养猪,停止圈养。

在我国,动物福利的文化思想资源可谓源远流长。中国传统的"民胞物予"内在地包含有对动物的仁慈观念,孟子说:"君子之于禽兽也,见其生,不忍见其死;闻其声,不忍食其肉。是以君子远庖厨也。"那怜惜万物,悲天悯人的情怀有着浓厚的基于生命共同体的意识,无疑是今天我们关注动物福利的思想资源和依据。

在我国,现行的有关动物保护的法律很少,动物保护的范围也较狭窄。1989年实施的《野生动物保护法》只明确了野生动物的法律地位,但对其他动物(如工作动物、经济动物、实验动物、娱乐动物等)的保护还没有立法。只是在地方性法规如《北京市公园条例》对人对待动物的行为作了一些明确规定,但不够细致。总之,动物福利保护立法既与我国社会发展程度相关,也与我国法制建设发展水平相关。建立完善的动物福利保护法律体系还需要不断努力并常抓不懈。

第六章　优生优死

就主流文化意识和传统来看，我们一直以来奉行回避死亡的策略，可谓"糜不有初，鲜克有终"。一个婴儿出生，可令我们大肆庆贺，日后的满月酒、百日宴、周岁酒等，不亦乐乎。到了老年，则有60岁、70岁、88米寿等生日宴。一方面，我们衷心祝愿老人长寿，寿比南山，福如东海；另一方面，暗自期望自己也能长寿如斯。如此种种，所谓"糜不有初"。然而，我们对生活中的林林总总的死，除了上了年纪的老人去世当作白喜事大事操办之外，我们却容不下死亡，不会去思考死亡，更不会去思考自己的死以及自己如何死的事情，这些都被"未知生，焉知死"抵消与回避了。所以，临到大限将至，如同世界末日，恐慌之极，死亡品质实在是太低。此所谓"鲜克有终"。

第一节　死亡的优化

一、优死的起源与发展

随着社会文明的发展和对生命认识的不断深入，面对形形色色、千奇百怪的死，每个人都在惊恐和困惑中思考死亡，观察死亡，并由此改变着人们对死的态度。也正是在这死亡的思考中，优死才应运而生。

（一）第一阶段：安于生死

最初的优死观念，只是人们自觉或不自觉地在寻求死亡心理解脱中创造性地萌发出来的，它的目的也仅仅是为了消除人们长期以来对死亡产生的焦虑和恐惧。当时，面对神秘莫测的客观世界，人们只能凭着智慧的幻想和人类的意志寻求自身解脱和心理平衡。对于无可奈何，无能为力的客观自然规律，只有在迷惑茫然中沉思。他们把自然力人格化，创造出了最初的神,并经过人们的多次补充和完善,最后认可在同一基点上,形成了原始宗教的神。神秘怪诞的梦幻景象,更让人相信存在死后的世界,有不死的灵魂。正是在此奇想的基础上,形成了系统的原始宗教——优死学的原始教义。

自有人类以来,人们面对死亡的困惑和恐惧,一直都只能是无可奈何的叹息和乏力的挣扎。于是,人们从反反复复、经常发生的死人事件中,开始去领悟生命存在的本质,开始把自己也联系进去思考,把各种美好的向往和憧憬都摄入了死后世界里,让生者有精神情感的寄托,能安心生活,创造人生;让死者有灵魂的依靠,愉快而平静地离世。即便明知是骗局,也宁可信其有,自我慰藉。

原始人神秘的死亡仪式和原始宗教等都具有消解死亡恐惧的功能,就像著名的人类学家马林诺夫斯基指出的那样:"宗教的一切根源中,要以死亡这项生命的最末关节,无上的转机为最重要了……据初始宗教的大多数学科来说,宗教的启发尚不都是来自死亡这件事,也是很多来自死亡这件事的。"[①]

到了精致化的宗教时期,优死与优生有了内在关联。由于宗教对人们最关心的生死问题,找到了普遍乐于接受的答案,极大地满足了人们当时的心理需求,才使得人们崇拜宗教,信仰宗教。宗教的死亡论不仅对死亡具有形而上学的超越意识,通过否定此岸生活,来设计制造出了彼岸生活的企慕意识,而且还人为地设置了规范人们行为的天条,制定了能被大多数人接受的道德标准,从而美化了人生,促进了人类文明与进步。基督教主张多行善事以赎原罪,求得死后永生;佛教则主张生死轮回,强调因果业缘;道教则立足此生,主张修道成仙。各种宗教无不在3个方面来为人类优死提出方案:一是认定肉体虽死,而灵魂不死;二是在死后世界,为灵魂建构一个美妙的去所;三是不管为了什么目的,必须注重现实人生的价值。不同之处在于,道教直接就是旨在优化肉身的寿命,而其他宗教则强调道德伦理价值。

明朝憨山大师在其《梦游集》中说:"从上古出家本为生死大事,即佛祖出世,亦特为开示此事而已,非于生死外别有佛法,非于佛法外别有

[①] (英)马林诺夫斯基:《巫术科学·宗教与神话》,上编,李安宅译,19页,北京:中国民间文艺出版社,1986。

生死。"

这些宗教在死亡问题上的回答,本质上都是相同的,即承认死的客观必然性,并在此基础上利用人们的死亡恐惧意识,创造了各自的灵魂不灭论,人为地制定了以宗教观念为核心的道德标准,用于规范人的生前行为,优化人生。从这个意义上讲,宗教与优死不可分割,是原始优死的核心内容。

这样,优死的历史起源具备3个要素:消除恐惧、精神寄托和死后世界。这3个要素本质上都是为了安生安死,是优死的最初形式。

(二) 第二阶段:礼治生死

儒家文化传统内涵着优死的考量,而且内在地与优化生存价值联系着。从荀子开始,生生死死的思考被纳入"礼"的框架,被视为社会和伦理修养所必需。《荀子·礼论》中说:"礼者,谨于治生死者也。生,人之初也;死,人之终也。终始俱善,人道毕矣。"

礼是社会规范,风俗习惯,行为准则。《左传》说:"夫礼,天之经也,地之义也,民之行也。"可见它有一种天经地义的神圣。生则乐生,死则安死,由是善生善死被视为人道的完成。只有到此时,无论君子,小人一并归于斯,《荀子·大略》借孔夫子之口表达了对死亡的敬畏之情:"大哉!死乎!君子息焉,小人休焉!"

礼治生死,就是"事死如生,事亡如存",宣扬"哀死"。"哀死"不同于"患死",不同于死亡焦虑,它是对死亡真实情感的宣泄,其目的不是悲叹死亡,而是赞美人生,让人能从前人的死亡中认识到人生的意义,更好地利用有生之年,继承先人的业绩,创造出更高的生命价值,不枉此生。是"朝闻道,夕可死"的生命价值论的外在延伸。不仅如此,哀死也是人类生命最真实的自然情感流露,是人类关怀、珍惜生命的高尚情怀的展示,闪耀着人性至爱的光辉。在哀死氛围的沐浴、熏陶下,借助临丧时悲戚哀伤之情,发泄人的悲伤、宣泄死亡的焦虑,这样可以使人体认到人们相互之间的和谐,体认到人类所承担的悲剧命运,体认到在生存苦难面前,人们应当携手赴难、共创人的高贵和尊严。因此,中国传统十分重视丧葬礼仪和祭俗。

事生送死,饰其终始,是中国礼仪制度产生形成的真正根源。其后,从死生关系中又扩展、演绎出对待生者、社会群体的各种人文仪制,乃至伦理规范。在这些礼仪制度中,表现出中国人社会文化生活的中心观念,成为人与神、人与自然、个人与社会诸关系的基本框架。中国人所认知、感悟、幻想、计划、理想的一切，都可以在这框架中表现出来：与自然的认同，与死亡世界的亲和、与亲属血缘群体的统协、对伦理价值的践履以及对信心、对人生、对命运的体认及其归属。

鲁迅先生曾经指出，君临在中国人头顶之上的不是神，而是礼。这的确把握住了中国文化价值系统的命脉。对于古代中国人说，所谓礼仪，失之者死，得之者生。鬼神、天地、神明，属于天地世界；君臣、长幼、父子、男女、婚姻，则属于人间世界。君临在这两大世界之上的，不是至高无上的人格神，而是贯通生死两组关系的礼。这也正说明，中国文化世界中的礼仪规范，有着表面礼仪之下更为深重丰厚的文化内涵：礼仪的崩坏或者丧失，必将动摇、摧毁中国人文世界的基础、毁坏中国人文信仰的内核、堵塞中国人安身立命之道。从这一层面上来说，中国历史上的人文礼仪或由礼仪制度而发生的种种价值信念，是具有中国式的终极意义与最后作用的。

符合礼仪的"事死如生，事亡如存"的实践理性，"达于上下，达于幽明。通于神明，光于四海，无所不通者也"，实际上就是生死矛盾彼此和缓、认同后的境界，也是判断一个人的意识、言行是否合乎仁、孝的价值终点。顾炎武在《日知录》卷六的"达孝"条中说道："于丧而观其仁也，于葬而观其仁也，于祭而观其仁也。亲亲而仁民，仁民而爱物，而天下之大经毕而无遗矣。"缘生事死，事死如生，不以死伤生、妨身的文化意念与行为模式，构成了古代中国人为仁为孝的唯一基本。人的死亡给个体、群体所带来的冲击与损害，大都被这事死如生的人文礼仪巧妙地纳入了"圣人之道"，反过来，能做到这一点，道也就体现得淋漓尽致。

礼治生死，就是要以礼度生死，面对自然与必然的生死问题注入主体性的努力，以寻求生与死的价值最大化，即生死义取。义在于生，则舍死而取生；义在于死，则舍生而取死。生命在本质上有其价值取向，生要有价值，死也要有价值，这才是当死与当生的重要考量。

礼治生死，本质上是对生死品质的优化，基于此而建立起对死亡恐惧消除的文化机制，在中国历史发展过程中，起到了中国人克服死亡恐惧、安身立命的重要作用。儒家思想历经数千年而不衰，其原因正是在于此。不过，它所重视的是伦理道德价值，走的是超越路径，并未对生命的本体价值给予足够重视，因而，它对于现实生存与生死的优化不仅没有重视，而且是一种压抑，那就是礼教杀人，成为中国历史的另一面。随着中国社会的进步，死亡的优化进入到一个更高阶段。

（三）第三阶段：优生优死

在漫长的人类进程中，人类不断提高征服自然和改造自然的能力，改造着自身必需的生存条件，提高着生活水准和生命的质量。这个过程大致可划分为以下3个阶段：第一阶段：仅仅活着，既受饥寒之苦，又无丝毫自由，贫病交加，挣扎在死亡线上。第二阶段：仅得温饱，健康而不自由。他们活着作为工具和手段而存在，他们的主要任务是劳动而不是享受。第三阶段：健康、富裕、自由，取得主人地位和具有意识的人，并对人生各阶段的生命质量开始全面追求。

优死是优生的必然结果和内在要求。人类对生命质量的追求着重于生活的富裕、幸福程度、生活的意义、人生的价值等。而最明显的、飞跃性的、质的变化便是优生优育和对临终阶段生命质量的追求。随着经济的发展，医疗条件和其他物质条件的许可，人类对怀孕的时间及身体条件等提出了更为科学的要求，诸如孕妇的营养、胎教、婴儿智力开发和教育等。但是，人类对生命质量的追求不会、也不可能停止在这个水平上。

人类对"优生"的思考与实践其实也是由来已久，并不是近代才有之。当然，有别于现代意义上的优生。老庄认为，人之"生"与人之"死"都是大道流行的变化，人们面对这种自然进程，固然不必为"死"悲，但亦不可为"活"哀，以至于弃生就死。恰恰相反，人们应努力于使生命不会早夭，活够大自然赋予自己的生命时限，避免"早亡"，趋于"长生久视"。为此，庄子假借老子之口，提出了"卫生之经"的命题。"卫生"意有两层：一指人们对生命的保养和延续生命机体的努力；二是指人对生活过程的调节，以获适意的生活。道家之"卫生之经"要求人们通过某种途径和方法来避免死亡的过早降临，并减少生前的忧愁、烦闷和痛苦，获得快意的轻松生活。

随着人类社会的进步、科学技术的发展与物质财富的丰富，人类生存的质量有了质的飞跃。并且，人类对生命品质与价值的追求由对生的优化延续至对死的优化。

20世纪60年代以来，人们开始对自身的最后一个环节——死亡，也提出了更高更新的要求，并由临终关怀医院付诸实施。死亡是人生最大的悲剧，人在为自身、为别人、为社会、为下一代创造、奋斗、拼搏了一生之后，在即将离开这个世界的临终时期是痛苦的，是恐惧的，是有失尊严的，也是很悲惨的，人类应该设法减轻自身将死时的悲惨遭遇，使人们在临终阶段活得有价值、有意义、有尊严，死得安详、舒适，并且无痛苦、无牵挂地离开亲人、离开这个世界。如上所述，人类对生命质量的追求是无止境的，这内在地就表明，如同优生，人们对优死的关注也将是摆在人类面前的重大事务。

优死是人类社会发展的必然产物，是文明进步的重要标志之一。优生优死，作为人类认识发展的里程碑，是同时出现的、不可分割的。如果分割出来，也就无所谓文明进步。从辩证法的角度来讲，优生如果离开优死，就不是真正的优生，优生离不开优死；反之，优死如果离开了优生，也就失去了优死的意义，更谈不上优死，优死离不开优生。

二、优死的实质

(一) 将死亡由宿命变为使命

优死就是要从客观实际出发，通过对死亡实质的探讨和研究，以希搞清死亡的奥秘和规律，从而更好地认识死亡，把死亡的权柄从上帝手中夺回来。它对于人们掌握自己的整个一生，消除死亡焦虑，消散死亡困惑和恐惧，都是极其有益的。

优死，不仅在于揭示死亡，认识死亡，有超越时空的内涵，更为重要的还在于能让人在临终之时能安详而愉快地死去，并消除生者的焦虑。因此，一切能消除人们对死亡焦虑和恐惧的处理方法，一切能让人平静无痛苦（包括生理上和心理上的痛苦）地安然离去的设想和行为都是积极的、有意义的。从这个意义上来讲，优死的起源就远比我们想象的要远古得多。

生命从形成到壮大，再发展到死亡，是一个充满活力的过程，就如同每一种充满活力的过程一样，是一种潮流，有其客观规律的内在规定性，像历史潮流一样不会逆转，因而它终将导向自己的最后归宿——生命之光的沉寂。在这个过程中的每一种努力都不过是对长眠状态的最初干扰，这种干扰永远尝试着抗拒死亡和重建生命的原始冲动，但冲动并无改变人生的结局，死是一种必然的生命发展趋势，是一种司空见惯的自然现象。人们不断发现别人死亡，观察亲人死亡，于是死亡的思想日积月累到了令人吃惊的程度。不管愿意与否，成年人都为自己的死亡做好了准备，这实际上是承认了死亡的客观必然性,为自己找到了生命的归宿。

但这种死亡意识往往是不自觉的,是出于一种直观体验而引发的由人及我的推测,一种自然而然地产生的生命体悟。意识的深刻程度取决于生活经历的影响大小和思想深度。就像精神不正常的年轻人往往压抑同未来相关的幻想一样,只有精神不正常的老人才会对死触目不惊、无动于衷。因此,对普通人来说,否认死亡的必然性和合理性是愚蠢的,极不明智的,但要支配和掌握死亡更是难以理解的。世俗的死亡心态大都到此为止。

长期以来,人们之所以放弃对死亡权利的追求,最主要的原因就是人们对于自己的生命归宿——死亡的普遍迷茫和由此产生的焦虑感和恐惧感,这种刻骨铭心的恐惧在弗洛伊德看来,是人的最本质最深层的本能,是与生俱来、天造地设的潜意识。

从优生到优死,是人类希望优化人生的必然发展,是人类文明的呼唤,更是人类理性意识的一个新觉醒。优死不仅只是对自然死亡的简单淘汰,还是对风云变幻意识形态的强烈冲击。优死旨在让人们在认识死亡的基础上,消除死亡焦虑,把死当成一项庄严而神圣的义务来承担。即健康时不为死忧,努力实现自己的人生价值,而当死神降临时,不回避,不惊恐,勇敢冷静地面对死亡,使自己更庄严、更潇洒地告别人世,完成人生的最后使命。

(二) 从必然王国向自由王国的飞跃

人之死亡由必然王国进入自由王国,一方面是人的死亡回归生命的自然本质;另一方面,人面对死亡体现出前所未有的意志自由。死亡的自然本质与人性达到高度的统一。尊严的死亡从来就是立足于生命的自然本性的,这恰恰就是人性的表现。"质本洁来还洁去",任何违背自然的都是有损尊严的。因此,优生优死是人类从必然王国走向自由王国的开端。

1. 优死是人的生命的内在本质的体现和要求

所谓优死,重在对死亡的"优化",这一点体现了人的生命的本质力量:以"人"的尺度改造物质世界的同时,也改造主观世界(人自身)。前者就是物质生产活动,后者就是精神生产活动。而对人自身的改造无非就是使人的存在能够真正体现人的尊严与价值。而人又是复杂的存在体:既是肉体(物)的存在,又是精神的存在。自人类诞生之后,以"人"的方式生和以"人"方式死无疑是努力的方向,这两方面都有具体的体现：优生与优死。在生产力落后时代，人的生死都是处在自然状态下，作为人的生命的尊严与价值远未表现。尤其是死亡几乎是一种消极的死亡；礼治生死从根本上体现了生死问题上人的尊严与价值，但是，它却只能是抽象的体现，是对某种普遍性的概括，却否定了个体生命的尊严与价值，从而造成了对人的生命的压抑，本质上还是未能表现出"人"本质的要求。而优死所体现的是"我的"死，是一种尊严的死亡，是人的最后的创造。

2. 优死实质上是对死亡的真正超越

以往，死亡对人而言是不可逾越的高墙，你只能无可奈何、消极接受，或者以伤生来赴死，这些都不是对死亡的超越。对死亡的超越：首先，应该有优生为前提；其次，应该完全摆脱了被动，而是真正对死亡的接纳；最后，对生者应是一种鼓舞和激励。

3. 优死与优生不可分

优生与优死内在一致。我们既要注重养生之道，也要注重提倡优死之道。两者有着非常密切的内在联系，它是个体生命阴阳关系的辩证统一。优生与优死相辅相成，甚至互为因果。因为人活在世上，只有优生的思想和实践贯穿人生的全过程，做个身心健康、人格高尚的优生人，最后辞世才能达到理想的优逝境界。在我们现实生活中有不少人做到了"康而寿、仁而寿"，无怨无悔地平静安详地自然优逝就是最好的说明。我们常说，"死不瞑目"。可知其死也不甘心，其品质极低下，盖因其人生中未能得偿心愿或理想未能充分展示他的生命价值与创造，未能充分体验到生之乐趣与意义。因此，我们如何优化我们的人生，直接关系到我们能否得以平静辞世，优雅而逝。

反过来，一个人生命的价值也应一以贯之，直到终点。如一局棋到了收官阶段益发显得重要。如果一个人平时生存优雅、成就卓越，但却死于非命或死得很无尊严，大概也是令人遗憾的事。毕竟人只此一生，也只此一死，我们不能不认真对待如何死才能令我的生命价值最大化。可见，这最后的成长并非可有可无。

三、优死的分类与途径

人人都希望自己能优生，同样地，人人都希望自己最后辞世时能优死。现代文明社会应该允许人们有选择不同优死方式的权利，这是新生命质量观，一定会被文明国家和人民所接受和共识的。这是人类生死观的巨大变革，是人类历史发展的必然趋势。

（一）优死的分类

1. 自控优死，属于高水平的优死范畴

自控优死又可分为古代自控优死和现代自控优死。佛教的自控优死术属于古代优死。在人类社会发展的历史长河中，人们对优死的研究在古老的神殿里可找到它的原型。早在二千五百年前，释迦牟尼创立了佛教，就弘扬了自控优死术——高僧的坐化（圆寂）。至今，人们在社会现实生活中还可以看到少数佛门高僧，刻苦修行的老和尚，在行将辞世之时，更衣淋浴，盘坐合十，口念佛经，用意念控制肉体，达到"无我"的境界，无痛苦地、安详地死去。古代的自控优化还包括练功，不管你练的是什么流派和功法——儒、释、道、医、瑜珈、武术等，只要你练习得法，持之以恒，一般都能达到健身益寿的目的。这已经被几千年文明史和古今中外千百万人的练功实践所证明。人，活在世上，首先要做到身心健康，才能实现优生，享尽天年，度百岁而乃去，人生最后才能实现理想的优死境界。

现代自控优死术，对于一般没有练功的普通人，是欲想达到理想优死的一种有效方法。因为死亡，自己可以预感和预知，医学也可以预测。据美国专家对一百多名男子进行历时 30 年的研究回顾得出：在老年去世前 3 年，有办法预知在年后去世。因体内淋巴细胞显著减少，这种淋巴细胞是一种特别的白细胞，它能帮助免疫系统消灭像病毒一样的外来入侵害人体的微生物。由于科学可以预测死亡。这对于部分真正领悟人生真谛、头脑清醒的临终老人或病笃之人，自己能运用现代医学优死术或临终前在优死学专家或医生的指导下，实现自控优死。这是一种积极的优死，也是高尚理想的优死。

2. 自然优死

像健康老人，享尽天年，无疾而终，无痛苦安详而逝。医学上称为猝死的人，如急性中风、心梗病人等，亦属于自然优死范畴。

3. 人工优死即安乐死，乃属于一种低水平被动消极的优死

就大部分国家和地区而言，对安乐死存有争议。本质上它是优死的重要部分，据专家们认为，安乐死即人工优死有一定的局限性和使用范围。

优死就其本质而论，它表明死亡必须是：

其一，无痛的死。临终时没有痛苦和恐惧之情：一是没有肉体痛苦；

二是没有精神的痛苦与灵魂折磨；三是对死亡能够接纳，不产生恐惧和抗拒。

其二，"我的"死。即临终前个体意识是清醒的，对自己不久于人世非常清楚，且能够在剩余的时间里进行创造和享受，对即将来临的死亡结局能够欣然往之和作出相关的安排（如立遗嘱、交待后事等），而且能够反向关怀，消除亲人的悲切与恐惧之情。自我主体、自觉完成由生到死的过度。

其三，尊严的死。临终前得到必要而且全面的照顾，死后保持生命的尊严（包括遗像、遗体、遗愿等保持、处置与遵从），灵性关怀与相关仪式等。

上述分类的优死均体现了这3个方面的特征。

（二）基本途径

1. 死亡教育

死亡教育是主体途径，也是起决定作用的根本途径。可以说，死亡的外在环境条件如何以及这些外在条件对死亡优化的作用还是要通过自我主体意识来发挥作用的。比如，大家非常熟悉的刘胡兰烈士，在敌人的死亡威胁面对从容不迫，视死如归，表现了大无畏的革命英雄主义精神，实现了死亡的最大价值，"生的伟大，死的光荣"，其死重于泰山，她完全处在一个强大的敌对环境中，却能使死亡优化。原因何在？她有着对死亡最清醒的认识，小小年纪就从事地下革命斗争，对生死问题肯定有着自己的独立见解。然而，对死亡的意识不是生来就有的，是在接受教育和在生活中思考得来的。传统中国社会奉行的是对死亡的回避态度，显然我们普通人缺乏死亡意识，其死亡品质难免低下，这是一个不争的事实。而当现代人面对现代化带来生存方式的彻底改变时，生死问题空前凸现，而优生优死又是历史发展的必然要求，个体追求生存质量，自然也包括死亡品质。死亡教育从而成为必不可少的自我成长的课程。

2. 医学的发展

现代医学的发展，一方面为优死的实施创造了更为优越的外部条件，另一方面也产生传统与现代的矛盾。安乐死与脑死亡标准是现代医学对人类死亡优化带来的两大成就。安乐死既有与人们传统观念的冲突，也有与传统医学救死扶伤相冲突。但作为人类自我发展和文明进步的必然趋势，安乐死是必然的，无法阻止的。而脑死亡标准则是对人类死亡观念的重大突破，它从根本上保障和体现了人类死亡的优化。因为，人的生命最本质的就是人的意识。没有了自我意识的死亡本身就是无尊严、无品质的死亡，它与"迫死"没什么两样。

3. 社会文明的发展

封建专制制度、人身依附从制度上约束人的自由，处于被统治地位的人们没有自我意识，甚至连活下去都艰难，生之恶劣，之悲惨，也就谈不上优死。优死只不过是少数统治者的专利。随着社会的进步，优死不再是少数人的特权和专利，而是所有人都享有的权利，真正成为生命的内在要求。临终关怀，全社会、全人类、全过程的关怀充分显示了社会对生命的敬畏和内心深处对优死的渴望。

4. 优良传统的继承

中国社会有"事死如生"的传统，虽然儒家对死亡并不十分热心讨论，但对人之归宿是极重视的，"礼治生死"，内在地包含着死亡优化的课题。现代中国社会在走向现代化的过程中，传统文化的美好因素得到传承。事死如生依然是当代中国人诉求死亡优化的重要途径。

(三) 优死的逻辑次序

卡斯滕包姆提出的两次死亡理论为死亡优化提供了内在的逻辑次序。卡斯滕包姆是死亡心理研究的早期代表之一，他在其与爱森伯格合著的《死亡心理学》中提出两次死亡理论。这两次死亡包括一个心理学上的人称转变。第一次死亡是"你"的死亡（你死了），这主要是指死亡主体忧惧自己的死亡对家人和亲友造成的空缺，即考虑的是社会关系——这次死亡事实上是自我与社会关系网络的断裂；当这种社会关系的死亡过后才是第二次死亡——"我"的死亡（我会死了），即作为主体的自我的死亡，主要忧惧死亡的时间、方式，这次死亡所虑及的是我对自己的死亡束手无策，从而导致的焦虑、寂寞与痛苦。显然，这里告诉我们死亡的过程中相继会出现两种恐惧，那么，死亡优化相应就有了两种相关的主题。

对于第一次死亡，表明优死不单是死亡主体个体的事情，还是他人的事情，它是在一种关照中出现的死亡。显然，这为临终关怀作为优死的重要途径提供了理论依据；而"我"的死表明，死亡的优化最终取决于自我的决断。当代存在主义理论先驱基尔凯廓尔十分强调死亡的个体性，宣称唯有"孤独的个体"才是"真实的存在"。据说，他曾经提出过如下的要求：假使我死之后，而愿有一块墓碑的话，我只要刊上"那个孤独者"几个字就行了。

第二节 临终关怀

一、最后阶段的优生优死

(一) 临终关怀释义

临终关怀是指由社会各层次（护士、医生、社会工作者、志愿人员及政府和慈善团体人士等）组成团队为癌症等晚期病人及其家属所提供的生理、心理和社会的全面支持与照护。它作为一门以临终病人的生活、心理特征和临终照护的实践规律为研究对象的新兴交叉学科，以及一种社会医疗卫生保健项目，近二三十年在世界范围内有了长足的发展。

国外学者认为，临终关怀的观念主要有3点：一是坦然面对死亡。凡是参加临终关怀的工作人员，都应持"死亡是自然而然的事情"的观念，不应有恐惧，也不应有忌讳。二是用同情心对待濒死的病人，即工作人员必须不断地关注临近死亡的病人，设身处地地与病人站在同一线上，共同面对死亡的来临。三是提供一个安适、有意义、有尊严、有希望的生活，让濒死病人在有限的剩余日子里，能以清醒的头脑，在可控制的病痛下，与家人接受关怀，享受欢乐。根据国外理论，结合临终关怀在我国实践的情况，临终关怀在概念上包括以下3层意思：

1. 如字面所示，它是一套有组织的医护保健服务项目

关怀的重点，是对临终病人疼痛等心身症状的缓解和控制，以及死亡前后对病人家属的慰藉和支持；关怀的对象，是目前医学条件下尚无救治希望的临终病人，即所谓患了"不治之症"的病人，如癌症末期病人等；关怀的目的，是舒缓临终病人心身的极度痛苦，维护病人的生命尊严，帮助他们安宁地度过生命的最后阶段，但并不企求延长他们痛苦状态下的生命。

2. 表明它是一门新的交叉学科

临终关怀是一门以研究临终病人的生理、心理发展规律和为临终病人及其家属提供全面照护规律的新兴交叉学科。它所形成的临终关怀学，与护理学、医学、心理学、伦理学、社会学、生死学等学科密切相关，充分体现了现代医学模式——生物、心理、社会医学模式的特点。

3. 临终关怀同时又是指一种机构

无论医院型、病房型或社区型，只要一说到临终关怀，我们就应想到

它是由护士、医生、心理学家、社会工作者、宗教人士和志愿者等组成的团队，在不同的条件下从各方面为临终者及其家属服务。

无论是哪层意思，临终关怀的"关怀"所蕴含的温暖、柔情、友善，足以抵消"临终"一词带给人的恐惧、悲凉与哀伤的氛围。所以，临终关怀的宗旨，就在于尊重生命的尊严，尊重濒死病人的权利，使其生命品质得以提高，最后能无痛苦地安详地辞别人世。还有，生离死别的哀痛比任何躯体痛苦都难以愈合，如何给予临终者家属以慰藉和帮助，也必然成为临终关怀的题中之意。

4. 临终关怀与安乐死的区别与联系

首先是大小概念之别，临终关怀的照顾对象是所有的临终病人，任何人都不可避免临终阶段，因而任何人都能享受临终关怀；而安乐死只限于小部分临终病人。

从时间上看，临终关怀是贯穿人生临终全过程的，服务时间过程较长，一般约3~6个月；而安乐死一旦作出，便是极短暂的一种简捷的操作手段。

临终关怀与安乐死差异还在于，临终关怀是使病人自然地死去，安乐死是使病人人为地死去。

（二）临终关怀是社会文明的标志

面对死亡来临，对于一个临终病人而言，更难以忍受的是死亡之前的临终过程，尤其是癌症等疾患导致的临终阶段所伴随而来的痛苦，各种难以忍受的病患的疼痛，各种不适应症状的折磨。

因此，一个人临终之际倘若能得到家庭和社会各界的关怀，使自己消除对孤独的恐惧，对忧伤的恐惧，对失去认同感的恐惧，对失去自控能力的恐惧，对疼痛折磨的恐惧等，无疑，这将标志人类社会文明进入了一个崭新阶段。"足堪取代宗教的，既不是富饶美丽的自然环境，也不是一个舒适的病房，而是人与人在相互的信赖下所产生的共鸣。即便是没有特定的宗教，我们在日常生活中，仍然能感受到这样的东西。也就是说，对癌症末期病人而言，最重要的是能够不必感到孤独，并且能够实实在在地感觉到有人相信他，与他心灵相通；而他自己也深信，深爱着这些人们。"①

1. 从哲学的角度来讲

如果死亡的存在促成了人类文明发展和人类文化的铸成，那么，临终

---

① （美）傅伟勋：《死亡的尊严与生命的尊严》，170页，北京：北京大学出版社，2006。

关怀则反映了人类文化的时代水平,它是非物质文化中的信仰、价值观、伦理观、伦理道德、审美意识、宗教、风俗习惯、社会风气等的集中表现。

2. 从社会学的角度来讲

现代的生活模式发生了很大变化:家庭规模与职能日益缩小,不仅夫妇俩和一两个子女组成的核心家庭愈来愈多,还有许多年轻人朝着"丁克"家庭模式迈进——不要子女,加上老年人的增多,老龄化社会的形成。所以,现在的人们,特别是老人们,在天伦之乐方面常处于一种孤独、寂寞、失落的心理状态,直到临终之际,大多将只有一两个子女照护。对于这种社会现象,迫切需要作为团队的临终关怀的发展。

3. 从心理学的角度来讲

到了临终之际,临终病人的生命活动及其社会活动都处于一种紊乱的无序状态。临终关怀的目的,正是用一种协调舒缓的支持行为,使临终病人在有序的过程中安然度过人生最后一程,其亲属亦得到慰藉关怀,有节制地度过居丧期。

4. 从伦理学角度说

临终关怀真正体现了人道主义的真谛,显示了生命的尊严。试想,一个人在即将迈向死亡,即将丧失其权利、地位、财产等一切之际,仍然倍受家庭、社会的尊重、认同和关心,这真正体现人道主义的精神。无论从起源还是本质,临终关怀都是一种慈善事业,是一种蕴含伦理道德品位的事业。

总之,临终关怀是社会文明进步的标志,反映了不同国家、地区和民族的社会文化、历史与时代特征,有其深刻的社会历史意义。临终关怀将永久地、广泛地、全面地为临终病人所需要,为其家属所需要,为整个社会所需要。

二、临终关怀的源流与现状

(一)临终关怀小史

"临终关怀"来自英文"Hospice"。该词起源于拉丁文"Hospitium",原意为"小旅客"或"小客栈"亦即提供膳宿的住所。医院"Hospital"与"Hospice"同源。在后来,才逐渐有所区别,"Hospitium"同时也代表对客人的热情接待,即表示主人与客人之间亲密且善意的友好关系。"Hospice"含义极深刻,它最为接近的一个古词根"Hospes"即"人们之间的相互关系"。

据史料记载，最早的"Hospice"可以追溯到公元 4 世纪一位名叫 Fabiola 的罗马贵妇人，她在自己家中无偿地为饥渴者提供食物和饮料，为贫困无衣遮体者提供衣物，为贫穷的病患者提供照护，为的是实现自己"积德行善"的愿望。

初始的"Hospice"并不仅仅是专为临终病人服务的场所，在这里受到接待的既有临终病人，也有一般的病人、饥渴者、穷人、孤儿以至身上系着铃铛的麻风病患者。修女、教士为他们提供食物，清洗伤口，但他们的工作主要是为了使这些人恢复体力，继续上路，而不是医学角度的治疗。

在中世纪欧洲，修道院的神父、修女出于宗教旨意，往往在修道院中或旁边附设一房间，用于照顾长途跋涉的朝圣者或客商，无偿地为病贫者服务。在这些"Hospice"中，修女或修士给他们饮食，为他们治病。一部分人解除了饥渴的威胁又振奋精神踏上征途，而那些患病濒危的、受伤严重的，眼看已没有生还的希望，则在慈善温良的宗教人士的照顾下，在同一信仰的神面前，安详舒适地死去。当时，最著名的"Hospice"是位于瑞士阿尔卑斯山的圣伯纳德的"Hospice"。至今，那里的奥古斯丁修道院的神父们仍然向朝圣者和旅行者提供帮助。所以，"Hospice"含有原始的人道主义精神及强烈的宗教慈善意识。

后来，随着西方宗教改革，许多修道院关闭，"Hospice"也随之衰败。许多人把人们遭受的痛苦和疾病，看作是对违背上帝意志罪行的惩罚，认为不必要设立"Hospice"。在英国维多利亚时代，人们甚至认为，富有的人濒死是由于身体虚弱，而贫穷者面临死亡，则是由于他们平时的言行违背了上帝的旨意，所以应受此惩罚，不必怜悯。

经过漫长的一段时间，直到 17 世纪，临终关怀在欧洲才又重新兴起。这不能忘记法国牧师文森特·德·保罗的功绩。17 世纪法国一位名叫文森特·德·保罗的"圣徒"，他有着贫苦的童年，曾在阿尔及尔度过了一段奴隶般的生活，但他最终成为一个慈善事业工作的牧师，他选择放弃世俗的财产，把一切献给帮助穷人的慈善事业，并劝说贵族出钱出力，推动了欧洲大陆临终关怀事业的发展。在英国，首次使用"Hospice"命名照护临终病人的机构是 1905 年圣·约瑟夫的爱尔兰天主教修女院。在此前，英国专门照护临终病人的机构已然存在，早在 1879 年，玛利亚·艾肯希德在爱尔兰的都柏林创建了第一家专门照护临终病人的机构，称之为"Home"即"收容所或疗养院"。此后，这类机构相继建立，为今天的临终关怀奠定了良好基础。

(二) 中国临终关怀传统

我国古代的临终关怀主要表现在敬老爱老的优良传统上。《礼记·王制》记载，夏后氏养国老于东序，养庶老于西序；殷人养国老于右学，养庶老于西学。据考证，这种"序"和"学"即最初的具有临终关怀涵义的养老机构。

唐代设于长安由佛教寺院负责具体管理工作的"悲田院"专门收养贫穷、没有依靠的老年乞丐。到宋代，北宋朝廷曾在汴京（今开封）设有东西两个"福田院"，也是专门供养孤独有病的老年乞丐的临终关怀机构。元代元世祖忽必烈曾于1271年下令各路设立"济众院"，专门收留鳏寡孤独、残疾不能自养的老人。明朝政府曾颁布收养孤老的法律，《明律·户律》中规定："凡鳏寡孤独及笃疾之人，贫穷无依靠不能自存，所在官衙应收养而不收养者，杖六十；应给衣粮，而官吏克减者，以监守自盗论。"明初就诏令各府县设置"养济院"。

清康熙年间首先在北京设立"普济堂"，收养老年贫民，视其经济状况而决定供养人数和生活水平。老人病故则给棺材钱和安葬钱三千文，并能提供各种仪式的殡葬服务。这些机构虽然主要表现为老年社会福利慈善性质，但毕竟和老年人的临终疗护与死亡丧葬分不开，所以应视为现代临终关怀院的雏形。

(三) 中外临终关怀现状

世界第一家临终关怀的倡导者和奠基人桑德斯博士1918年生于伦敦，在其做护理工作期间，就对医院中的临终病人未能得到充分的照顾而深感内疚。当年，她年轻的恋人 David Tasma 不幸患晚期癌症。在临终前，他将仅剩的500英镑全部捐献给她，期望将来能用这笔钱在建造临终病院时安"一扇窗子"。

这一切激起桑德斯博士要创办一所专门为临终病人服务的机构的愿望。她不懈努力，四处奔走，募集资金，经过十几年的筹划与准备，终于在1967年在英国伦敦东南方的希登汉成立了世界上第一个临终关怀机构——圣·克里斯多弗临终关怀院（St. Christopher Hospice）。这家临终关怀院以其优良的服务、完善的设施而成为整个英国，乃至全世界临终关怀组织学习的典范，对世界各国开展临终关怀运动和研究死亡医学产生了重大影响。

自 20 世纪 70 年代起，美国、加拿大、日本、澳大利亚、南非等许多国家都相继开展临终关怀的工作。从 1973 年起，临终关怀在美国就受到国家重视，成为联邦政府研究的课题。到 1980 年 10 月，临终关怀正式纳入美国国家医疗保险法案，使临终关怀在经费上得到了保障，从而使美国的临终关怀事业迅速发展。加拿大 1975 年在蒙特利尔创办了第一个临终关怀院——加拿大皇家维多利亚临终关怀院，现在加拿大已发展到 116 个不同类型的临终关怀机构。日本淀川基督教医院附设的临终关怀机构，成立于 1984 年，是一个拥有 23 张床位的临终关怀中心。该中心收留了很多需要照顾的临终病人并积累了大量的临床资料和科研成果数据，其努力得到了政府的承认与支持。至 20 世纪 80 年代末期，国外登载有关临终关怀和死亡问题的研究报告、学术论文、文献等期刊杂志就有 300 多种。目前世界上已有 60 多个国家和地区开展临终关怀服务项目和研究项目，并取得了许多成功的经验和具有指导价值的科研成果，这一切确实给临终病人及其家属带来了极大的福音。

20 世纪 80 年代初，Hospice 的概念传入香港。在香港，Hospice 被译为善终服务。香港的圣母医院首先于 1982 年成立了关怀小组，为晚期癌症病人及家属提供善终服务，其后基督教联合医院、南朗医院等几家医院也陆续实施过这种服务。为统筹推动善终服务，1987 年香港善终服务会创立。该会积极开启各项活动，包括宣传教育、举办课程和研讨会、开设电话咨询、为公众印制参考资料、招收与训练义工参加服务、协助当地医疗机构或服务团体成立善终服务机构等。目前，香港的善终服务模式已多样化，如：独立的善终院舍、善终服务单位、咨询顾问队伍、居家善终服务、日间善终院舍等。

在我国台湾地区，Hospice 被译为"安宁照护"。1986 年，由台湾马偕医院主持，举办了第一次 Hospice 的学术研讨会。和香港形成鲜明对比，台湾的临终关怀是以实践起步的。他们首先建立了安宁照护病房或相应的安宁照护服务单位，随后成立台湾安宁照护基金会，出版《安宁疗护杂志》，有力地推动了临终关怀的发展。目前，台湾较有名的临终关怀机构有马偕医院安宁病房和忠孝医院的临终关怀服务项目。

1988 年 5 月，美籍华人黄天中博士访问中国，与天津医科大学崔以泰教授谈到合作开展 Hospice 课题研究的意向,并在"Hospice"一词的译义上达成共识,决定译为"临终关怀"。同年7月,成立了大陆第一家临终关怀专门研究机构:天津医科大学临终关怀研究中心。

在天津医科大学临终关怀研究中心的带动下,全国各地纷纷因地制宜地创办临终关怀服务机构,开展临终关怀临床实践工作。自20世纪90年代以来,全国许多综合性医院开设了临终关怀病房,在肿瘤专科医院里设临终关怀区。据不完全统计,目前全国除西藏外,各省、市、自治区均建立了不同类型的临终关怀机构,上万名医护人员从事临终关怀工作,为临终病人舒适安宁地度过人生最后阶段贡献自己的力量。

自2001年开始,知名实业家李嘉诚每年捐资逾2 000万元在北京、天津、上海、广州等20所重点医院设立免费的宁养善终服务即临终关怀服务,减轻贫困的晚期癌症病人的痛苦及予以心灵慰藉,首年服务目标为5 000名病人。

三、临终关怀事务

(一) 临终关怀的类型

我国学者孟宪武通过对中国传统临终关怀文化的总结,将中国传统临终关怀归纳为五类:家庭型临终关怀、社会型临终关怀、宗教型临终关怀、医院型临终关怀和反向临终关怀。这5种类型对当代具有相当程度的现实意义。

1. 家庭型临终关怀

家庭型临终关怀是最古老、最主要的形式。人在临终之际,有着血缘、婚姻关系的人们,出于感情、道德、礼仪、习俗等方面的因素,对临终者表示不同方式、不同程度、不同目的的关心慰藉。在封建社会中,亲人子女可以弃官卸职,千里迢迢赶回临终者身边,以示最后的亲情;而许多临终者也往往会等到外地亲人赶至方瞑目而逝。

2. 社会型临终关怀

社会型临终关怀是指临终者亲友、同仁、乡里的关心问候以及死后丧礼的参与与协助,具有一种社会交际的涵义。当然,更主要的还是体现了群体之间的情感关系。百姓人家,邻里亲友探视临终者,甚至可以消释往日之间的旧仇宿怨。某些地方有一种"老人会"的组织,参加者皆为家中有老人的家庭。一家老人去世,会的主事人便通知各会员户,每家出一至二人帮丧家操办丧事，如为死者净身、穿衣、守灵、入殓，直至埋葬。而且每会员户还按规定资助粮食或钱物，以助丧主解决困难。毫无疑问，这种"老人会"的组织形式，鲜明地体现了一种群体社区的临终关怀思想。

3. 宗教型临终关怀

宗教型临终关怀反映了宗教在临终关怀中的作用。自古代氏族公社的巫术始，至往后各种宗教，其宗教活动的重点大都围绕着人的临终与死亡，对笃信宗教的临终者来说，从中获得的安慰是巨大的。宗教活动在临终关怀中所占的地位，甚至超过了家庭亲人的关怀之情。

4. 医院型临终关怀

医院型临终关怀是指设置专门的场所，提供临终病人之用。中国传统医学虽多为个人行医，集中医疗机构较少，但类似西方中世纪的 Hospice 场所也有设置。据史料记载，早在汉朝时期就有了临时性的病人收容所。南齐肖子良信佛，时闹大水，他"于贫病不能立者，在第北立廨收养，给衣给药"，成为我国最早的慈善医院。隋唐时代，佛教鼎盛，附设在寺院中的养病坊和济贫院数目剧增，其中不乏对濒死贫病者的照护。到了宋朝，各州县多设安济坊，收容不幸患病，家贫不能拯疗者。

5. 反向临终关怀

反向临终关怀是指临终者的行为对生者的关怀影响，如临终之际的划分遗产、安排后事，遗嘱、遗书等，都表明临终者对生者的依恋和关心进一步升华，也是临终者对家庭、对社会的最后贡献。许多志士仁人在临终之际表现出的崇高品德、民族气节和视死如归的精神，对后人有明显的激励作用和教育作用。一般病人临终之际表现的品德、感情、思想等，也具有积极的反向关怀作用。

（二）全人、全程、全家关怀的临终关怀理念

1. 对临终病人进行全人服务

所谓全人，即是说我们医务人员或家属对病人的关怀，不应只局限于他的躯体的痛苦，还要关心他的心理、精神、情绪上的忧郁、悲伤或绝望；不应只关心他疾病的治疗情况或症状的控制情况，还要关心他的生活状况和经济方面的困难；不应只尽量满足他的缓解症状的要求，还要注意满足他们的一些特殊要求。

不求延长病人的生命时间，而以对病人的全面照顾护理为主，以提高病人临终阶段的生命质量，维护病人临终时作为人的尊严与价值为主；全方位关怀。临终者关心家庭子女等未竟之事，家属亲友则给予临终者无微不至地照顾与爱心，而医护人员等组成的临终关怀团队，则给予临终者及家属全面的、立体的关怀；为临终者提供良好的生活护理，包括环境、饮食、卫生和娱乐；全社会关心临终病人。

2. 对临终病人进行全程服务

第一程，审慎地决定是否将病情告知癌症病人。医生告知要能达到：表明病人的病情虽然严重，但还不至于立死；表明治疗的过程是曲折的，并非一帆风顺；表明医生将和病人共同与疾病斗争的愿望。第二程，给临终病人诀别的时间；第三程，认真实施临终护理操作：首先要密切观察病情，其次要保持呼吸道通畅，再次是要保证氧气吸入或液体通路的通畅；四是尽力满足病人要求；五是做好必要的清洁护理；六是要慎重选择抢救措施；最后是宣告死亡。第四程，做好遗体安置：第一步擦洗清洁遗体；第二步给死者穿寿衣；第三步做好善后事宜。

3. 对临终病人进行全家服务

对临终病人的全家服务包括精神层面的服务，也包括物质层面的服务，还包括社会层面的服务。

（三）临终关怀事务

1. 临终者身心状况的调适与改善

包括：痛及身体不适症状减至最小，达到病人可承受的程度；病人获得身体的整齐清洁而无恼人的损形或摧残；在可能的范围内给予病人以活动空间；给予病人自由地做他愿意的选择，满足他的需求，包括身体、心理、社会及灵性层面；病人能够解除过往生活中的冲突；准备及交代后事，包括物质的、社会性的告别以及灵性上的准备；保护病人不受到不必要的、无意义的及有毁人性的医疗措施；体会到自己的一生在宇宙中有意义的存在；有某种信仰，使自己不畏惧死亡且能保持希望；临终前能够说出三句："谢谢你"，"对不起"，"再见"。

2. 家属如何关怀

孟子说：惟死才能当大事。如何再见，大有学问。总的说来，在明知生还无望的情况下，应该让临终病人安详而去，这是最重要的事情。

首先，家属应尽可能地为垂死者布置一个熟悉的空间环境，以使他们在生命的最后时刻也依然能够看到外部世界的生命是美好的。如果可能，让阳光射入室内，也可以放置一盆赏叶植物或是鲜花。足够的空间是必不可少的。除护理人员用的必要器物之外，病人还能见到熟悉的画面、喜爱的家具或许是自己亲手做的手工品等。

其次，家属应该通过抚摸这一触觉方式来传递自己对病人的最为直接的爱意。坐在病人床边，握住他的手，抚摸他的额头和脚，这一切都表示"你是现实的，我也是现实的；你现在并不孤独，我现在就在你身边"。让临终病人感受到爱就在身边，触手可及，这是最为重要的。

最后，语言当然应该是与临终病人交流的重要途径。家属不要在垂死者周围窃窃私语，而要凑近说些关于爱、感激、安慰、希望、信仰以及同情之类的话语，这样可使垂死者感到亲情和温暖。

(四) 临终关怀教育

其一，将临终关怀教育纳入学校教育。许多学者指出，从健康教育的角度来看，临终关怀教育应纳入学校健康教育计划内，并逐渐地使家长、教师及其他人士所接受。许多高等医学院校的医学伦理学课程中列入安乐死以及死亡道德的篇章，从伦理学角度开展临终关怀教育。

其二，组织学生参观殡仪馆。了解人类面对生离死别的应对策略，积累相关事务性知识。

其三，经常性地组织学生到养老院、福利院、临终关怀医院等从事义工工作，一方面，熟悉如何照顾临终病人的事务；另一方面，培养慈爱生命、关爱他人死亡的博大情怀。

第三节 安 乐 死

一、面对不治之症，生与死的价值转换

(一) 大陆安乐死第一人的不幸结局

我国首例"安乐死"案的主要当事人、陕西第三印染厂职工王明成，2003年8月13日凌晨离开了人世。除了撇下为生活所困的妻儿外，他还留下一个巨大的争议话题———"安乐死"。

1986年，王明成在汉中为母亲夏素文实施"安乐死"，成为我国首例"安乐死"案的主要当事人，并因此被逮捕关押，与实施者蒲连升一起被

检察机关以故意杀人罪提起公诉；1991年4月，汉中市（现汉台区）人民法院宣判二人无罪；1992年，汉中地区法院维持原判，两人被释放。

2000年11月，王明成被查出患上胃癌，做了切除1/4胃部的手术。王明成还患有心脏病、乙肝、哮喘、心力衰竭等多种疾病，身体免疫力非常低。加上家庭经济条件的限制，王明成做完全胃切除手术后，没有再化疗和放疗。2002年11月，王明成再次感觉身体不适，脸部和眼部出现黄斑，他意识到自己的肝脏可能出现了病变。到医院检查后，王明成被发现腹腔里又有了癌细胞，并已转移到肝脏上。2003年1月7日，王明成再次住院治疗。王明成说，他知道自己的病情肯定治不好。2月4日，他向医院提出"安乐死"的要求，医院答复：根本不可能。

2003年6月7日，患胃癌晚期的王明成因不堪病痛折磨，再次发出了想要"安乐死"的呼声。他就医的医院表示，因国家没有立法，不能为他实施"安乐死"。7月30日，记者最后一次见到王明成时，他已经瘦得完全走了形，但仍然强打精神告诉记者，不能实行"安乐死"，他很遗憾。8月13日凌晨3时30分，王明成停止了呼吸。这位为母亲解除痛苦，在大陆施行"安乐死"的第一人，却因不能为自己争取"安乐死"而痛苦辞世，给世人留下无端的感慨和遗憾。

（二）痛苦的生与尊严的死

生命首先要有意义，然后才热爱生命。绝症患者往往经历无数次和病魔的斗争却总看不到胜利的希望。他只能在痛苦中度过时间，仅靠药物来维持生命，被剥夺了生活的乐趣。此时，生命结束对患者来说也许并不是痛苦的事情，而病痛却令他难以忍受，他不能想象自己在病痛的折磨下离开人世。

一位癌症患者在与他的儿子对话时很好地表达了这种心情。父亲对儿子说："如果我忍受不了痛苦，我会考虑采取安乐死的。"儿子立刻说："不，我不会同意的。"父亲说："为什么？那样不是很好吗？孩子，你知道我生命的意义正在消失，我知道我现在除了病痛几乎什么都没有了，没有了自由，也没有了尊严。"儿子说："爸爸，您不是一直要我们热爱生命吗？我认为您有必要继续活下去，珍惜上帝赐予您的最后时间。"父亲说："生命首先要有意义，然后才热爱生命。而我现在只是依靠药物维持没有意义的生命，我在听从病魔的恣意摆布……安乐死是我生命终点最好的选择，我不想错过，我担心有一天我无法控制自己。我热爱生命，孩子,但我需要一个完美一些的结局,一个对我很重要的结局。"①

生命的意义是什么?

1. 生活的自我主体性

生命就是生活内容的展开,工作、学习、交往、活动等构成生命鲜活的内涵。如果一个人被病魔逼退到病床上,仅仅只剩下打针吃药时,那生命还有什么?

2. 自我意识的体验

喜怒哀乐、酸甜苦辣的体验与认知构成生命的底色,苦难与痛苦总是与幸福和快乐对立才有意义。如果一个人的意识只能是体验痛苦,而不能体验到其他时,生命便成为一种负担。

3. 生命是我的,是由自我意志参与决定的

然而,在病床上,一个人则成为病号,任由专业人员处置的病人:全身被插满管线、医疗器械等,机体被弄得面目全非,个人不能自主地支配自己的身体,这种状况又不显示任何治愈的希望,还谈什么尊严?

4. 人拥有奉献的能力

对家庭、社会、他人等不仅不能创造与奉献,反而造成负担,这是一个生命社会意义的彻底丧失。

因此,对大多数不治之症病人而言:无尊严,毋宁死!

(三) 痛苦是使死亡成为可以接受的事物的机制

很明显,绝症患者遭遇到的已经不是生还是死的选择难题,而是以何种方式死的问题。当生的意义因失去尊严而消失时,死的价值便突现了。如何死就成为患者必须面对的抉择。因为,从根本上说,痛苦是一种使死亡成为可以接受的事物的机制,"应该有一些使死亡成为可以接受事物的机制,痛苦可以用于避免痛苦,用于该离去的时候离去,当竞赛临近结束,无力回天时,痛苦也将结束,而这样的机制是精确又迅速。"②

古罗马著名政治家塞涅卡曾论及安乐死:"我不放弃老年,如果大部分躯体尚属完整的话。但如果我的头脑开始动摇,如果器官一个一个地损

---

① (美) 拿达里·安吉尔:《善待生死》,张涛编译,135 页,西安:陕西师范大学出版社,2000。
② (美) 贝蒂·弗里丹:《生命之泉喷涌》,李淑芹等译,542 页,北京:作家出版社,1997。

坏,如果剩下的不是生活而只是呼吸,我情愿离开这座腐烂的、摇摇欲坠的大厦。只要疾病还有治疗的可能,我的头脑不受损伤,我决不会因为忍受不了痛苦,举起手来结果自己,因为这样死去无异于屈服。但是,如果我知道,我所受的痛苦是无望解脱的,我情愿离去,不是因为恐惧与痛苦本身,而是因为它阻碍了我所有的生活目的。"

面对无法医治且极端痛苦的绝症病人,是满足他们提出的安乐死的要求,让他们静静地返回大自然的怀抱,还是无谓地一再延长其生命,使其在痛苦的折磨中离开人世。或者说,是让他们"安乐死"("含笑而死"、"无痛而死")还是"痛苦死"(被痛苦折磨而死)。这是每一位有理智的人必须认真回答与思考的问题。

1. 人类选择死亡是权利,也是一种义务

生与死是人生链条上的两极。没有生,也就没有死。没有死,也就无所谓生。生与死是同时存在、相伴而行的,正如"举足是在走路,放下足也是走路"一样,"死亡亦属于生命"。在人类自身发展的长河中,没有生,人类固然灭亡;没有死,人类同样也要灭亡。试想,如果没有死亡,人口数量无限制增长,地球资源被消耗殆尽,人类还能生存发展吗?因此,我们说死亡是人类延续的必要条件,人有"生的"权利,也有"死的"权利。作为有理性的人类应该正视死亡,坦然地面对死亡,笑迎死亡。死亡既是权利,也是一种义务,即对家庭、社会乃至人类的义务。

2. 人类在追求优生的同时,也企盼优死

这是人类理性的觉醒。伴随人类社会的发展,科学技术的进步,人们生活质量的提高,人类在追求"优生、优育、优教、优活"的同时,也渴望改善"死"的状况,其中尤其是希望能够减轻死亡时的痛苦,提高"死"的质量。人生的质量不仅表现在"生",而且为表现在"死",亦即人生的全过程。事实上,人生最大的敌人不一定是死亡,而是不必要的一味地延长死亡的痛苦。因此,当一个人在患有不治之症、极端痛苦且难以忍受时,他们更希望的不是毫无意义的延长生命,而是能尽快结束无意义的苦楚,使其能平静地、安详地善终。从一定意义上讲,改善了"死"的状况,解决了"死"的诸多难以忍受且目不忍睹的问题,也就意味着提高了人的生命末端的质量,这也是人们的企盼,是医学的题中之意。

3. 医学要研究"生",也要研究"死"

医生要对病人的"生"负责,也要对病人的"死"的安乐负责,这是医生的双重义务。医学是为了"治疗疾病,维护健康",但医学决不能征服死亡、阻止死亡。生与死是同时诞生的,死亡如同生一样亦属于生命,是人生命过程的一部分。因此,只强调研究"生",而忽视研究"死"的医学,是不完全的医学。强调医生的职责只是医"生",而忽视对"死"的安乐的关注,并非是完全的、彻底的人道主义。既要让人生得好,也要让人死得好,这才是完整的医学人道主义。

二、安乐死的概念、分类

(一) 何谓安乐死?

安乐死一词源出希腊文 Euthanasia,由"美好"和"死亡"两个词组成,原意是指在人类主观外力的作用下安然告别人世。安乐死的对象应该是死亡已经开始的病人,其使命是完成一个没有或尽量减少痛苦的死亡形式,并赋予终极的死亡以尊严和安详。这里,"死亡"被理解为逐渐从量变到质变的丧失蜕变过程。因此,安乐死是在痛苦的死亡已经发生、生命的价值基本丧失的情形下,维护生命的尊严,而不是相反。

安乐死的概念有广义和狭义之别。广义安乐死是指因"健康"的原因给予致死、任其死亡或自杀,甚至把远古时期对老、弱、病、残的"处置"也列入安乐死的范围。狭义安乐死则本节所讨论的安乐死。

对安乐死必须从下面几方面理解,否则会制造混乱:

1. 安乐死是优化的死亡状态

安乐死是一种死亡状态,不是死亡方式。死亡状态是由死亡原因决定的死亡性质,目前一般分为3种:因生理衰老而发生的生理死亡或自然死亡;因各种疾病造成的病理死亡;因机械的、化学的或其他因素造成的意外死亡或暴力死亡。安乐死只是优化死亡状态,不构成独立的死亡原因,不构成独立的死亡性质,因而不能构成独立的第4种死亡方式。安乐死可以实施于上述3种死亡方式中,对上述3种死亡的构成进行人工调节,消除死者的死亡痛苦,使死亡过程呈安乐状态。所以,安乐死本质上是死亡优化,不是鼓励人们去死。

2. 安乐死不是使人死亡的原因

安乐死不是使人死亡的原因,而仅仅是让"在死者"死得安乐的一种措施;所解决的矛盾不是生还是死的问题,而是死亡质量的问题。安乐死所起的作用不是使人由生转死,而仅仅是由痛苦转为安乐。使人由生转死的根本原因是所染疾病。安乐死不是"为什么死",而是"死得如何"。人的死亡是一个过程,死亡过程的状态和持续时间具有一定可调性,存在着消除痛苦的机制和规律。安乐死就是要驾驭这些机制和规律,对人的死亡过程进行科学调节,消除痛苦,使"在死者"死得安乐。

3. 安乐死不具有杀人目的

安乐死基于人道的原则,以解除人的死亡痛苦为唯一目的,使人死得安乐,以维护人的死亡尊严。以前许多人认为安乐死是"无痛致死"或"仁慈致死",这是不准确的说法。因为,自杀、谋杀或处决犯人时才适用"无痛致死"或"仁慈致死",是由生转死。显然,我们讨论的安乐死却不具有这层含义。

4. 安乐死的适用范围

安乐死仅仅适用"存在痛苦的在死者"。这个规定有两个条件:一是"在死者",即已进入到死亡过程的人,医学上一般称进入"濒死期"的人。只要是"在死者",不论其是否患病或患什么病,不论其是否患有不治之症,如普通疾病的晚期等,都在其列;二是"存在痛苦"。消除痛苦是安乐死的目标,没有痛苦的"在死者"也不属于安乐死范围。所以,非在死者、在死而无痛苦者,均不属于安乐死范围。以往把安乐死的适用范围简单地规定为"不治之症的患者"是不科学的,所以应将其定义为"无救治希望的病人"。

(二) 安乐死分类

安乐死可分主动安乐死与被动安乐死。

1. 主动安乐死

主动安乐死是指医护人员或其他人在无法挽救病人生命的情况下,采取措施主动结束病人的生命或加速病人的死亡过程。结合病人的意愿和执行者的不同,人们又把主动安乐死划分为三类:

自愿—自己执行的安乐死。即当病人得知自己所患的疾病在现有的医疗条件下不能得到根治,病情又在进一步恶化,死亡的来临已成无法避免的事实,为了缩短死亡过程和减少死亡中的痛苦,病人依据自己的意愿,并由病人自己执行加速死亡的方式,而结束自己的生命。

自愿—他人执行的主动安乐死。这是一种病人在无法忍受病魔折磨,而医学又对此病魔无可奈何的情况下,由病人自己提出借助某些无痛苦的医学手段和措施、主动结束其痛苦的生命或加速死亡过程的要求,由医护人员或法律规定的人员执行。

非自愿—他人执行的主动安乐死。病人没有许诺,完全是由医护人员或法律规定的人员执行的主动安乐死。采取这种主动安乐死,常常以病人的生命不再有意义为前提,或以认定病人有表达自己意愿的能力,或是对自己的行为选择有判断力时,他一定会表达出来求死的愿望为前提。

2. 被动安乐死

被动安乐死又称消极安乐死,是指对那些确实无法挽救其生命的病人,终止维持病人生命的一种治疗措施,使其自行死亡。应该给予适当的维持方法、减轻其痛苦,任其自然死去,不过决不能采用药物或其他方法加速其死亡。在以前的医学实践中,早就有这种安乐死的痕迹,只是人们多未意识到。依据病人是否有安乐死的意愿,被动安乐死可分两种:

自愿—被动安乐死,即濒死病人有安乐死意愿,并正式向家属和医护人员提出以安乐死的状态加速其死亡过程,经医护人员认可,然后停止一切治疗措施,而任其自然死亡。

非自愿—被动安乐死,即在濒死病人始终未表示要求以安乐死的状态加速其死亡过程、实际上也无法表示意愿的情况下,停止一切治疗和拯救措施,任其死亡。

无论主动还是被动安乐死,一旦确定了安乐死的两个前提:一是疾病的不可救治而处于濒死阶段;二是肉体和精神的极端痛苦。那么,两者在伦理学上并没有质的区别。对增加痛苦、延长死亡的措施,停用与不用是一样的,让病人自行死亡与主动结束病人的生命在意向和后果上并无差别。

(三) 安乐死的实施对象与条件

实施安乐死的对象范围是个复杂的问题,学者们对此有一些分歧。例如对植物人、严重缺陷新生儿等安乐死处置,就有不同看法。主要原因是由于尚未制定出安乐死法律,不过差别只是细微的,在本质上都符合安乐死的精神实质。

我国学者认为,安乐死可以下列对象为适用范围:晚期恶性肿瘤患者处于极度痛苦,且无救治希望状态者;重要生命脏器严重衰竭,并且不可逆转者;因各种疾病或伤残使大脑工作能力丧失的"植物人";有严重缺陷的新生儿;患有严重精神病症,经长期治疗已无可能恢复正常者;严重先天智力丧失、无独立生活能力,且无恢复正常可能者;老年痴呆患者、高龄重病者和重残者。不过,这些分类仅只是讨论范围,至于是否成为安乐死实施对象，还有待于安乐死立法。

三、安乐死的由来与现状

（一）安乐死古已有之

从文化源流上看，安乐死可能来自于：儒家的《孟子》及佛教净土宗。《孟子·告子下》言："然后知生于忧患，而死于安乐也"。实言于苦难和坎坷中求生，于安乐宁静中求死。"安乐"是中国及日本净土宗常用词语，其信仰的核心是阿弥陀佛，而阿弥陀佛所在之处及信众将赴之境，是西方极乐世界。西方极乐世界又名"安乐园"、"安乐佛土"、"安乐世界"等。它的意思是指"无有三途苦难之名，但有自然快乐之音，是故曰安乐"，从此意义上说，安乐死就是一种没有苦难或痛苦的死亡过程。

在史前时代，就有加速死亡的措施。在原始社会里，游牧部落在迁移时，常常把病人、老人留下来，加速他们的死亡。一些部落允许儿子杀死老人，以防止老人临终的痛苦，并把这种行为视为一个儿子的应有义务。古希腊罗马时期，允许病人结束自己的生命，或允许请别人助死，或允许处置有缺陷的儿童。中世纪，由于基督教的盛行，不论出于什么样的动机，结束自己或他人的生命都被视为是对上帝神圣特权的侵犯，因而自杀与结束别人生命都被禁止。

文艺复兴后，社会对安乐死的态度有了改变。17世纪，英国著名哲学家弗朗西斯·培根主张人们自己控制自己的身体过程，或延长生命，或无痛苦地结束它。在他的著作里常常提到"无痛苦致死术"。培根认为，延长寿命是医学的崇高目的，同时也认为安乐死是医学技术的重要领域，医生可以解除病人痛苦而加速其死亡。

20世纪初，一些人认为，对患有痛苦而无望治愈的病人，可以根据牧师和法官的建议，通过医生或由当局采取行动加速其死亡；或为了节省有限资源，以某种手段结束某些不适宜耗费珍贵资源的生命。进入20世纪30年代，欧美各地都有人开始积极提供安乐死。著名精神分析大师弗洛伊德就是以自愿安乐死的方式结束自己生命的。1936年，英国首先成立了"自愿安乐死协会"。1938年，美国成立了"无痛苦致死学会"。1944年，在澳大利亚和南非也成立了类似的协会。

安乐死正当在世界各地得到积极提倡的同时，却被德国纳粹分子所利用，并使其遭遇厄运。"二战"时期，希特勒于1938年拟定了所谓的

"强迫安乐死纲领"。次年秋天，希特勒决定杀死所有有生理缺陷和身体畸形的儿童，之后又把此项决定进一步扩大到精神不正常的成年人身上。1939年，希特勒用特殊命令方式，接受医生"从'人道主义'出发，对于无法医治的病人保障其'轻易死亡'的权利"这一建议，并在自己的办公室设立了一个"安乐死亡"专门机构。希特勒的"纲领"后来发展到对所谓劣等种族的安乐死全面解决。1936—1942年的6年间，用安乐死的名义杀死了数百万人，使得安乐死声名狼藉。

（二）安乐死之现状

1. 西方安乐死现状

"二战"以后，随着医学科学技术的进步和人们对死亡认识的深入，到20世纪70年代，安乐死又重新成为世界各国的热门话题。1976年，首届国际安乐死会议在日本东京召开。会上，美国、日本、澳大利亚、荷兰、英国等国的代表在东京共同签署了《东京宣言》。该宣言强调尊重人"生的意义"和"尊严的死"。宣言将人的生死权利相提并论，标志着人类对生命和死亡的认识进入一个新的阶段。1980年，"国际死亡权利协会联合会"成立，使安乐死的合法化的程度向前推进了一大步。据荷兰范德瓦尔的研究，1990年荷兰发生了2 300例安乐死，400例协助自杀，现在荷兰的自愿安乐死协会已有24万人，其中大约10万会员还签署了"生命预嘱"。在上写明，当他们以后患有致命疾病时，他们授权医生不再利用特殊的治疗方法延长他们的生命。

2. 中国安乐死现状

中国自1980年开始讨论安乐死，医学伦理学界的有识之士在这方面起了先导作用。1986年6月，陕西汉中地区大陆首例"安乐死案件"之后，全国开展了热烈而广泛的讨论。1988年7月，在上海召开了全国首届安乐死学术讨论会，哲学界、伦理学界、医学界、社会学界等学者对"安乐死"进行了深刻而激烈的讨论。1987年6月12日，上海《解放日报》报道了"安乐死在上海悄悄出现"；同年7月12日，《中国青年报》也以醒目的标题，向社会披露了"安乐死正在悄悄进行"的情况；1987年1月22日，中央人民广播电台"午间半小时"节目播出中国社会科学院等单位召集的有关专家对安乐死的座谈会，会后，邓颖超写信说："今天你们勇敢地播出了关于'安乐死'的问题并希望展开讨论，我很赞成，我认为'安乐死'这个问题是唯物主义的观点"，表示了对安乐死的支持。其后，天津市等的人大代表或政协委员还提出了"安乐死提案"，试图以立法形式肯定安乐死。

对安乐死问题接受最快的是医护人员。上海的调查报告显示，医护人员对安乐死概念普遍是能够理解的，高、中、初各级医护人员对安乐死理解没有明显差别。1990年2月2日，《北京日报》以《她在安乐中死去》为题，报道了中国科学院计算机中心周某实行安乐死的经过。1992年6月，广州的《开发区导刊》以重要的版面刊出《我为什么让母亲安乐死》的署名文章。1994年12月，《健康报》头条刊登了《一个医生之死》的文章，评述了上海华东医院主任医师赵某身患癌症而自行安乐死的过程。

四、安乐死的争论与立法状况

（一）安乐死的争论

1. 反对安乐死的观点

一是来自宗教。《圣经》第六诫：你们不能杀人。自杀和安乐死均在被禁止之列。2世纪时，一个著名的犹太教教士被处以火刑。当人们向他叫道可通过把浓烟深深吸进肺部的方式来缩短自己的痛苦时，他回答道："上帝给人以灵魂，只有他才能把灵魂带走。无人有权加速自己的死亡。"

二是来自职业的。安乐死还与医生救死扶伤的使命相违。医生的神圣使命向来是救死扶伤，然而在安乐死中，医生却被要求去协助病人主动结束生命，这岂不是违背医生的职业良知？再一个就是认为安乐死不利于医学发展。因为医学的发展总是建立在不断失败、不断总结基础之上的。只有在对危重病人的救治实践中不断总结经验，不断探索，医学科学才能发展。而安乐死阻断了这一环节，妨碍了医学的发展。

三是社会稳定。因为安乐死可能会出现道德水平下降，造成以安乐死之名行谋杀之实。

2. 支持安乐死的依据

一是安乐死符合病人的自身利益；二是安乐死使卫生资源合理利用，减少浪费；三是安乐死反映了人类无痛苦死亡的愿望；四是安乐死表现了人的死亡权利。

安乐死是随着人类文明进步而出现的，是人类发展的总趋势，有其伦理道德上的论证：

第一，安乐死是对人选择死亡权利的尊重。生命是一个不断发展的过程，死亡是人类生命过程的终点。人在享受快乐的生活、追求高质量的生命、提高生存价值的同时，有没有权利要求在死亡来临时，选择恐惧轻、痛苦轻、折磨少、能维持尊严的死亡状态来缩短死亡过程呢？每个人都有生存的权利，每个人都有权利活着。然而，人的生存权利，本身包含对死亡选择的权利。应该承认，一个人享有生存的权利，就应该对自己的生命拥有某种主权。我国宪法规定了公民的自由权。自由权当然包括面对死亡的选择的自由。人的生命权不仅是单纯的生存权利，它还包括死亡状态的选择权利。安乐死实际上是对人的死亡状态选择的尊重，是公民生命权利的体现，是人类对生命权利认识的升华。

第二，安乐死是对生命价值原则的证明。人的生命价值表现在两个方面，即生命自身价值（自身的质量）以及个人对他人、社会和人类的价值。前者是生命价值判断的目的和基础，决定某一生命的内在价值；后者是生命价值判断的目的和归宿，决定生命的外在价值。只有当内在价值和外在价值有机统一于某一生命体时，该生命才有意义、有价值。然而，人的生命是处于动态变化之中，而不是一成不变的，这样，生命的价值状态也是不固定的。当一个人处于永久性不可逆转昏迷状态时，就是说仅仅有生物学的生命而无作为社会人的生命时，无论从生命的内在价值，还是外在价值来看，他的生命已处于一种低价值的或零价值甚至负价值的状态中。在医学上，如果不惜一切代价维持一个低价值或负价值的生命，实际上只是在拖延其死亡时间和延长死亡过程而已。面对这种情况，无论对个人尊严还是对家庭、社会等方面的利益而言，接受死亡才是理性的选择，才是文明的做法。所以，安乐死结束这种生命的低价值状态是符合生命价值原则的，是现代道德所能接受的。

第三，安乐死是现代医学目标的取向。不同时期的医学目标取向不同。古代医学由于医疗卫生服务局限于个体治疗范围，所以形成以个体治疗为中心的卫生观，它所关注的是去除危害个体生存与活动的疾患。追求目标就是"活人性命，反对死亡"，所以古人把医学称为"活人之术"。

正是这样，一切活人性命、生人之术的医学行为都是道德的，反之就是不道德的。无论什么理由放弃、停止、中断维持生命的行为都是被禁止的。古希腊的《希波克拉底誓言》就有禁止医护人员为妇女实施堕胎手术的戒律，甚至到1949年世界医学会采纳的医学伦理学的《日内瓦协议法》仍然以维持"病人的生命"为医学目标。

现在人们的卫生观、生命观和道德观发生了根本性转变，医学不再是仅仅面对个体疾病，而是日益成为人类生存发展的保健事业。这样，医学面对的不仅是个体，更为重要的是群体；面对的不仅是维持人的生命，更为重要的是致力于个体和人类生命质量和生存质量的提高。在维持人的生命基础上，提高人的生命质量和保障人的生存质量成了医学的最高目标。这种情况下，安乐死就应当成为现代医学目标的取向之一。

(二) 安乐死的立法

1. 安乐死遵循如下的立法原则

第一，建立"生命预嘱"。"生命预嘱"即一个人在头脑清醒、理智健全时用书面表示的关于临终医护的愿望。在美国，这种文书由安乐死教育委员会分发。以后将该做法纳入安乐死法律条文，作为安乐死的必要法律程序。

第二，对安乐死加以界定。界定安乐死与"无痛苦致死术"及"受嘱托杀人"的区分。"无痛苦致死术"是为减轻死时的痛苦而发展起来的一门技术，它可作为安乐死的手段，也可以成为其他死亡的致死手段，如自杀、谋杀、死刑等。在实施安乐死时，一定要防止利用"无痛苦致死术"非法剥夺他人生命的现象。"受嘱托杀人"是指受他人的请求而将其杀死，而这个人不一定是患有绝症的晚期病人，所以不能将其与安乐死混为一谈。

第三，严格制定处置程序。严格规定诊断及审批程序，成立专门的诊断组织和制定诊断标准以保证绝症诊断的准确性，需要有卫生和法律权威机构的严格审批程序，以排除各方面可能的违反医学和法律的干扰，防止偏差的发生。有学者指出，安乐死的实施和管理要与临床治疗明确地区分开来，独立进行管理、诊断和实施；还应设立专门部门与实施者，设立安乐死仲裁委员会，建立一整套实施安乐死"申请—受理—审定—施行"的处置程序，依法施行安乐死。

2. 安乐死的立法现状

荷兰是世界上第一个使安乐死合法化的国家，该法案于2002年4月1日正式生效。根据这一法案，患有不治之症并且正在遭受"让人无法承受的痛苦"折磨的患者可以申请"安乐死"，严格按照规定程序对患者实施"安乐死"的医生将不受到起诉。

荷兰民间认同的安乐死条件为：首先，必须是由本人而不是家属提出实施安乐死；其次，在做出这一决定时，病人必须是神智清楚且在一段时间之内连续提出这样的要求；再次，病人患的病可能是绝症，也可能不是绝症，但必须是肉体和精神都遭受难以忍受的痛苦，且没有任何好转的可能；最后，只有医生而且只能是在与另一名医生磋商之后才能对该病人实施安乐死。

1976年9月，美国加利福尼亚州通过了第一个"自然死亡法"，允许使用被动安乐死。但在美国的50个州中都禁止使用主动安乐死的方法终止病人的生命。在英国，尽管从1969年开始，每年议会都要讨论安乐死的法案，但至今仍未能产生安乐死的立法。

第四节 脑死亡与器官移植

脑死亡概念最早出现于法国。1959年，在第23届国际神经学会上，法国学者 P. mollaret 和 M. Goulon 首次提出"昏迷过度"的概念，同时报道了存在这种病理状态的23个病例，并开始使用"脑死亡"一词，脑死亡的概念由此诞生。1968年美国哈佛大学医学院制定出著名的《哈佛标准》。在此之后，法国、英国、德国、瑞典、日本各国也相继提出了各自的脑死亡诊断标准。脑死亡作为死亡的判断标准已经得到医学界的普遍认可，并对我国的医学、法学、伦理学产生重要影响。

一、死亡标准的变迁

人类对死亡标准的认识由心肺死亡标准进入到脑死亡标准，是人类对生命认识的发展与科学进步的必然产物。

（一）心肺死亡标准的缺陷

1. 死亡标准的基本条件

死亡的标准即是生命发生着一种改变，这种改变预示生命存在的要素正在发生改变和消失，包括：①物质结构的破坏；②机体本身完整性的丧失；③不可逆的知觉丧失；④环境适应性和社会互动能力的彻底丧失，等等①。断定人是否死亡的标准必须具备三个根本条件：

---

① 陈忠华：《脑死亡——现代死亡学》，14页，北京：科学出版社，2004。

①死亡的不可逆性。所谓"不可逆",首先指的是生命走向最终死亡的过程不可逆,这既是判断生命由生到死转换的根本,也是一切死亡实际发生的客观规律,它表明了人为干预的无效性,它排除任何不死的可能性或偶然性。

②死亡的本质性。所谓"本质性"指的是生命从本质上的死亡或者说生命最根本的死亡。人的生命的本质即是人的自我意识,也即是人的生命的主体性。生命本质的死亡表明生命已失去自主性,不能体现人并决定自己的行动,作为生命个体存在的体验者已不存在;个体不再自我认同,也无法建立与他人的关系等。

③死亡的整体性。所谓"整体性"指的是生命从整体上业已死亡,不再作为一个完整的人存活。个体活着的时候,某个器官可能会死亡,却可以替代并继续活下去,整体性死亡排除了这一可能。整体死亡是这样一种趋势:在这种死亡的总的趋势之下,生命机体各部分逐步丧失其生命力(只是稍有时间先后之别),直至生命完全死亡。总体死亡是机体完全死亡的前提,完全死亡是总体死亡的必然结果。

人的死亡标准的三个条件,缺一不可。用以分析传统的心跳死亡标准,则可发现,传统标准有自身的缺陷。

2. 心肺死亡标准的缺陷

在以脑死亡为死亡标准之前,人类漫长历史时期中不同民族、不同地域的人,主要以呼吸、心跳停止为死亡标志。其中也分两个阶段:先是以较易观察到的呼吸为死亡标志,因为呼吸是人们最易观察到的生命活动。原始人把灵魂离开躯体称为死亡,确定灵魂是否离开躯体的标志就是呼吸停止。古代捕鱼部族的人看见鱼停止呼吸就死了,于是认为人停止呼吸就是死了。中国古代在判断人死亡时,用很轻的新蚕丝、新棉絮放在垂死者的口、鼻子上测看是否摇动来判断死亡,称为"属纩"。如果不见新棉絮摇动,说明垂死者呼吸已中断,即可宣告死亡。在汉语俚语中,"断气"、"没气"就是以呼吸停止为死亡标准的代名词。后来人们才从脉搏的搏动,发展到耳贴胸前闻听心跳的情况来判断死亡与否。听诊器的发明,则使人们能够以心跳的存在与否作为判断死亡与否的主要方法之一。

然而,随着人类实践活动的深入及对生命认识的发展以及科学的进步,心肺死亡标准日益暴露出自身的缺陷,人类对死亡标准的思考开始由对心的关注转为对脑的关注。

①心肺死亡具有可逆性。心死标准的可逆性主要表现在：

一是假死现象的存在，即按心肺标准断定死亡的人死而复活。其实，这种现象在人类很早就已出现。在长期医学实践中，人们发现，在有些情况下，以心脏停止跳动作为死亡标准并不可靠。早在古希腊，哲学家柏拉图在其《理想国》中就记载了一个战士死而复生的故事，中国古典医籍中就有关于扁鹊使暴蹶而死的虢太子死而复生的记载。1919年10月27日，德国一个女护士因失恋而服毒自杀，经过一系列医疗检查后，判定心跳和呼吸完全停止，看不出生命活动现象被诊断为死亡，随即装殓入棺。14小时后，警察开棺作例行的尸体照相时，发现死者喉部有微弱的悸动，急送医院抢救，结果自杀者复苏。这使人们对长期以来处于绝对地位的心肺死亡标准产生了怀疑。① 这类死而复生的故事在中国也时有发生。

二是现代科学技术已使心脏停止跳动具有可逆性。现代医学已发明了呼吸机和心脏起搏器。这些机械可以帮助病人恢复心跳。有些病人在心肺机帮助下，停止的心脏开始跳动，停止了的呼吸又开始伸张，渐渐恢复了健康。

②心肺标准不能涵盖人的生命的本质。呼吸与心跳标准是建立在生物学基础上的死亡标准，所谓心死亡，就是以心脏停止跳动作为人的死亡认定标准。古希腊哲学家亚里士多德提出，心脏是灵魂和智慧活动的中心；而在我国古代，也历来认为"心之官则思"。可以说，正是将心脏视为主宰人的一切活动的中心器官的传统观念，为心死亡标准的形成及确立奠定了坚实的文化基础，并使之沿袭数千年之久。直到今天，临床医生判定病人是否已经死亡以及司法实践中认定故意杀人罪是否既遂等所依据的仍然主要是传统的心死亡标准。而在1951年美国布莱克法律词典中，对死亡的定义为"生命之终结，人之不存；即在医生确定血液循环全部停止以及由此导致的呼吸、脉搏等动物生命活动终止之时"。我国出版的《辞海》，死亡的定义也是心跳、呼吸的停止。

表面上看，古人将心脏理解为人的精神活动之所，似乎立足于人的生命的社会本质。但是，近代以来的科学发展证明了心脏并不是人的思维器官，因此，古人的见解是没有科学依据的、错误的见解。也就说，心跳标准只不过是一种生物学意义上的死亡标准，并不能体现出人的生命的

---

① 徐宗良：《生命伦理学——理论与实践探索》，247页，上海：上海人民出版社，2002。

本质。

③心肺标准欠缺整体性，心肺死亡并不能体现为生命的整体死亡。现代医学的发展，尤其是现代心脏移植和心肺联合移植术的成熟充分表明了心肺功能作为人体的重要器官有其独立性，心脏的电生理活动具有一定的独立性，只要保证内环境的相对稳定，去神经支配的心脏在一定时间内仍能产生节律性兴奋和收缩活动，这是心脏的自律性特点，表明心脏并非死亡终末器官，心脏之死如同其他重要脏器一样不一定形成整体生命之死亡。

一位曾参与抢救心跳停止的病的死而复生的医生说，个体生命死亡是有过程的，在这个过程中有一个点，到了这个点上，生命作为一个完整体系开始解体，永远不能再恢复成一个有机整体，这就是死亡的临界点。由于人自身各个器官的生命能力不同，在人"死"后，身体器官还可保存一段时间。只要借外力激活心肌，使它运动起来，恢复跳动，人就有希望再生。

医学理论表明，如果生命的终点被人为地移到死亡临界点之前，就意味着诊断书有误，但在死亡临界点之后的任何一个位置上，都不能改变整体生命已经死亡的本质。死而复生者大多是以心跳标准来定义死亡所发生的案例。实际上，心死亡了，脑不一定死亡；脑死亡了，心也不一定死亡。严格意义上的死亡应该指这两种死亡同时发生，但在临床中，许多所谓的死表现出来的只是其中一种死亡。一个已经"死亡"的病人，该抢救还是该放弃，做医生的应予以综合性考虑。

"心脏的顽固自律性、骤停后可复苏性、功能的可人工替代性和损坏后可多次置换性四大特点，使心脏彻底失去了作为死亡判定标准的权威性。"[①] 可见，心死标准将因此成为历史，人类死亡标准也将走入一个新的历史时期。

（二）脑死亡标准对心肺死亡标准的超越

1. 人类死亡标准由经验走向科学

脑死亡作为一个问题是当代科技发展尤其是生命科学和医疗技术进步的一种直接后果。在漫长的人类生存繁衍和发展历史上，生与死都是作为一种直接经验现象出现在人们眼前的，是否具有心跳和呼吸是人们判别生

[①] 陈忠华：《脑死亡——现代死亡学》，24页，北京：科学出版社，2004。

命的直接依据。这是人们可以以经验方式来加以把握的事情。由于人们凭借着最基本的常识可以对生死做出经验的判别,死亡由此而具有直接表现性和公示性。随着现代生命科学和医疗诊断技术的高度发展尤其是随着"脑电图"测量仪、呼吸机等现代医学技术和仪器的发明与运用,人们发现心系统与脑系统之间的相对独立性,并进而检测出心死亡与脑死亡之间的分离性和不同步性。

其典型表现主要有两种情况,一是心脏死亡后一定时期大脑可以还没有死,可以通过人工系统或心脏移植来替代心脏并保持大脑的正常运行。二是在人的大脑死亡后医生仍然可以借助呼吸机和相关药物在相当长的时期里维持人的心跳和呼吸。在这里,关键性的科学技术进步是脑科学、脑医学和脑医术。如果离开了脑电图仪等的监测,人们无法探测大脑的内部活动状况,也就谈不到大脑是否死亡的问题。而如果没有呼吸机、肾上腺素等维持血压的药物、没有复杂的人工介入系统,则既无法长期保持人的心跳和呼吸,也无法真正发现并保持心死亡和脑死亡的分离性,更无法通过人工的有效干预来造就心死亡与脑死亡这种分离性和异步性。在这种意义上,脑死亡问题的提出本身是医学科学和技术进步的一种结果和表现,也是对于人的生命的探索的一次巨大的进步,它意味着对生死的判别由经验走向了科学,由宏观走向了细微,由总体走向了关键部位。

2. 脑死亡具有不可逆性并涵盖人的生命本质

脑死亡问题的提出有一个重要的前提,就是心脏和大脑在人的生命存在中的不同作用。纠正了长期以来人类对于心脏和大脑的功能及相互关系的误解。从而把大脑的作用提到了大大高于心脏的地位。它凸显了大脑在人的生命存在中的中枢地位和至上作用。可以从生命机体的特性和人的社会文化特性这两面来说明。① 从生命机体特性来看,心脏作为生命体内不可分割的组成部分,却不是不可替代的部分,而是其中可以替代的部分。这已为现代医学的发展所证明。而人的脑细胞和脑组织在数量上和结构上具有不可再生性,一旦全脑机能丧失,则死亡具有不可挽回性和不可逆转性。大脑一旦死亡,则没有移植或替代的可能。迄今为止尚没有进行过"换头术"或"换脑术"。也就是说,对于死亡了的大脑,既没有可能进行器官性替代,也没有可能进行功能性替代。因此,大脑对于人来说具

---

① 欧阳康:《脑死亡的价值与挑战》,《华中科技大学学报》(社会科学版),2004 (1)。

有不可替代性和不可再生性。

从人的社会文化特性来看，最根本的是人的自我认同和社会认同，而这基本上是依托于大脑来进行的。相比之下，心脏的作用主要是生命机能性的。做了心脏移植的人或依托于人工心脏系统的人保持着原来的记忆、思维、情感并保持着原有的自我认同和社会认同，因此还是原来意义上的人。这无论从病人的自我感觉与自我认同来看，还是从社会对于他们的角色认可来看都是如此。而大脑对于人的生命存在和思想与文化认同具有不可替代的作用。大脑一旦死亡则无法替代，人从根本上丧失其意识和思维，无法进行自我认同，也无法进行社会认同。即便有一天人类科学技术发展到了可以在生理上进行大脑的移植或置换，它也无法解决人的社会文化特性、文化认同，尤其是个性认同的问题。相应地，社会也不可能继续将其作为原来意义上的人来看待和认可。换了大脑的个人很难被认为还是原来意义上的个人。

3. 脑死亡可从整体上认识人的死亡

传统的死亡标准，单纯从心跳、呼吸的停止来确定死亡，是属于生物学死亡的标准；而脑死亡标准，则能够把人的死亡提高到既是社会的、法律的，也是哲学的、宗教的这一高度来认识。人是兼意识、感觉为一体的有机生物系统。脑的实质是思维、感觉和对全身各器官的统一指挥，不同于心脏，大脑才是一个人独一无二的"身份证"。大脑所决定的自我意识是个体生命存在的见证，任何器官都不能取代大脑，所以脑死亡标准有利于从整体上认识人的死亡。美国总统委员会的报告代表了这么一种尝试：用有机论的和活力论的术语来重新解释全脑死亡定义，而不要承认脑作为人的化身的特殊重要性。该委员会试图把全脑死亡定义转化为对全身死亡的一种特殊检验。在该委员会看来，脑死亡之所以重要是因为它显示了作为一个整体的身体的死亡。

（三）脑死亡标准的价值

1. 个体价值

①脑死亡的实质是生命的优化。心死与脑死究竟谁体现生命的最大价值？比较一下便可知。当心死与脑死同时发生，心死标准与脑死标准是一致的，不存在区别。生命价值为"0"（死亡是一切价值的虚无化）。而当心死与脑死不同时发生时，两种标准的区别就出现了：如果按心死标准，可能产生两个结果：心已死而脑未死者遭到放弃，或心未死脑已死者得以

救治。如果按照脑死亡标准，同样会产生两种结果：脑已死而心未死者遭到放弃，或心虽死而脑未死者得以救治。

　　显然，只有当两种死亡同时发生时，生命的价值为"0"，这是毫无疑问的。问题在于当两种死亡不同步发生时，所体现的生命价值便产生了区别：心死标准所救治的是已脑死亡的生命，而脑死亡具有不可逆转本质，某种意义上，对脑死亡者进行救治无疑是浪费医疗资源，此时的生命显示出来的不是价值而是负价值；可是心死标准放弃心死而脑未死之生命则是对有价值之生命的放弃，因为现代社会心脏死亡具有可逆性与可救治性。可见，心死标准总体上与人类生命价值优化发生了实际的冲突。反观脑死亡标准，其所放弃的虽然心未死，但脑已死，对于个体而言，已经失去了生命的本质内涵，仅仅只是生物学意义上的生命体，其生命价值已然最低，但是，可以通过器官的移植令生命在个体之间延续，从另一方面使个体生命价值在"死后"得以存续，这自然是生命优化的体现。而脑死亡标准之救治，立足于生命的本质，加上现代科学的技术保障，是对生命价值最大化的实现。因此，两者比较之下可以看出，心死标准有违生命的优化而脑死亡标准则充分体现了生命的优化实质。

　　②维护了死者的尊严。脑死亡的病人意味着进入临床死亡，但是心脏是一个自主性较强的脏器，拥有一套独立支配心脏收缩、舒张的起搏和传导系统。因此，病人脑死亡后，在人工呼吸等支持的情况下，心跳可以暂时不停。如果依照呼吸、心跳停止判定死亡的标准，那么医务人员仍需对脑死亡的病人不遗余力地"救治"，即使是医务人员向家属反复解释，也仅有少数家属愿意停止治疗。在一项题为"ICU临终病人治疗的社会、伦理和法律问题"课题研究中，调查和分析了某医院外科ICU9年内（1985年10月—1994年10月）接受救治而死亡的102名病人，其中26名病人判定为脑死亡。在脑死亡的病人中，仅5名死者家属要求停止治疗，其他21名死者家属坚持到呼吸、心跳停止一段时间后才让终止救治[①]。救治脑死亡病人，除了仪器设备的临监护外，还要使用救治的器械和药物，且死者身上插着不同用途的管子，但这些措施都不能使之死而复生，却反而有失死者的形象和尊严，因而是不人道的。如果实施脑死亡的标准，并得到病人生前或死后其家属的认同，病人一旦达到脑死亡状态，就可停止救

---

① 陈忠华：《脑死亡——现代死亡学》，78页，北京：科学出版社，2004。

治，从而维护死者的形象和尊严，也是真正人道主义之举。

2. 社会价值

①从器官移植角度出发，接受脑死亡标准可满足现代医学对某些活体器官的需要。由于当代器官移植技术的发展，临床上对供体的需求量日益增长，移植用的尸体器官必须很新鲜，才能保证移植手术的成功。现在确定脑死亡标准，可以保证使那些大脑已经死亡，但其他主要脏器短期内尚未死亡的人成为新的供体来源。现在我国已经能够进行心、肝、肺、肾等多脏器的器官移植手术。但供本器官来源极难解决，例如，我国因眼角膜类疾病致盲者有200万人左右，按70%的可治愈率计算，应当有140万患者可通过角膜移植等手段复明，但每年可实施角膜移植的仅有3 000例，由于供体缺乏，患者常常因延误治疗致使角膜穿孔而导致终身失明。中华骨髓库自1992年成立以来，共接受了5 000份骨髓样本，而骨髓移植配型合适率仅为万分之一，最终能够通过骨髓移植而康复的白血病患者微乎其微，我国尿毒症患者达50多万人，每年只有不到200人有幸接受肾脏移植手术而延长生命，大多数人只能依靠血液透析维持生存。供体的缺乏与全社会未能接受脑死亡标准有关。

②接受这一标准，有利于合理利用社会有限的医疗资源，并可减轻病人和家属的痛苦。这是因为在现代医学高度发达的情况下，以往由于心跳停止而自然死亡的病人，今天却可以在价格昂贵的机械复苏术、器官移植术等人为措施维持生命。但是，这是维持一个毫无意义的所谓"生命"，并且其代价超过了可以救治病人的数倍。其结果是：方面浪费了大量的卫生资源，增加了家属的经济和心理负担；另一方面也影响了卫生资源的公正分配，即有些死者在无意义地消耗卫生资源，而我国广大农村的农民中无力就医和需要住院而不能住院的病人为数还不少，显然这是不公正的。如果实施脑死亡标准，在死者生前或死后家属能接受的情况下，当病人进入脑死亡状态，就可以宣布病人临床死亡而停止治疗，哪怕只有部分公众接受，也可以节约不少卫生资源或将卫生资源用于急需的普通患者。这既有利于社会的公共利益，也有利于死者家属的利益和维护死者的尊严，可见其具有明显的伦理价值。

③脑死亡标准在法律上也有一定意义。1976年，美国某地发现一个职工被枪弹击伤头部，被发现时只有微弱的呼吸和脉搏。他被送到医院，医生利用心脏机进行抢救，但是，医生很快发现病人的脑电波已经平直，

随即宣告死亡。不久,警方抓住了凶手,法庭判罪犯有故意杀人罪,但凶手不服,认为病人的死亡不是他造成的,因为发现时还有呼吸和脉搏。医院出示了脑死亡的证据,法院据此对罪犯做出了严正的判决。根据我国刑法,杀人罪是非法剥夺他人生命的犯罪行为。如果共犯甲用斧头猛击被害人头部,致被害人脑死亡;接着共犯乙又猛刺被害人心脏,造成大失血,导致心死亡。在这种情况下,就要考虑是甲还是乙对被害人的死负主要责任的问题。按照传统死亡的观念和传统死亡标准,就应当由乙对被害人的死负主要责任;而按照脑死亡的概念,则应当由甲对被害人之死负主要责任。所以,脑死亡的问题或死亡标准问题不仅仅是一个法医学的理论问题,也是司法实践中一个涉及到判断共犯罪责孰轻孰重的实际问题。

二、脑死亡标准推行中的难题

2003年4月9日,湖北武汉同济医院召开新闻大会,宣布街道干部毛金生脑死亡,成为中国内地正式认定的首例脑死亡患者。社会上对脑死亡的关注由理论层面逐渐进入实践层面。然而,要真正实现脑死亡标准立法化可并非一朝之功。自脑死亡标准提出以来,脑死亡问题被认为是一个"被迅速解决,但又一直悬而未决的问题"①。

(一)脑死亡标准受到的责难与反对

1. 来自传统伦理的责难

①情感上难以接受。中国是一个伦理情感深厚的国度。看着亲人死去,本是一种无奈,于是,之前只要感觉有一线生机,就绝不会放弃救治。脑死亡后的人,诸如心跳、呼吸之类生命的体征可能还没有完全消失,甚至"面色红润",这时的家属一般不会把脑死亡理解为死亡;即使理解了,也冲不出感情因素的制约,难下决心拔掉病人的生命维持系统。无论付出多大的代价也要救,没有生还的可能了也要救。尽了最大努力以后,亲人们才无怨无悔。生死大事蕴含着极大的伦理内涵,人的生命有绝对价值,有伦理的、情感的和享受的价值,而不仅是专业化的主观或客观标准所能涵盖。因此,千百年来的死亡标准不能简单地以非科学或不准确等予以否定。面对脑死亡标准,给人以"尸骨未寒"的感觉:一则,人

---

① Alexander M. Capron: Brain Death-Well Settled Yet Still Unresoved [J], New England Journal of Medicine, 2001. 344 (16): 1244-1246.

死了，却还有心跳、生命迹象还存在，二则，尤其当从一个还有心跳、还有呼吸的人身上取走器官时，脑死亡标准被指责为不人道。

②对经济成本考量的责难。一种观点指出，脑死亡伤害了生命的尊严。这个观点说，"把人的价值看做是劳动力，把医院的救死扶伤看做修复劳动力，这样的价值观，我难以接受。"① 这是将人视同物力，看不见生命更为重要的其他内涵。另外的观点则是反对从经济费用的角度来论证脑死亡的必要性。1968年，哈佛提出脑死亡标准时，曾明确表明，对死亡进行重新定义主要是为了：第一，减轻患者家庭负担；第二，腾出ICU的床位；第三，获得器官用于移植。当下舆论对脑死亡的推动所进行的论证较多是用成本收益分析法，基于经济效率的考量，依然未摆脱当初脑死亡标准的外在考虑因素。

③对以器官移植推动脑死亡的反对。脑死亡最先由从事器官移植的专家提出，并在许多面向公众普及宣传的文章中以脑死亡者可提供器官来源论证脑死亡立法的重要及必要性，这似乎是为了解决器官移植市场上供需矛盾的唯一良方。结果，人产生了这样一种印象：脑死亡标准是为了获取人体器官设立的。"脑死亡有利于器官的再利用，好像器官利用价值的大小决定了生死观念的更新问题"。因此，一方面，现实中许多等待器官移植者的生命是否能存活似乎就是脑死亡者的义务所系；二方面，脑死亡者成了亟待开发的医疗资源，脑死亡立法就是要做到物尽其用。这里，谈论的不是生命个体及其尊严而是个体之外的原因。

其实，关于脑死亡标准推动器官移植的宣传，实际上有点过头。有关资料显示：中国每年新增需要肾移植的病人20余万，而每年只有5 000例病人能够找到合适的供体，约占总数的2%。目前，99%的移植供体来自尸体移植。"脑死亡"在临床上极罕见，据国外资料统计只有1%，相对巨大的需求来说，只是杯水车薪。即使在"脑死亡"观念十分普及的美国，99%持驾驶执照者同意捐献器官，每年也只能实施2万例肾移植手术，而新登记的肾移植患者多达40万。显然，将问题的解决诉求于脑死亡立法是毫无道理的。

2. 来自法律界的反对

脑死亡的提出既是对传统的死亡观念的严重挑战，也是对于死亡的宣

---

① 陈雪春：《中国脑死亡鉴证》，98页，南京：江苏人民出版社，2003。

判权的一次重大转换。死亡不能由死者本人来宣判,过去往往依赖于医生的判定和死者亲友的认可。对于心死亡来说这是可行的也是必要的。但脑死亡的判别则需要借助于现代的医疗技术并通过受过专门训练的专家来实施。根据国际医学界已经达成的共识和我国卫生部正在制定中的标准,脑死亡的判别有一系列缺一不可的标准:深度昏迷;脑干反射消失;瞳孔散大;自主呼吸停止;脑电图波形平直等,并且需要12个小时的连续观察和检测。这些标准中即便有一些是经验性的,也不能由常人来直接判定。而一些最为重要的检测,如脑电图等,则完全依赖于仪器设备并只能由相关的医师来实施,死亡在这里具有很强的隐蔽性。在这种情况下,医生在很大的程度上掌握了宣布某些病人生死的权利。

由于脑死亡宣判在很大程度上是在依靠医疗设备尚可维持病人心跳和呼吸的情况下做出的,这就有一个对医生的信任和对医疗设备的放心程度的问题。如何看待医生在判脑死亡方面所具有的这种特殊权力?这里会不会由于某些非医术的原因而产生某些不恰当的宣判?甚至为图谋不轨留下某些机会和可能?许多人由此产生出对于脑死亡的担忧,甚至反对将脑死亡合法化。但是,如果一个社会没有对于医生和医院的足够信任和尊重,那社会医疗保障体系又如何才能顺利运行呢?有人提出人们可以在心死亡和脑死亡之间做出选择,这种选择到底在多大的意义上是必要的和可行的?人们到底在多大的程度上和范围内具有对于自己的生命终结标准的自主选择权呢?

法律界尤其是律师对脑死亡标准多持保留态度,他们认为:一是尽管现代医学技术已将脑死亡的判定直接运用到临床中,达到了能较准确地判定脑死亡的水平,但世界各国对脑死亡的认定和判定并没有一个统一的国际标准,即使现在本国法律作了统一的规定,但随着医学技术的发展也会过时;二是脑死亡的时间如何界定,这在法律上是不能含糊的,因为人是活着还是死了,在民法上关系着权利主体是否存在,继承关系能否发生,在刑法上则涉及到杀人、伤害罪的对象是否存在,对之实施的侵害行为是否构成犯罪,以及构成的是杀人罪、伤害罪还是毁坏尸体罪或盗窃、侮辱尸体罪的问题,把这种重大的责任完全交由少数医生来决定,有可能带来新的法律问题;三是作为生命个体,人的权利始于出生终于死亡,脑死亡患者在身体其他器官尚未死亡的状态下,由医生来宣告其生命已经终结,是否违反宪法中关于保障人格权的规定以及是否会剥夺社会一般公众对于死亡的判断权和知情权,也是有疑问的。

(二) 脑死亡标准有待进一步完善

1. 脑死亡概念与理论存在不足

医学界本身对脑死亡的认识不足,理论准备还不充分。一些医学业内人士也常常在面对公众时,不自觉地把死前状态与死亡混为一谈,比如把自主呼吸与非自主呼吸混称为呼吸,把尸体当成病人描述;在讨论脑死亡立法意义的时候,把一些本来可能在脑死亡立法后随之而来的益处,人为地放大甚至颠倒了因果关系,比如把"节约卫生资源"、"卫生改革与发展"作为脑死亡立法"相当迫切"的理由之一;比如在有的媒体上出现"中国器官移植呼唤脑死亡法,只因供体器官来源少"之类的报道。

著名医学专家陈忠华指出,近年来关于脑死亡讨论中存在两种典型错误:①"一个脑死亡病人在一系列生命保障系统的帮助下,尽管可以维持其心跳和呼吸数月乃至数年之久,但是,在世界医学高度发达的任何一个国家,均无法恢复病人的生命。"②"自20世纪80年代开始,世界上大多数国家都相继制定了脑死亡标准,其目的首先在于尊严死者,不再增加其痛苦。"

第一种错误在于将脑死亡与植物状态混为一谈。因为只有植物状态才可以维持呼吸心跳数年之久。第二种错误是认为脑死亡还有痛苦,有无脑死亡标准只是个增加和减少痛苦的问题。

讨论脑死亡问题时,常见的概念性错误如:放弃;让他/她走;脑死亡病人靠"生命支持机"活着;不可能恢复;必死无疑;将死、濒死;允许死去;减轻痛苦;不再增加其痛苦;脑死亡病人;脑死亡患者;如此等等。综合起来都是从骨子里认为"病人还没死"。竟有一位主管医生给一位确诊为脑死亡者的家属下了这样的病危通知:"脑死亡,告病危。"①脑死亡不同于深度昏迷。深度昏迷指全身肌肉松弛,对各种刺激全无反应,各种反射均消失,呼吸不规则,血压下降,大小便失禁。深度昏迷是大脑功能严重受损的主要表现。有人认为,"濒死体验"实质上是大脑窒息造成的死亡幻觉,即病人持续性深度昏迷,意识丧失,思维活动却没有完全终止,还在缓慢进行,产生梦幻,苏醒后常会保持梦幻片段的记忆。深度昏迷可能会发展为脑死亡。

---

① 陈忠华:《脑死亡——现代死亡学》,37~38页,北京:科学出版社,2004。

脑死亡者不同于植物人。脑死亡者，如果被撤掉呼吸机，其呼吸、心跳很快停止，其他器官、组织也会逐渐丧失而死亡。而植物人，不需要呼吸机等外界医疗设备。他们的脑干功能是正常的，昏迷只是由于大脑皮层受到严重损害或处于突然抑制状态，有自主呼吸、心跳和脑干反应。

2. 精英标准与大众接受之间的冲突

就文化层面来谈，心死亡标准是自人类远古以来，在长期的观察与实践中总结出来，而后为科学证明为可行的死亡标准。在人类使用心死亡标准来判定个体死亡的漫长岁月中，渗透了丰富且浓厚的社会、种族、伦理及情感因素；相反，脑死亡标准则是专业领域人员总结与提出来的，缺乏历史与文化的支撑，可以说它不具有大众可接受性，完全是一种精英标准。显然，它要为民众接受并取代心死亡标准必须经历一个漫长的过程。

因此，脑死亡与心肺死亡之争本质上是社会文化习俗问题，不是用科学与非科学、文明与落后等词语所能化解的，它们已经深入到人们的心灵深处，这些是潜在的、不成文的、却浓缩着从数千年民族文化传统积淀下来的思想观念，影响着人们的思想行为，尽管一些做法落后，但要让广大人民群众提高认识，调整自己的行为，仍然需要一个漫长的过程，突破传统的习俗、观念，不会因为是科学的就立刻得到认同，必须有一个缓冲的过程，让人们慢慢接受它。这一过程本质上就是脑死亡作为精英标准与大众可接受性之间的冲突的解决。

人类的生命不同于其他生物体，因而其死亡判断就绝不只是生命医学的事，更多的是社会文化层面的事。就文化本身而言，医学精英们所倡导的脑死亡标准是先进的理性的科学理念，大部分民众所操持的心死亡标准是传统的、相对比较感性的科学理念。理念本身是无所谓对或错的，我们可以倡导民众向先进的、彻底理性的科学理念看齐，但无权也不能以立法的形式强迫民众必须接受精英文化理念，舍弃大众文化理念。尤其是脑死亡的判断须借助于一整套高科技医疗仪器和一系列严密的检测技术，这样，个体生命死亡与否的标准只掌握在极少数医学精英手里，一般民众被隔离在判断之外，其标准就具有很大的隐蔽性，对一般民众的知情权构成了威胁。

客观上，脑死亡标准既有可接受性也有其不可接受性：就其能克服心死亡之假死现象，令患者"起死回生"而论，现代医学发达以后，借助于现代医疗技术，在一定程度上能将心跳停止、呼吸停止但大脑皮质和脑干尚未遭受严重损害的患者抢救过来,这就是一般所说的"死而复生"或"起死回生"。这是现代医学科技给人类带来的意外惊喜,超出了一般民众的预期,因而普通民众对这种结果是满怀感激并心悦诚服地接受的,是顺的,可接受的。

可是,现代医学借助于呼吸机和心血管药物的支持,也能将少数中枢神经已经受损了的患者的呼吸和心跳维持相当长的一段时间,并能从体内排除废物。若以脑死亡的标准而言,这类患者已经死亡,而以民间社会公众的习惯标准判断,该患者还没死,心在跳,气没绝。于是按医学科学的标准宣布患者生命体已经死亡,就超出了民众常识的接受范围,变成了民众知识无法判断、值得怀疑的事情,是逆的,不可接受的。这样,由一部分社会精英,特别是医学专家所倡导的脑死亡标准与早已为社会大众所掌握和信服并实践了数千年,且已成为社会文化(特别是死亡文化)一个重要组成部分的心死亡标准产生了冲突和分歧。

3. 立足科学超越纯科学

虽然期求长寿或长生不老是人类最为普遍的希望,但无论是从科学的意义上还是从民间社会观念的层面上讲,人类个体生命避免不了死亡早已成为共识。对于死亡的判断和解释,生物医学、法学、社会学、伦理学和宗教、民间信仰等历来十分关注。从生物医学的角度上说,死亡就是生命作为一个完整体系已经解体,且永远不能再恢复成一个有机整体的临界点。死亡之后残余的部分细胞、组织、器官的不完整生物活性不再表明生命个体的继续存在,对于个体生命而言已经没有意义了,可以按社会的既定程序处置了。而从社会层面和民间观念来看,死亡仅是一个人生物体生命的结束,其社会生命、社会权利和义务以及所担当的社会角色并不一定随着生物体生命的结束而结束,还有可能作为观念生命体存在,甚而是生命另一新阶段的开始。同时,由于人类个体并不仅仅是作为生物体而存在,更重要的是作为社会一员存在于特定的社会群体之中,与该群体中的同类发生着诸如伦理的、道德的、经济的、社会的等诸多方面的联系,因此,在任何文化中当个体生命进入死亡时刻,对有关联的他人和社会都会有或多或少或重要或次要的影响,故人文社会科学与医学、生命科学对待死亡的看法和关注点是不一定能完全契合的。

自有生命科学,伦理问题就环绕左右。同属生命领域的脑死亡发展了生命科学,所遇到的种种冲突也就不足为怪了。不妨设想,追悼会或告别仪式上，那个尸首还在心跳，大喘气，谁会接受他或她已死的现实？脑死亡，一般人看不见摸不着，哪个敢贸然将他或她推进火炉？有关专家指出，脑死亡标准给人"尸骨未寒"的感觉，即使科学能达成某种共识，断定脑死亡代表人体死亡，但死亡问题承载了几千年的文化，也得考虑人们的承受能力。死亡标准已经不纯粹是科学的东西，已经融入了很多的社会因素。

因此，被科学证实了的种种绝对脱离不了社会性，脱离不了人们的惯性思维对它的认同程度。不管科学研究的价值多么无可限量，失去了社会根基，也就失去了被认同的背景。这种社会根基和认同背景的建立，是需要时间做宣传的。

综观目前关于脑死亡立法的相关讨论，大多数立足于脑死亡的科学性，而将传统死亡标准定为非科学，似乎传统死亡标准不太可靠是因为它不够科学。这种宣传舆论恰恰产生了相反效果，太强调科学性，无异于见物不见人，有物化和去人性化倾向，从而抽空了脑死亡标准的丰富内涵，以至于人们似乎只看到医学指标和冷酷的数字。这怎么能与生命相关联呢？所以，不应将脑死亡仅仅定义为或归结为科学标准，应该赋予它更加丰富的生命内涵，才足堪取代传统标准，而这需要时间。

（三）脑死亡立法

1. 脑死亡立法在国外[①]

国外脑死亡立法源于西方国家。目前，全世界有80多外国家和地区承认脑死亡标准，美国、英国、日本在内的十几个国家和地区（包括我国香港和台湾）还把它写进了法律。

总的看来，国外脑死亡立法有如下3种情况：

①国家制定有关脑死亡的法律，直接以立法形式承认脑死亡为宣布死亡的依据，如芬兰、美国、德国、罗马尼亚、印度等。美国的立法建议是：一个人或循环和呼吸功能不可逆停止，或整个脑包括脑干一切功能的不可逆停止，就是死人。死亡的确认必须符合公认的医学标准。这实际上是让传统死亡概念、标准和脑死亡概念标准并存，以避免人们对死亡定义的误解，这也是美国社会的认知多元化在立法中的反映。在加拿大和瑞典，脑死亡的立法原则是：当一个人的所有脑功能完全停止作用并无可挽

---

① 参见陈忠华：《脑死亡——现代死亡学》，99~100页，北京：科学出版社，2004。

救时，即被认为已经死亡。此外还有阿根廷、澳大利亚、法国等国立法承认脑死亡是宣布死亡的依据。

②国家虽然没有制定正式的法律条文承认脑死亡，但在临床实践中已承认脑死亡状态，并以此作为宣布死亡的依据，如比利时、德国、新西兰、韩国、泰国等数十个国家。

③脑死亡的概念为医学界接受，但由于缺乏法律对脑死亡的承认，医生缺乏依据脑死亡宣布个体死亡的法律依据。这仍是目前世界上多数国家的状况。

2. 中国推进脑死亡标准进程

我国医学界最早提出脑死亡问题的确切时间是1986年。同年6月，在南方召开的心肺脑复苏座谈会上，急救、麻醉以及神经内、外科等与会者倡议草拟了我国第一份《脑死亡诊断标准（草案）》1987年，台湾确立脑死亡法；1996年，香港确立脑死亡法。

1999年5月，中国器官移植发展基金会、中华医学会器官移植分会和《中国医学》杂志编辑部委员会在武汉召开全国器官移植法律问题专家研讨会，与会专家提出了《器官移植法（草案）》和《脑死亡标准及实施办法（草案）》。

2002年5月，由《中国医学》杂志编辑委员会发起，全国神经科、麻醉科、ICU（重症监护）专家及法律、社会学、伦理学的专家再聚全国脑死亡标准研讨会，制定了中国脑死亡标准，即：自主呼吸停止，需要不停地人工呼吸；对外界刺激毫无反应；无自主的肌肉活动；各种脑干反射均消失；脑电图长时间呈平直线。这些状态持续12小时以上。

3. 立足中国国情，寻求中国特色的脑死亡立法

①脑死亡要体现对公民自主决定权的尊重。在涉及人的生死标准这样重大问题的时候，必须尊重人的自主性，充分尊重每个人的自主决定权。

鉴于现代医学尚未对脑的功能完全破解，因此，关于脑死亡立法存在三种不同的主张：一是脑死亡一元说认为心、肺、脑三器官相互影响，构成生命环，心或肺可以移植，心或肺功能消失不绝对构成人的死亡，而脑死亡，则不可移植，生命之环被切断，脑死亡后靠人工器械维持心肺功能，虽心肺可以不死，但对脑死亡者并无意义。因此，脑功能不可逆转的停止是判定死亡的唯一标准。二是心死、脑死两元说：假定一个人根据通常的医务实践标准，已经出现不可逆的自发性呼吸或循环功能的停止，他

将在医师宣布的意见中被认为已死亡。如果提供人工的方法阻止出现这种功能停止的情况，那么，只要医师根据医务实践证明他已经出现不可逆的脑功能丧失，这个人也将在医师发布的意见中被认定为已死亡。三是死亡选择说：允许医生使用"心死"或"脑死"两种死亡标准，无论出现不可逆的循环和呼吸停止，还是出现不可逆的全功能停止，都可诊断为死亡。我国受传统思想观念的束缚，要在全国范围内全面实行脑死亡标准应该会经历相当漫长的时间，对于脑死亡有一个提高和统一认识的过程，可以让人们自由选择脑死亡或心死亡作为生命的极限。

卫生部官员曾表示，即使脑死亡立法，也应实行呼吸心脏停搏死亡和脑死亡两种标准并存，两种选择自主的并行方针，也就是公民生前和死后，其亲属及其当事人有自主选择哪一种死亡判定标准的权利。这样做，照顾到了我国公众的传统文化观念，有助于消除由于传统文化观念对公众的影响，进而可以进一步消除对脑死亡立法的阻力；从现实出发，考虑到了我国现有的医疗条件和医疗水平，因为毕竟大多数基层医疗单位都不具备能准确判定脑死亡的医疗设备和具有足够医疗水准的专业医生。如果仅将脑死亡定为判定死亡的唯一标准必然会遇到极大的困难，甚至发生混乱。

日本国民到1997年才部分接受脑死亡概念，同年日本法律决定心脏死亡和脑死亡概念并存，由当事人选择。"显然，'脑死'病人虽然所占比例很少，'心死'病人占绝大多数，'脑死'与'心死'两项原则并行不悖，并无矛盾。"[①] 中国卫生部副部长黄洁夫指出："心跳呼吸停止和脑死亡两种概念可以同时并存，群众选择死亡界定可以择其一或两种标准，允许有个逐步认识的过程。"[②]

[②]除了调整人们的观念，要进行脑死亡立法，还要遵循法律程序。第一，要有脑死亡的诊断标准；第二，要有脑死亡立法的技术规范；第三，就是脑死亡立法的管理程序，管理的办法。这之后，国家有关部门就可以颁布脑死亡法规，并进行试点，以后在全国铺开。而第一点脑死亡的诊断标准一定要结合中国国情，不能照搬国外的标准。

---

① 张天锡：《"脑死亡"标准会不会出台》，《大众医学》，2003（23）。
② 《脑死亡不同植物人，脑死亡立法征求各方意见》，《北京晨报》，2008年8月28日。

三、器官移植

（一）人类久远的梦想

用移植器官治疗脏器疾病，是人类久远的梦想。在《列子》中就有神医扁鹊为人换心脏以治疗疾病的故事。在文艺复兴时期，欧洲有想象移植肢体的油画，16世纪有牙齿移植的记载，18世纪开始出现学者做器官移植的动物实验。通过一个世纪的奋斗，现在人类终于将器官移植的理想变为现实。有专家讲，20世纪人类医学的两大进步是抗生素的发现与器官移植。器官移植更被誉为21世纪医学之巅。它已经成为治疗脏器衰竭的主要手段。目前全世界已有50余万例肾移植患者，1万余例肝移植，几千例心肺移植，1 000余例胰肾联合移植，小肠移植目前也有开展。数十万名身患不治之症的患者通过接受器官移植手术获得了第二次生命，他们过着与正常人一样的生活，生儿育女，心理健康。

专家指出，器官移植学发展快速，它的基础理论每三年更新一次，临床技术也日渐提高。在几年前肾移植仅是少数医院才能做的高难度手术，现在日益成为常规手术。它的快速发展有几个主要原因：

一是解决了免疫排斥的问题。人的免疫系统能排斥异种蛋白，保证个体正常生长，它的复杂性仅次于人的神经系统。目前专家用药物来控制免疫系统，使人的免疫力下降，保证供体的存活。进入80年代后，强力免疫抑制剂环孢素的应用，大大提高了移植器官的存活率；另外一种方法是找最好、最适合的供体，适合的供体可以减少排异反应。专家指出，最好的供体是亲属，因为他们的遗传基因相近，抗原接近，在手术效果、术后移植物长期存活等方面有独特的优越性，对亲属的健康又没有多大损害。

另外一个原因是移植技术的飞速进步。1954年第一例肾移植手术成功到现在，已经有了几十万例器官移植病人，它的种类也从单一的肾移植发展到心、肺、胰腺、小肠移植等以前不敢涉足的禁区。器官移植的基础理论也有飞速提高，20世纪，1/3的诺贝尔医学奖与器官移植有关。器官移植术在技术和基础研究方面已经不成什么问题，但是由于供体紧张，术后需要长期服用免疫抑制剂，费用较高。目前专家研究最多的是免疫耐受的课题，即对移植的特异供体不排斥，但对其他细菌有排斥。这样既解决了免疫排斥，又不降低人体免疫力，近期可能会有所突破。

（二）供体缺少的困境

目前最大的困难是供体缺乏，很多人在等待中死亡。实际上，器官移植一起步，专家就在探索各种可能用于移植的器官来源。甚至，器官来源的多少和类型决定了一个国家临床器官移植发展的水平。有资料显示，供体与等待器官移植的受体的比例是1∶10。有几万、十几万的病人在等待器官移植。目前西方国家大多通过了脑死亡法。即把脑反射信号消失作为人死亡的标志。这大大增加了器官移植的来源。而且西方国家宣传广泛，愿意在死后捐献器官的人越来越多，通过备案，在突然事件发生后，捐献的器官会迅速移植到病人身上。

实际上，人的很多器官都可以提供一部分给别人，对本人也没有太大的影响。在国外，活体亲属器官移植手术占总器官移植的30%，活体亲属供肾移植在美国为25%，挪威为40%，土耳其为85%，而我国则大大低于这个比例。

除此之外，专家还一直在探索利用异种器官、人工器官进行移植。从动物身上寻求病人需要的器官是当今生物医学领域国际性的难题，这一研究推动了分子生物学、细胞生物学、发育生物学、血液学、免疫学和遗传学等诸多相关学科的发展。目前专家们在寻找适合移植给人类的异种动物器官，尽力克服人体对动物器官强烈的免疫排斥的异种器官移植难题。

干细胞技术是近几年来新兴的生命科学领域。目前科学家能够在体外以干细胞为种子培育成功一些组织器官，来代替病变或衰老的组织器官。利用胚胎干细胞治疗疾病有着广泛的应用前景，但是在西方国家受到了伦理等方面的制约，而且在实际应用中还不能避免免疫排斥。组织工程学是一门新兴的交叉学科，它是在体外培养、扩增正常组织细胞，然后吸附于生物材料上，形成细胞与生物材料的复合物，再把复合物植入病损的器官部位，在生物材料被降解吸收的过程中，细胞形成新的相应组织和器官。它无疑是大有希望的供体来源。"将来医院会像一个人体配件工厂一样，为患者更换组织和器官。"目前科学家已经造出了一部分人造组织和器官，而且正在逐步商品化，比如人造的皮肤、软骨、国外的人造膀胱等。有关专家告诉记者，虽然组织工程学是个新兴的学科，但前景广阔，而且相关学科发展很快，更促进了该学科的飞速发展。相信科研成果会不断涌现。

然而，器官移植供体短缺的矛盾也日趋严重，目前大约有4/5需器官移植的病人在等待供体的过程中死亡，因此急需解决器官移植供体的来源问题。

我国器官移植技术的起步于20世纪60年代，从小器官移植，如角膜、肢体等到心脏、肝脏、肺脏、肾脏、脾脏等大器官移植，发展速度很快。可以说我国在器官移植的某些领域已经具有国际先进水平，但和发达国家相比我国的移植数量并不多。究其原因，固然与国家经济尚不够发达，患者经济承受力有限有关，但缺乏合法的供体来源，则是主要障碍。

我国约有100万尿毒症患者，每年新增12万人，每年约有50万患者需要肾移植，而每年全国可供移植的肾源仅有4 000个，他（她）们中的多数人，或过早地离开了人世，或依然只能依靠透析来维持生命，在苦苦的等待期间，每月的治疗费用高达7 000～8 000元。

我国患角膜病的500万人中，有400万可经角膜移植重见光明，但每年只有700个角膜供体；角膜数量远不能满足实际的需要。这和发达国家相距甚远。美国全国共有98个眼库，每年可做4万个角膜移植。

我国每年有3.3万多名白血病患者挣扎在死亡线上，对于他们中的大多数，骨髓移植是有效的治疗方法，而其前提是在骨髓库中找到相匹配的血液配型，而我国目前唯一的中华骨髓库所能提供的只是微足不道的2 000人的登记。

（三）让生命在个体间延续

如何让生命得以延续，这是人类的永恒企盼。从人类历史来看，人类寻找生命的延续有三种方式：一是个体生命不死。但这存在不可克服的自然规律，任何生命系统（族群、家族）都是通过个体的必死性来实现其整体繁衍的，个体生命不死是一种违背客观规律的主观愿望。即便科学以克服死亡为目标并取得了某些成果，但改变不了个体生命必死性命运。二是精神不朽。中国儒家强调死后留名，立下"三不朽"的宏愿，为中华文明注入了不屈的坚强活力。三是通过传宗接代来体现生命的延续，并成为顽强且悠久的家族文化传统。

器官移植则开辟了人类生命延续的新纪元。首先，它立足于人类生理生命，是生命的实质性延续，是生命基础的延续。因为生命必须有自然前提，而人类追求不死的真正所在还在于生理上的不死性，而这在过去是不可能想象的。一位将死者立下遗嘱将自己有价值的躯体器官捐献他人，一方面是救人性命，另一方面自己生命得以实质性的不死与延续；其次，真正体现生命之爱的博大境界。不同于以往只注重家族血亲的延续方式,器官移植是重在他人需要,不论谁需要,一个陌生的人能从移植中受惠,这令我们生命的意义与价值更加广大而充实。

因此,器官移植是生命在个体间延续的现代方式,是人类文明发展与自身超越的重大表现。

第五节 丧葬礼仪

死亡礼俗是人生礼俗中最后一个仪式。如果以四季来形容人生的话,那么,死亡便是相当于一年中的岁末。正如岁末的节日——年节被作为四季节日中最隆重的节日一样,关于死亡的仪式也是人生仪式中最为隆重的仪式。因此,可以说,死亡是人生最盛大的节日。

一、人类丧葬礼俗的起源及变迁

(一) 人类丧葬的起源

人类社会的丧葬礼俗与人类自身的历史相一致。某种意义上折射了人类自身生命意识的变化、社会文明的进步甚至社会变迁。

考察丧葬的起源,迄今较多的是借助文献学资料和考古资料来进行。

丧葬不是从来就有的,是人类逐渐摆脱动物的痕迹从而人化的文化的产物。人类源于动物,其早期行为和动物并无本质区别。先民们对待死者,就像动物对待同类一样,弃之于荒野,听任其腐烂或任由食肉动物吞噬。《孟子·滕文公上》云:"盖上也有不葬其亲者,其亲死则委之于壑。他日过之,狐狸食之,蝇蚋嘬之。"

随人类思维的不断发展,自我意识能力和理解能力的增长,原始人开始变得关注起自己以及同类的尸体来,并由此产生了早期的殡葬行为,即有意识地处理遗体行为。当然,人类殡葬有一个发展过程。早期的殡葬是简陋的,殡葬意识还可能有些模糊不清。《易经·系辞》载:"古之葬者厚衣之以薪,葬之于野,不封不树,丧期无数。"即以柴草裹尸体,置于荒野,不积土做坟,不竖木标记,丧期也没有规定。尽管如此,也是一大进步。不过,按今天的眼光看,这种方式与其是一种葬式,一种野葬,不如说是在"弃尸"。这类裹以柴草、树叶而葬的方式,在距今5000年前后的仰韶文化的墓葬中多有发现，大约距今 3000 年前后中原的周边落后地区那些"蛮夷"仍以这种方式处理尸体，故被中原知识界记载下来，用以解释远古殡葬的起源。

"葬之中野"，尸体终究会被野兽找到，人们这才挖坑埋葬。"葬也者，藏也。欲人之弗得见也"（《礼记·檀弓上》）。不过，开始埋得不深，对墓坑也不讲究，并不做坟堆，墓与地面平。《礼记·檀弓上》："古也，墓而不坟。"即"凡墓而不坟，不封不树者，谓之葬。"坟，指墓上的封堆土。直到西周，墓上仍不做坟堆、不做标记。同时，在葬具上，"后世圣人易之以棺椁"（《易经·系辞》），并且丧礼等规定也随之陆续出现，人类的丧葬行为才变得日益规范和复杂起来。这些有很多是文明时代的事了。从这里，我们看到了人类殡葬的进步。

（二）我国丧葬礼仪的变迁

人类最初的丧葬活动，是为了保护尸体。随着社会生产力的不断提高，人类智力逐渐增长，产生了灵魂观念，认为一个人具有"灵魂"和"肉体"两部分，人的死亡，是"灵魂"离开"肉体"。所以，"肉体"就没有知觉。将来，"灵魂"还会回到"肉体"里来。因此，活着的人要把死者的"肉体"保护好。这种对肉体的保护行动，就是早期的丧葬活动，保护尸体的地方，就是墓葬。

夏商周时期，中国古代的丧葬礼仪已向系统化、程序化的方向发展。特别是到周代，为一个崇尚礼仪的时代。对周人来说，丧葬礼仪是一种文明的象征。他们认为，上古之民穴居野处，故其丧葬礼仪也草率简单。至三代，从当时的文献资料看，丧葬礼仪已初具雏形，属纩、三月大殓、饭含、棺椁制度、明器制度、禭制等都已出现。

到战国时期，中国古代的丧葬礼俗已基本具备。当时丧葬礼俗的特色在于强调伦理秩序的充实和道德架构的建立，由此规定出亲属团体的层级亲疏关系，以及比附于社会的政治等级制度，使伦理秩序和政治秩序在丧葬礼仪中有机统一。故此也显得异常复杂繁琐。社会地位不同，其丧葬礼仪也不相同，且不得有违。比如《礼记·王制》记载："天子七日而殡，七月而葬；诸侯五日而殡，五月而葬；大夫士庶人三日而殡，三月而葬。"所谓死时的待遇与生前待遇相对等。

秦汉时期的丧礼大体继承了春秋战国时期的丧葬礼仪制度，而且走向隆重化。以西汉中期为界，秦汉丧礼大致可分两个阶段。西汉中期前的贵族大墓多土坑直穴木椁墓，沿用旧的丧葬礼仪，讲究棺椁、礼器制度。墓主人上下有等，身份有定，法度森严，不得逾制，而且墓中随葬品组合是以礼器为主。另外，墓中纳有珍宝、食物、器具等，品类繁多，大概基于宗教迷信态度，相信死者在阴间继续存活。中期以后，随儒家思想对日常生活的制约，其以伦理为基础并以人情为旨归的丧葬态度，逐步改变了盲目信奉鬼神的丧葬仪式，而象征性的墓室、器物、俑开始出现。以陶质明器取代实用的贵重器物随葬，是中国古代丧葬礼仪的一次重大变革，说明随着庄园经济的发展，社会上层对随葬品的观念有了明显的改变，认为将财产象征性的明器埋入墓穴更能全面展示他们所拥有的财富。

魏晋时期，由于玄学的兴起，儒学独尊的局面受到冲击，因之，魏晋丧礼中的时代特征是薄葬之风盛行。曹操是薄葬风气的倡导者，史载他死前遗诏："天下尚未安定，未得遵古也。葬毕，皆除服。其将兵屯戍者，皆不得离屯部。有司各率乃职。敛以时服，无藏金玉珍宝。"结果，葬事均按曹操的遗愿而办。在父亲的带动下，曹丕也力主薄葬，他明令自己的丧事一切从简。上行下效，曹氏父子的薄葬言行对曹魏乃至晋朝的丧事产生了积极影响，薄葬成为普遍的时尚。

唐朝是我国封建社会最为繁荣时期，各种体现封建等级礼仪的发展登峰造极，丧葬礼俗制度也发展得很完善。唐朝的丧葬礼仪文化基本保留在《大唐元陵仪注》和《大唐开元礼》（两者均保留在杜佑《通典》一书中）。根据《开元礼》丧葬礼仪的记载，唐代三品以下至庶人的丧葬程序共66道。如果是改葬另有17道程序。反映了唐封建丧礼的繁缛，同时也体现了严格的封建等级待遇的不同。

殡葬礼仪至宋迄清基本沿袭前代，稍有损益。

（三）丧葬礼仪的基本要素

总结丧俗历史变迁，一套完整的丧葬礼仪基本包括四部曲：即丧、殡、葬、祭。"丧"最能体现"事死如生"的宗旨，主要涉及临终者咽气之前的准备、属纩、沐浴更衣、入殓、报丧等一系列活动。具体细节各朝各代略有不同。"殡"是生死之间的纠缠，灵堂吊唁、招魂等活动，此时难舍难分，也算是最后的告别仪式。"葬"则是生死分割，阴阳两隔，死者入土为安，体现了人们对死亡的接受与认可。包括一系列下葬、送鬼等活动。在丧礼中，唯有这一环节最具恐怖气氛。"祭"则是死后的生命，是永恒与生命延续的表现，是为生而向死祈福。

二、事死如生的伦理意义

（一）哀死

丧葬仪式指安葬、哀悼死者的一系列活动。人们采取丧葬礼仪最终目的是既要使死者满意，也要让活人安宁，为了不使死者发怒，就要按期祭奠，超度亡灵。在整个丧葬过程中，是生者与死者的对话，其间的话语凝含着一个坚韧的结——念祖怀亲。这个结表现在生者与死者之间的实体联系中，也表现在两者之间的精神联系中。儒家的伦理色彩、等次观念、温情脉脉等，皆融入丧事的每一细节。慎终追远的首要内容就是对先人厚葬久丧、极尽哀悼之心，此为后人尽孝之道。

"丧"本义是逃亡。《白虎通义·崩薨》："丧者，亡也，人死谓之丧。何言其丧？亡不可复得见也。不直言死，称丧者何？为孝子之心不忍言也。"民间平素都不直言人死而是说"某某走了"，"某某去了"，"某某没了"等，似乎我们此时不直接用死最能表达我们的心理与情绪。孔子言："君子见其生，不忍见其死。"况且是亲人呢！一家人朝夕相处，几十年如一日，可以说是终身守望，早已成为一个整体。所以，为人之子、或为人之夫、或为人之父……实在是无法接受家人已逝的事实，在其内心深处他万不可死，他还要享受天伦之乐，享人间的福，何以就走了呢？或者是逝者作为家里的主心骨、顶梁柱，这一走如何得了？于是，一人去世，举家悲哀，好一阵笼罩在悲伤的气氛中。甚至连孔夫子也规劝他人："间有殡，莫高歌。"邻里街坊，应体验别人丧亲之痛，并应感同身受。这在很大程度上反映出人类对生命的敬畏之情。这就是儒家所主张的哀死。

提倡"哀死"，"哀死"不同于"患死"，不同于死亡焦虑，它是对死亡真实情感的宣泄，其目的不是悲叹死亡，而是赞美人生，让人能从前人的死亡中认识到人生的意义，更好地利用有生之年，继承先人的业绩，创造出更高的生命价值，不枉此生。是"朝闻道，夕可死"的生命价值论的外在延伸。不仅如此，哀死也是人类生命最真实的自然情感流露，是人类关怀、珍惜生命的高尚情怀的展示，闪耀着人性至爱的光辉。在哀死氛围的沐浴、熏陶下，借助临丧时悲戚哀伤之情，发泄人的悲伤、宣泄死亡的焦虑，这样可以使人体认到人们相互之间的和谐，体认到人类所承担的悲剧命运，体认到在生存苦难面前，人们应当携手赴难、共创人的高贵和尊严。因此，中国传统十分重丧葬礼仪和祭俗。

不过，亲人之死无法挽回，或许，年长之人的去世，未尝不是一种往生极乐。念及此时，不忍见死之心便转换为一种送死往生，让死者早日安生的使命感。中国汶川2008年"5·12"大地震造成了巨大的伤亡，2008年5月19日至21日，举国哀悼，充分表达了对生命的尊重以及送死往生，告慰生者的情感。

（二）东西方文化中的葬死之义

在儒家那里，葬义是孝的基本要求，是礼的具体实施。"孝子之重其亲也，慈亲之爱其子也，痛于肌骨，情也。所重所爱，死而弃之沟壑，人之情不可忍也，故有葬死之义"。事亲是孝的根本，而亲是一个包含生死的完整存在，同时，这一个体性的生命又总是与普遍性的礼相统一，因此，"生事之以礼；死葬之以礼，祭之以礼"，这就是礼之三端。葬仪所体现的精神实质就是曾参所说的"慎终追远"，"慎终"即守孝，而"追远"即祭祀。这是葬仪中的基本内容。无论守孝还是祭祀，其核心就是强调"敬"即孝敬之心。"今之孝者，是谓能养。至于犬马，皆能有养。不敬何以别乎？"养生止于送终，送终是养生的最后一环。在三端中，"惟死才能当大事"。

《中庸》明确了葬义的基本要求："践其位，行其礼，奏其乐，敬其所尊，爱其所亲，事死如事生，事亡如事存，孝之至也。"亲虽亡，但亲人的世界却在延续，守孝期长达3年，3年之内一切俗务尽皆搁置一旁，"三年之丧，达乎天子。父母之丧，无贵贱一也"。上至天子，下到庶民都必须遵守的礼制。孔子在总结尧舜时期治理国家之道时，认为其中重要的要求就是："民、食、丧、祭"等4件大事（《论语·尧曰》），他亲自编撰《礼记》收录了较多的丧礼或宗庙之事的礼俗和礼规。

在中国传统的丧葬礼俗中，人们的基本信念之一就是"不死其亲"，也就是不把死去的亲人当成亡人，而是把他视作灵魂和肉体仍然存在的"活人"。在这种"不死其亲"的观念支配之下，"事死如生"的丧葬礼仪便在中国传统的丧葬礼俗中得到了充分的体现。

葬死之义构筑起一种悠久的人道主义传统。

在传统中国，安葬那些因各种原因而无人收葬者是朝廷实行仁政的一项重要内容：养生与送死。在11世纪的宋朝，蔡京设立"安济坊"以收容老幼，设立"居养院"以治疗贫病者。至清顺治五年，朝廷官办设有

"养济院",收养鳏寡孤独及残疾无告之人,各州县几乎都设立养济院。此外,还有栖流所,设于清初专门收养"无依流民及街衢病人",漏泽园专门收葬死后无所归者。

据上海吴淞志:清道光三十年间,里人董芳沉筹办益善堂,打捞处理海上浮尸,并捐义冢3.28亩。道光三十年(1850年)设吴淞救生局,置救生艇2艘;光绪三十一年(1905年)里人顾桐等人在吴淞镇东创建吴淞息影公所,建屋5栋,专备为商旅病故及路毙、浮尸进行代殓的场所。同年息影公所附设广义病院,有院屋7间,凡商旅有患病者均得以住院调养。宣统二年(1910年)甬(宁波)商梁恭寅发起施材会,为病故无力者助购棺木,贮相处附设于息影公所。更早些时候,同治三年,杭州在左宗棠主持之下成立"同善堂",有所属"施材局"专门制作并对贫穷之丧家施舍棺木,"掩埋局"则负责对倒毙街头的无名尸体进行掩埋。

在小农社会,商品经济不发达的地区,人口分散的乡村,各种葬义机构很难到达,而贫穷之家无力对已故亲友收殓埋葬之事时或有之;暴尸荒野的现象亦能常见;病困旅途者也不乏其人。这类情况下,一般多为乡里亲族或有力的善义之人施以援手,充分体现了"不忍人之心"的善端。

在西方社会,传统同样有葬死之义。古希腊,掩埋死者被认为是一种很神圣的义务。曾经发生过这样一件事:古时雅典人把自己赢得公元前406年阿尔基努兹会战胜利的统帅处以死刑,原因就是他没有掩埋(由于强风暴)死亡战士的尸体。到后来,掩埋阵亡者,包括外国人和敌人,就被视为一条规定。古希腊悲剧人师埃斯库罗斯在《安提戈涅》一剧中,记述了安提戈涅冒死葬兄的故事:在古希腊,暴尸不葬是对叛国者的法律惩罚。但按照宗教和社会的习俗,不埋葬尸体,对死者和对他活着的亲属都是奇耻大辱和灾难。善良的安提戈涅勇敢地承受苦难的命运,把兄长的尸体掩埋,毫不畏惧地服从死刑宣判。因为,葬死的伦理义务高于法律!

对于有些死者,如在海中被淹死,或在战场上战死的人,遗体找不到,人们只好为死者进行象征性安葬,修建空陵墓以表示纪念。在安葬被凶手杀死的死亡者时,要在他的墓上插上一支矛——意在提醒家属不忘追杀凶手的义务。

富有宗教传统的欧洲,葬死之义源远流长,体现了宗教慈悲为怀的本质。在中世纪,修道院中,安魂送死是信徒们的分内事。中世纪欧洲,修道院的神父、修女出于宗教旨意,往往在修道院中或旁边附设一房间,用于照顾长途跋涉的朝圣者或客商，无偿的为病贫者服务。在这些"Hospice"中，一部分人解除了饥渴的威胁，又振奋精神踏上征途。而那些疾病濒危的，受伤严重的眼看已没有生还的希望，则在慈善温良的宗教人士的照顾下，在同一信仰的神面前安详舒适地死去。

（三）丧葬礼仪中的生死关联

研究者认为，丧葬礼仪中，死者也是一个重要参与者。说他是参与者，并非仅作为一个有待处置的对象，他同时也是一个主体在发挥作用。而活人作为参与者，不仅是一个操办丧事的人，而且也是一个对象。死者以一种方式在试图作用于他。生与死在此已经是一条暗线存在于其中，都在特定的仪式中展开对话，用一句高度概括的词就是"慎终追远"。

丧葬的思想基础是对待死者遗体态度和鬼魂观念中的两重性。人们对待死者遗体的态度是相互矛盾的。"一面是对于死者的爱，一面是对于尸体的反感；一面是对依然凭式在尸体的人格所有的慕恋，一面是对于物化了的臭皮囊所有的恐惧。这两方面似乎是合而为一，互相乘除的，这种情形在当前行动的自然流露上可以看得见，在丧礼的程序上也可以看得见。""不管在尸体的装殓或处置上，也不管在葬后的礼仪或祭祀上，都是具有某种程度的反感与恐惧同真诚的爱恋混在一起。"①

这种矛盾性在丧葬礼仪的全过程，其主要目的给亡灵找个好去处。这种做法有两方面功能：一是割断死人与生者的联系，把死者的灵魂打发到另外一个世界去，免得亡灵回来作祟；二是设想一个美妙的灵魂世界，这种美妙的构想既可以把亡灵吸引过去，同时也可以给生人带来对未来世界的希望。自秦汉始，人们开始将风水思想应用于墓地的选择之中，并将其与子孙后代的命运结合起来。史载韩信为布衣时，母死，因贫穷不能在村社墓地中入葬，于是他"营高燥地，傍可显万家者，以为冢"。希望借此能使自己做官发迹。后来功至封侯，人们将其归为风水，择风水而墓逐渐取代村社墓地，并将死者安葬之风水方位与子孙荣福相联系。北宋司马光论及当时迷信阴宅风水的风气时，指出"世俗信葬师之说，既择年月日，又择山水形势，以为子孙贫富贵贱，贤愚寿夭，尽系于此"。李约瑟先生在《中国之科学与文明》一书中说，风水是"使生者与死者之处所与宇

---

① 杨知勇：《西南民族生死观》，196页，昆明：云南教育出版社，2001。

宙气息中之地气取得和合之艺术"①。

然而，中国传统文化中的丧葬礼仪似乎更为强调生者与死者的联系。死亡礼俗成为实现孝道的契机。对待亡人要像对待活人一样，这是尽孝的最高境界。这就表现在死后的祭祀，祭祀的内容包括：一是与祖先对话，接受先祖垂训；二是反思自己的言行；三是对各种关系作重新整理，以获得生存品质的优化。

丧葬礼仪中，存在3个"实体"：死者的尸体、死者的灵魂和生者——奠祭死者的亲人。除超度之外的各种活动表面上是以死者尸体为对象，实际是以死者灵魂为对象，所有活动都服务于为生者造福的功利目的。比如停灵祭奠实际就是生者与死者对话，对话内容基本可以概括为：感其恩德、盼其魂安、祈请赐福。

可以说，事死如生就转换为事死为生。

"丧礼仪式最初的用意在于向挚爱的死者告别，人们藉着丧礼承认死亡，同时，丧礼鼓励生者与死者相信躯体虽会腐朽，灵魂却在平和与静默中进入下一个阶段。""死者和亲友都是丧礼的主要对象，双方都有一项重要的任务：抛开把自己系缚在分别心上面的捆绑，融入清净自性，丧礼使人反省，使意念进入心灵深处。"②

"这种死亡礼俗不是立足于死人，而是立足于活人；不是立足于死后世界，而是立足于现实世界；一切丧仪、丧俗的功能不是要生者为死者服务，而是要死者无从拒绝地为生者服务。这才是死亡礼俗的根本功能。"③向先人亡灵邀宠祈富，祭祀先祖，荫庇子孙，这是传统葬礼的重要价值取向，这是慎终追远的基本路向。中国传统文化有一种顽固的信仰，那就是生人与死者的命运是紧密相连的事。择风水就是让死者在阴间过上好日子，这样才能保佑生者过上好日子。活人哀悼死者，也是为了自身的切身利益，以至于在丧葬之后的日子里，活人一旦遇到危难之事，都会祭祀先祖、祈求保佑。费孝通先生指出："中国人祭祀很有点像请客、疏通、贿赂。他们的祈祷也是许愿、哀乞。鬼神在他们是权力，不是理想；是财

---

① 王计生：《事死如生——殡葬伦理与中国文化》，29页、33页，上海：百家出版社，2002。
② （美）斯蒂芬·雷文：《生死之歌》，汪芸、于而彦译，220页，北京：东方出版社，1998。
③ 郑晓江：《中国死亡文化大观》，306页，南昌：百花洲文艺出版社，1999。

源，不是公道。"①

三、丧葬仪式的人类学意义

（一）生命"通过仪式"理论

根纳普，德国人，20 世纪最有影响的文化人类家之一，他最具影响力的著作是《通过礼仪》。根纳普认为，人一生中要经历不同的阶段，要经历个人生命的几个重要关口，亦可称为若干个"节"，如出生、入学、成年、工作、结婚、死亡等；这些"人生之节"意味着个人在新属的集团内获得了身份的变化和新的义务，人依次扮演着不同的角色。他使用"通过仪式"一词概括一个人（乃至一个社会）从一种状态到另一种状态的转换过程。无论哪一个社会，在通过这些"人生之节"时，出于保障平安的动机，都要举行一连串礼仪，帮助这些关键时刻的安全度过。

根纳普将"通过仪式"分为 3 个主要过程：分离仪式即与原有的社会相脱离、相隔绝的阶段；过渡仪式即从一种状况进入到另一种状况的中间阶段；整合仪式即与新的社会关系结合为一体的阶段。这 3 个阶段在各种人生礼仪中并不是均等分配的，不同的仪式所突出的阶段是不同的。他注意到丧礼更注重分离仪式，婚礼则突出整合仪式，而怀孕、订婚，特别是成年礼则突出过渡仪式。

根纳普用这一理论对丧礼进行了具体分析。他指出，丧葬礼仪中的分离仪式旨在断绝死者与原来社会的关系，其仪式性的行为，诸如：移出尸体，焚烧死者的用具、饰物、房屋及所有物，以及清洗、装饰尸体等净化仪式，还有各种禁忌等均表达一种分离。此外，尚有一些物质性的隔离：棺木、墓地等；在一些地方，还有将死者的灵魂驱赶出房屋、村落等的仪式。过渡仪式是进入新的社会关系的等待准备阶段，丧礼中一般都有停尸待葬的时间（殡）就是过渡期的标志；有的民族甚至还要等待尸体完全腐烂后再行第二次葬仪。对生者来说，在治丧期间，常规的社会活动是停止的，其停止时间通常根据死者的社会地位、生者与死者关系密切程度而定。并有相当的习俗、禁忌必须遵守。丧礼中的整合仪式同样有着重要意义，葬后和纪念性活动中的宴饮、集合、祭祀等就起到将群体的成员重新联系起来的作用，这种联系也将死者假想地包括在内。集体的链条由于成

---

① 费孝通：《美国与美国人》，110 页，北京：三联书店，1985。

员的死去遭到破损,整合仪式旨在修复这种破损,使生者重新结成整体,同时也使死者与他应入的另一世界的群体结合起来。

薛尔曼在《神的由来》一书中运用"通过仪式"理论分析原始人的葬礼。他发现,将死者埋葬、原始人不给自己取死者的名字(死者的名字连同死者的鬼魂一起被烧掉了)、死者的名字不能被呼唤(否则死者的鬼魂会出来找麻烦)、寡妇在丈夫的葬礼中穿着黑黑的衣服并戴上厚厚的面罩(为的是不让丈夫认出她来)等。理解这些行为,便发现其中包含了分离功能。

(二) 丧葬礼仪的功能

英国著名的文化功能主义人类学家马林诺夫斯基指出,每一种文化都有相应的功能。马林诺夫斯基认为,人类即使是很原始的民族对待死亡的态度、情绪都是非常复杂和矛盾的两层心理,即:对死者的爱恋、爱慕和对尸体的反感、恐惧。因而,在尸体的装殓与葬礼仪式和葬后祭祀等一系列丧事风俗上,都表现出这二重心态的混合,而完全消灭尸体(如焚化)和完整保留尸体(如木乃伊)则是二重心态的极端表现。

这二重心态的深层心理结构是对于永生的渴望和对于死亡的恐惧。人们面对死亡,总是希望与恐惧交织着:一方面是渴望永恒的生存;另一方面却是冷冰冰的现实,尸体腐烂、生命的永远终结。这时,"乃有宗教插进腿来,解救情感在生死关头的难关",它给人提供永生的希望,相信有脱离肉体而单独存在的灵魂,以此满足人们对永生的渴求。一切丧葬和祭祀的仪式都是保证死者去过一种永恒的(灵魂)生活,或有助于死者的灵魂顺利地达到那里,或能顺利再次投胎转世等。这类关于灵魂永存的神话就成了一切丧葬礼仪规范的理论依据。人们对于死亡的恐惧和焦虑被最大限度地或彻底地消除了。

由此,马林诺夫斯基揭示出关于人类丧葬仪式、信仰方面的一个最基本最重要的文化功能,即"心理抚慰功能"。所谓"抚慰",不仅是安抚垂死者(相信死后的生命、战胜死亡恐惧),而且也要安抚生者,生者快乐、死者安详,它们不可或缺的文化价值在于使"个人精神得到完整"。这是从个人自保心理角度来看的。

从社会角度看,丧葬礼仪的社会功能即"社会整合功能"。他看到,丧礼在全世界相似的一点,就是死亡来临时,其亲属和地方上的人总是聚积起来,从而,死这个体的行动,任何人唯一最个体的行为,乃变成了一项公共的事务。这种"聚在一起"的社会性礼仪、活动有助于人们克服因死亡造成的削弱、瓦解、恐惧、失望等离心力,从而使受到了威胁的群体生活得最有力量的重新统协的机会,以此加强了个体和群体的联结,从而保持了文化传统的持续和整个社会的再接再厉。

四、我国的殡葬传统与现代变革

(一) 中国传统的隆丧厚葬之风

中国殡葬传统的最大特征在于隆丧厚葬。这一传统至少可追溯到 3500 年前后的殷商时期,后来历代相沿。秦汉以后,简丧薄葬虽时常和隆丧厚葬相交替,但不占主流。

中国历史上厚葬风气的产生与盛行,其渊源有 3 个方面:一是灵魂不灭观念和祖先崇拜,这种现象和状况在世界各民族中都存在过,但中国表现尤为突出。其特点是墓室极其讲究,规模宏大;不仅随葬大量明器,而且还以奴隶、牲畜殉葬。二是与儒家学说及封建统治者们提倡的伦理孝道观有关,这种特有的孝道伦理意识在丧葬习俗上的反映就是厚葬。三是与当时的社会稳定、贫富有关。

应该说,厚葬久丧传统与儒家所提倡的孝亲伦理有必然联系。自商周之后,孝道伦理大行其道,在《论语》中,"孝悌"占有极其重要的地位。在孔子心目中,孝道同时具有内外两重意义:对内是借以启发人心的自觉,对外是借以象征对整个人类社会以及历史文化的眷顾。一个理想的人格便是应该朝向这内圣外王两面做充分推展的,而培养训练的始端便是孝道。所以,"孝悌也者,其为仁之本欤!"在周代金文、《周书》、《诗经》等著作中,关于孝的记载多有出现。这些文献记载,就孝的对象和内容来看,主要有两种形式:一种是对在世父母的孝;另一种是对去世父母、先祖的孝,即对"死人"的孝。孔子非常明确地把"孝"与丧葬结合在一起。他说,"生,事之以礼;死,葬之以礼,祭之以礼。"强调在父母生前死后,都要严格按照礼节的规定行孝,决不允许有任何有违礼的现象存在。虽然在丧葬问题上,孔子主张薄葬,主张崇尚精神性悼念,但他倡导的孝道观念客观上又对当时及后世的厚葬风气提供了理论依据。所以《淮南子·氾论训》说:"厚葬久丧以送死,孔子之所立也。"到孟子则明确提出,"君子不以天下俭其亲","古者棺椁无度。中古棺七寸,椁称之。自天子达于庶人,非为观美也,然后尽于人心"。只有这样厚葬父母，子孙才算尽了心，讲了礼。"孟子的丧葬观与孔子的丧葬观已有了很大的不同。这表明先秦时期儒家的丧葬观已从重精神转到了重物质。从孟子以后，厚葬被冠以'礼'和'孝'的美名，左右了中国丧葬民俗的导向。"①

荀子更是强调厚葬，"故事生不忠厚不敬文，谓之野。送死不忠厚不敬文谓之瘠"，厚养厚葬方是"使生死始终若一"。薄养薄死当然为儒家伦理道德所不容，哪怕厚生薄死同样为儒家伦理道德所不容。史书有记载因薄葬而致祸的，赵概在《闻见录》中写到："晏殊薄葬，而遭剖棺碎骨之惨祸。张耆以厚葬而免，固犹注重厚葬也。"

西汉桓宽曾在《盐铁论》曾对当时汉的厚葬风有过批评：在棺木上，"今之富者绣墙题凑，中者梓棺楩椁，贫者画荒衣袍缯囊缇橐"；在明器上，"厚资多藏，器如生人"；在坟墓上，"吟富者积土成山，列槲成林，台榭连阁，集观增楼，中者祠堂屏阁，土亘罘罳"②。

《盐铁论》也批评当时丧礼的不良社会风气："今生者不能致其受敬，死以奢侈相高，虽无哀戚之心，而厚葬重币者则称认为孝，显名立于世，光荣著于俗，故称民相慕效，至于发屋卖业。古者邻里有丧，舂不相杵，巷不歌谣，今俗因人之丧，以求酒肉，幸与小坐而责办歌舞俳优连笑伎戏。"③

厚葬久丧不仅劳民伤财，并造极大的浪费，而且淡化了生命的意义，让世人养成了重死人轻活人的恶习。特别是在今天，人们已经认识到了死是一种生命的自然归宿之后，就更应该认识到厚葬久丧的愚昧和无知。对能够感受的生者东节西省，而对于毫无感知的腐尸却敬如神灵，不惜倾家荡产，财力尽于坟土，这种浪费何等不值。丧仪之隆重繁琐，占去活人大量时间和精力，造成人力的巨大浪费，无异于是以死扰生。

厚葬久丧之风盛行的战国时代，墨子提出他的节葬主张，批评孔孟提倡的厚葬久丧是劳民伤财，才是真正的"不仁"，对用活人殉葬更是进行了猛烈抨击。汉时期的王充指出"论死不悉，由奢礼不绝；不断，由丧物索用；用索物丧，民贫耗乏，至危亡之道也"，长此以往，不仅会造成社会危机，也会使人"畏死不惧义，重死不顾生，竭财以事神，空家以

---

① 王计生：《事死如生——殡葬伦理与中国文化》，10页，上海：百家出版社，2002。
②③（汉）桓宽：《盐铁论》，65页，上海：上海人民出版社，1974。

送终"。

不难看出,这种风气延续到今,其危害严重:其一是经济层面,资源浪费巨大,影响生者之生存;其二是占用土地,造成耕地面积减少;其三是致使封建迷信色彩太浓,不利于社会文明的发展。

(二) 殡葬改革的必要性

人类永远都会面对死亡、处理死亡,因此,殡葬就永远具有哀死与整合功能。这是殡葬的实质方面,它既构成一种文化传统的生命意识,也成为生命意识在传统中的具体体现。然而,不同的历史时期,殡葬的具体形式则是发展变化的,中国殡葬的演变历史也证明了历朝各代对于殡葬传统均有损益,从来就不是一成不变的。

随着时代的发展以及人类生存方式、生活方式的变化,传统殡葬中的许多方面已经不再适应时代的要求,甚至有碍于社会的进步。表现在现代人生存方式、生活方式的改变:一是由传统的农业社会向工业社会,相应的村落散居向城镇集居转变;二是现代社会变迁加速,竞争日益加剧,生活节奏加快;三是社会分工越来越细,人们生活的许多方面日益走向专业化,包括殡葬也被纳入一种行业;四是人类所面临的资源日益紧缺,生存环境面对挑战。

因此,传统殡葬已不再适应现代人的生活。一是传统殡葬以家庭为组织单位,大操大办,在现代社会,在城市居住社区已行不通。二是传统殡葬仪式繁琐,耗时多日,只适应于慢节奏的农业社会,而且通过殡葬使得平日里往来不多的亲人得以相聚,是生活中的一项重要内容。但在现代社会,人们工作生活学习的快节奏使时间成为稀缺资源,难以在殡葬上花费不必要的时间。三是传统殡葬强调入土为安,实行土葬需浪费大量的土地资源,以及破坏环境,这显然不符合现代人类寻求可持续发展的努力,不能做到可持续也就无法真正实现生命的代际延续,送死却无法安生,这就违背了殡葬的"慎终追远"的宗旨。因此,殡葬改革势在必行。

尤其是在改革开放后,我国大陆地区由于人们生活水平的提高以及相对宽松的思想环境,封建迷信渐趋抬头,厚葬久丧之风死灰复燃。在乡村,常见这种丧事盛况:纸人纸马,灵山冥屋,香烛果品,一应俱全;烧纸钱,放鞭炮,扎花圈;和尚念经,道士发引,水陆道场,锣鼓冲天;送葬时客从如云,车流如龙,挽幛如林。只要一家死了人,全村人都不得安宁,闹闹腾腾要10天半月方罢休。讲究死人的穿着打扮,棺材用料质地,还得卜吉日,相风水宝地,造豪华墓场。一场丧事耗资甚巨,竞相攀比,以至于有的家庭不惜举债,也不得不讲排场。不仅如此,还要修缮宗祠祖庙,印制家谱族谱,拜祭祖先神灵,给死去的祖先翻造坟墓,甚至上溯几代、十几代。在城市中,为死人"风光"的热潮大有过之而无不及之势:连棺火化;追求骨灰盒的高档;仍旧是择吉穴,照样用花岗岩石、大理石、汉白玉等名贵石材砌骨灰墓,其耗费往往比乡村还要庞大得多。

(三) 殡葬改革的基本途径和要求

改革殡葬,就是在强化哀死和整合功能的同时,寻求适合时代要求的新形式。

基本途径就是:

1. 厚养薄葬

在我们观察到厚葬之风盛行的同时,也看到孝行却严重滑坡。父母生前不闻不问,或冷若冰霜,死后却大办丧事,为博得一个"孝子贤孙"虚名之事,屡见不鲜。因此,很有必要将殡葬改革和"孝文化"结合起来,推行"厚养薄葬","祭而丰,不如养之厚也",以促进社会风尚向良性化方向发展。

2. 借鉴西方殡葬文化的积极因素

首先是借鉴西方死亡观中的合理因素,包括强调人在精神上追求对死亡的超脱和人生永恒以及不为死亡所惧,不为死亡所拘的价值取向。而基督教视死亡为"苦难的最后解脱"以及人从"死中复活"的死亡观成为重灵魂轻肉体的殡葬观。

其次是简单的丧仪传统。西方家庭对丧葬的安排大体有4个步骤:一是守灵;二是宗教仪式;三是下葬仪式,即将棺柩入坟墓;四是下葬仪式结束后,再在家中举行一次聚会。人死后应当速埋,丧事从简。所以欧洲中世纪一千多年间,下至平民百姓,上至王公侯爵,迄今为止尚未发现大型豪侈的墓葬。

再次,借鉴西方殡葬产业化的成功经验。应该说,西方殡葬作为一种行业,在中世纪就已非常完备,而且围绕死亡财产公证、医生验死、挖掘坟墓、尸体化妆等各个环节均有分工,不过具体办理丧事还是以家庭为单位。到了"工业革命"之后,由于城市化和工业化,人口大量集中,无法像从前那样一家一户地进行丧葬事务,于是便形成为社会性的服务行业,负责替丧家接运尸体,承办殡葬礼仪及安葬事项的公墓和火葬场应运而生。与生产走向社会化的同时，殡葬活动也逐步摆脱了旧式的一家一户的独立操作阶段，而进入了社会化服务时期，保持了西欧传统"厚养薄葬，丧事从简"的伦理道德。这一点更值得借鉴。

3. 继承传统的合理因素

中国传统的殡葬文化中有很多有价值的东西，如"孝"、"敬"原则，如果不加审视地将传统一刀斩断，我们就会重蹈过去的错误。丧葬伦理中最为核心的内容就是"慎终追远"和"孝为天下先"。这两大原则支撑了中国的殡葬伦理达几千年之久。"慎终追远"里包含了很深的同根文化，这也是为什么分布世界各地的华夏子孙念念不忘故土的原因。同根的传统也能衍生出民族自豪感和浓厚的爱国主义精神。而"孝为天下先"的伦理道德，又培育了中华民族尊老敬老的美德，正所谓"老吾老及人之老"。社会同情心，社会责任感，正是从这一"孝为天下先"的基点上起步的。试想，一个对先辈都不尊敬，甚至遗弃、虐待老人的人，谈什么承担起社会的责任呢？因此，丧葬伦理中的"慎终追远"和"孝为天下先"的伦理思想，从其内容来讲是应该继承和发扬的。当然，至于形式方面则应具体对待。

4. 大力宣传教育

传统厚葬之风在很大程度上与人们落后的思想意识相联系。因此，改革殡葬，必须从人们思想深处开始，这样才能收到效果。现代殡葬服务的一个重要内容就是推行临终关怀和死亡教育，使临终者消除对死亡的恐惧感和失落感，构建起合理的心理适应机制，坦然面对死亡，安详地走向死亡；对死者的亲属进行节哀教育，使之积极地面对现实，并使更多的人意识到自己生存时间的有限，体会到生命的可贵，抓住生命的分分秒秒，多做贡献，使生命更添风采。

殡葬改革的主要内容：

1. 改革葬式

推行火葬，提倡树葬。受传统"入土为安"观念的影响，实行土葬成为中国传统殡葬的主要价值取向。但是，对我国基本国情来说，人地矛盾是生存危机的主要方面，"死人"与活人争地成为当前改革必须解决的问题。否则，长期下去，不仅无法保证后人的生存根基，也从根本上有违于"慎终追远"的丧葬伦理。火葬作为一种文明葬式在全国推广是很有意义的。它的优点在于将人的遗体烧化，既尽可能缩小了存放空间，又节约了服饰、棺材及用于造豪华坟墓的花费,还可以减少对环境的污染及自然景观的破坏。所以,它是一种科学、卫生、文明的葬式方法,适合我国人口多,资源的相对占有量不足的国情。周恩来同志曾说过:"从土葬到火葬是一个革命,从保留骨灰发展到不保留骨灰又是一个革命。"

树葬,亦称风葬、挂葬、木葬等,是我国一种古老的葬俗。树葬的葬法就是将死者置于深山或野外,在树杈上加横木,然后将死者置于其上任其风化,也有的将死者悬于树上或陈放于专门制作的木架上。当然,现代提倡的树葬则扬弃了传统树葬的形式,而是将尸体或处理过的骨灰埋于地下,在其上植树即以树代墓。大力推广树葬,以殡葬为杠杆多植树,不管是火葬或土葬均可实行之。考虑到中国人口绝对量之大,现代的建筑材料又具有漫长岁月不被腐蚀的特点,大量使用骨灰墓地,长此以往,多少年后,也将产生大量的永久性垃圾,社会仍然承受不起。因而可以将骨灰埋于地下,用骨灰盒或不用骨灰盒均可,上面植以松柏。聂荣臻元帅去世后即于八宝山公墓内树葬,上有遗言,曰:"喜松柏之气概,念四化之早成。"

2. 创新仪式

传统厚葬对人力物力的浪费多数在仪式上,环节繁琐,过程冗长,实不利于社会的进步。因此,创新形式势在必行。当然,仪式的创新可有两种途径:一是改良传统仪式,如将传统仪式加以简化,并适当增加一些现代色彩。本着关爱生死,科学进步的原则,减少落后、迷信、浪费的环节与因素;二是设计出新的富有人文的现代仪式。如在死者生前代编传记、拍摄临终致辞、遗嘱,开展临终关怀;在火化过程中增加人文服务、遗体告别仪式尽可能满足丧家的特殊需要;设计特殊的骨灰处理方式和落葬仪式;设计更具个性化、人性化的网上纪念公墓等。

3. 专业化发展

殡葬走向专业化是中国殡葬改革的必由之路。中国历史上曾有专门的殡葬服务业,称杠业,服务机构称杠房,即专为丧家承办丧事的店铺。但由于传统的小农经济,加上以土葬为主,因此,殡葬业未成为规模行业,且多是一个自发的领域,社会长期动荡,政府也无暇顾及此事,殡葬服务谈不上真正的行业。

到了近代,西方势力的入侵,随之而来的,西方文化包括殡葬服务方式也传入,其中对中国殡葬领域影响较大的是殡仪馆、火葬场和公墓的建立。它们使丧事办理走向社会化，并推动了中国火葬葬式的重新兴起。

新中国成立后，殡葬走向专业化是与我国社会主义建设的进程相一致的。尤其是改革开放后，我国殡葬业走入了一个全面发展阶段。建立起一个分布于全国的殡仪馆服务网络；初步建立起了公墓制度；殡葬业主相关立法也已走向完善；且在高等教育中开设"现代殡仪管理"专业。殡仪作为一门学科、一个专业得到了全社会的认可，这在很大程度上又推动了殡葬专业化发展。

第七章 生死歧路

自杀被加缪称为"唯一严肃的哲学问题"。对自杀的思考应兼取社会与个体的二重视角,前者是外在视角而后者是内在视角。传统思维往往取社会视角来审视自杀,多将自杀视作异端或病态。其结果是自杀不能见容于社会,对自杀现象的预防乃针对自杀者个人实施病理式救治。而当我们采取个体视角(自杀者及有自杀意识者等)时,我们会发现:自杀的根源和本质存在于社会,个人所以自杀,盖因不能见容于社会或社会存在不能容人的缺陷,自杀的杜绝有待社会的自我完善。从自杀角度,我们或许会发现人类社会有无限发展与完善的必要与可能。

第一节 自杀的本质与分类

一、自杀的本质

(一)自杀的概念

根据世界卫生组织(WHO)的统计,从1950—1995年,全世界范围内男性自杀率大约增长49%,女性自杀率大约增长33%。自杀造成了人类社会的巨大损失,也造成了公众精神的巨大痛苦,可以说,已成为社会的一个重大难题。据世界卫生组织统计,2000年全世界大约有100多万人自杀,还有自杀未遂者至少是自杀者的10倍,在任何一个国家,自杀都是人类十大死因之一。而据世界卫生组织预测,到2020年全世界大约有153万人将死于自杀,自杀未遂者大约是这个数的10~20倍。

从流行病学与人口学的角度提供的数据显示,自杀已是中国当代社会严肃的社会问题:近年我国大陆地区每年有28.7万人死于自杀,每年有200万自杀未遂者接受医学治疗。自杀成为中国第五大死因,是年轻人死亡的首因。从医学统计学角度估算，每出现一个自杀成功者，就可能有10～20人自杀未遂者，以此推及，中国每年至少有280～560万自杀未遂者。而年轻人自杀与企图自杀之人数比例则为1:50，即是说：每个实施自杀行为者背后有约50个人有自杀意图，数据是相当惊人的。

医学和司法上常根据死亡的方法将死亡分成4类：自然死亡（natural）、意外死亡（accidental）、自杀（suicidal）和他杀（homicidal），简称NASH。自杀（suicidal）来自拉丁文"sui"（自我）和"cide"或"cidium"（杀死），德文自杀词意上是"自我谋杀"。英文最早使用自杀一词大约在1651年（根据牛津英语词典）。自杀是一种自我毁灭的冲动行为，以自我结束生命为临床表现的一类问题。它主要是一种个体行为，但与心理过程、社会环境和文化影响等因素密切相关。

《大不列颠百科全书》简单地将自杀定义为"有意或者故意伤害自己生命的行动"。这个定义强调个体致死的动机，但未就过程及结果做进一步说明。自杀学的奠基人迪尔凯姆认为："人们把任何由死者自己完成并知道会产生这种结果的某种积极或消极的行动直接或间接地引起的死亡叫做自杀。"[①] 贝克认为自杀是"一种造成死亡的、蓄意危及生命的自残行为"。美国心理学家施奈德曼认为自杀"是自己引起，根据自己的意愿使自己生命终结的行为"。从各种自杀定义中可以看到，对自杀现象的全面概括，包括动机层面（自杀是个体自己策划的直接或间接地伤害自我的行为）、意志层面（自杀者完全清楚行为的后果可能导致死亡）和行为层面（启动并完成此行动）等内容。

从上述各种定义可以看出，自杀有其基本特点：自杀是死亡；自杀是故意的；自杀是自我采取行动或针对自我的；自杀可以是间接的或被动的。

因而，自杀成为诸多学科研究的对象，换言之，我们也可从不同学科角度来揭示自杀行为的本质，从而，我们也就获得了不同的关于自杀的定义：

1. 自杀的社会学定义

社会学定义：因自杀而导致的所有直接或间接死亡事件，受害者所采取的行为可以是积极的也可以是消极的，但他知道所产生的后果。

---

① （法）埃米尔·迪尔凯姆：《自杀论》，冯韵文译，11页，北京：商务印书馆，1996。

2. 自杀的心理学定义

心理学定义：自杀是一种有意识的自我毁灭行为，个体将自杀认为是解决其错综复杂问题的最佳方式。

3. 自杀的哲学定义

哲学定义：自杀的定义包括 4 个要素：只有死亡了，自杀才能成立；必须是个体自我采取的行动；自杀的行动可以是主动的，也可以是被动的；个体有意结束自己的生命。

4. 自杀的精神病学定义

精神病学定义：自杀是：谋杀（自我谋杀），包括仇恨或想杀人；通过自我谋杀（往往有自责或想被杀死）；想死（绝望）。

5. 自杀的法学定义

法学定义：自杀是一种致死性的自我威胁生命的行动，个体有明显不想活的念头，一般有两个基本要素，即致死性和故意。

（二）自杀的本质在于自杀者建构生命的最后尝试

加谬说："真正严肃的哲学问题只有一个：自杀！"

长期以来，由于人类对自杀现象因其和种族繁衍背道而驰，因而自杀像谜一样令人无法理解。一些躯体健康的人因为自杀而过早地离开人世，不免给人类生命的终结笼罩上一层更加浓厚的悲剧色彩。

1. 自杀是荒诞的

奥地利学者计·阿里梅在《自杀·论自杀》一书中指出："自杀是以其矛盾性向我们敞开着，表明它是一条通向自由天地之路。"他又说："自杀是荒诞的，但并不愚蠢，它为它以自己的荒诞不再加到生命的荒诞，相反却减少了生命的荒诞。"[①] 自杀，就是在生与死之间作选择。人总是要死的，这不是个选择与否的问题，任何生命莫能超越这一必然性结局。但是，对自杀者而言，当生死同时出现在他面前，他必须选择，这就内在地带有一种悖论性质，是一种吊诡。

第一，人怕死，却偏要选择死。怕死和不怕死的对立表现是自杀之谜的基本内容。怕死之心人皆有之，但一些人却不怕死，而选择死。人对死亡的恐惧不仅表现为害怕，也表现为焦虑。死亡恐惧是常见的死亡心理，

---

① （德）弗兰克·贝克勒等编：《向死而生》，张念东、裘挹红译，282 页，北京：三联书店，1993。

它不仅见于性格有缺陷的人如神经质者,正常人也不少见。这就是一种悖论,一方面害怕死是众多人的心理,而另一方面自杀者却偏偏不怕死,最终选择死。

第二,自杀作为一种社会现象存在对立的判断。从社会学角度看,存在对待死亡的矛盾现象。不发达的社会在经济振兴过程中自杀率增加,而发达国家如日本自杀率也高。这两者在现象上是矛盾的,但引起的原因不同。前者是在社会发展和变革大潮的冲击下失去稳定的传统生活所致,后者与文化背景有关。此外,智者自杀多,愚昧者轻生也不少。比如知名人士自杀,像在中国文化大革命时期文艺科技界许多精英自杀,便属于智者自杀;而落后地区妇女,她们幻想死后投胎再生富人家庭,以摆脱当前贫困而自杀。

第三,古代哲学家在自杀问题上存在理论与实际脱节。休谟和孟德斯鸠主张死亡权(自杀权)是人权的一部分,但他们却放弃这部分人权,没有自杀。柏拉图赞成自杀,最后也未能轻生。相反,对自杀抱中立态度者(苏格拉底)和持反对态度者(亚里士多德)却轻生死亡。因此,更增加了自杀的神秘与深奥。

第四,伦理学界对自杀的褒贬对立。对于自杀,历来存在对立的价值判断。有人认为,自杀会突破道德的底线。贺拉司说"道德赐予我们的最大祝福便是轻视死"。维特根斯坦指出:"如果自杀被允许的话,那么每件事情都可以被容许。"也有人认为,自杀是允许的,并受到赞扬。费尔巴哈认为,自杀是矛盾的最后解决,是追求幸福的愿望的最后的表现。鲁迅先生认为自杀需要很大的勇气,是一种勇敢的行为,"要说自杀是弱者的行为,有谁敢来试一试?"

自杀的种种矛盾现象使得人们不得不思考:自杀者为什么会这样?既然某个人厌生愿死,肯定有对他而言死优于生的地方。而生命是一种本体的存在,没有谁会认为生命出了差错,人一生来就是要维持生命并展示其价值与尊严的。然而,对自杀者而言,生命却不值得一活,已经失去了尊严。那么,肯定是有什么令生命失去尊严,而不是生命自身失去了尊严,那是什么呢?

2. 生命存在的矛盾性产生生活与生命的冲突和紧张

存在主义告诉我们,生命既是其所是,又是其所不是,这是生命的本质特性。生命是"其所是"表明了人类生命的本然本质,生命是"其所不是"表明了生命的超越本质；而生命的现实却有其已然与实然的方面，这两方面都使得人类总生存于理想与现实、应然与已然、超越与实然的矛盾冲突之中。这种矛盾冲突也就是生命与生活之间的不一致性。但是，不同的个体却会采取不同的、甚至截然相反的应对之策：一种是理想主义者否定现实，一种是现实主义者抛弃理想，再一种是在两者间寻求张力与平衡。而当一个人不能接受现实时，他也就不能很好地去对待生命的内在矛盾性，他反对现实的生命存在形式，不愿意如此这般生活下去，于是，生命也就成为被攻击的对象。

所以，自杀根源于生命与生活之间的紧张。生命存在的意义与生活的种种形式产生了冲突。因而，当一个人将矛头指向生活时，生命也必然遭到毁灭，即如，你针对盛酒瓶，将它打破，却使得内中的酒也无法保存了。许多自杀者就像卡夫卡的遭遇那样。卡夫卡是德国犹太人作家，1917年9月被诊为患有肺结核。患病之初的症状是夜间肺出血，此后病患严重困扰着他，令他痛不欲生。"他不反对生命，而只是反对生命的形式，因为他要自卫。"[①]

生命必须通过形式来表现与表达。生活就是生命的表达与表现形式。所以，自杀者往往并不厌弃生命，是企图控制无法掌握的事，也是避免一败涂地的唯一选择。他们太热爱生命，从而渴望生命，盼望扭转不利的局面，好让残缺的生命变得完全。对有些人而言，自杀是"生存意志"遭到挫折的结果，对另一些人来说，活下去的痛苦使得存活太不值得。古希腊哲学家埃皮克提特说："对于那些不能忍受人生痛苦和肉体羁绊的人而言，自杀是完全合理的，自杀之门是开着的，死亡是所有人的避难所，一旦你选择了，就走出了屋子。"

当生命与生活冲突时，人们所无法控制的是生活。对他来说，任由生活继续下去，无异于毁灭自己的生命。当着不能忍受生活、眼见生命被毁灭之际，于是通过自我的行为或许能建立自己的主体性尊严。因为，当活着的自我主体性被剥夺所剩无几时，那唯一能坚守的阵地就是我的死亡。自杀无疑是建构自我的最后尝试，吊诡的是，当着他最后反戈一击时，生命也就随风而去了。

[①]（德）贝克勒等：《向死而生》，张念东等译，97页，北京：三联书店，1993。

3. 自杀不过是建构自我的最后尝试

对于自杀者而言，生活已经在摧毁他的生命，令他活得毫无尊严与价值，也令他无法尊严和有意义地活下去。因此，他选择自杀，一是作最后的尝试，二是通过自己的方式结束这种令他无法面对的生活，而以另外的方式去继续自己的生命。著名文学家沈从文先生曾用"投崖麝退香"来表达对自杀的理解。传说麝身上有一种香味，其保存时间很长。人类为获取香料，便将麝活捉来，用一种残忍的手段使麝在痛苦中分泌出一种体液。之后，再将它关起来喂养，周期性地掠夺其身体上的体液。麝是一种很有灵性的动物，每遇人类追捕时使舍身投崖，死后人类便无法从其身上获取香料，从而也摆脱人类的折磨。沈从文先生以此来理解自杀，显然不是将自杀视为一种消极逃避，而是一种建构性摆脱，是一种建构。"自杀的阶段可以看作是自杀者试图解决各种内在与外界的冲突，努力寻找适应目前不堪承受的生活状况的新方法。"①

从建构自我的角度来解读自杀，那么，自杀就应该根据其方式、地点、时间等分为毁灭性自杀和建构性自杀：自戕、自残就属于一种毁灭性自杀行为。而那些跑到旧金山大桥和风景名胜望着云海自杀，便是在追求一种境界。殉道者通过自杀来达到与丧失客体团聚的幻想会强烈。"自杀倾向者的行为有时很荒谬，这种荒谬行为能引发负性生活事件的发生。他可能担心自己对获得他人认可的依赖感，内心深处的无价值感和被遗弃的羞耻感会被揭穿；因此，自杀倾向者会迷惑家人或医院工作人员，制造安全感的假象，使人相信他没有别人的帮助也是可以的，尽管他们常常弄巧成拙。通过对深爱的或需要的人的拒绝，使自杀倾向者获得一种能够控制人际关系的虚幻感觉。"②

二、自杀的分类

（一）国际通用分类（按自杀发展阶段分类）

为了推动对自杀的研究，国际上通常将自杀分为成功自杀、自杀未遂

---

① （瑞典）沃瑟曼：《自杀：一种不必要的死》，李鸣等译，55页，北京：中国轻工业出版社，2003。

② （瑞典）沃瑟曼：《自杀：一种不必要的死》，李鸣等译，152页，北京：中国轻工业出版社，2003。

和自杀意念。

1. 成功自杀

所谓成功自杀又称完全自杀,指一种有意地杀死自己的行为。美国心理学家施奈德曼(1975年)所作的定义为"自己引起,根据自己的意愿使自己生命终结的行为"。

2. 自杀未遂

自杀未遂泛指自杀未达到结束自己生命的状态,实际上包括决心自杀但未成功,以及缺乏自杀意向的蓄意自损二种。前者指自杀后经抢救存活。后者是为了达到某种目的(如获得同情、表示抗议等)而做出的一种自杀姿态,他们多在易被他人发现的场合自伤(如切腕)或吞服安眠药等,来得及抢救。追踪研究表明,自杀未遂者后来有10%自杀死亡。

3. 自杀意念

自杀意念指有自杀想法且愿意去死的人,但未付诸行动。

(二)迪尔凯姆分类(按自杀原因分类)

作为自杀科学研究的奠基人,迪尔凯姆将自杀分为4种基本型:

1. 利己型

利己型自杀以过分个性发展过度、无欲和缺乏生存的基础为特征,是由于个人与社会脱节,缺乏集体支持和温暖,以致产生孤独感、空虚感和生存不幸感而形成。基督教所属信徒较天主教和犹太教自杀率要高。

2. 利他型

利他型自杀是由于个体为某种主义的实现或为一定团体竭尽忠诚而致舍身的行为。其实是由于个性发展过程不足所致,特征为能量和活动不足而并非无欲。如宗教殉道者,为国献身等。利己型和利他型均与社会整合程度有关,是一对情况相反的自杀类型。

3. 动乱型

动乱型自杀主要发生在社会大动荡时,其时个人感到失去改造社会适应环境的能力,失去与社会联系,继而产生极大的恐慌和困惑,从而导致自杀。动乱型自杀原因的范例为经济危机、突然社会变革、离婚、不恒定职业等。这类自杀是由暂时的,但却是急骤的正常约束力的破坏所致。股票市场失败或高离婚率引发的自杀亦属之。

4. 宿命型

宿命型自杀是与动乱型自杀相反情况的一种自杀,具体涉及社会管理松弛或管理过度。宿命型自杀产生于过分管理。多见于并不年轻的丈夫、已婚无子的妇女、奴隶和犯人。现实生活中不少自杀具有动乱和宿命两者特征。

（三）门林格尔分类（按自杀表现方式分类）

门林格尔在其所著《人对抗自己》一书中，将自杀分为急性自杀、慢性自杀、弥漫性自杀、局部自杀和器质性自杀。

1. 急性自杀

急性自杀指自杀意念坚决的人，用剧烈的方式在短期内杀死自己的行为。急性自杀是自我毁灭的急性表现形式。

2. 慢性自杀

慢性自杀，个人仿佛是在缓慢地、一点一滴地自杀，这种行为又称慢性自我毁灭。慢性自杀方式包括禁欲主义和殉道。尼采曾说，基督教仅允许两种方式的自杀，即禁欲和殉道。关于慢性自杀，本章第四节将作专题阐述。

3. 弥漫性自杀

弥漫性自杀，或称全身性自杀，发生于急性或慢性自杀。其实自我毁灭是针对全身性的。

4. 局部自杀

局部自杀这种自我毁灭行为主要针对躯体的局部，如咬伤手指或躯体其他部位，搔抓皮肤，扯断头发，有意发生车祸等。

5. 器质性自杀

某些器质性疾病的心理表现类似于某些被视为自我毁灭行为的心理起因，它们表现出相同的机制，包含着同样的要素。器质性疾病是由许多相辅相成的因素共同造成的。所谓器质性自杀，是疾病时所伴发的心理因素如不能外投，可反过来针对自己。

门林格尔及其先行者弗洛伊德认为，所有自杀者均具有3种基本维度：仇恨、抑郁（忧郁）和罪恶。继之而来的是3种基本相互联系的类型：报复（一种想杀人的愿望）、绝望（一种想死的愿望）和罪恶（一种想被杀的愿望）。想杀人型自杀是心力内投的结果，由于敌视别人，想把对方杀掉，但思想却转向相反一方，用杀死自己来代替杀别人。想死愿望自杀，是决心结束自己生命，无思想斗争过程，对生活毫无留恋。想被杀愿望自杀，是试图凭借外力或处境结束自己生命，如卧轨自杀。

(四) 贝奇勒分类（按自杀追求的目的分类）

贝奇勒是法国社会哲学家，1975年他将自杀分为11种类型，并将之归纳为4种广义的类型，即逃避现实、攻击性、献身性和荒唐性。

1. 逃避现实型自杀

所有逃避现实者的中心意向是辞世，这一型包括3种亚型，即逃跑（回避不能忍受的处境）、悲伤（对待丧失）和惩罚（赎回过失）。大约70%的完全自杀者属于逃避现实类型。寻常情况下，自杀者试图逃避疼痛、丧失、羞愧、躯体疾病、衰老、失败、疲惫等。

2. 攻击性自杀

攻击性自杀是直接反对另外的人，可分4种亚型，即报复性（为了达到报复，挑起事端或责骂）、犯罪型（杀死别人并结束自己的生命）、敲诈性（对他人施加压力）和呼吁性（恳求帮助）。大约20%自杀属于攻击类型。

3. 献身性自杀

献身性自杀类似迪尔凯姆利他性自杀，包括2种亚型即牺牲性自杀（取得较自己生命价值还要大的收益）和美化型自杀（达到超越状态，如宗教殉道者）。

4. 荒唐性自杀

荒唐性自杀可分两种亚型：折磨性自杀（嫁祸或要求他人）和游戏性自杀（对生命开玩笑）。自杀学家法贝罗称这是"间接的自我毁灭"。

第二节 自杀的成因分析

一、自杀的个人成因

自杀原因不外乎生物学因素、疾病因素和心理社会因素三类。

（一）自杀的生物学成因

自杀的生物学因素大体有遗传和生化两方面。

1. 遗传因素

自杀是沿抑郁症的方向发展的。自杀的遗传是通过抑郁症而体现的，但不能完全解释抑郁症与自杀的不一致情况。自杀的遗传是独立于抑郁症和其他精神疾病之外传递的，即自杀本身存在遗传影响。自杀是通过"冲动"这一心理特质的遗传而发挥作用的。

抑郁症患者的自杀率高于一般人口的50倍（由美国数字推算而来，该国自杀率为12/10万人口，而抑郁症的自杀率为650/10万人口）。家族有抑郁症病史者，本人虽无抑郁症，其自杀风险高于无类似家族病史者4倍，提示自杀遗传可能与抑郁症有关。

2. 生化因素

既往有自杀行为的抑郁症、精神分裂症和人格障碍患者，脑脊液中5-羟色胺的代谢物5-羟吲哚醋酸（5-HIAA）的水平减低。脑脊液中的5-HIAA水平降低的原因尚不明，但它可以预测自杀风险。Asberg（1976年）的对照研究表明，高5-HIAA组无1例发生自杀，低5-HIAA组有2人轻生死亡。有学者发现，脑脊液中5-HIAA低于中位值（92.5ng）者伴发较高的自杀风险，在往后一年内有20%自杀死亡。近年来，用单光子投射扫描技术，发现自杀未遂后不服药的患者前额叶皮层5-羟色胺2A（5-HI2A）受体的数目和结合能力显著减低。尽管目前没有明确的特异性生物学标记，然而5-羟色胺对自杀行为很重要，结合其他生物学因素和环境因素方面的影响在评定自杀风险时应加以考虑。

（二）自杀的疾病因素

自杀的疾病因素包括精神性疾病和躯体性疾病。

1. 精神性疾病

精神疾病是导致自杀的主要原因之一。由于精神疾病原因所引致的自杀约占全部自杀的30%~50%，各类精神疾病患者总的年自杀率约为51/10万人口，较一般人口大6~12倍。当然，不同的精神疾病患者，自杀率是不一样的。WHO（1998）综合1973—1992年期间13篇关于精神疾病患者自杀的报道，共计5588例，分类诊断中情感障碍（主要为抑郁症）占25%，神经症和人格障碍占22%，物质滥用占16%，而分裂症只占10%。大陆地区住院精神病人自杀的分类不同，精神分裂症占60%，情感障碍占25%，器质性脑综合征占10%，其他占5%。我国精神病医院大多不设神经症病房，或不收神经症和人格障碍患者住院，以致这两类病人自杀所占比率甚低。而住院病人70%为精神分裂症，故这类患者自杀所占比例高于国外。

2. 躯体疾病

对应于精神疾病而言，躯体疾病包括大范围的内、外科疾病。躯体性疾病对患者来说是一种应激，起病后患者往往对疾病的原因、诊断、治疗和预后等产生较多关注和忧虑。如系疼痛性疾病或难以治愈的恶性疾病，给患者带来的心理压力是非常沉重的。因而患者在悲观和绝望的影响下，自杀的风险是很高的。另外，躯体疾病患者可伴发精神疾病，尤其是抑郁症，势必增加自杀风险。有时躯体疾病系中枢神经系统病变，患者可显示器质性精神障碍特征，在幻觉和妄想的影响下自杀。如一例脑肿瘤男性患者，手术后认为陪床的妻子与医生有染，即产生嫉妒妄想，又觉得住院需要医生照料，惹不起医生，于是愤而跳楼自杀，后获救。

（三）人格变量与自杀

正常人群自杀（指非疾病人群自杀）的因素大致有两类，一是心理社会应激，一是心理素质。前者我们将之归为社会因素。心理素质由于是由许多变量构成的，所以我们以人格变量一词来描述。人格变量包括冲动性、两分思维、认知僵化、问题解决缺陷、自传式记忆、绝望等。

1. 冲动性与自杀

从临床学角度，冲动性是引起自杀预防所关注的人格属性之一。首先，非致死性自杀行为倾向是冲动性的，半数以上的自杀未遂者声称至少在事前1小时未想到自杀，自杀往往是"一时冲动"或"一念之差"的驱动下付诸实施的。其次，神经生物学研究发现了自杀者和暴力者的攻击人格维度和冲动性相连。一些研究发现，暴力冲动是经由血清素系统为生物中介的，特别是那些高度致死性（指自杀方法暴烈易于导致死亡）的自杀未遂者。有关冲动性自杀大多集中于青少年。大多数青少年自杀是未经筹划的。实际上，青少年成功自杀仅25%是有计划的；大多数是冲动性动作。因此，在特定情境下，清除环境中可被利用的工具非常重要。

2. 两分思维与自杀

两分思维是一种非好即坏的思维，如"如果我不能使男朋友回心转意，即无活下去的意义"。这种人的思维方法非此即彼，没有中间缓冲余地和其他选择，这种思维好走极端。自杀者与非自杀者比较，前者的思维是僵化的和走极端的，是不依赖于精神疾病状态的。就一般情况而论，大多数人具有调节或忽视两分思维的能力，但自杀者缺乏这种灵活性。因此，自杀者在生活中遇到什么事情不满意，就会难以或不能调节自己的期待或设想并予以和解,当他们面临问题处境时,就会感到自己不能为解脱和改变这一困境提供多少机会,以致出现无助局面。

认知僵化与两分思维相关,俗话说的钻牛角尖、钻进死胡同、不知变通看问题等,表达的大概就是认知僵化。

3. 问题解决缺陷与自杀

问题解决的过程包括两个部分,一是问题的情境,二是问题解决的步骤。当个体有目的的活动受到阻碍,或者需要得不到满足,或疑难事态需要解答时,而当事人不能恰当适应,则可以说这个人是处于一种问题情境中,他不能再向前一步。就人类而言,在日常生活中,客观环境会随时地给人提出很多问题,但对个体是否构成问题情境,在很大程度上视主体条件而定。如,一条大河横阻在一个不会游泳者面前,只有此人急着过河,而又找不到船只时才构成问题情境。研究表明,自杀者在问题解决上,总的说来在问题解决上较少有效和较多被动。问题情境又多与心境相关。俗话说:"情境就是心境",而心境有好有坏,坏的心境离不开抑郁症,而认知缺陷使得抑郁患者面对的问题难以产生新的或其他解决办法。

4. 自传式记忆自杀与对将来判断的偏见的自杀

这两者刚好构成相反的情形。所谓自传式记忆即一个人老是将思想与过去联系得太紧,导致自杀则是过多地从过往失败的经历经验中找出当前事态发展的必然性。比如,面对一件事情,往往记取过去的缺陷,从而自认为这也是自己的结局。有研究表明,"回忆过去的缺陷与不能在特殊方向上想象将来是相关的"。这也内在地出现了将来判断的偏见自杀现象。后者的特点是期待正性后果不会发生,而负性后果必将出现,对成功的期待减少以致绝望而自杀。

5. 绝望与自杀

绝望是对自身、世界和未来的消极观念。患者对自身的经历作出系统的消极解释,并认为未来充满艰辛、挫折和失落。绝望是对未来所持有的消极观念、消极期待和悲观沮丧。众所周知,绝望是中介抑郁和自杀意向的重要因素。早年研究认为,认知僵化、两分思维和问题解决缺陷等在绝望的发展上发挥着重要作用。在接受长程心理治疗的抑郁症患者中,他们表现出来的自杀意念背后普遍存在绝望,即对自身未来所持有的消极期待和悲观。

二、自杀的社会成因

(一) 社会隔离与自杀

社会隔离和自杀的关系是密切的,孤独是否引起自杀是历来受到关注的问题。众所周知,自杀风险可由以下因素而增强:一是缺乏需要的社会支持;二是敌对攻击水平的增强,特别是对外攻击减少,针对自己的攻击增强;三是社会遏制减少致冲动性增强;四是存在由于隔离而增强的抑郁、睡眠障碍和绝望。迪尔凯姆曾指出,集体的约束力量减弱时,自杀将增强。

一些自杀学家广泛研究自杀者的孤独和社会环境与自杀之间的关系,结论是"社会隔离在自杀中起着基本的和直接的作用"。孤单和隔离可加重适应不良性应付,因此,当有反复应激发生时,孤独和隔离者可达到心理扰乱的顶点,从而变得沮丧,最后不免自杀。自杀曾被认为是沟通的唯一反应,其时自杀者对社会环境发出绝望的呼唤,"祈求帮助"。隔离,代表自毁顶峰的开始,因为,人类存在是社会存在,如果缺少沟通,个体将失去人性。孤独和隔离者体验到强烈的情绪不适和抑郁感。他们是"借自杀行为作为最后一次呼叫以寻求周围的帮助"[①]。其实,大多数自杀未遂者或威胁要自杀者被视为注意寻求者,他们企图吸引周围注意,却无真正杀害自己的意向。如果社会环境作的反应是回避的、负性的和/或矛盾的,为了确保社会支持,自杀者往往重复其自杀行为。如果这些措施失败,他们将陷入完全的与社会疏远和绝望,则可能结束他们痛苦和烦人的生命。

(二) 应激和负性生活事件

一般认为,自杀者是孤独的、自尊心低的、抑郁的和凄惨的,而且他们倾向长久地自有意义的社会关系中脱离。

所谓"应激",即"当个体面临一个处境,当事人的寻常行为方式是无能力,而且后果是严重的适应不良"[②]。应激是来自情绪的、社会的和

[①] 翟书涛:《选择死亡——自杀现象及自杀心理透视》,161页、162页,北京:北京出版社,2001。

[②] 翟书涛:《选择死亡——自杀现象及自杀心理透视》,196页,北京:北京出版社,2001。

躯体的不适、疼痛、紧张、恐惧或烦恼,导致个体需要放松、寻求解脱和需要治疗。应激可分为急性和潜隐性两类。急性应激是短暂的,出现于有明确预期表现和结局的场合,可以构成危机。潜隐性应激可以持续数周、数月甚至数年,当事人可能不清晰地觉察到它,但具有长期累积后不明确的效应包括精神枯竭和疾病。应激是正常生活固有的,可自不同的来源影响下体验到,社会学家往往将负性社会事件、关系或相互作用归诸于"应激"或"负性生活事件"。

虽然应激处境并非危及生命和造成死亡事件,但应激性处境可产生焦虑。自杀者付诸行动往往是长期多种应激重复的结果。应激和类似的问题(特别是抑郁和绝望)倾向于积累,致使当事人以自杀来寻求问题解决。应激不仅导致精神和躯体上的逐渐劳损,同时伴有可测量的生理改变。

目前导致应激的生活状况及事件有:严重的危机、创伤、急性躯体及精神疾病、虐待、居丧以及与所爱的人分离、失业、恐吓或受害、在学校或单位被骚扰以及各种自恋性伤害。遭遇应激的人随后就会出现焦虑、愤怒、悲伤、依赖以及无助等明显的心理反应,反复出现或持续存在创伤使人们更加易感,其应付将来负性生活事件的能力也会受损。

对于一个长期遭受应激或创伤的人来说,再遭受新的刺激,就可能引发一系列生物功能紊乱。承受应激痛苦的人不仅仅会表现出明显的精神症状,而且也更容易被感染,经常感到肌肉疼痛,且比其他人更易反复患上相同的疾病。即使是对早年痛苦情境的回忆——折磨、分离及其他创伤——也能诱发躯体及精神症状。

应激可以使自杀者遗忘适当的应对策略,在应激状况下,他们的行为及认识能力严重受损。如果他们由于先天的易感性以及儿童期获得的易感性,使他们的这些能力一开始就很差,那么,当他们在今后的生活中面对应激情境时,无疑是雪上加霜。

三、自杀的根源

(一)自杀的根源是生存的痛苦以及对痛苦的体验

《西方社会病》一书作者柏忠信,在研究了各种自杀现象之后,得出结论,认为自杀的根源在于生存的痛苦。自杀的根源,具体到不同的个体,直接的原因各有不同。可能是由于家庭问题、失恋、工作压力、社会压力、经济问题等。但是,深刻而明显的原因则是:"人们实在是痛苦得不愿再活下去了。他们只想了此残生,终止自己的生存。"① 这是一个事实上相当简单而明显的答案。

就人的本性来讲,生存的欲望是非常强烈的。这一点恰恰也能告诉我们,一个自杀者所体会到的痛苦、忧愁也强烈到什么程度。当一个人真的要自杀时,他们的痛苦一定很深以至远远超过了他们生存的欲望。"一方面是生活的欲望,另一方面是想摆脱生活中悲惨痛苦的欲望,这两者之间发生了激烈的斗争。你希望活下去,也希望摆脱痛苦,因此,这两种欲望——生存的意志和摆脱痛苦的要求都很强烈。如果痛苦不幸过于强大,你感到根本无法既活着又摆脱那些痛苦不幸,于是,你很可能断定:除了自杀之外,别无出路。"②

(二) 自杀就是对痛苦的逃避

柏忠信在《西方社会病》一书中告诉我们,自杀本身并不是目的,它只不过是对问题的解决途径。自杀就是结束自己的生命。然而,有谁轻易地去死呢?自杀并非人们情愿的,而是情不得已。大部分处于痛苦状况中的人们实际上都害怕自己走上自杀。该书举了一个例子:有一份美国报道说,在2天之内,有2名中学生自杀了,有许多学生开始万分担心也许他们会达到这种痛苦的地步。他们担心自己也许会闹起自杀来。于是,有800名学生也去向特别咨询人员求教,因为他们害怕有朝一日自己也许会决定结束自己的生命。因为痛苦,以至于如此多的人在自杀边缘徘徊。

而一旦痛苦真到了无法忍受的程度时,试图逃避痛苦就成为人们的必然选择。那些闹自杀的人和那些吸毒的人,都是试图逃避痛苦的人,"这就是他们的共同点"。"就自杀的情况而论,这种人感到他唯一的逃避手段是结束自己的存在;就使用成瘾药的情况来看,另一种人感觉到他只要能够陷入对自我存在完全遗忘得一干二净的境界就能逃避或解脱痛苦忧愁了。"③ 无论自杀还是成瘾者都想逃避——都想结束或忘掉他们的存在。

心理学家阿德勒指出:"在困难面前,最彻底的退缩方式就是自杀。在面对生活中的各种问题时,这个人通过自杀放弃一切,并表达了自己相信自己无力回天了。我们如果认识到自杀往往是一种谴责或报复行为,就

---

①② (美)柏忠信:《西方社会病——吸毒、自杀和离婚》,456页,北京:三联书店,1983。

③ (美)柏忠信:《西方社会病——吸毒、自杀和离婚》,457页,北京:三联书店,1983。

能理解在自杀中也有对优越感的争取。自杀者都是把自己的死归咎于他人，仿佛在说：'我是世界上最脆弱敏感的人，你却这么残忍地对待我'。"①

（三）自杀是痛苦的呼唤

施奈德曼等人的研究表明，没有任何人100%地想自杀。有强烈死亡愿望的人是矛盾、茫然的，也想抓住生命。他们的情绪和想法是平行的，但思维模式是非逻辑性的，其所做的选择只是停留在非此也彼的思维模式上。他们只看到两种可能的选择：痛苦或死亡，尤其不能想象自己能向前走和更加幸福，不能想象自己走向成功的未来。② 自杀学家施奈德曼形象地用"only"比喻自杀，指自杀仅仅是自杀者自己的事情。尽管自杀者存在绝望并萌生自杀念头，而有时微小的获益、轻轻的环境改变或者可以看到的差别则能给自杀者以希望，从而使之放弃轻生。例如，一中年男子乘坐地铁至某站准备卧轨自杀，途中一位来自外地的乘客向他打听要去的地方需要在哪一站下车，他详细地告诉了对方一切，结果得到这一乘客发自内心的感谢。这个男子顿然感到自己活着是有价值的，从而打消了自杀的计划③。有学者称自杀为"'渴求帮助'的呼唤。"④

自杀行为的结局无论自杀者是否存活，都可被视为"痛苦的呼唤"。自杀行为被认为试图从陷阱中逃脱，是一种"被击败"和"被包围"的感觉。被击败感可来自外在环境，如不良的人际关系、失业、职业应激等，或来自无法控制的内在混乱。这些应激的重要方面是对当事人发出信号，其时在他们生活的一些重要方面被击败。这种击败又进一步激发原始的心理生物学机制。无论如何，激发一个充分的"击败效应"，其时当事人将倾向放弃，同时在处境中出现被推入陷阱的感觉；当事人也预期他们将没有能力去逃脱那些最烦人的事物。进一步地，他们相信自己很少有可能被其他人或环境力量来挽救。为什么将自杀行为视为痛苦的呼唤？这是由于当事人认为自己被击败、没有逃脱或被挽救的可能所引起的。因此，自伤或自杀将是不可避免的。

---

① （奥地利）阿尔弗雷德·阿德勒：《生命对你意味着什么》，周朗译，39页，北京：国际文化出版公司，2000。
② 季建林、赵静波：《自杀预防与危机干预》，11页，上海：华东师范大学出版社，2007。
③ 翟书涛：《选择死亡》，95页，北京：北京出版社，2001。
④ （瑞典）沃瑟曼：《自杀：一种不必要的死》，李鸣等译，55页，北京：中国轻工业出版社，2003。

"痛苦的呼唤"可能在一开始具有发泄不满的成分，及至后来感到逃脱的可能已经很小，则可能发展为绝望。在这种条件下，缺乏社会支持和易于取得致死性方法，必然容易导致极端的自毁行为。

第三节 自杀的审视

所谓自杀是一种自我毁灭行为，是人类蓄意终止自己有意识的生命，换句话说，即对死亡的选择。自杀是一个由生存体验到死亡来临的自我意识的全过程。它是当事人的自杀意图和当事人的自杀行为，即主观与客观、意念与行为的合一。

一、自杀与个人的权利

（一）自杀作为一种义务

在中国传统的思想文化中，自杀的观念与西方不同。中国传统的法制思想在许多方面只强调个体的义务，而不注重个体的权利；反映在自杀问题上也是一样，只强调自杀的义务，而不注重自杀的权利。在中国长期封建主义中，"君要臣死，臣不得不死；父要子亡，子不得不亡"，作为一种思想行为准则被广泛接受。

公元前210年，秦始皇病死于出巡途中，陪同秦始皇的次子胡亥与赵高、李斯合谋篡位。当时有可能制止这一阴谋的人是镇守边关、拥有30余万重兵的长子扶苏和大将军蒙恬。胡亥假借秦始皇名义，伪造一份诏书，让扶苏和蒙恬自杀。蒙恬感到此事有问题，加以劝阻，扶苏没有听取他的意见，回答以"父而赐子死，尚安？复请！"当即自杀。蒙恬在狱中最终服药，自杀死前遗言："自吾先人，及至子孙，积功于秦三世矣。今臣将兵三十万，身虽因系，其势足以倍（背）畔（叛），然自知必死而守义者，不敢辱先人之教，以不忘先生也。"在中国，至高无上的君父犹如上帝，掌握个人的生死大权，当他们完成自杀任务时，个人自杀的权利就无形中被彻底剥夺了。

伯夷叔齐"义不食周粟"，饿死首阳山乃"千古美谈"，尽人皆知。这类故事多发生的改朝换代之际，尤其是宋元之交与明清之际，不少知识分子自杀以殉前朝，被统治阶级美化为守节行为。反之，那些没有自杀，反见仕于新朝的人多被讥讽。守节观念几乎贯穿于中国人各种义务的自杀活动中，如贞女殉夫之类。要保住志节，就得自杀。显然，在中国传统文化中，自杀是一种义务。

（二）自杀既不是权利，也不是义务，从而被禁止

纵观世界历史，自杀并不总是受到社会或宗教政策谴责。古希腊人对自杀持容忍态度，罗马人也常赞扬自杀。

新旧约《圣经》中记载了一些自杀的案例，但没有任何反对的评论。基督教形成后早期（头一个世纪）自杀受到宽容。当时的哲学家如德尔图良和奥里更是把耶稣的死视为自杀，说他自愿放弃灵魂。在这一时期，基督教徒通常心甘情愿地勇于殉教，有时雇人杀死自己以早升天国，有的借自杀来保持个人尊严和维护教义。直到奥古斯丁援引《圣经》第六诫"你不该杀人"来论证，无论任何形式的毁灭生命都是被禁止的。《圣经》第六诫指出：你不该杀人。奥古斯丁根据《圣经》第六诫在其《上帝之城》推理：你不该杀人，即不该杀任何人，因而也不该杀死你自己。任何形式的毁灭生命都是被禁止的，而自杀者亦是杀了一个人，同样是被禁止的。

托马斯·阿奎那的神正论指出：任何东西都是自然地爱自己，保持自己的存在是合乎本性，亦合乎自然律的要求；每个人都属于群体，倘若自杀了，便是有违自己在群体的义务，伤害群体；生命是上帝所赐，只有上帝才有权力取走人的生命，人无权取走不属于自己的东西。自那以后，自杀在西方社会受到谴责。在很多国家，自杀被认为是有罪的。直到1961年（英国）及1972年（加拿大），自杀仍被视为非法的、有罪的和不道德的。

在中国历史上，虽然没有明文禁止自杀，但我们对自杀者的道德评价是谴责的。在我国很长一段时期内，"自杀"都是一个忌讳的词汇。如老舍之子舒乙在谈到老舍自杀悲剧时说的那样："'自杀'这词在一个相当不短的历史时期内，已经在中国的语言文字中被清除，成了一个忌讳的词儿。有一个时期，这个词是用一个完整而恶狠的话来代替的，叫做'自绝于人民'。以后，到了冤假错案平反的时候，又换了一个似是而非，叫人摸不着头脑的词组，也是五个字，称之为'非正常死亡'。在正规的悼词中则往往称之为'含冤去世'。总之，碰见这几句话，不用问，准是

自杀的意思。"①

（三）自杀是一种权利

当今的西方世界，这种极端的宗教信念已受到思想上的挑战。美国伦理学家反驳指出：反对自杀的宗教禁令仅适用于以此为信仰的信徒；这一论据在神学上也是令人怀疑的；这一论据排除了人们对保护、保存或结束生命的责任。英国历史学家汤因比站在维护人的权利、尊严和自由的立场上，主张人能自杀，"基督教以前的希腊人或罗马人并没有把自杀视为禁忌，他们把自杀的自由看成是基本的人权之一。他们认为有时个人为了保持做人的尊严所应采取的相应行为，只能是自杀。因此，在这种情况下自杀的人是很受尊敬的。"另一历史学家卡尔在他的《历史是什么》一书中指出："自杀是一个人可以随意采取的唯一自由的行动。其他的行动在一些方面总要牵涉到他作为社会中一个成员的地位。"

这种赞扬自杀并把自杀权利掌握在手中的做法，体现了现代社会对生命的自我把握的强烈愿望，表现了现代文明的巨大进步。正是在人权理论的基点上，西方现代学者特别强调人有自杀的权利和自由。正如美国死亡学家波伊曼指出的，"死亡权利似乎是生存权利的必然的结果，因为如果我不能免除自己的生存权，这又算什么权利？不能免除的权利不算权利，而只能是义务。"②

死本来是生命的必然结局，而当死变为是否人的权利问题时，我们所谈论的显然不是必死的命运，而是以何种方式及何时死的方法问题，就是说，死亡方式选择问题。自杀只不过是一种死亡方式，前面的讨论结论无疑是如同生存权一样，人都有对死亡的选择权，即自杀就是一种个人的权利。

然而，有此权利就可行吗？譬如说自杀权利的行使有无条件？

二、自杀与人性尊严

在个人尊严受到威胁时，我们可以采取某些行为来捍卫它。因为，我们如果失去了尊严，也就失去人存在的意义，自然也没有存在的必要。

---

① 郑实、傅光明：《太平湖的记忆：老舍之死》，41页，深圳：海天出版社，2001。
② （美）路易斯·波伊曼：《生与死——现代道德困境的挑战》，江丽美译，66页，广州：广州出版社，1998。

什么是尊严？人性尊严直接昭示人活着的生命品质。它包括：自主性；自觉意识；自我表达性，即对自己在这个世界中的断定；自我接受与自我尊重。如果人性尊严的上述任何一个方面受到威胁，都将直接导致自杀。

马格尼特·巴亭在论及自杀与人性尊严时说，尊严从其构成成分来说，"首先，这些特性包括相对着外在事件而言的自主性、自我决定和对个人的行动负责。尊严也包括自我觉醒和一个人条件和行动以及它们大概的结局之认知。尊严通常包含了合理性，虽然这并不总是实情。它也包含了表达性，或者更确切地，自我表达性——一个对自己在这个世界中的断定。它确信也包含了自我接受和自我尊严：一个人是谁和是什么的肯定。我们也能提及那倾向于破坏尊严的东西：譬如，作为一非人格机制的匿名、劳动异化、拥塞、无意义和重复的工作、隔离和拷打。"①

人的尊严，不单是他个人的特征，也是个人与世界关系的特征：尊严首先是指向独立个体的，自我的及主体的；尊严离不开人与人、人与世界的关系，并且在某种关系中体现出来，那就是尊重；尊严包括个人对他人的基本指涉，其他人在指涉那儿都被包含在内，没有破坏其他人尊严的行动能构成自己的人性尊严。我个人不能由破坏某个其他人的尊严来提升自己的尊严，尽管我可能以另一个人的代价来促进自己的利益、幸福和名誉。但"如果我试图由劫夺你的尊严来提升我的尊严时，我同时也失去了自己的尊严。"② 尊严既是经验的，也是理想的观念。

人的权利与尊严是内在一致的，个人有基本权利去做某一定的事情，是因为做那些事情倾向于构成人性尊严。反过来说，如果一个人被剥夺了权利，那他的尊严也就不存在了。"我们需要看出的是我们有自杀的权利（假如当我们自杀时），是因为它构成了人性的尊严，而且这个基础相同于我们所有的一切其他基本人权。"③ 比如一位老人，正处于不幸之中：可预期地逐渐地衰弱、依赖、财务限制、沟通和亲密生活的失去、渐渐贫

---

① （美）路易斯·波伊曼等：《解构死亡——死亡、自杀、安乐死与死刑剖析》，魏德骥等译，116页，广州：广州出版社，1998。
② （美）路易斯·波伊曼等：《解构死亡——死亡、自杀、安乐死与死刑剖析》，魏德骥等译，117页，广州：广州出版社，1998。
③ （美）路易斯·波伊曼等：《解构死亡——死亡、自杀、安乐死与死刑剖析》，魏德骥等译，114页，广州：广州出版社，1998。

第七章 生死歧路

乏自我形象、孤独，以及由于她的青光眼和癌症、眼盲和痛苦。有两种可能的未来：一是自杀。另一种是继续无痛苦、社会性、积极的和亲密的生活。但是，这第二项由于她的身体条件和社会条件已不可能。如此，她的生活就存在这样两项：自杀，或者刚描述的恐怖清单。那么，自杀至少在消极的意义上构成了人性尊严。然而，并非所有自杀都构成人性尊严。比如年轻人由于失恋从桥上跳河自杀，确信我们可以想象出比从桥上偷偷跳下去更有尊严的行动：开放给他们的未来是多样且无数的，包括无疑的爱、有目标的职业、社会贡献和理想的达到。年轻人却放弃这些更有尊严的选择而去死，显然并不构成尊严。

因此，从人性尊严角度来考察自杀必须区分两种情况：一是维护人性尊严的自杀；一是尊严受到侵犯时的自杀。巴亭据此将自杀分为两类：一组是暴烈（violent）的自杀：绝望、侵略性的行动，自杀者既轻视又厌恶自己和他人。大部分自杀类同于此。或可称为要求平衡的自杀，比如，出于报复敌人或昔日恋人的欲望，自杀者通常轻视整个世界。其特征是憎恨、矛盾的情感和骚动的心灵。当失恋之际，当着恋人自杀便是此例。

另一组是非暴烈的自杀：它是迫不得已而非故意地计划的；或是为了其他人或其他原因的福利。无论对自己或他人都是非暴烈的，他们并不要求惩罚自己或者伤害报复其他人，对于这些自杀我们可能、或者吊诡地称之为一种自我保护、一种自我尊重，"我是我的所有者"，他们有时似乎说，"但事实上不能继续下去"。一个人选择死亡来代替进一步的生命，因为进一步的生命是以尊严的妥协而带来的。没有那尊严，他则不能同意继续活下去。如一个人患上绝症，怕拖累家人而选择跳楼。

前者可称之为自我攻击的自杀，而后者则是自我尊严的自杀。至于暴烈与非暴烈的区分只是一种直观的区别，不具有临床可观察性，此外，并非表现在自杀工具上。

英国记者韩福瑞（Derek Humphry）在《死亡的尊严》一书中区分了两种自杀：一种是"没有理性的自杀"，由于精神沮丧、沉闷或压抑而自杀属此类。作者认为不应鼓励这种自杀，应该设法劝阻；二种是"有理性的自杀"，患有绝症的病人经过慎重的考虑，而终于决定自杀，即属此类。[①]

可见，个人有自杀的权利，但并不表明就可以随心所欲选择自杀。那

---

① （美）傅伟勋：《死亡的尊严与生命的尊严》，28 页，北京：北京大学出版社，2006。

么，有助于维护人性尊严的自杀，就必须付诸行为吗？

三、自杀与价值

这里有一个自杀的价值问题，即人是否值得自杀，自杀有无价值，以及社会从道德上对自杀行为的基本评价如何。对自杀意义的考虑充分显示了自杀是否个人权利的判断。当自杀对他人造成了情感和心理方面的伤害尤其是自杀未遂者个人荣誉受损等，在这种情况下，"自杀就不再是一项权利，不是因为它对自杀做了什么，而是因为它对其他人做了什么。"①

中国文化向来就是一种重生文化，把人的生命看得高于一切，万物之中惟人为贵的思想贯穿古今。中国人看待自杀从来就缺乏权利意识，因此自杀被视为禁忌，讳莫如深。中国人将自杀评价为道德、邪恶，为个人历史上的污点。"文化大革命"期间，有些名人和普通人受到残酷的折磨，为了保护自己的人格不受伤害，痛苦地选择了自杀的道路。他们的自杀行为值得同情，但社会上对自杀者往往给以"自绝于党和人民"的评判，自杀者的亲属也因家里人自杀而觉得无脸见人。

司马迁说过："人固有一死，或重于泰山，或轻于鸿毛，用之所趋异也。"诚然，人为了某种崇高的事业而死，他的死是重于泰山的；但是人为了自身的尊严而死，也不一定轻于鸿毛。司马迁因替李陵说情，被当朝处以宫刑。按理论之，司马迁遭此奇耻大辱后应当去死，但他忍受了极度痛苦，终于未能选择死亡。"所以隐忍苟活，幽于粪土之中而不辞者，恨私心有所不尽，鄙陋没世，而文采不表于后世也。"他因《史记》未完成，必须忍辱负重，坚持活下去。显然，如果司马迁选择死也未尝不是有足够的理由，但他没有，即便是尊严的死也让位于更大的生。

死的泰山、鸿毛之别究竟在哪里？孔子对地位低下的匹夫、匹妇自杀与司马迁一样持鄙薄态度。他在《论语·宪问》中为管仲不自杀而辩护时说，"微（无）管仲，吾其被发左衽矣。岂若匹夫匹妇之为谅也，自经（即上吊自杀）于沟渎而莫之知也"。强调死亡选择中的事业和等级原则。普通老百姓死亡的价值与大人物死亡是不一样的，是不相等的。像管仲这样后来为国建立功勋的名人不能与普通人一样，默默无闻地守小节跑到山

---

① （美）路易斯·波伊曼等：《解构死亡——死亡、自杀、安乐死与死刑剖析》，魏德骥等译，109页，广州：广州出版社，1998。

沟里自杀。孔子和司马迁把在事业上的功绩（功名价值）看得高于一切，看得大大超过了人的生命价值。这样的自杀观代表着儒家传统所弘扬的积极用世的功利主义人生观。应当指出，当今一些文化水平低的妇女，与家人争吵后一时想不通，便一时冲动去自杀，白白断送了性命，给亲人带来了无限悲痛。这种自杀是没有价值和意义的。

唐甄在《潜书·利才》中论及君子有"四不死"与"三死"。"君子有四不死：权奸擅命，天子敛手；欲救而逆之，如冶炉燎羽尔，当是之时，君子不死也；朋党相訾，有伏绒焉，自贤而非人，自白而浊人，祸不移影，当是之时，君子不死也；兴废用舍，非所以安危者则不争；抗言争之，或以激怒，当是之时，君子不死也；大命既倾，人不能与，君死矣，国亡矣，非其股肱之佐，守疆之重臣，而委身徇之，则过矣，当是之时，君子不死也。此四不死者，死而无益于天下，是以君子不死也。""君子有三死：身死而大乱定，则死之；身死而国存，则死之；身死而君安，则死之"。死或不死的终极选择必须以天下社稷、君主为转移。

四、自杀的生命伦理建构

对于自杀的结论是，"对自杀应要进行具体分析，对'挫折型'、'厌世型'的轻生应当持反对态度；对'忧郁型'、'疾病型'的绝望应当持同情态度；对'哲理型'、'杀身成仁型'、'同归于尽型''抗议型'、'不可辱型'、'警世型'的硬骨头应该肯定，否则，往前推无法评价屈原，往后说无法评价老舍和老舍们。"① 不可对自杀一概而论。当我们说，自杀不可取时，自然是立足于生命的价值；而当我们说自杀为可接受时，同样是立足于生命的价值。寻求并建立自杀的合理性问题的解决，关键在于建构起关于自杀的生命伦理。

诗人流沙河说得好："人们有无数不死的理由。人们没有找到可以让他们去死的理由，在这种情况下死就是不值。"② 因而，建构自杀的生命伦理非常重要，它既是告诉人们，选择死亡是一件严肃性的事情，不是可以草率而为的；同时也告诉人们，只要生命有一丝儿活下去的理由，就不应该放弃！

---

① 郑实、傅光明：《太平湖的记忆：老舍之死》，43页，深圳：海天出版社，2001。
② 李书崇：《与死亡言和》，228页，成都：四川人民出版社，2002。

在一个人欲结束自己生命之前，不妨拷问自己：这样死得其时吗？有足够的理由吗？死是最好的做法吗？带给亲人是最小的痛苦吗？

1. 深思熟虑或情急所至——最合理的时机

自杀是对死亡的选择，它必须是根源于当事人对自我处在状况的深刻、独到的体验，并由此产生的对生命意义的自我否定。所谓情急所至即遭遇有可能毁灭自己的意外情况，此时灵魂与肉体产生冲突。选择肉体的死亡，从而保全灵魂的完整。此时的自杀是一种自我保全行为。所谓宁为玉碎，不为瓦全，当然，还有一种情况，即突如其来的生存的某种丧失，从而产生了以往生命意义领悟上的断灭，由此走向对死亡的肯定。

2. 使生命值得活下去的理由不存在——最充分的理由

生命已失去光泽，变得昏暗，没有了清醒的判断；痛苦远远超出了自我承受能力；一切变得绝望，陷入于绝境；活着已是一种负担与累赘。

3. 生命因此而完整——最好的做法

海德格尔认为：生是一个圆环，而不是一条直线。死亡便是无论在那一个层面都能给人划上一个句号。人生是求其圆满，而非求其长短。而当人无法求得各方面的自身完整（自然死亡）时，求取生命在某一方面的完整，便成为死亡选择的有力支撑。活着如果是一种毁灭，那么，死亡就是一种成全。自古以来，威武不屈、宁折不弯、守身如玉……，多是当事人对生命品质至上性的一种追求。

4. 存有给亲人带来痛苦与心灵创伤吗——最小痛苦

自杀在某种程度上是对痛苦的解脱。离开这一点，便无法理解自杀。然而，人总是生活在一种生命共同体中的。唯有当事人对死亡的选择立足于"自我"和"我—人"相关性角度，完整地理解，从而作出决定，共同体中的他人对当事人的此等决定认同时，自杀方是可接受的。而当当事人的理解与共同体的理解无法一致时，而且给亲人造成的痛苦远大于自杀所消除的自身痛苦时，这便是不负责任，自杀行为是断不可接受的。

上述 4 个方面构成一个理智整体，缺一不可。这就是自杀行为的伦理基础。

五、青少年自杀现象剖析

（一）青少年自杀现状

近一两个世纪以来，年轻人自杀在全球呈上升之势，这是当前自杀和自杀预防研究中需要优先解决的课题。在 20 世纪,青少年自杀有两个高潮,分别在 20 年代和 90 年代。第一届有关自杀的学会于 1910 年在维也纳召开,会议讨论的主题是青少年自杀,由阿德勒主持会议;弗洛伊德是主要参加者之一,并对青少年自杀做了重要发言。此后青少年自杀一直受到各国的重视。关于 20 世纪 20 年代青少年自杀出现高潮的原因,当时推测与城市迅速发展、推行强制义务教育、妇女状态改变、宗教信仰的转向、人口迅速增长和尤其是生产酒精等有关。

而 20 世纪 90 年代第二次青少年自杀高潮可能与一些社会因素有关,如违法、犯罪、酒精中毒、失业、结婚率降低、高离婚率、家庭中 15 岁以下成员减少、高凶杀率、65 岁以上老人增加等。自杀死亡是青少年死亡的三大死因之一,在有些国家甚至居第一位。研究报告《中国的自杀率:1995—1999》指出,中国自杀率是国际平均数的 2.3 倍,自杀是我国 15~34 岁青少年第一位的死亡原因,有 19% 的青少年死于自己之手。根据全国疾病监测系统的数据(1991—1995),中国的自杀死亡率为 19.58/10 万,其中 15~34 岁的青少年占自杀死亡人数的 40.7%。据 WHO 统计,中国青少年自杀率较高,据认为仅次于斯里兰卡居世界第二。其中 15~24 岁占自杀总数的 26.64%;35~34 岁的占 18.94%(1987—1989)。引人注目的是,5~14 岁的少年儿童自杀占自杀总人数的 1.02%。

(二)青少年自杀的行为特征

艾伦·阿普特曾探讨青少年自杀增加的社会学根源。阿普特认为,20 世纪以来,尤其是近几十年来,青春期的特点发生了明显改变,出现生理特征变化的年龄趋前。例如,在西方国家,女性月经初潮过去在 16~18 岁之间,现在已接近 12~13 岁之间。生理变化如此提前,但相应缺乏足够的心理承受能力与认知能力,无法迎接这些挑战。这种社会心理的延迟,意味着当今社会青春期的时间极大地延长。在此期间,年轻人不得不逐渐面对一些现实问题,同时他们也可以尝试各种认同方式来获得喘息和逃避,如青少年犯罪、同性恋等。这种社会心理的延迟是工业化发展的必然结果,是以牺牲青少年持久、稳定的心理认同为代价的。这很能说明中国改革开放尤其是 90 年代以来青少年自杀现象严重的社会背景。

青少年自杀者的心理特点:

一是冲动。同时存在抑郁症状和反社会行为是青少年自杀最常见的先兆。"身体伤害"与边缘型人格障碍中常见的攻击性和情绪不稳,也是青少年自杀重要的相关因素，尤其，同时伴发抑郁症状时，冲动常常被认为是自杀风险因素之一，也被视为青少年自杀企图者的人格特征之一。冲动控制缺乏可以将有自杀倾向的青少年和患有其他疾病的青少年区分开来。事实上，冲动可能是判断高危自杀人群中的重要因素。

二是愤怒。一些研究者认为，愤怒作为一种情绪状态常常与青少年自杀有关。急诊抢救的自杀者在自杀前表现出异常愤怒，尤其是攻击性行为。

三是焦虑。与出院的精神病人相比较，自杀企图者存在较高程度的焦虑。研究发现，男性焦虑障碍与自杀企图显著相关。

还可进行体现青少年自杀特点的分类。社会学者杨张乔指出，自杀不仅是心理的内在构成，也不仅是社会因素的简单促成，而是自毁心理的社会外化。杨张乔将青少年自杀分为三类，很能说明青少年自杀的特征。

1. 权意性自杀

所谓权意是一种对权力的意识。青少年经由社会化，逐步走向独立，并开始追求自我决定，开始在社会生活中享受各种权力，如婚恋、学业选择、经济权、劳动权等，并逐渐形成了这些权力意识。但社会对过渡期的年轻人又表现出种种疑虑和担忧，在权力享受上加以种种限制。这往往与青少年的自我权力意识发生矛盾和对立。权意性自杀指的就是这种矛盾与对立的激变而成的青少年自杀现象，包括婚恋自主受阻而自杀，经济纠纷而引发的自杀，就业就学困扰而自杀等。

2. 自喻性自杀

自喻是一种象征性的自我内省。它有别于真实性的自觉，而是一种象征性的自觉。在自喻过程中，对本体外的事物或事件并未完全了解，而是隐约的判断，并据之猜悟出自我的范畴。自喻性自杀是在象征性的自我内省中发生的，它包括自尊性自杀和自怯性自杀。前者有因与人争吵受辱而自杀、犯罪被人歧视而自杀、与领导发生矛盾而自杀；后者有悲观厌世、害怕厄运而自杀，因久患病而自杀等。

3. 迫胁性自杀

这类自杀是由外部压力大而自我无法承受的情况下发生的。如因受人诬陷、受人虐待及在各种压力下的自杀。

（三）青少年自杀的伦理审视

无论从那种角度看，青少年正处于生命生长时期，正如毛泽东所说，就像早晨八九点钟的太阳，人类的希望寄托在他们身上。如果一个社会不能很有效地抑制青少年自杀现象，那就是人类的悲哀。第一，青少年没有成熟的理性，尤其是对生命与死亡的本质还缺乏正确的认识，即生命意识存在自身缺陷，因此，他们的自杀没有健全的理智和理由，是毫无意义的。第二，它造成社会不稳定。一个未成年人自杀死亡会带给他人尤其是亲友无尽的伤痛。第三，青少年是社会的未来和有生力量，青少年自杀无疑是社会的自我毁灭。

第四节 慢性自杀

一、慢性自杀的本质

慢性自杀，舍温·努兰在《死亡的脸》一书中被称为"慢性习惯性自杀"。慢性自杀包括药物、酒精、不安全驾驶、危险的性行为、帮派组织和其他反社会行为。作者指出，慢性自杀不仅会限制生命的长短，也会影响生命的品质，"早在真正失去这些人之前，它就夺走了他们的天赋与热情，使社会损失了他们本来可能会有的贡献。这些损失是无法估计的，而它就这样慢慢啃食我们文明的结构。"[1]

门林格尔在其论述自杀的专著《人对抗自己》一书中，对慢性自杀有非常精辟的论述。门林格尔认为，慢性自杀是与突然的、急性的自我毁灭不同的表现形式，"在这些形式中，个人仿佛是在缓慢地、一点一滴地自杀。"[2]

"在慢性自杀中，个人无休止地拖延死期，其代价是活受罪和功能损害——它相当于局部自杀"。"这的确是'虽生犹死'，虽然人并没有死，但在这些人身上，破坏、冲动往往具有进行性，它要你付出越来越高的代价，直到最后有一天，个人仿佛突然'破产'而不得不以真正的死亡来收场。"[3] 这是一种逐渐放弃的过程。他将禁欲与殉道、神经症疾病、酒

---

[1] （美）舍温·努兰：《死亡的脸》，杨慕华译，157页，海口：海南出版社，2002。
[2] （美）卡尔·门林格尔：《人对抗自己》，肖川译，79页，贵阳：贵州人民出版社，2004。
[3] （美）卡尔·门林格尔：《人对抗自己》，肖川译，80页，贵阳：贵州人民出版社，2004。

精瘾、反社会行为和精神病等归为慢性自杀范畴。

慢性自杀的本质特征在于个体企图结束或忘掉他们的存在。《西方社会病》一书作者柏忠信指出，成瘾性毒品问题等与自杀问题有联系，那些闹自杀的人和那些吸毒的人——特别是用烈性的避世毒品如海洛因、酒精、pcp、大麻等——都是试图逃避痛苦的人，这就是他们之间的共同点。就自杀的情况而论，这种人感到他唯一的逃避手段是结束自己的存在；就使用成瘾药的情况来看，另一种人感觉到，他只要陷入对自我存在完全遗忘得一干二净的境界，就能逃避或解脱忧愁了。因此，就这两种情况来说，两种人都想逃避痛苦忧愁——都想要结束或忘掉他们的存在。

社会学者然诺·梅里斯对慢性自杀的定义："当一个人知道自己的生命方式可能使他致死，而它确实也使他丧命。这是一种综合性的自杀定义，它包括各种自我毁灭的方式例如冒险和许多所谓的'意外'。"[①] 艾恩·马丁认为，酗酒和吸烟都是蓄意自杀。因此，我们可以给慢性自杀下一个定义：自杀是以某种间接而缓慢的方式致死的行为。

二、吸毒

（一）毒瘾，一种不真实的存在感

一般所言的吸毒指的是吸食非法毒品，包括大麻、可卡因、海洛因、迷幻剂，还包括新近的冰毒、摇头丸等，均有成瘾效应。

人吸毒为什么会成瘾？这个问题至今还没有统一确切的答案。以吸食海洛因为例，对成瘾机制比较一致的认识是：人体内本身就有一种类似阿片类物质的存在，当从外部大量摄入阿片类物质时，外来的阿片类物质逐渐取代了原来内在的阿片类物质，扼制了原来人体内正常阿片类物质的形成和释放，从而破坏了人体内的正常平衡，形成人体在生理、心理上的依赖，只有不断的递增这种外来摄入，才能保持人体生理、心理上的平衡。如果中断外来的毒品供应，吸毒的人就会因"犯瘾"而引发生理和心理上的痛苦。

一是吸毒成瘾是服用毒品后人的机体生理和心理发生某种变化的一个过程。有的专家将吸毒成瘾视为一种脑疾病。

---

① （美）路易斯·波伊曼：《生与死——现代道德困境的挑战》，江丽美译，58 页，广州：广州出版社，1998。

二是人吸毒后，毒品物质会迅速传送到人的脑部，并与人的某种受体物质结合，反复多次后，人体对毒品的耐受性提高，药物的作用逐渐减弱，吸毒者只能以更大的剂量连续不断地来抑制身体反应，满足生理渴求，从而愈陷愈深，不能自拔。

三是吸食毒品，使人在生理上形成奖赏性强化的后果，导致在心理上产生依赖性，即强烈的渴求感，也称为"想瘾"或"心瘾"。

四是人一旦吸毒成瘾，生理依赖与心理依赖又互相强化，因心理依赖而加重生理依赖，生理依赖产生的戒断症状又反复加重了心理上的依赖。

生理依赖性亦称身体依赖性或躯体依赖性，是指中枢神经系统对长期使用依赖性药物所产生的一种身体适应状态。例如，吸毒者成瘾后，吸毒者必须在足够量的毒品维持下，才能保持生理的正常状态。一旦断药，生理功能就会发生紊乱，出现一系列严重生理反应，医学上称之为戒断症状。吸毒者戒断症状的出现就是其生理依赖性的外在反应。

心理依赖性亦称精神依赖性，是指多次反复使用毒品后，使人产生的愉快满足的欣快感觉，这种心理上的欣快感觉，导致吸毒者在心理上形成对所吸食毒品的强烈渴求和连续不断吸食毒品的强烈欲望，继而引发强迫用药行为，以获得不断满足的心理活动。吸毒者成瘾后的"终生想毒"和戒毒后又复吸，就是其心理依赖性的内在反应。

吸毒者主观感觉上引起的效应范围很广：从精神亢奋状态到极严重的抑郁沮丧；从大大提高了的警觉性直到被彻底歪曲了的知觉以及一种"超脱尘世，与现实隔绝"的境界。这就是毒品的自感效应。这是毒品令人成瘾的重要原因。比如大麻（又称为玛利华纳），大多数人在吸入玛利华纳烟卷的烟气时，几分钟内会产生安适、舒缓和宁静的感觉。吸食可卡因对神经的效应包括兴奋感和长久不衰的欣快感，"且这种欣快感和一个健康人所具有的正常欣快感毫无差别。使用了它的人感觉自我控制能力有了提高，有更好的工作能力；另一方面，这时如果做工作，并没有酒精、茶或咖啡带来的精力猛然增强的感觉。他仅仅感到很正常，很快活，难以相信自己竟是在药物的支配下。"[①] 可卡因刺激神经系统，产生欣快、自信、胜任一切重活和警觉、亢奋等感觉。海洛因的直接效应可分为两个阶段，就是"冲劲"和"麻醉高潮"，使用者立即感觉到只存在瞬刻间的那

---

① （美）柏忠信：《西方社会病——吸毒、自杀和离婚》，12页，北京：三联书店，1983。

股"冲劲",这种冲击常常被人们用性方面的销魂极乐之类感受来形容,它是遍及全身的巨大的快感高潮。随之而来的欣快感,延续的时间更长些,但这种感觉难以描述,有如梦境,而且令人欢快,有一种深深加强了的安适感。

(二) 吸毒与死亡

大量事实表明,吸毒无疑就是慢性自杀和自我毁灭行为。

1. 毒品对人生理的影响是危害健康

吸毒成瘾是以人体生理正常的功能损坏为代价的。每一种毒品均造成对生理的短期和长期危害。从短期生理影响来看,吸食大麻引起心律加速、表皮血液循环增加,眼球由于血管充血而变红,喉部有刺痛,血压变化不定等。吸食可卡因低剂量时心脏跳动律减缓,剂量增大时由于位置较低的脑中枢也受到刺激,导致呼吸率和心跳率增高,出现呕吐、震颤和痉挛惊厥等现象。毒品的长期生理影响表现在对肺,"长期大量吸入玛利华纳烟气,其危险性和吸入烟草气相同:组织发炎、肺气肿,可能还有肺癌。"削弱人体免疫力,没有毒品,正常的身体代谢机能也不可能发挥。都有很强的戒瘾综合症,有时会引起死亡。长期影响还表现在男性生殖能力削弱,女性会将毒瘾传给下一代婴儿。

2. 吸毒致高犯罪率

吸毒这一恶习的花费非常高,常常使吸毒者倾家荡产。他们为获得买毒品的钱常冒险参加各种违法活动。且在从事这些活动的过程中,他们相互杀害的几率均显著提高。

3. 吸毒致死

有资料显示,吸毒者的平均寿命较一般人群要短 10~15 年。25% 的吸毒者会在 30~40 岁死于与吸毒相关的问题,因为大部分吸毒者是在 20 岁前后开始吸毒的。近年来,吸毒人群呈现出低年龄化趋势。在一些发达国家,中学生吸毒已成为普遍现象。吸毒人群死亡率较一般人群高 15 倍。据美国的估算,海洛因滥用者不到全美人口的 1%,但每年直接死于海洛因中毒者就高达 6 000 人以上。根据英国的估算,每年海洛因吸食者的死亡率高达 16%~30%。

"对于 10~19 岁的美国人来说,吸毒是他们这个年纪的人最常见的第七位死因,也是 20~24 岁年龄的人最常见的第四位死因。"英国麻醉药成瘾者的死亡率特别高,估计比总人口中同龄人高 28 倍。成瘾者的平均寿命（即死亡年龄）为 30 岁及以下。有些研究报告得出结论说：一方面平均寿命缩短（即死亡年龄降低）反映出染上毒瘾的人愈趋年轻，而另一方面较年轻的上瘾者死亡率还有升高的趋势。研究者詹姆斯在 1967 年就已发现："男性麻醉品成瘾者的自杀率相当总人口男性自杀率的五十倍。"詹姆斯指出："一方面有些人使用超剂量毒品致死的意图难测，另一方面，吸服毒品成瘾的重要因素是借此谋求自杀，说明这种情况的案例已经是足够多的了。"①

吸毒者自杀率远远高于一般人群，达 10~15 倍，男性高达 50 倍。吸毒自杀表现为：

其一，毒品本身有极强的避世效应。这几乎是服用毒品的普遍特征。吸食海洛因成瘾者会有一种近乎是"我向思考"式的准宗教性的注意力内向现象出现，伴随着这种现象的是逃避外部世界现实的离群索居的倾向。在这种感情上的痛觉缺失状态中，这个人和各种情绪、忧虑、担心以及享乐主义的追求等完全隔绝开来了，有吸毒者描述海洛因的"高潮"为"不是永恒性的死亡——没有痛苦的生活。"

其二，身心冲突引致自杀。由于生理对药物的高依赖性，而心理又有由于认识到毒品的危害想摆脱的倾向。冲突的结局就是以放弃肉体的存在为代价。"想吸毒的愿望是一种自杀的愿望，一种想令自己消失掉的愿望。"一位曾经的女性吸毒者讲述她的经历说："许多时候我已经非常厌恶用药了，但是我的身体却仍然非常需要它。有多少次早上起来煮海洛因时，我哭着说：'不能不找个出路了。一定会有希望的。'当我注射毒品时，我希望我会注射过多的剂量，足以使我永远不再清醒过来。有一次我昏迷过去了，和我混在一起的那些人把我拖下太平梯，扔到垃圾箱旁边去等死。有个家伙及时发现了我，把我送到医院去。我本来早该死掉的。我记得，当我清醒过来时发现自己还活着，心理非常气恼。"② 吸毒者在戒毒期，由于对毒品的依赖性高，从而身体正常的代谢机能已经被破坏，因此会产生"戒毒综合症状"。这一症状非常难以忍受和极其强烈，有时候甚至还会引起死亡。戒毒综合症状包括：焦虑、烦躁、易于激动、流眼

---

① （美）柏忠信：《西方社会病——吸毒、自杀和离婚》，55 页、126 页，北京：三联书店，1983。

② （美）柏忠信：《西方社会病——吸毒、自杀和离婚》，64 页，北京：三联书店，1983。

泪、周身酸痛、失眠、呕吐、突然灼热感、腹部及其他部分肌肉痉挛，伴随上述症状，还发生失水和体重减轻。戒毒期间还发生如下症候：神经质、精神亢奋、小腿抽筋、全身性肌肉抽搐、轮替地大量发汗和发冷等。

海洛因一旦成瘾，很难戒断，复吸率很高，不少人（23%~25%）到后来家徒四壁，妻离子散而自杀。发生自杀的海洛因成瘾者多系长期用药而且不是单独一种物质。海洛因成瘾者自杀年龄较酒精中毒和一般人小，这与吸毒者年纪较轻有关。门林格尔认为，酒精中毒和毒品成瘾都是一种"攻击性"的自毁行为，是慢性自杀的常见形式。

其三，自杀式生活方式。长期服用海洛因会导致便秘、体重减轻、食欲不振和暂时性的阳痿或不育。长期注射这种毒品可能导致血管萎缩的静脉结疤。成瘾者就必须寻找新的注射地区——手指之间、腿上、颈项、发脚以上的头皮部分，或口腔内。长期吸毒者，由于他们在沉醉状态中很少吃东西，所以常受到营养不足的害。由于他们使用毒品经常处于痛觉缺失状态，因而很少关心自己的身体情况。他们对周围环境的染病率很高，特别容易害以下疾病：脓肿、败血症、破伤风、细菌感染和血清性肝炎，主要是由于注射针头引起的。虽然长期吸毒的人像肝炎、营养不良、贫血等病症，但是，这些疾病与其说是由于使用海洛因造成的，不如说是由于成瘾者那种一般来说是使身体陷于衰弱的生活方式造成的。

（三）吸毒的根源

美国政府前毒品事务政策副主任李·多哥洛夫说："如果说在70年代，在毒品使用问题上，我们真正学到了一点新东西的话，那就是：毒品作用的问题根本不受地理边界的限制、它也并非特别偏好危害这一或那一个社会集团。毒品的作用确是一个全球性的大问题，是一个我们根本不能置之不理的问题。"①

柏忠信在《西方社会病》一书中指出，吸毒问题的根源是"灰心失意与痛苦"。毒品问题早期发生在西方发展国家，而且，在我国改革开放之后毒品也成为一大社会问题，产生了这样一个悖论：物质条件好转了，为什么不能带给部分人群真正的快乐和幸福感，反而会产生更多痛苦呢？

这里有必要分析一种哲学，即现代化学成因论。这是美国20世纪六七十年代吸毒的哲学基础。其实，现代人也有不少人所信仰的一套也正是

---

① （美）柏忠信：《西方社会病——吸毒、自杀和离婚》，28页，北京：三联书店，1983。

这种哲学。所谓化学成因论认为，一个人不过是一些化学物质的组合罢了。换句话说，这种哲学宣扬：我就是我这个由物质构成的肉体，你就是你那个由物质构成的肉体。在他们的心目中，每一个人只不过是一个躯体再加上物质感官，此外别无他物。因此，这种化学成因论的哲学认为，如果一个人想要得到快乐幸福，他需要做的只不过是使身体的感官愉快而已。换句话说，如果我认定我仅仅是一具肉身，而我又想得到幸福，那么我就会按照这种逻辑：为此我只需使我的躯体快乐，我就会快乐。如果肉体快乐，我也必将快乐。这就是化学成因论哲学的逻辑。

这种理论已经把人们带向享乐主义的道路（也就是无止境地追求感官享受的道路）。他们的生活目标只不过是享受感官快乐，他们的人生目的就是物质感官享受，不过如此而已。这就是使他们活下去的动力。

于是，就在他们拥有充分的物质感官享受的方便条件时，问题出现了。尽管有了方便条件，尽情享受着感官的乐趣，他们却仍然不能满足。这就使得他们体会到挫折、灰心失意的感受。因为，他们认为，有些事物能使他们百分之百地幸福快乐，但是这些事物并没有做到这点。于是他们生存的动力越来越削弱。他们做任何事情的动力越来越小。他们体会到人生毫无目的和彻底失望的痛苦滋味。他们毕竟还是坚信感官享受使他们幸福的，但是，当他们有了这么多的感官享受之后，却仍然不快乐。因此，对于为什么仍然不幸福、不满足的问题，他们找不到正确答案。这究竟是什么问题，他们都心中无数，这样，化学成因论导致享乐主义。而这种崇尚物质享受的、享乐主义的生活方式又导致了灰心失意、毫无目的的思想状态。

其实，问题不在享乐本身，而在于他们错误地认为，他自己仅仅是一具肉身，只关心满足肉体感官的需求，忽视了精神上的需求，这样就会在精神上闹饥荒。可以说，灰心失意和不满足是由于精神饥荒引起的。这就是问题的根源：社会正面临着一个深刻的精神危机。不仅仅是青年人，还有很多成年人都感到人生没有目的。他们感到连自己的存在也没目的。感官并没有满足他们。这种感官享受是他们过去的生活目的——推动他们前进的力量，是他们生活的原动力——而现在通过亲身经历认识到，这样的感官享受不能使他们得到满足，他们感到没有了活下去的理由。

许多人正处于不同阶段或不同程度的灰心失意和悲观绝望之中。有些人非常不愉快，觉得生活没目的，但是，他们仍然履行自己的义务和正常的活动。毒品可以帮助他们忘掉自己生活缺乏目标以及彷徨无归的思想。毒品可以解除他们精神上某些痛苦。但是，他们在社会上还能各司其职。另外，一些人完全是社会的落伍者。他们不想活下去，却又害怕肉体上的自杀。所以，他们就舍此而代之以大量吸毒，特别是吸海洛因制品。这样，毒品就成了解决问题的方法，他们相信毒品能解决个人的一切问题。

灰心失意和痛苦最终会导致终止自身存在的愿望。解决痛苦的办法有两种。一个是去掉造成痛苦的因素，另一个是去掉痛苦的体验者。那些宣扬采用后一种办法，也就是试图去掉痛苦的体验者的办法的人们，无论他们是在推销毒品、酒精或者一种毁灭主义、虚无主义哲学，他们都和想用杀掉病人的办法来"治愈"病人的医生一样。因此，酗酒、吸毒等，只是试图削弱对自己存在的自觉。既然自觉或意识是生命本身的特征，那么，试图结束个人存在，来摆脱痛苦，这样一种愿望叫做"木克地"。"木克地"就是从痛苦中获得解脱的意思。因此，这些人是想靠终止自己来达到摆脱痛苦的目的。毕竟，如果我已不再存在，我又何从感受痛苦呢？

所以，我们可以说，毒品成瘾主观上是一种自我逃避，客观上却无异于慢性自杀。

三、酗酒

酒精的销量之大，使用之广泛，令人无法将它与毒品等同论之，更不可能将它与作为自我毁灭的方式相联系。"事实上，正因为它使用得如此广泛，人们总是倾向于忘掉了它是一种毒品。因为它是一种得到社会接受的毒品，所以它的破坏作用往往被人们忽视。"①

（一）酒精的危害

"酒精的消费量比其他任何毒品都大。而事实也证明，在给人体造成的危害程度方面，酒精是首屈一指的。甚至所谓适度的饮用也会给人的身体健康带来一大堆问题，定期常规饮用酒精也等于患上了一种不断削弱体质的慢性病。"②

---

① （美）柏忠信：《西方社会病——吸毒、自杀和离婚》，164 页，北京：三联书店，1983。
② （美）柏忠信：《西方社会病——吸毒、自杀和离婚》，166 页，北京：三联书店，1983。

1. 酒精对身体健康产生多方面危害

酒精可对身体的消化系统造成损害。比如对胃肠，即使少量酒精赶往胃部，也会刺激胃酸的分泌增多，并且对肠胃两者的黏膜产生刺激作用。对胃的过分刺激会导致胃出血。酒精导致肝病有3种。第一种是急性脂肪肝，如果人体所吸收的热量总数中有30%或更多些是通过酒精的形式吸入的，那么，即使其饮食内容在其他方面是适当的，同样会产生这种病。第二种是酒精中毒性肝炎，这通常是长期酗酒的结果。继续饮酒则会恶化，产生肝硬化。往往有这种情况，一个人喝酒喝得很厉害，患上了肝硬化病，结果又发展为胰脏炎。于是，他就因为喝酒而患上两种严重的疾病。

酒精所引起的常见血液病是贫血，这主要是缺乏红血球引起的。酒精通过3种途径来影响人体红血球的供应。一是它限制了铁这种血液中不可缺少的成分的供应，从而抑制了骨髓制造红血球的能力。这叫缺铁性贫血症。二是酒精会使骨髓产生出有缺陷的红血球。三是即使红血球被制造出来了，但是如果遭到破坏或损失，仍然会产生贫血症。这种贫血症由肠胃出血，而红血球供应不足引起，再就是脾功能亢奋会破坏红血球。酒精对心脏的损害同样是非常惊人的，酒精从多方面损坏心脏的健康。酒精性的心肌病虽然不是很常见，却是非常严重的，它的症状有呼吸短促、心脏扩张、心力衰竭等。

酒精对人的生殖同样有影响。人如果经常饮酒，肝脏的功能一定会受到某些削弱，从而使性激素的比例失去平衡。对妇女，可能引起月经停止。对男人，会导致不育状态。如果孕妇饮酒，酒精会通过胎盘进入正在发育的胚胎。有些研究资料表明，每天喝两杯酒也会引起胎儿发育不良。

饮用酒精一旦成瘾，会产生戒酒综合症，包括：震颤、烦躁不安、老毛病发作和幻觉。震颤性谵妄是酒精戒除症候中表现得最严重的一种。即使是在医疗条件最好的护理下，震颤性谵妄发作的人，5个中有一个会死亡。病人身上所发生的生理变化，使他情绪上极强烈的忧郁感和恐惧心理复杂起来，往往身心上的两种因素联合作用使人致死。

2. 酒精的危害更为重要的还表现在它所带来的社会危害

如犯罪、酒后驾车等。以美国为例，"1971年，美国发生了将近1 700万起车祸。在这些车祸中，约有5.5万人丧生，将近400万人受伤。伤者中，25万多人变成了永久性残疾。由于交通事故引起的受伤事件有1/3，死亡事故中有1/2都与饮酒有关。在饮酒引起的交通事故中，每年死亡的人数约 2.5 万人，付出的代价超过 51 亿美元。按照估计，所有车祸引起的损失是 305 亿美元，其中，160 多亿是饮酒造成的。这还是非常保守的估计。"同样以美国为例，酒精引起的犯罪率升高，"在美国，67% 的杀人案件与饮酒有关，24% 的强奸案件和 29% 的其他性质犯罪事件也与饮酒有关。"①

"在美国，人们认为酗酒问题是影响健康的第一大问题，仅次于心脏病和癌症这两项致死原因，已成为第 3 号杀人恶魔。如同癌症一样，酗酒问题至今没有受到控制；酗酒者的人数仍按每年 50 万的比率增加。"②

"在美国，每年死于饮酒的人数超过 25 万人。这个数字几乎是全部死亡人数的 8%。而越战中美军死亡人数仅仅是 46 370 人。这意味着美国每年死于饮酒的人数超过整整 14 年在越南战争死亡的人数的 4.5 倍。"

3. 酒精与自杀关系密切

迪尔凯姆指出："饮酒与自杀倾向之间似乎有很密切的关系。"③ "根据估计，每年，超过 1/3 的自杀人数（多至 1 万人）是饮酒的。一些调查表明，在所有企图自杀的事件中，有将近 64% 与饮酒有关。据报道，有接受治疗或戒酒之前，有 25% 的酗酒者曾经企图自杀。"④

西方流行病学资料表明，酒精中毒者占全部自杀死亡的 25% ~ 35%。自杀者有 23% 在事前曾饮酒，酒精削弱人的控制能力，可促使绝望的人结束自己的生命。对酒精中毒者进行追踪研究，8% ~ 21% 后来自杀死亡，提示此类人群患有较高自杀风险。酒精中毒伴发抑郁症者，自杀风险增加 1 倍。酒精中毒自杀死亡者，50% 既往有自杀未遂史，自杀多因应激诱发。一组研究发现，患者自杀前 6 周，有 1/3 的患者有亲人过世。

酒精中毒与自杀间的关系尚未完全阐明，但长期饮酒导致焦虑、抑郁以及判断力受损与自杀可能有关。丧失包括经济地位下降、职业角色或近亲丧失、人际间亲密关系丧失，这些均可促发酒精中毒者自杀。慢性酒精中毒者意志减退、对事业不再追求，精神支柱丧失，致使他们长期为绝望所困扰。有报道在 378 例自杀未遂者中，发现绝望是 126 例酒精中毒者自

---

① （美）柏忠信：《西方社会病——吸毒、自杀和离婚》，206 页，北京：三联书店，1983 年版。
② （美）柏忠信：《西方社会病——吸毒、自杀和离婚》，180 页，北京：三联书店，1983。
③ （法）埃米尔·迪尔凯姆：《自杀论》，冯韵文译，27 页，北京：商务印书馆，1996。
④ （美）柏忠信：《西方社会病——吸毒、自杀和离婚》，214 页，北京：三联书店，1983。

杀的关键因素。

据 Goodwin 综合英、德、美三国的研究，发现男性酒精中毒的自杀率高于一般男性人群 75 倍。据 Taylor 报道，自杀有 45% 同酗酒有关，自杀意念有 64% 同酗酒有关。据 WHO 统计，饮酒者的死亡率较一般人群高出 1~3 倍。美国的非正常死亡有 50%~80% 同饮酒有关。同时，因酗酒造成车祸伤死亡在中国也与工业化国家一样呈现上升之势。据统计，1986 年中国发生的交通事故 6.7 万起，因酗酒引起的占 42%，致使 3 万余人伤亡。

美国国家共病调查显示：男性酒精依赖的终身发病率为 20%，酒精滥用大约在 12%，而女性相对应分别为 8% 与 6%。那些酒精依赖者的死亡率是总人口死亡率的 4 倍。这些死亡中，约一半是暴力死亡，尤其是自杀。酒精依赖患者预后的纵向研究显示大约 7% 死于自杀。回顾性的研究显示，酒精滥用者及依赖者中有 15%~50% 放弃自己的生命。[1]

酒精中毒与自杀之间存在因果联系，因为酒精是致抑郁剂，而抑郁与自杀因素相关已被确立。酒精中毒亦与破坏行为相关，从而可介入自杀。酒精中毒和药物滥用二者倾向增加暴力事件水平，故而与自杀有关。酒精中毒的患病率在一些职业较高，这一患病率影响这些职业者的自杀率。早年英格兰自杀未遂研究发现，那些得到酒精较多的职业如酒吧招待员，有较高的自杀未遂率。不同职业人员酒精中毒的严重程度是不一致的，这一变异可影响这些职业的自杀率。总之，"以酒消愁"是许多人用于应付困难处境的方法，但酒精应用过多可有严重的长期后果，包括自杀与杀人。职业应激可使人滥用酒精，而这一滥用也可影响他们的自杀风险。

一项与自杀有关的重要机会因素是酒精消费水平的改变。一些研究结果显示，酒精消费水平与自杀呈现统计学正相关。有关资料显示，苏联 1984—1985 年两年间男性自杀率下降了 40%，而同时期 22 个欧洲国家男性自杀率仅下降 3%。苏联的 15 个加盟共和国内同时出现了自杀率的降低。其中下降幅度最大的分别是俄罗斯和白俄罗斯，男性自杀率下降了 42%。研究表明，1984—1986 年间，正是戈尔巴乔夫政府政治改革的重建时期，社会走向开放以及一系列改革措施是自杀率下降的重要影响因

---

[1] （瑞典）沃瑟曼：《自杀：一种不必要的死》，李鸣等译，80 页，北京：中国轻工业出版社，2003。

素，其中也有政府推行限制酒精政策的影响。很明显，随着酒精限制政策的取消，自杀率开始回升。1988年以后，非官方的酒精生产急剧膨胀，加上国家财政的窘迫使政府放弃限制酒精政策。1990年以后，苏联境内再次经历了自杀率和总体死亡率的急剧回升。美国于1910—1920年间推行"饮用酒精限制条例"，丹麦1911—1924年间酒价暴涨，以及20世纪50年代间瑞典境内对酒精的销售的限制，并发放酒精限量供应说明书等，均有效缓解了当地的自杀问题。①

客体丧失在酒精中毒者自杀中也发挥重要作用。"一项研究发现，在所有酒精中毒自杀者中，有48%体验到自杀前6周存在的亲人丧失。"②

（二）饮酒作为一种合法的自我毁灭

《1979年全国（美）滥用毒品情况调查》一书曾将饮酒者分成4类：间或饮酒者，指的是每月饮酒不到1次，但每年至少饮酒1次的那些人。经常饮酒者，指每月饮酒1~4天的那些人，他们饮酒的程度通常已经损害到他们身体、精神上的功能和在社会上的作用了。豪饮者，指的是每月饮酒5~19天。他们每次饮酒的数量通常最少是5或6杯，而且常常超过许多。严重豪饮者，指的是饮酒量极大，至少每月饮酒20天，一般是天天都饮，每次饮酒量至少6~8杯。

在所有的饮酒者中，年轻人饮酒是一个值得注意的问题。与成年人饮酒不同，十几岁的少年人饮酒的目的"几乎没有例外都是为了买醉。许多在交际场合饮惯酒的成年会把一个晚上要饮的五六杯酒分开来在几个小时内慢慢饮完，而当十几岁的青少年聚在一起时，他们常常在30分钟到40分钟的时间内就把五六杯（甚至10杯或更多）的啤酒或混合酒喝完。"健康通讯公司出版的一本小册子认为，美国青少年饮酒并且但求一醉的风气是不奇怪的。"在这个给酒精以如此高度评价的社会中生活的青少年，会尝试杯中物的味道并最终真正饮用，那完全是意料中事，不足为怪。"③

1. 饮酒作为一种文化与生活方式

《美国饮酒风气》一书将饮酒分为2种类型：一种是社交性饮酒，另

---

① （瑞典）沃瑟曼：《自杀：一种不必要的死》，李鸣等译，279页、281页，北京：中国轻工业出版社，2003。
② 翟书涛：《选择死亡——自杀现象及其心理透视》，198页，北京：北京出版社，2001。
③ （美）柏忠信：《西方社会病——吸毒、自杀和离婚》，190页、192页，北京：三联书店，1983。

一种是逃避性饮酒。"作为一种社会接触剂,酒精饮料和生活方式(以及其他许多文化)密切交织在一起,以至于它成了强烈的民间传说、各种故事和社会习俗中不可或缺的角色。因此,许多人饮酒具有社交上的原因,例如表示友谊和庆祝节日。作为一种毒品,酒精饮料有暂时减少忧虑、缓和紧张和增加自尊性的作用。"

青少年开始饮酒的原因不是为了寻求逃避,而是为了上述理由。如果一个青少年周围的朋友和家庭成员都饮酒,他就会认为,为了和别人打成一片,他必须饮酒。饮酒是每个人都干的事,是社会所接受的事。

2. 酒精饮料广告的作用

人是会受所见、所闻、所读的内容影响的,一个人越是经常从好的方面接触一种特殊的概念或形象,他越是有可能接受这种形象或概念的真实性(即使这种形象或概念不是真的,实际情况也往往如此)。酒精饮料广告在数量上大大超过了任何关于酒精消极报道或宣传,于是就造成一种印象,即饮酒者都是健康快乐的,强壮的和在事业上成功的。那些广告利用这种手段,使接触广告的人们产生一种想法,即饮用酒精饮料是达到上述目的的途径。

为了保证其广告在观众身上产生预期效果,"(一)酒精饮料公司花费了大量的钱财,雇用第一流的心理学家,请他们研究各种方法使公司的广告更加有效和更容易使观众相信。(二)这些酒精饮料公司也不惜工本使用现有最好设备和制造工具,保证他们的广告质量最高。"① 广告有如下手法:一是将饮酒美化为高雅、浪漫的活动,里面多为俊男美女,这样投合观众喜欢浪漫的性格;二是把一个人在事业上的成就或满足和饮酒等同起来;三是使饮酒成为一种促进人们之间(特别是年轻人之间)友谊和交情的行动这种概念具体化。在这些酒精广告里面,人们从来不会看到饮酒的后果,从来不提由于醉酒后会倒地、打架、大吐特吐的狼狈样子等。

3. 政府经济运行的财政客观上是饮酒的现实依据

酒类行业是高利润产业,是政府财政支柱,甚至是扶持的对象。饮酒成为拉动经济和社会繁荣的重要生活消费领域。从这一点来看,这正是酒精毒品合法化的根源所在。

---

① (美)柏忠信:《西方社会病——吸毒、自杀和离婚》,197页,北京:三联书店,1983。

(三) 酒精瘾是一种逃避疾病的自杀

长期以来，人们对饮酒甚至酒精瘾的危害认识不足或有意不去关注。与吸毒相比，它完全处在一种放纵状态，但其危害性却并不亚于吸毒。那么，既然我们已经获知酒精的危害（不管我们是否去正视），它的根源何在？"人们以自我毒害的方式自发地毁灭着自己，全然不顾灾难的降临、终生的悔恨和戒酒的决心，这种心理或多或少未受到精神病学家的注意，从而被留给牧师、社会工作者、禁酒主义者或索性留给魔鬼。"①

饮酒有其久远的历史，早在上古时代，人们就懂得饮酒取乐。有事实证明：在我们的文明中，酒精发挥着非常有用的作用，很可能是增加快乐、减少敌意的武器。古希腊有酒神传说，中国古代酒文化更为"灿烂"。然而，仍然存在着反复过量地饮酒成瘾，并造成自我毁灭的现象。每个人都知道这样的例子：人们由于喝得烂醉如泥，而放弃一切责任和机会，一心只在头脑中胡思乱想。正如门林格尔所说的那样："每个精神病医生都能和作者一起列举一个又一个的病例，说明许多先前杰出成功的人（以及许多可能会成功的人）是如何以这种奇怪的方式毁掉自己。我说'奇怪'，是因为一种千百年来一直给人以快乐、轻松和刺激的东西，居然对少数人说来会成为一种自我毁灭的工具。"②

"既然酒精确能在一定程度上给人以解脱，使人摆脱面对现实的痛苦和由种种情感冲突造成的痛苦，那么，就其是为了缓和痛苦而言，酒精的使用确乎可以视为一种自我拯救的尝试。"③ "何以解忧？惟有杜康"，似乎成了千百年无可辩驳的生活真理。

问题是，什么原因导致部分人超量饮酒乃至酒精中毒不得不强行戒酒？而且，那些酒精瘾君子对此却毫不在乎，不愿戒酒。"十分明显，这种乐观，这种虚假的安全感不过是自我欺骗，其目的在于逃避深层心理的彻底改变。酗酒者暗自忍受着难以言喻的恐惧，而不敢正视。他只有一种办法，那就是借饮酒来淹没这种恐惧。而这种'治疗'（饮酒）接着就比

---

①② (美) 卡尔·门林格尔：《人对抗自己》，肖川译，143 页，贵阳：贵州人民出版社，2004。

③ (美) 卡尔·门林格尔：《人对抗自己》，肖川译，145 页，贵阳：贵州人民出版社，2004。

疾病更坏，至少外部事实证明了这一点。"① 是什么东西驱使他们拼命饮酒，是什么样的大烦恼逼迫他们寻求这种自杀式的安乐？说这种烦恼来自外部生活的种种困难，这只不过是一种遁词。生活中的确有种种烦恼，而有些不能解决的问题甚至能烦扰最健全的心灵。但问题不在这里，至少不仅仅是这些因素迫使人们在酒精中找出路（如果是这样，则我们都将成为酗酒者）。酒精的受害者知道他们的批评者所不知道的事情，他们知道，酒精瘾并不是他们罹患的疾病，至少并不是他们罹患的主要疾病；更进一步说，他知道自己并不清楚他心目中那种可怕的痛苦和恐惧是怎么回事，而只是盲目地被它驱向用酒精自我毁灭。这就像有些可怜的野兽吃了毒药或被火烧伤，因而不顾一切冲向火海中，为逃避一种死亡而招致另一种死亡一样。

的确，我们经常发现病人以自觉的自杀意向开始，即以饮酒浇愁告终，仿佛这种死法不像开枪自杀那么实在。研究表明，"许多来治疗酒精瘾的病人，在他们清醒的时候都沉溺于自我毁灭的想法，有时并伴随着自觉一文不值、罪孽深重的意识。一些病人尽管已经喝醉，但仍然部分地实施了这些自杀意图。例如，其中一个曾用剃头刀在脸上乱砍，另一个则用小刀戮自己的身体。一些人试图从高处往下跳，更不用说还有成千上万的人酒后开车以寻求一种死的方式。"②

因此，酒精瘾不能被视为一种疾病，而应被视为一种逃避疾病的自杀，一种对看不见的内在冲突作自我治疗的可怕企图。这种内在冲突可以由外部冲突加剧，但主要并不是由外在冲突所引发。严格说来，酗酒者确如他们自己所说的那样，并不知道他为什么要喝酒。分析他们饮酒的原因，首先从较浅层面开始。酗酒者几乎无一例外地都是些快乐、人缘好、健谈、受人欢迎的人。他们似乎确有义务使自己为人们所喜爱，并且非常精于此道。然而，不难发现，这种过分渴望被爱的愿望（这种愿望迫使他们以这些痛苦去博得人们的好感）却预示着潜在的不安全感，这种不安全感必须不断地得到补偿和麻醉。

这些不安全感和自卑感也很少来源于现实的比较，而更多来源于无意识的、"非理性的"缘由——通常是巨大的挫折感和愤怒，以及由愤怒招

---

①② （美）卡尔·门林格尔：《人对抗自己》，肖川译，149页，贵阳：贵州人民出版社，2004。

致的恐惧和内疚。酗酒中的自我毁灭后果似乎部分属于意外，也就是说，它们是以自我调节的种种努力，去从内在威胁中获得解脱时，不期然而导致的结果。只要这些内在威胁有可能以自己的冲动毁灭个体，人就会选择酗酒作为一种较轻松的自我毁灭，以避免更大的自我毁灭。

因此，"酒精瘾可以被视为一种用来逃避更大的自我毁灭的自我毁灭方式，它来源于因挫折而激发的攻击性、未得到满足的性欲，以及由与攻击性相关的罪孽感所产生的受惩罚的需要。尽管受害者借这种方式来缓和其更大的痛苦，避免他所恐惧的毁灭，但实际上，他仍然借这种方式完成了自我毁灭。"①

四、吸烟

(一) 吸烟小史

15世纪末，哥伦布发现美洲大陆时，就已看到当地居民有吸烟者，随后他的水手把烟草带到欧洲。1559年，最早在西班牙引种成功；1585年，又引种到英国，在其后约100年间，烟草已种遍包括我国在内的世界各地，成为人们用量最大的嗜好品。

1881年，在英国发明了卷烟机，使卷烟产量迅速扩大。到20世纪初，尤其是在第一次世界大战期间，战壕里的士兵曾用吸烟提神。这时，吸烟已被认为是时尚，从皇帝、总统到达官贵人，都能在众目睽睽之下吸烟，以显气派。

1962年，英国皇家医学科学院经过十几年的调查研究后，发表了一篇关于吸烟的回顾和前瞻性报告，首次以有力证据提出吸烟是导致肺癌的一个重要原因。报告一经提出，不仅引起各国极大震动，而且不断出现禁烟与烟草生产业之间的论战。

吸烟已成为当今世界性最严重的社会问题之一。WHO称吸烟是20世纪的瘟疫。吸烟被认为是目前最主要的可预防疾病和死亡的因素。消除吸烟危害是世界性趋势和历史潮流。1970年以来，世界卫生大会已通过17个《烟草或健康》的决议，鼓励成员国实施综合性国家控烟政策。WHO将1988年4月7日这一WHO成立40周年纪念日作为世界第一个无烟日

---

① (美) 卡尔·门林格尔：《人对抗自己》，肖川译，162页，贵阳：贵州人民出版社，2004。

(现将每年一度的无烟日定为 5 月 31 日)。

迄今为止全球烟民约 13 亿,我国有烟民约 3.3 亿。全世界每年死于肺癌、肺心病等与吸烟有关的疾病的近 500 万人,我国约 100 万人。美国估计每年死于吸烟(超额死亡率)高达 35 万名,相当于第一次世界大战、朝鲜战争和越南战争的死亡人数的总和。据统计,2002 年,我国城镇居民 8 大类食品支出中,4% 用于购置烟草制品,在一些贫穷地区甚至超过 10%,尤其是在中小学生中也出现了小烟民。

吸烟是许多疾病的患病危险因素,在许多发展中国家吸烟人口呈不断增长的趋势。调查研究表明,2000 年共有 483(394~593)万人由于吸烟而早死;发展中国家 241(180~315)万人,发达国家 243(213~278)人。由吸烟引起的主要死因为心血管疾病(169 万人)、慢性阻塞性肺疾病(97 万人)和肺癌(85 万人)。发达地区和发展中地区的死亡人数基本相同,但男性多于女性,尤其在发展中国家。

分析结果表明,2000 年吸烟仍然是引起全球死亡率的一个重要因素。鉴于预测的人口统计学数据、流行病学转变及当前发展中国家的吸烟状况,除非发展中国家采取有效的干预措施和政策减少男性吸烟量,减少女性吸烟人数的增加,否则由吸烟带来的健康损失将会更大。

(二) 烟草的危害

研究表明,纸烟烟雾中包含有 3 800 多种已知化学物质,主要有害成分包括尼古丁、焦油、潜在性致癌物、一氧化碳和烟尘。它们具有多种生物化学作用,包括:对呼吸黏膜产生刺激,如醛类、氮氧化合物,烯烃类;对细胞产生毒化作用,如腈类、胺类、重金属元素;使人体产生成瘾作用,如尼古丁等生物碱;对人体具有致癌作用,如多环芳烃的苯比芘,以及镉、二甲基亚硝胺等;对人体具有促癌作用,如酚类化合物;使红细胞失去荷氧能力,如一氧化碳。

吸烟导致大量死亡的不是老年人,主要是年富力强的中年人,烟草危害远远超过酒、糖、汽车和摩托车造成的死亡。

吸烟是肺癌的最主要病因,其危险程度与每天吸烟量、持续吸烟时间和烟草中的焦油和尼古丁含量有直接关系。肺癌患者绝大多数是吸烟者,吸烟者患肺癌的危险性高于不吸烟者 15~25 倍。根据 5 个国家 8 次前瞻性研究,1 750 万人的随访观察充分证明上述的结果。

吸烟是冠心病主要危险因素,尼古丁显著地加快心率并使血压升高,由于一氧化碳使血红蛋白荷氧能力下降，增加了心脏的负荷。尼古丁和一氧化碳损害血管壁，使脂肪在管壁变厚变硬，以致狭窄阻塞、心律不齐，最终导致冠状动脉阻塞。吸烟者发生冠心病，常见于35～64岁。

此外，还有估计80%～90%的慢性阻塞性肺病是由吸烟引起的；吸烟者发生口腔、喉、食道癌的概率显著高于不吸烟者；吸烟也与其他心血管病有关。

更为重要的是，吸烟不仅是自我毁灭性的自杀，而且也是间接影响他人健康的凶手。被动吸烟危害严重：母亲吸烟对胎儿产生影响；被动吸烟与2岁以下婴幼儿的呼吸道疾病有直接关系，且呈剂量效应；被动吸烟对成年人同样存在危害。

科学家的研究发现，吸烟者（尤其是青少年吸烟者）更易于自杀或遭受他杀。2000年，在第128届美国公共健康协会年会上，加利福尼亚大学的布鲁斯·莱斯蒂科博士公布了其研究成果。莱斯蒂科的研究表明，15岁左右的烟民极易自杀、受伤、发生意外事故和遭受他杀死亡。莱斯蒂科根据全美1993年的调查结果进行分析，发现综合考虑酗酒、吸毒、身体状况和受教育状况诸因素的情况下，15～19岁的青少年中，吸烟者的身体受伤的几率要比不吸烟者高2倍，被他杀死亡的几率高1.4倍，而自杀的几率则更高出4.5倍。

（三）烟瘾及其根源

烟草中有两种主要物质对人体影响极大：一是吸烟时产生焦油，与其他物质化合导致肺癌；二是尼古丁。烟草中含有多种生物碱，总量约为烟叶干重的3%。其中的烟碱便是尼古丁，则占全部烟草生物碱的95%以上，其余还有去甲烟碱、新烟碱等。烟碱是黄色液体，沸点247 ℃（745 mmHg），它在吸烟时和焦油一起进入肺部，并很快转移到脑部与神经细胞中的烟碱样受体结合，而出现精神愉快感，随后又会抑制神经系统的兴奋。

烟碱具有很强的毒性，小剂量烟碱可以刺激神经系统，增高血压；大剂量烟碱能导致心脏麻痹和呼吸停止。

烟草成瘾的主要因素：

1. 生物因素

国外有研究发现，人的大脑内存在一个调节药物强化作用的奖赏系统（或称之为大脑的欣快中枢），而最重要的欣快中枢是边缘中脑多巴胺系统,该系统植于复杂的因果网络中,负责加工与成瘾行为相关的信息,如情绪体验、环境刺激和过去经验等。尼古丁作为成瘾药物的一种,它能够激活多巴胺系统及其他的相关脑区,刺激多巴胺释放、抑制多巴胺摄取或者直接兴奋多巴边受体,从而使多巴胺含量增加、功能增强,产生积极的强化作用,使个体获得愉悦兴奋的情绪体验,从而产生吸烟行为。

但是,还是有部分人尽管对吸烟失去了愉悦感,却仍然习惯于吸烟。原因在于,从成瘾的神经适应演变来看,这可能是由于经常吸烟导致尼古丁的慢性反复获取后,脑内多种核团,特别是边缘中脑多巴胺系统的相关核团和神经元对抗尼古丁的急性强化作用而发生适应性变化的缘故。

2. 心理动机因素

其一,动机因素。动机因素主要指动机的强化作用。自我的强化理论可以用来解释人们尤其是青少年吸烟的原因机制,该理论是基于条件反射理论而提出的,包括正强化和负强化。正强化是指成瘾物品作为一种正性强化物,能给成瘾者奖赏并产生愉悦。负强化是指成瘾物品能减轻或暂时免除个体的痛苦,产生重复的上瘾行为。尼古丁在正性强化中充当了一种正性强化物,能够给吸烟者带来愉悦感。吸烟者的主要动机在于寻求尼古丁所带来的欣快感觉,在负强化中尼古丁可减轻或暂时免除吸烟者的压力以及各种负面情绪。吸烟者的主要动机在于减轻由于压力或其他原因产生的抑郁、焦虑等负面情绪。研究结果表明,尼古丁能引起药剂依赖程度的增加。所有被试者都把尼古丁判断为一种兴奋刺激剂,认为它能够带来欣快体验和增强积极情绪。

其二,人格因素。文献表明,青少年吸烟与人的气质、人格特征等因素紧密相关。感觉寻求、冲动性、反抗性以及行为障碍等反映行为失控的特性能够预测吸烟的开始。与不吸烟的青少年相比,吸烟者有更强的反抗性和攻击性,自尊感觉较低,无助感较强,容易产生焦虑、抑郁的情绪,而且遵从友伴的倾向性强。

其三,信念和态度因素。研究表明,青少年和成年人对吸烟的危害都表现出了不现实的乐观态度,即使青少年非常相信吸烟的消极后果,但是他们感觉到的吸烟的益处可能会越过这些吸烟有害信念对行为的影响。此外,许多青少年,尤其是女孩,可能会受吸烟能够控制体重信念的影响。

其四,自我效能感。通俗说,自我效能感即个体对自身的一种综合评价,它通过影响吸烟者的认知过程、情感过程和动机过程来影响吸烟者行为的形成、发展改变以及保持。在很多情况下，吸烟能够满足吸烟者的自我效能感，他们有时会觉得这样很潇洒、或者显得很成熟、很稳重，因而他们的吸烟行为就会加剧。同时，自我效能感也是同伴这一重要因素对青少年吸烟行为产生作用的中介。

3. 社会因素

社会因素包括同伴、家庭、学校、烟草广告等的影响。此外，还有一个重要的社会机制，那就是烟草业是一大高利润产业。

第五节 自杀的预防

一、自杀预防的意义与实质

（一）自杀预防的必要性与意义

自杀是人类的悲剧。全球每年约100万~120万人自杀死亡；世界上每20秒钟有一人成功自杀，每1~2秒钟有一人自杀未遂；自杀是15~35岁年轻人死亡原因前三位之一；每一位自杀者要严重影响至少6个人（亲友）；自杀对家庭和社区带来的心理、社会和财物上的影响无法估量。

因此，自杀的社会危害性非常严重。自杀虽然是个人的死亡选择，但其影响却具有社会示范性。即个体性的个人自杀行为却会导致一种社会的行为选择模式。《西方社会病》一书作者认为，"很明显，如果作为社会成员的人想死去，那么，这个社会也会同他们一起死去。社会毕竟不可能和构成社会的个人分离开来。"如果个人想终止其生存，那么，他们就不可能再有那种要为那个社会的继续存在而工作的机会。结束你自身的存在，和结束你周围环境或你的世界的存在，这两者之间并没隔着一条鸿沟或区别。因为，自杀者总是把我和社会的关系或者和整个世界的关系看作是我的痛苦的根源，我要摆脱痛苦就得逃离这种关系。达到此目的，方式有两种："我要么让这种关系离去（这就是毁灭社会和世界），要么我可以自己离去（自杀）。"[①] 所以，一个有意想杀死自己的人，也是真心想

---

① （美）柏忠信：《西方社会病——吸毒、自杀和离婚》，459页，北京：三联书店，1983。

结束自己和环境的相连关系的,最后结果就是我与世界都毁灭。

自杀预防的重要性:

1. 对于人类文明和社会进步的作用

一个社会自杀成为风气,客观上助长社会萎靡之风,无疑是社会性自杀。

2. 对于生命价值的优化与提高的作用

严格意义上的自杀是对生命的价值和意义反动的。

3. 对于维护社会秩序,推动社会稳定的作用

个体自杀严重影响人们的生活学习和工作秩序。

(二) 自杀预防的概念和实质

所谓自杀预防就是消除或削弱自杀者的自杀动机,阻止自杀行为,从而避免生命毁灭的行为与机制:自杀者主观转变是核心,避免生命毁灭是目的,使个体生命回归是根本途径。

现在,国内外不少自杀预防与干预方面的出版物和论著大多将自杀视为一种疾病。因此,自杀预防就是疾病治疗行为,而且多走技术路径。这里有两个误区:第一,将自杀视为一种本身不正常的举动;第二,自杀预防就是改变某种病毒之类的东西。其实质就是把自杀者视为客体,否定了自杀过程中自杀者的自我主体性,也否定了预防中的自我主导地位。

1. 自杀干预是对自杀者求助的应对

自杀是求助的呼唤,自杀者在自杀前依旧存在维持生活世界的努力,"自杀的阶段可以看作是自杀者试图解决各种内在与外界的冲突,努力寻求适应目前不堪承受的生活状况的新方法,或是'渴求帮助'的呼唤。"[①] 沮丧、无助、绝望是自杀者最基本的情绪和处境。自杀者的自杀性表达可视为寻求帮助表达。直接的自杀性表达比较容易被解读,但是,听到的人经常不太相信说话者真的想放弃自己的生命。间接的自杀表达比较难以被外人觉察,但家庭成员通常会看到他的变化,而本能地理解他的自杀表达。最好的情况是,那些与自杀者关系密切的人能意识到自杀者所面临的处境,除了表现出共情外,还能给予帮助。从反面说来,自杀者可能就是死于他人的轻视与攻击。

[①] (瑞典)沃瑟曼:《自杀:一种不必要的死》,李鸣等译,55页,北京:中国轻工业出版社,2003。

在自杀即将发生前，自杀过程的紧张感加剧，无望感、无助感及绝望感与各种精神病性障碍混杂一起。

2. 自杀干预是自杀者参与的共建行为

自杀首先是一种健康人格的自我解组，这是自杀的自我基础。那么，自杀干预就应该是对自我的建构；同时，自我人格又表现为他是在个体与周围现实世界的关系中建立的，自杀表现为这种关系的断裂；再就是，自杀者由于处于无助，从而对未来产生绝望，看不到希望。因此，个体自我、个体与世界、此时与未来是自杀干预的三维建构。

3. 自杀干预旨在寻求自杀者与现实之间的平衡，消除矛盾与对抗

其一，它力图重建自我，但它不是简单对现实的适应；其二，它也寻求对环境的改变，在改变环境中增强自杀者的生命信仰。环境不改变，也就谈不上对自杀的干预。在某种意义上可以说，自我与环境的双重改善，才是解决自杀问题的根本出路。

二、一般预防

所谓一般预防即是针对自杀者本人与诸种环境因素任何改变以期从根本上防止自杀行为发生的现象。第一个特点就是实施主体的广泛性与不特定性，自杀者周围的任何个人或组织都可以是对自杀进行干预的主体。不单是家属、朋友、教师，也可能是素不相识的人。第二个特点就是时间、地点的不定，无论何时，何地。第三个特点就是方式的灵活多样。

（一）自杀的自我干预

"自杀过程的结果受危险因素、保护因素与个体素质之间的相互作用影响。自杀不是一种疾病，而是认知、情感与交流之间相互作用的行为表现。"[1]

自我干预是自杀预防的决定性因素，是自杀得以预防的内因；同时，其他形式的自杀干预最后必须转变为自我干预才能真正发挥作用。保护因素是有效抵御自杀冲动的基本因素。"危险因素与保护因素是否存在，决定了人们是否会失去把握自己生活状态的能力，决定了其结果是自杀、自

---

[1] （瑞典）沃瑟曼：《自杀：一种不必要的死》，李鸣等译，5页，北京：中国轻工业出版社，2003。

杀未遂，还是仅仅表现为自杀的想法。"①

(二) 环境控制

环境控制是一种最古老的预防自杀方式。例如，在战争中，收缴战败方士兵身上的武器。斯腾格尔是最早提出将对环境的控制作为降低自杀率的手段的研究者之一。世界卫生组织关于自杀预防的一项报告中，就对控制环境的做法进行了描述。控制环境的方法很多，包括对枪支实施管制、净化家用燃气和汽车尾气，对有毒物质（包括药品）的供应实行管制，以及降低媒体宣传的渲染等。还有些具体做法，比如在高层建筑楼顶及桥的两侧加筑防护栏等。辛普森指出："从社会学角度来看，我们有必要尽可能排除任何诱发、增强以及扩大人们自杀倾向的社会环境。"②

降低媒体报道自杀事件的渲染，对降低自杀率有积极影响。几项关于自杀的报告指出，媒体对自杀事件的报道，与社会中的自杀行为之间存在着一定关联。例如，在维也纳，自从1978年地铁线路开通以后，卧轨自杀成了自杀者们经常选用的自杀方式之一。同时，大众媒体也对自杀事件大肆地渲染。此后，埃泽多弗和索内克针对媒体的自杀报道制定了一系列指导方针。随着这些指导方针的制定和实施，媒体的自杀报道发生了变化，卧轨自杀的发生率也降低了80%，并且稳定在一个较低的水平③。

对环境中细微但可能诱发自杀的因素作一点点改变，也起到的控制自杀环境的极大效果。比如，20世纪初，随着城市化进程的加快，人们的生存压力增强，自杀现象大幅度增加。研究人员开始思考环境因素对自杀的影响，其中就发现在伦敦地铁通道处常有"此路不通"的禁行标志牌，认为有可能诱发自杀。于是，将其改为"请从相反方向走"。起到了很好效果，后来统计表明，自杀率下降了近5个百分点。

再有，就是营造发泄环境。门林格尔和弗洛伊德都将自杀看成是反射性的谋杀，或是"被逆转的杀人"。门林格尔认为，自杀是个体将愤怒转向自身，而不是将愤怒向外界释放，向引起愤怒的人表达出来。因此，解决这一问题，一是可以营造一个宽容的环境，能够允许我们发泄心中的怨

---

① （瑞典）沃瑟曼：《自杀：一种不必要的死》，李鸣等译，56页，北京：中国轻工业出版社，2003。

② 翟书涛：《选择死亡——自杀现象及其心理透视》，243页，北京：北京出版社，2001。

③ （瑞典）沃瑟曼：《自杀：一种不必要的死》，李鸣等译，286～287页，北京：中国轻工业出版社，2003。

恨，使之不至于积蓄既久，从而转伤自我；二是营造人为环境，使人们能够在一个特定场所去发泄自我，比如日本企业有情绪发泄室，专供员工发泄仇恨。在那里，员工可以摔打任何物件，甚至打公司领导人的塑像，直到心平气和，回归正常。

（三）他人援手

自杀者欲寻短见时，总处于一种矛盾情绪冲突中。有自杀倾向的人在生与死的选择上，几乎总是直到最后，还是很矛盾。这种矛盾的情绪是一种混合的情绪。左右彷徨，出尔反尔，疑虑不安，以至于无法做出选择。视野狭窄限制并扭曲的整体知觉，这在自杀个体中是非常典型的。这种混乱的情绪状态使自杀者陷入一种黑暗之中，无法找到出路。此时，如果有一丝亮光，黑暗便不存在，自杀者恍如猛然醒悟，从而放弃自杀念头。

《南方都市报》曾有则报道，题为"有人骂总好过没人理"[①]。有一男子欲跳广州洛溪大桥轻生，这让本来就不畅通的交通雪上加霜，现场一度混乱。幸好有一位老伯冲过旁观的人群，走到这个男子身边，他先是劈头盖脸一顿臭骂，居然让轻生者的情绪有所缓解，然后他一把抱住轻生者，成功化解危机。"爱的反面不是恨，而是漠然，自生自灭的感觉会让你觉得生或者灭都没有意义，有人骂不要紧，没有人理更可怕。"自杀者面对茫茫人海，却无一知音，本来就有欲死的念头，此刻可谓万念俱灰。然而，求死也就是在瞬间而已。如果有个人站在他身边，哪怕是一番痛斥，也就是有人将自杀者当作自己人。这种熟络胜于任何武器，能让人放弃死亡。

三、专门预防

（一）临床治疗

临床治疗包括心理治疗、药物治疗和住院治疗。

心理治疗有3种方式：认知行为治疗法（CBT）、辩证行为治疗法（DBT）和人际交往治疗法。

1. 认知行为疗法

自杀患者有两个突出的认知机制：一是缺乏解决问题的能力，尤其是在人际交往问题方面；二是记忆内容的回忆泛化。另外，还有一个因素，即二者与无望感及自杀行为相联系。改变这些因素，将有效帮助那些有自

---

① 《有人骂好过没人理》，《南方都市报》，2006年3月7日。

杀企图的人，有效地减少自杀企图与具体行为的次数。这就是认知行为疗法。其核心就是自杀者问题解决能力的缺陷。我们知道，问题解决是一系列复杂的相互影响的过程（包括明确问题、提出解决方法、实施解决方法）。而问题解决能力缺乏与过度泛化回忆存在着联系。问题解决过程包括运用不同类型的回忆，包括一个或多个有待解决的问题，以前成功运用的策略，有效运用这些策略的具体步骤，以及现有的、可用于解决问题的资源。问题解决能力缺乏导致无助感。因此，治疗的关键就是强化病人解决问题的能力。通过让患者明确了解过去和现在的痛苦来源于可认识的、有可能解决的问题。治疗首先就是激发患者参与解决问题的动机。治疗的具体内容因人而异，一般包括：列出一个问题清单；根据问题的重要性、影响力以及能否迅速见效排列解决问题的先后次序；确定解决方法的可能范围（包括脑筋急转弯），鼓励患者想象各种可能方法；通过详细分析各方法的优缺点，挑选某一种方法；将解决方法分解为具体操作步骤；对每个步骤的困难进行预测与识别；仔细检查每个步骤的完成情况，以决定是否可以赶往下一阶段。问题解决有利于帮助那些曾经自认为无药可救者，减轻他们的无助感。

2. 辩证行为治疗法

辩证行为治疗法适用于一些与人格障碍有关的问题。情绪失控是这些问题的关键。情绪失控具有一定的生物学基础，并与病人早年不良的生活环境有关。反复无常的情绪与人际认知相互作用，导致病人的人格特征和反应模式。治疗的焦点在于强化、肯定。治疗着重帮助患者调整他们的情绪反应、减少相应的极端行为，接受他们自己的反应。

3. 人际交往治疗法

人际交往治疗法对抑郁症治疗有效，同时明确强调帮助病人处理当前的人际交往问题以及特殊情况下的角色转换困难。它适用于3个方面的症状：一是任由哀伤发展，形成无法抑制的悲痛；二是用人际交往的一般策略处理与重要人物间的冲突；三是无法灵活运用角色转换手段来处理重大生活变更。治疗重点放在抑郁症状的起源和当前人际交往问题联系这一环节上。强调病人能否根据当前的个人处境、生活事件和社会功能失调而改变应对策略，以及这些因素与症状形成的关系。

自杀心理治疗的共同点：一是重视"此时此地"；二是以消极情绪作为治疗重点；三是问题解决和技巧训练必不可少；四是促使病人参与到一

种共情的、积极的、协作的治疗关系中，提高病人改变现有状况的能力。

(二) 自杀预防中心

自杀预防中心是预防自杀的专门机构。自杀预防中心也就是危机干预中心，其主要功能是给处于困难应激状态的人提供电话咨询、接待来访（不需要预约，随时可到的面对面的帮助）、书信服务或上门服务，以帮助他们度过自杀性危机，恢复正常的生活。目前，在许多国家都已经有专业性和非专业性的危机干预中心。比如，美国各地开办了 200 多个劝阻自杀中心。这些中心配备有热线电话和能够个别地给自杀的青年人解答问题的专职咨询辅导员，他们每日 24 小时服务。这些志愿参加工作的辅导员受过专业训练，一旦接到出问题的人的电话，要判断打电话人的生命安全受到威胁的程度如何。如果知道此人已服药丸、毒药或者别的什么东西，马上问明电话人的地址，派出急救车。如果对方正拿着刀或持枪等，或站在楼顶等，咨询员就得用各种方法耽延他的时间，在这段时间，将警察或救护车召至现场。

(三) 社区自杀预防

日益增加的证据表明，社区已成为自杀预防的重要场所。目前，卫生服务或全科医生服务范围已与社区服务结合成一体。社区服务是指与传统医疗相对而言的，有不少精神疾病患者在非医院场所接受管理，理所当然接触到自杀问题。社区医疗卫生服务在我国正处于发展中，目前还很不完善。

四、教育与价值干预

(一) 传统贴膏药式治疗的弊端

自杀是日益严重的社会问题。然而，我们重在作为社会问题来对待自杀，却忽视了自杀是一种个体蓄意自我毁灭的行为，其根本在于自我的意志与精神性，即使看到精神性方面，也多是将它视为一种精神疾病来对待。正如《西方社会病》一书作者所说的那样，"不幸的是，许多所谓专家研究问题的方法，不是去追究社会价值观念崩溃和人生中缺乏深刻目的性的问题，实际上正是这些问题使许多孩子的家庭破裂，缺乏温暖爱护。与此相反，他们所关心的问题是怎样在一个不幸的年轻人受到摧残的心灵上作一些暂时性的'贴膏药式医疗'，然后轻轻地把他推向那个他原先想逃避的世界去，希望这回他能更好地对付面临的一切。"①

美籍华人学者傅伟勋先生在评论普遍流行心理咨询的现象时指出："美国目前流行的一般精神治疗（或不如说是心理治疗），几乎千篇一律地只顾及到如何治愈日常世俗生活中由于失业、孤独、性冷感、家庭失和、人际关系的失调等引起的心理病症，而对死亡问题、人生问题、宗教解脱或救济等精神高层次的课题敬而远之，规避不谈。"② 在我国的情况也不例外。自杀现象和自杀行为多被认为是心理问题，很少意识到更为深刻的生命价值层面的问题，结果收效甚微。心理干预只是治标不治本，多数自杀身亡者大部分有自杀前史。

所以，对自杀的预防应该深入到自杀的深层次根源上，这就是生命价值观。所以，教育与价值干预是最根本最彻底的解决问题途径。

（二）教育干预

教育干预既是环境干预，也是自我干预。教育干预的作用在于：一是整合。自杀者自杀前后的思想混乱，使得当事人无法走出沮丧的迷宫，平时的核心价值观无法主导自我，致使本人易受情境左右。教育的作用在于，通过系统的价值观念体系，帮助受教育者形成和树立起牢固的价值观，这是一道生命的自我保护屏障。二是调节。自杀者所以实施自杀行为，显然原因在于思想的错误引导。不可否认，青少年对死亡概念的错误认识和生命的错误理解，是导致选择死亡的重要原因。通过普及死亡教育，使广大青少年树立正确的死亡概念，校正错误的死亡认识，端正对死亡的态度，培养积极的人生观，是预防自杀的根本有效的途径。死亡教育是预防青少年自杀的根本教育。有的学者提出的预防方案中，把死亡教育作为预防自杀的基本措施，最前沿的预防手段。可见死亡教育对于预防自杀的重要性。

教育干预首先是让广大的青少年了解有关死亡的基本知识，要培养人们珍惜生命，也珍惜死亡的生命意识；其次，增强青少年正确面对死亡，处理相关事件的能力和技能；其三，引导青少年追寻生命存在的意义，建立整体生命观。

日本学者池田大作认为，生命是一个整体概念，生命是绝对不可分的

---

① （美）柏忠信：《西方社会病——吸毒、自杀和离婚》，420页，北京：三联书店，1983。
② （美）傅伟勋：《死亡的尊严与生命的尊严》，106页，北京：北京大学出版社，2006。

本体。不能把生命看成自己的才能或理性；智力、理性和感情无权破坏整体生命，终止生命只能由生命本身进行；任何智力上的失败、理性的挫折、感情的困扰都不应该成为结束生命的理由；自然之死实质即是生命本身规定死亡。

因此，树立一种整体生命观，用它来判断自杀行为，就是要看当人处于什么样的处境中，该处境是否已经从根本上令生命无法继续下去？或者说，某方面诸如考试失败或是自身某种能力的失去，是否构成整个生命存在的理由完全丧失？再加以不妨想想古人之言"留得青山在，不怕没柴烧"所指什么？

（三）价值干预

本质上，教育干预就是价值干预。这里主要介绍弗兰克的意义疗法。因为，意义疗法的实质就是价值干预。维克多·弗兰克是维也纳大学的精神医学及神经学教授，是第三维也纳精神治疗学派的主将。第二次世界大战期间，他经历过集中营的悲惨生活，家属亲戚几乎全被纳粹杀害。作为精神医学专家，他从集中营生死交关的极限处境的亲身体验中，获得了很难得的有关精神治疗的思维灵感。战后，他从意义治疗的角度分析当时的精神境况说，他之所以能够忍受那几年地狱般的生活而不自杀，是因为对生命终极意义的理解在生死交关的极限境况下支撑着人的生存勇气与生命磨炼的最后精神支柱，而他那时梦想不久的将来可能重见家人的一缕希望，也形成了个人实存的生活意志。如果缺少了生活下去的希望与积极肯定终极意义而建立起来的实存本然的生死观，他自己恐怕也会像多数集中营囚伴一样，不等纳粹的屠杀，便先已断弃自我的生命了。他屡次强调，对于未来不抱希望的囚犯，由于身体死亡之前精神已经先死，自然也就加速了身体之死。同样地，我们也看到，抱有生存希望，而意义意志愈强的癌症患者，实际上治愈的或然率也愈大。

弗兰克认为，在生死攸关的极限处境中，维系生存的真正要素不是体力上的强弱，而是精神力量的充足与否。弗兰克的价值干预或意义治疗是建立在生命的三层次论上的。他将生命分为三大层面：身体层面、心理层面和精神性或意义探索层面。因而，相应地，意义治疗学理论相应地也分三层，每层三个侧面。

第一层包括意志自由、意义意志和人生意义。弗兰克认为，人有能突破内外种种条件限制而发挥出自由意志的精神力量，尤其是处于生死攸关的极限处境之中。自由意志是一种不断探索人生意义（包括世俗层次的人生意义和宗教层次的终极意义）的意志。这种意志是要现实地探索人生的种种积极正面的意义或价值，同时借以找出人之所以能有又应有快乐幸福的根本道理。弗兰克认为，人生意义的探索与人生乐趣的道理在前，实际的快乐幸福的获得在后，并不是先要实际的快乐幸福（或世俗利益），然后才去发现人生的意义与道理。

意志自由是面对生命终极性的自由，不是随心所欲。那些选择自杀的人，表面上是体验我的意志，实质上是对自由意志的放弃，"凡是选择所谓自由死亡（自杀）的人，虽然他试图否认生命的无定（因为他自己决定自生的终点），但却没有看出，正因为他自己的自杀决心而最终丧失了自我支配。一种幻想以为，人会支配自己的生命和寿命，这种想法之所以出现，是由于人是以专横的态度来看待问题的。"①

先有探索，然后有快乐。并非先有乐趣，然后去探索生命。这样看来，现代人之由兴趣引导的生命是无根基的生命。媒体资讯种种快乐传递足见当代人缺乏深刻生命理解；同时，当代高科技引入快乐，即缺乏探求的过程。故，生活之乐趣瞬间即逝，无法保留，这正是精神家园失落的因素与原因。

第二层包括创造意义的价值、体验意义的价值和态度意义的价值。弗兰克认为，一个人在工厂生产玩具与儿童为友能感受到人生的积极意义，与莫扎特创作不朽的作品的意义是同等的；肯定能使周围的人们感到快乐的、善意的微笑。如水上救人，或主动分担他人的痛苦等，都一样有其创造性价值。

相比之下，体验的价值更为深刻。譬如，一个为国抗战而失去右手的钢琴家，虽然不再能够创造美妙的琴音以飨听众，但他仍然能体验各种真善美的意义，包括音乐欣赏、天伦之乐、道德的同情共感等。再如盲人海伦·凯勒对生命的律动的体验。因此，没有任何创造性价值可言的地方，我们仍能保有体验价值。据此，仍然肯定我们的可行，不会轻易想到死。

至于态度，有其深刻的人生意义，某种程度上还高于体验价值。实存分析促使人们把人生看成一种课题任务，弗兰克说，人生的课题任务在宗

---

① （德）弗兰克·贝克勒等编：《向死而生》，张念东、裘挹红译，引言13页，北京：三联书店，1993。

教上就是一种使命。而真正规定人生为一种任务或使命的最高而最可贵的价值，不外是实存的态度本身。肯定人生是一种任务或使命的人不会轻易厌世，也不太可能毫无理智地去自杀。

第三层包括受苦、责疚和死亡或无常。弗兰克倡导一种"悲剧性的乐天观"，即面对人生悲剧应有的乐天观，据此发挥人的生命潜能。一是面对受苦，转化为生命的成就或任务的完成。二是借助于责疚感的机会转变自己，创造更有意义的人生。三是体认生死无常的有限条件，当作再生的契机，采取有自我责任的行动。《活下去》的男主角渡边面对自己罹患的绝症，很勇敢地转化自己的受苦为一种人生的课题任务，完成建造儿童公园的工作，从而完成了生命的最后成长。

关于痛苦，许多伟大的思想家都要有精辟的观点。尼采说过，懂得为何而活的人，几乎"任何"痛苦都可以忍受。陀思妥耶夫斯基说，我只害怕一件事：我怕配不上自己所受的痛苦。弗兰克说，人最后的内在自由，绝不可以丧失。可以说，他们配得上他们所受的苦；他们承受痛苦的方式，是一项实实在在的内在成就。正是这种不可剥夺的精神自由，使得生命充满意义且有目的。

第八章　现代人的生与死

现代人深陷于存在性危机而不能自拔：在生的层面是生活与生命的紧张，生存条件的改善与存在意义的缺失并存；在死的层面则是技术与死亡之间的紧张，人们一方面陶醉于技术对死亡的阶段性胜利而另一方面却惊惧于死亡的不可战胜。究其根源在于生与死之间的紧张，现代人"全新式的全能"与"全新式的无能"相对应着。让技术回归人性，让死亡合乎自然，这是生命的必然趋势，更是生死智慧的内在要求。

第一节　现代人的生存现状

今天，我们生活在一个科学技术迅猛发展的时代。科学技术的发展极大地丰富和拓展了人的生活空间和领域，促进和提高了人类生活的便利性和生命的成就感，为改善人的生命质量创造了机遇和条件。可是技术理性带来的并不是美好与幸福，人类在享受自身发明创造成果的同时，也承受着前所未有的重负。生态环境的破坏，资源的日益枯竭，恐怖主义的泛滥，贫困，疾病和犯罪等，这一切都直接或间接地消蚀人们的生命感，威胁着人类的存在；另一方面，人们都生活在追求成功的沉重压力下，成功并不一定使他们有幸福感，相反，面对传统文化所建构的意义世界的解体，面对瞬息万变及复杂多样的现代生活，不少青年人逐步丧失了支撑其生命活动的价值资源和意义归宿，从而陷入一种"存在性危机"中，处于深刻的"和自然疏离"、"和社会疏离"及"和上帝疏离"、"和自身疏离"的困境焦虑之中。[1]

---

[1] （德）孙志文：《现代人的焦虑和希望》，82~83页，北京：三联书店，1994。

一、现代人的生活危机

(一) 现代人的生活困境

我国学者郑晓江指出,现代人所遭遇到的生活问题表现在如下几个方面:

1. 社会生活的节奏越来越快,使我们疲于奔命,身心不适

现代社会的本质就在于出现的社会生活领域越来越多,内容也越来越繁杂,以人们有限的精力、有限的生存时间是无法把握变化如此之大、之多的社会生活的。所以,在现代社会中,许多人深感身心疲惫。人人要去寻找和获取越来越多的东西,要去适应越来越多的变化,希望获得越来越多的物质与精神的享受,以致常常造成我们在获得短暂的喜悦的时候,立刻陷入更多丧失的沮丧之中。我们常常深感自身的有限性,感受到自我的渺小。生活中有太多太多的无奈,造成我们身心的疲惫不堪。有时候觉得自己被社会所抛弃、被生活所埋没,连喘口气都十分困难。

2. 交往便捷和频繁,人际关系却愈益疏离了

现代人太忙碌,现代人事务太多,尤其是现代人各顾各的存在方式和生活习惯,使人际关系越来越疏离。亲情的淡薄,友情的冷漠,爱情的变质,已经成为现代社会人际关系的十分突出的特征。新加坡《星期日时报》(2008年1月13日)公布一份调查结果显示,20%住公寓的新加坡人从来没有与近在咫尺的邻居说话,81%的人没有邻居家的电话号码,60%的人甚至不知道邻居的名字。此前,西班牙《国家报》曾刊文称21世纪最大的瘟疫是孤独。① 环绕在我们周围的现代化的通讯设施越来越多,也越来越现代化,从电话、电报到传真和 E - mail,从报纸、电台、杂志到互联网和"聊天室",人与人之间的交流机会越来越快捷无比、方便无比了。但这些现代的通讯方式也渐渐隐去了语言所蕴含的丰富情感,人们面对面的交流机会逐渐减少,这越来越疏离了人们之间的亲密感情。许多人沉溺在虚拟的网络世界、动画世界、影视世界、现代神话的世界里不能自拔,乃至于不愿面对真实的世界,不愿走进现实生活,甚至丧失了实际生活的能力。

---

① 《生命时报》,2008年1月22日。

3. 生活中无穷多的选择导致我们眼花缭乱，无所适从

现代生活空前复杂，现代社会的机会空前之多，现代生活中的诱惑与刺激亦无穷之大。在这种情况下，我们常常陷入二难选择、三难选择、四难选择、五难选择，以至于无数难的选择。我们深深在感觉到生活中的幸福难觅，心中的理想难以实现，而人生之命运也不可捉摸，人生之成功实在渺茫得很。现代人生最大的困难之一便是选择，它带给我们的常常是犹豫、彷徨、无奈、自责、沮丧。而失败、挫折、痛苦、伤心、焦虑——还有海得格尔所揭示的"烦、畏"等人生的负面状态也常伴随我们生活的全过程。这就是现今高科技时代迷信仍然十分流行的深层次原因所在，也是在现代物质生活十分丰富的状态下发达国家中的自杀现象越来越严重的根源所在。

4. 现代生活方式的巨变形成了人类新的生活问题

有研究者指出，目前已出现了两种人类：一种是所谓"电视机前长大的一代"，叫"generation"。这一代人只会坐着看电视，历史不知道，道德也不要，只爱唱流行歌曲、追明星、喝饮料、吃零食等。另一种是电脑前长大的一代，称"generationy"。与电视机相比，电脑提供的更是一个幻觉的世界。个人不能控制电视，而电脑则专门设计成能突显个性、自我设计、自我参与。这一代人非常容易把现实世界与虚幻世界混而为一。发达国家经常发生小孩开枪杀人事件，他们觉得这犹如玩游戏一般。有些小孩甚至以为只要按个电钮就可以把刚刚杀死的人唤醒。此外，"傻瓜文化"在社会蔓延，而且肯定会越来越普遍化。所谓"傻瓜文化"，就是在高科技时代尖端科技产品都大众化了，人们使用这些高科技产品并不需要很多的高科技知识。人们不会计算，可以用计算器；写不好字，可以用电脑；没有知识，可以上网站查等。于是，一切生活均技术化了，一切问题似乎只需点点鼠标就行了。个人素质的高低在人生过程中似乎越来越不重要，人们只要会用越来越"傻瓜"的高科技产品就行了。文化涵养在个人的生活中已渐渐地失去了其重要性。所谓深厚的文化积淀、所谓多学点历史文化传统知识、所谓提升自我的道德素养等曾经受到社会普遍推崇的价值越来越成为多余之物。在中国，情况更加复杂，电视一代与电脑一代并存，而且还有相当大数量的生活在落后地区的人们还处于文盲半文盲状态，愚昧、落后、迷信、贫穷等状态还在许多人的生活中占主导地位。

(二) 现代人的人生体验

1. "一无所有"的人生焦灼感

所谓一无所有,并不是一种真实的人生状态,而是现代人一种近乎虚幻的主观感受。因为无论是从实物占有的量来看,还是从生活丰富的程度来比较,现代人都比传统人强得多。但是,现代人却常常陷入"一无所有"的人生焦灼之中不能自拔。这是为什么呢?主要因为人们觉得拥有并不取决于现实中拥有的物究竟有多少,而是取决于人们用自己拥有的与他人拥有的进行比较。不幸的是,这个世界上永远有比我们拥有更多的人。而且,现代大工业与高科技相结合,每时每刻都生产出无数的商品,与这些新奇的玩意儿相比,我们当下拥有的东西实在是少得可怜。此外,与铺天盖地的书籍、网络信息、影视作品相比,我们所拥有的知识也太少太少,我们的精神世界非常贫乏。这一切都使我们虽然拥很多,但却强烈地感受到"一无所有"。这促使人们在茫茫人世间奋力拼搏,试图去达到拥有的满足。然而,我们一旦获得,立即又会觉得这无足轻重,还是有更多没有获取。如此,心理上无穷的渴求导致行为上永无休止的追求,它使我们的人生变得苦不堪言。

2. 身不由己的"淹没感"

我们被现代生活所淹没:社会的变化太迅捷,我们往往还没有明白当下此在的状态,生活就发生了新的变化,有了新的样式、新的内容、新的领域,这常常使我们无所适从、难以进入,于是陷入一种彷徨、焦虑与无奈的状态之中。我们还被茫茫人海所淹没:本来我们每个人皆有自己的个性、好恶、企盼和求索。但人世茫茫,人流如潮,我们完全被淹没于其中,被磨平棱角,挫去锐气,消解雄心。我们被四周的人海、车流、动荡的生活裹挟而行、而停、而前、而后,只觉得自己太渺小了,太微不足道了,太无用了。我们似乎沉入了人生的"水底",给完全淹没掉了。我们还被平庸所淹没,被单调重复的工作与生活所淹没,被自我的创造物所淹没,被消费浪潮所淹没。被淹没似乎是现代人生的宿命,是我们无法逃避的人生状态。"淹没"造成的影响是使我们产生无足轻重的沮丧感,使我们居于社会人生舞台中心之梦完全破灭,使我们消沉、无奈和叹息;我们不愿听,也没什么一定要听。我们情绪低沉,一切都无所谓,一切都均可无不可。

3. "没意思"的人生空白感

现代人一般都太忙,无暇顾及什么人生的意义与价值问题。但有时猛然抬头,回顾过去,常常会油然而生一种人生的虚幻感,觉得过去了的时光完全没有意义,而未来人生的价值似乎也寻觅不到。人活着真是没劲,不知为什么活,也不知活着是怎么回事。人生中的一切都不可能把握,于是,我们涌现出强烈的人生虚无感、幻灭感和无助感。

4. "没感觉"的人生状态

在现实生活中往往可以看到这样一些人,他们双眼无神,神情恍惚,一脸无所谓的样子。问之,则曰:没感觉。他们的生活哲学是任意而行,连"跟着感觉走"的可能性都丧失了,其人生只好陷入停顿的状态。"没感觉"是现代人最常见的人生状态之一。现代人皆有不同的兴趣、爱好、追求和习惯,所以,有些东西对许多人而言非常重要,也非常有价值,感觉也非常好,但对另一些人则毫无价值,没有意义,也找不到任何感觉。这样一种没感觉很正常,是现代人生活多样化的具体表现,也是现代人生丰富性的展露。但是,有不少人陷入的却是这样一种可悲的人生状态:他们什么都提不起神来,对什么都感到无所谓,对什么都"没感觉"。这就使人们丧失了对人生意义的追求,活着一点意思都没有,更遑论什么人生幸福与快乐了。现代人之所以陷入这样一种"没感觉"的人生状态,主要是因为现代人的感官所受的刺激太强烈,以至我们已麻木不仁,越来越没有了"感觉"。

(三) 现代社会的病症

当代社会越富足,物质越丰富,我们对物质基础的依赖也越深。但这些没有一样能给人以深刻的幸福感,我们一天都不能离开物质、技术及资讯,而且越陷越深,并日渐成瘾,这就形成为当代社会的强迫症:强迫购物症、电子依赖症和资讯焦虑症种种。

1. 强迫购物症

这个时代,许多人患上了"物欲症",将"美好生活"等同于"物质生活"。过度消费就像流行性感冒是一种高度传染性病毒,带动社会的购物风潮。畅销书《流行性物欲症》一书中写道:"物欲症:名词。一种传染性极强的社会病,由于人们不断渴望占有更多物质,从而导致心理负担过大、个人债务沉重，并引发强烈的焦虑感。"①

在我们身边，身患物欲症者随处可见。总有这样的人，一遇不顺心，就会疯狂购物。衣橱已经爆满，购物热情不减，而且依然感到没有什么可穿的……他们一方面购买大量的物品，一方面，这些物品远远超过他们的实际需要，可购买的冲动却停不下来。购买的欲望就像童话传说中的红舞鞋，一旦穿上就无法停止。各类所谓"新节俭运动"和"自发简单运动"为治疗个人物欲症提供常规处方，但难以奏效。

2. 电子依赖症

电视、电话、计算机、电子邮件、手机、互联网、MSN、QQ 等各种现代化的通讯设备和传播手段给我们的日常生活和工作带来方便，同时也给我们带来新的困扰。典型的例子是，当有一天我们上班没带手机，就会六神无主。平日里，不时地拿起手机看看是否有未接来电或者短信已经成为人们的习惯动作。电子产品以及信息技术在给人们生活带来极大便利的同时，也使个体受到了更多的束缚。信息化时代，人与人的沟通方式方便快捷了，人与人之间的感情却变得脆弱了！往往一个朋友，就是一个手机号码、一个 QQ 号码、或者一个电邮地址，删除了，就什么也没有了！

据 AOL（美国在线）的调查显示，美国人多数十分迷恋电子邮件，他们甚至在洗澡时、在开车时都收发电子邮件。据 Opinion Research 称，每天，平均每个美国公民收发 2~3 份电子邮件，用于阅读和收发电子邮件的时间为 1 小时。约 1/4 的受访者称，他们对电子邮件的依赖很深，如果超过 2~3 天无法查看电子邮件，他们就感到十分不适。有 60% 的受访者称，他们在休假期间也要查看电子邮箱。如今，在我国也有日渐增多的人患上电子依赖症、网络症状，这已引起社会普遍关注。

3. 资讯焦虑症

我们时刻沉浸在信息的海洋里，却又时刻面临信息过剩的苦恼。所谓"乱花渐欲迷人眼"，人们一方面被海量的信息淹没，一方面又由于同时能够接触的资讯过多，产生新的问题：资讯焦虑——一种对于过多资讯的无法消化与因为恐慌无法由众多资讯中取得自己所需的而产生的新问题。由于信息化时代知识更新过快，人们不得不拼命学习新知识。有些人会因担心跟不上时代的发展，出现惶恐不安、失眠健忘、食欲不振、心悸气短

---

① 《广州日报》，2007 年 9 月 16 日。

等症状，甚至会产生厌学厌世情绪。一些被人们称为"网络综合症"、"手机强迫症"等时代感很强的精神问题，实际上是过量信息作用于人的一种焦虑心理反应，也是信息焦虑症的表现。

为解除这种焦虑，有人提议离开信息源进行隔离，比如"休克疗法"式的休假等，但此种疗法使人们在信息"休克"的同时，有时候自己的精神也一样进入"休克"状态，根本无法得到真正的休息和调节。

二、生命价值与意义的退隐

（一）生命物化

如前所言，人们将生活定位为求取什么，这完全是一种外求与对象化的活动。而这种对象化又总是通过客体物来体现，它既是一种诉求目的也是一种生活方式。具体表现在：

1. 重占有

马克思指出，人类一切行动的背后无不为了物质利益。然而，物质利益的获得仅仅是人类生存的一种手段和外部条件，而生命体验与意义才是目的。但是，重占有则是将物的获取视为目的。现代人为何拼命劳动与工作？为金钱、为房子、为车子、为享受物质生活的高档次。似乎没有了这些，人活着就没有意义。占有越多，活着就越有意义。显然，生命变成了对象化的存在物，迎合与占有成了生命的内涵。人面对物质欲望和物化趋势，失去了反思的能力。现代人从来不问，也不敢问：为什么占有？或者占有是为什么？笛卡尔说，"我思故我在"，思就是反思我们的存在现实。生命就是两个层面的整体：一是现实的生存即存在的展开；一是对现实的反思即本质的展开。而现代人沉溺于感性与物化的存在而放弃本质的超越，这就是马尔库塞的"单向度"。消费主义提倡不是需要而消费，而是为消费而需要。生命成为物化的对象，消费主义中的消费不存在生命体验。在色彩鲜艳的巨幅广告的招徕下，人们奔波于各个品牌的售卖场之间，并乐此不疲。到处充斥着贩卖和购买的激情。这时，消费已不再是简单的占有和获取物品，消费行为本身成了主体。谁说"我思故我在"？而今是"我消费，故我在"。可是，"在一阵疯狂购物后我发现自己还是那么孤寂"。

2. 平面化

从前面的分析可以看出，由于社会分工的进一步发展，技术手段不断更新，物质条件不断丰富，现代生活丰富多彩。但是，生活有内容却无内涵，有广度却无深度，有技术却没有想象，有感觉却没有记忆……总之，生命平面化了。现代人有许多选择，他可以从事一切事务，他的生活可以获得延长，但生命的内涵却难以得到丰富。他的工作也许能按同样的方法重复多次，但不可能重复得非常深切以至于可以说变成其人格的一部分，它不会导致自我的真正发展。已经做过的事情不值得去记忆，即将来临的事情会按一定的程式发生，亦不值得去想象，人们只关注眼前一点——实际正在做的事情。这种生活的基础是健忘与缺乏想象，用以观察过去和将来的视域严重萎缩，以至于除了当下，大脑几乎留不下任何痕迹。这种生活沿着既无记忆又无预见的道路流逝着，它缺乏一种活力与生机。雅斯培尔斯称之为"无生存的生命"①。

于是，我们就看见了，生命只存在于时间行程与日程表上，一切按程序来操作，生命依安排来运行。由于缺乏一种内在的生活，有些人便积极投身于各种活动，试图来安慰自己的心灵，因此，人们行色匆匆却无法捕捉生命的内涵，仅仅是机械式钟摆而已。因此，生命变得平面化，成为简单的生活事件的堆积物，生活事件不断变幻就成了活着的全部，如同播放幻灯片的屏幕，无数镜头过后，上面什么也没有留下。过去、现在与未来之间，在存在与本质之间不再是内在统一的，生命就是生活的平面展开。

3. 功能化

在工具理性支配下，在技术强制的统治下，人的生命开始丧失其本质内涵。技术化生存是现代人的生存方式。所谓技术化生存，它即是指：人类一切生存的手段取得了技术的统一形式；也即表明，现代技术已经成为人类生存的唯一条件；更为重要的是，今天的技术已渗透到现代社会生活的一切领域，人类仅仅依靠技术生存，并产生了一种对技术的依赖关系。

劳动——作为人的生命最具本质的活动——在技术化生存的现代，成了使用技术的活动。而技术是程序性的，劳动也就失却了创造本质。而且，从事劳动在现代人眼里只不过是谋生，谋生简单地归结为挣钱，什么活钱多，就干什么，跳槽成为所谓自由的职业选择。"人本身和他的事物

---

① （德）雅斯贝尔斯：《现时代的人》，周晓亮、宋祖良译，6页，北京：中国社会科学文献出版社，1992。

遭受到日益增长的危险，即成为单纯的物质，成为对象化的功能。"①

马克思一针见血地指出："我们的一切发现和进步，似乎结果总是使物质力量具有理智生命，而人的生命则化为愚钝的物质力量。"② 人成为人力物质，从而功能化。现代技术条件下，人以一种量的精确化与可操作性来界定自我，技术及其需要成为衡量人的一切的尺度，从而使得人的自身性变成纯粹的外在化的实在，"由于技术生产，人本身和他的事物遭受到日益增长的危险，即成为单纯的物质，成为对象化的功能。""人变成了人力物质，被用于预先规定的目的。"③ 人对自我的关系变成为一种开发利用，名之"人力资源开发"。

（二）生存空虚

现代人的痛苦，从表面上看源于自己需求得不到满足，源于生存的困境，根本却源于生活意义的失落。早在20世纪中期，奥地利心理学家维克多·弗兰克就提出现代社会人们所面临的生存挫折和存在危机，认为由无意义感和空虚感捏合而成的生存空虚，是现代人们看不清或看不到生命意义的原因所在。神学家拉内说，人是一种"发问的存在"，即使人在大部分时间为了生存疲于奔命，忙忙碌碌，对生存无所疑虑。但人有理性，他不可能像动物那样饱食终日便无忧无虑，只要人活着，他就要去寻求活着的意义，追求有意义的生活，美好的生活。"人的存在从来就不是纯粹的存在，它总是牵制到意义。意义的向度是做人所固有的。"④ 高清海教授更是把人的本质看作超生命的生命，强调意义对人的本体价值。他说："人是不会满足于生命支配的本能的生活的，总要利用这种自然生命去创造生活的价值和意义。人之为'人'的本质应该说就是一种意义性存在、价值性实体。人的生存和生活如果失去意义的引导，成为'无意义的存在'，那就与动物的生存没有两样，这是人们不堪忍受的。"⑤

人们在生活中，不断在求这求那，这有3种可能：或者没有达到，于

---

① （德）冈特·绍伊博尔德：《海德格尔分析新时代的科技》，宋祖良译，36页，北京：中国社会科学出版社，1993。
② 《马克思恩格斯选集》，第1卷，775页，北京：人民出版社，1995。
③ （德）冈特·绍伊博尔德：《海德格尔分析新时代的科技》，宋祖良译，25页、26页，北京：中国社会科学出版社，1993。
④ （德）威廉·赫舍尔：《人是谁》，隗仁莲译，46~47页，贵阳：贵州人民出版，1988。
⑤ 高清海著：《人就是"人"》，213页，沈阳：辽宁人民出版社，2001。

是顿感活着没什么意思；要么自己所求的东西得到了，可是，人们却发现得到的东西不过如此，也填充不了人生的空白；或者，所求的东西又失去了，令人感觉生命的无常和虚幻，只是意思到人生不可久留，没有什么可以永驻的。当然，还有些人根本就不知道自己要什么，到手的东西又有何益；不知自己想干什么，也不知自己干着是为什么。一切生活中到手及没有到手的状态都意义消失，并进一步潜入生命的层次，使人之生命的价值也随之消失，这就形成了人类生存危机。

以往人类的生存危机出于自然灾害，或大规模战争；而现代社会，人类的生存危机已经变成了由生活意义的丧失到生命价值的隐去。这种状况在20世纪已然出现，而在21世纪它将成为人类面临的最大及最严重的人生问题。

弗兰克认为，今天时代面临的生存挫折，是一种无意义感伴之以某种空虚感，可称之为"生存空虚"。为何如此？他指出，人类要成为真正的人时，必须经历双重的失落，由此而产生生存的空虚。人类历史之初，"人"就丧失了一些基本的动物本能，而这些本能却深深嵌入其他动物的行为中，而使他们的生命安全稳固。这种安全感如同伊甸乐园一样，永远与人类绝缘，人必须自作抉择。除此之外，人类在新近的发展阶段中，又经历了另一种失落的痛苦，即一向作为他行为支柱的传统被迅速地削弱了。本能的冲动不告诉他应该做什么；传统也不告诉他必须做什么，很快地他就不知道自己要做什么了。

人们在脱离动物界成其为"人"时，本能的状态被有意识地制止，并发展出一整套文明与文化的传统来指导和规范自我的行为。可是，近代以来，尤其是现代化以来，传统在新的生产及生活方式的冲击下逐渐瓦解和崩溃，这种情况在中国显得尤为严重。于是，继以"本能"不能告诉人们该做什么之后，人们在"传统文化"中也已经无法找到如何行为的方向和准则了。正在全世界泛滥的后现代文化更是提出要消解一切事物的深度、本质、规则、意义、价值等。如此一来，人似乎获得了空前的自由，但白茫茫的大地实在太干净了：没有路标、没有道路、没有参照系。人们不知要怎样行，如何走，到那里去，要干什么。彷徨、无奈、消沉，活得没有意思等状态成为现代人生的鲜明标识。此外，正如弗兰克所指出的，有时求意义的意志受到挫折，于是用其他代替者作为补偿，例如求权力的意志。也有时候，这种受挫的求意义意志被求享乐的意志所取代。这就是现代社会许多人对金钱、权力、美色疯狂追求,甚至不惜犯罪的内在原因。

(三) 信仰缺失与"真空精神病"

当前,一些青少年常称自己什么都不信,是个无信仰的自由人。实际上没有任何信仰的人是不存在的。这些号称什么都不信的人,常常是放弃精神上的信仰和追求,把某种有限的物质神圣化,并以此作为自己的追求目标。青少年中这种倾向,引起了社会的普遍关注和担忧。"现在搞市场经济,面临着过度的物质主义和实用主义吞没理想主义和真诚信仰的危机,最迫切的问题,不是信仰什么,而是没有信仰。最可怕的是没有任何信仰而只会信仰金钱,法律和道德将因此而受到冲击。"[①] 无信仰就无法找到生活的终极目标,感觉不到幸福,不知道生活的意义和价值所在;无信仰,就无所惧;无所惧,就无法在心中形成时时约束自己的道德律令。这样,侵害他人生命、毁灭自我生命的事情发生也就不足为怪。因此,人必须有信仰,信仰应该是高远的,指向终极目标。而信仰所谓"现实利益",过度关注自我价值的人,则会终生纠缠在"小我"的得失、悲欢中不能自拔。

没有信仰就没有生活的根基,就如同建筑物没有基础,表面上的物质生活的丰富多彩却无法掩盖内在的空虚,最终导致精神家园的失落。这就是"真空精神病"。弗兰克认为,真空精神病的产生完全是由于缺少行动精神,普遍的无聊与绝望。在德国、奥地利和瑞士,有40%的青年人感到了"生存的真空",而在美国竟有80%的青年人感到这一点。无论东半球还是在西半球,主观的人愈来愈无家可归,焦虑变成绝望,导致对麻醉品的享用。程度不同的精神病是我们这个时代基本的世界性病症。20世纪末的巨大焦虑超出了许多人的心理承受能力。

三、生活与生命之间的紧张

(一) 现代人生存的矛盾性

"由于现代生活是纷乱的,所以,我们对实际所发生的事情不能理解,我们正航行在一个海图上未曾标划出的海面上,无法达到一个能清楚

[①] 牟钟鉴:《关于宗教与社会主义社会相互关系的思考》,载《中央民族大学学报》,1999(5)。

地看到整体的海岸。"①

社会进步了,人生烦恼却增加了;物质丰富了,幸福感却下降了……,"房子越建越大,家庭却越来越小;便利越来越多,时间却越来越少;药品越来越好,毛病却越来越多。我们花钱越来越多,花钱的乐趣却越来越少;看电视越来越多,读书越来越少;说得越来越多,爱的越来越少;计划越来越多,完成的越来越少。我们懂得了如何生存,却不懂得如何生活;我们的寿命不断延长,生命的内涵却不断稀薄;我们可以不辞远道地在月球和地球之间来回,却不愿拜访对街的新邻居;我们能分裂原子,却无法冲破偏见。我们的食品丰富了,饮食的享受却少了;认识的人多了,朋友少了;努力多了,成功少了。我们获取的东西越来越多,质量却越来越差。这是一个流行快餐而迟钝的时代;体格健壮但缺乏个性的时代;充满功利而人情淡漠的时代;食物种类繁多而营养缺乏的时代。"②

(二) 生活与生命的紧张

现代人的生存危机根源在于生活与生命之间的紧张。即人们日常生活的日趋物质化、功利化、实效化、个我化与生命安顿之普遍性、超越性、永恒性之间的紧张。如前所述,人生活的品格是个我化的,而人之生命的品格则是普遍化的。当人们在个我化的生活中体会到生命存在的普遍性,并以之显现在实际生活中,突破个我化的生活,沟通你我他,也沟通自我与社会,以至沟通自我与宇宙,那么便达到了人生普遍性的存在,从而实现了人生的超越性和永恒性。不幸的是,现代人要做到这一点是非常困难了,比之传统人是更加不容易了。

人生可分为两大部分:一为人之生活,二为人之生命。生活是人在其一生中所经历的人生事件、人生过程、人生滋味的总和。而生命则是人之生活的基础,包括人的物质性身体的生存和人之精神性生命的生存。一方面,人没有生命,便不可能生活;另一方面,人之生命又只能在人之生活中显现出来。所以,人的生活与生命密不可分。

1. 生活的个我化与生命普遍性的冲突

一般而言,人的生活总显现为个我化的。因为,生活都是具体人的生

---

① (德) 雅斯贝尔斯:《现时代的人》,周晓亮、宋祖良译,1页,北京:中国社会科学文献出版社,1992。
② 《矛盾构成的时代》,《广州日报》,2000年1月11日。

活，每个人所经历的人生事件、人生过程和所品尝到的人生滋味都是不一样的。而且在生活中人们拥有的各种物与事皆显现为是"我"的就不是"你"的，是"他"的就不是"我"的。这就使人之生活产生所谓个我化倾向。但从生命存在的角度来看，每个人之生命皆源于父母精血，是一种血缘性存在，又皆只能在社会中生存与发展，人之生命构成的化合物也是相同的。这就是生命存在的同一性或普遍性。

在当代社会之市场经济大潮中，人们的生活必定是个我化的，财产占有的私人化是市场经济存在与发展的基础，是谓"法人"；个人独立化是承担必要的社会经济职责的前提，而个人之生活的个我化也就成为必然趋势了。人的社会存在就是要求个人奋斗、个人努力、个人要出人头地，人人都必须无穷尽地发挥个我之心智、体能以追求自我之成功。利益几乎成了现代人现实生活中唯一重要且起作用的驱动力。于是，个我主义取代了集体主义，现实主义取代了理想主义，人的个我性凸显，而生命存在之普遍性、无限性及永恒性隐晦不见。现代人在人生过程中喊出的最著名的口号就是："只要我高兴，有什么不可以？"或者："我高兴就好"！这即是现代人在人生过程中个我化的发展趋势。

2. 生命的安顿感变差

现代工商社会及高科技的发展，为人们寻求、选择和实现生活中的价值提供了越来越多的领域和可能性，但同时却使人们的生命安顿越来越困难。也就是说，在现实生活中，人们求利、求欲、求更多更丰富的物质获取，过一种更富有挑战性的生活等，在现代高科技及社会经济制度的运作中易于达到，也的确使许多人实现了心中的理想和人生的价值追求。但是，现代人在生命之终极价值的实现、社会崇高理想的达到以及生命终极意义的获取等方面却越来越困难了，以至深感生命无处安顿、心灵在浪迹天涯、精神无所皈依等。这就引发出现代人的孤独、无奈、无意义和空白感等人生的深层次问题。

3. 生活与生命本末倒置

人们为了获取生活中的物质快乐，不惜以生命为手段，牺牲健康与肉体来换取财富。"健康重要还是财富重要？"一度成为一个公众话题。为了物质的占有欲望，透支生命已成为现代人的一种普遍现象。

生活与生命的内在紧张首先表现在，人们在追求生活的同时，自觉不自觉地消除了生命的神圣性。人们在生活中对自己的生命不在乎，甚至十分轻贱：其一，当着人们生活极其贫困，连维持生命的最低需要都成问题时，在这种情况下，生命的尊严荡然无存，人生变得猪狗不如，更遑论什么生命神圣性了。即便是现代社会，人们为了功名利益，蝇营狗苟。其二，就算是现代社会，人们衣食无忧，生活也有相当水准，可他们的心理承受能力不够，对人生中各种挫折无法抵御，因而觉得生不如死。这种情况下，人之生命流于任意，他们可能突然了断，结束自己的生命。此时，也谈不上生命神圣性。其三，在人生过程中，人们不知为何活着，也不知活着为什么，于是人生中怎样都可以，什么都行，生活中只顺从肉体与生理欲望的引导，故而极度纵欲、堕落。此种情况也谈不上生命的神圣性。

4. 生活与生命在选择中的冲突

许多人眼中生活的选择是当下此在的，是立竿见影的，它可能带来的利益和享受是那么诱人，那么令人陶醉，"我"又何必去为了什么虚无缥缈的生命之后的价值而放弃眼前之利呢？这样一种人选择的两难，实在是由生活与生命之间的紧张引发的。

人之生命是过去、现在与未来的和合体，而人之生活只是此在的感受。过去的生活一去不复返了，未来的生活还没有开始，人们所能把握的只是当下此在的生活。而生活是什么？不就是由一系列的感觉、感受组成的吗？所以，人们若仅仅立于生活的立场来确定人生选择的准则，便一定会关注现在、注重眼前之利益。这样一种选择的立场是由生活的品性所决定的。人对生活的感觉决不如对生命的感受那样直截了当，那样清楚明白。因为，生命是一种时间之流，现在之生命只不过是过去生命之延续，又显现于未来的生命之中，仅仅有当下是构不成生命的。所以，人们若立足于生命的立场来进行选择，比较容易用未来的状况来确定其原则，因而易于采用道德的、社会的、普遍和永恒的价值尺度来进行人生的选择。这一选择的态度是由生命的品性所决定的。

一个人首先有生命，然后才有生活，生命是生活的物质承载者，是生活得以存在和实现的基础，所以，人生中的选择不能忽视生命深层次的需要。但生活是人直接感觉到的东西，人们是活在当下的，因此，源于生活的人生选择不可忽视，也非常重要。只有善于把源于生活的选择与源于生命的选择较好地统一起来，方可达到选择的正确、成功与幸福。此外，生活中的选择一般多受到外部因素影响，而生命的选择则主要出于主观的追求。比如，你要选择做一个有道德的人则不论你是否贫富、贵贱，只要你努力而行，都能达到。可见，生活固然是"我"的生活，但怎样生活却完全取决于"我"的愿望，"我"的追求、"我"的选择，即是说，生活中的选择应有其生命内涵，而不应只是外在的形式。可是由于前面所说的物化与浅表化现象，从而使得生活选择受到太多外在因素的制约，结果是，选择就是一切，至于选择什么、为什么选择的追问则不重要了。这样，生命层面的选择也就付之阙如，这正是我们所看到的现代人忙忙碌碌却一无所有的症结所在。

生活是生命的外在形式，是生命的社会性表现。我们每个人都在现实中生活，因此，我们当然会有许多出于生活的人生选择，这是正当合理的，也是必不可少的。但我们每个人都应该从生活的层面升华到生命的层面。

(三) 自杀是对冲突的解决

由生活的无奈与痛苦走向对生命的否定，其极端表现就是自杀。有资料表明，在现代社会中，自杀已成为十分突出的普遍性的问题。随着社会的发展变化，许多国家的自杀现象都在增加。据世界卫生组织的统计，1950—1960年间，全世界30多亿人口，每年有30万人死于自杀，自杀率为10/10万。而到1990年，人类社会生产力得到了空前的提高，人们的生活丰裕度也随之迅速提升，但也就在这一年，世界卫生组织公布的30个国家的自杀率表明，自杀率呈明显上升之势。比例最高的国家是匈牙利，自杀率高达44.42/10万。其次是丹麦31.57/10万。德国为20.9/10万，日本为17.55/10万，美国为11.5/10万，平均为14.42/10万。其中大部分国家自杀率有上升之势。从人群分布来看，老年人及青少年是自杀率高发年龄组，尤其是以15～24岁的男性组别为多。在美国青少年死亡的原因中，自杀已跃居所有死因的第2位，而1965年时还是死亡原因的第5位。一般认为，自杀死亡一人，那么未遂者是6～10倍，而有自杀意念的人则高出几倍。日本对于"你曾想过死吗"这一问题的调查发现，"至今为止，你曾想过自杀吗？"的回答中，有75%的人回答"有过"。

在中国，据1992年首届危机干预暨自杀预防研讨会的研究估计，我国内地自杀率约为10/10万，香港地区自杀率为11.3/10万。就在中国改革开放决定性的1998年，中国内地发生自杀案件235 200起，其中死亡152 672人。这些统计数据还相当不完整，尤其是在广大农村地区，统计数据根本无法精确。台湾《联合早报》1998年5月15日报道,在"卫生署"公布的关于台湾地区十大死因中,1997年自杀首次列入,这一年台湾有21 720人自杀身亡。许多医生表示,实际自杀死亡的人数远超过这一数据10~25倍,因为有很多自杀者登记的死亡原因为中枢衰竭等非自杀原因。

大学生作为一个特殊群体,自杀率相对较高。据南京危机干预中心对南京部分大学的调查发现,大学生自杀率约20/10万,比全国平均水平高出1倍。学业上的不顺、期望发展受阻、爱情方面挫折、人际关系冲突等,常常是大学生自杀原因。

第二节 现代人的死亡难题

一、现代人的死亡问题

库布勒·罗丝在她的《论死亡与濒死》一书中指出:在现代社会,"死亡仍旧是恐惧,吓人的事情,而且死亡的恐惧是全球性的恐惧,尽管我们认为我们已经在许多层次上控制了它。改变了的是:我们应付及处理死亡和濒死,以及我们的濒死病人的方法。"①

(一)时代变迁中的死亡

死亡是与人类社会历史相伴随的,在某一侧面反映着人类历史的变迁。一部人类史就是一部死亡史。现代社会是一个急剧变动的时代,体现在人类生命的方方面面,了解现代人的死亡问题必须了解现代死亡的自身变迁与特点。

1. 死亡时间由不确定到可预期

传统社会死亡时间完全是生命自然流程的内在表现,或者从某一特定角度来看,不存在将生与死分开对待的时间界限。那时候的人们,无论是垂死者还是其亲友,都那么自然地对待自己或一个人的临终。原因在于,其一,他或她一直就在家人的照料与关注之下,其间的任何生命变化都在人们的了解之中;其二,更为重要的是亲属与死者是那么和谐相处,一旦

---

① E. Ross:《论死亡与濒死》,谢文斌译,28页,台北:牧童,1979。

死亡来临也不会给人们带来多大的震撼。所以,死亡时间本身失去了意义。

时间变得可预期之时,死亡时间的来临明明告诉我们此时不能抱任何希望了,你必须由希望转入绝望。实际也是如此,只要还未预期,那么亦有希望被医生救活。死亡时间就是生与死的界限。况且,垂死者此前并不在家属与亲友的关注与照料这下,生命的变化过程并未被他们所掌握,仅仅只是为医生所掌握。预期死亡指依靠医学科学的诊断能确定患者存活期限的必然性死亡。比如癌症患者,一般能存活1~6个月,甚至更长的时间,但大多数的患者都必不可避免地要步入不归之路。据统计,全世界每年死于癌症者约600万人之巨,并有1 000万人被推到死亡边缘(参见《健康报》1998年4月11日《我国癌症死亡谱的变化》)。"既然我们已意识到死亡已是凭借医学可以预见其时间的现象,那么,它就具体化为使我们感到可怕的现象。"① 对预期死亡者而言,人们是慢慢进入死亡哀伤期的。不过预期死亡的接受有着一个长期的痛苦的心灵煎熬过程,是一个希望的欢欣与幻灭的痛苦交替加深的过程。一方面,是患者数着日子过日子,感受到死亡阴影不断加深带来的极度恐怖;另一方面,则是亲属和朋友们看着患者一天不如一天,心如刀绞一般,哀痛与日俱增,没有止息。

在时间上,与可预期的死亡相对应的是不可预期的突然死亡。突然死亡在现代人的死亡中比在传统社会更为突出。所谓突然死亡指的是人们遭遇突发性的病患与灾难导致的死亡,一般从活着到死亡之间的时间很短,如致命的车祸。据联合国最新的世界灾难报告显示,汽车被制造出来已有百年,这期间因车祸致死人数已达3 000万人,而且每年还以50多万人丧生的速度递增。在中国,仅1997年就有73 730人丧生于车轮下。突然死亡的特点是死者本人产生的死亡焦虑与痛苦较少,他们往往没有任何思想准备。但这一死亡的事件带给亲属的悲痛则特别巨大和强烈,因为他们也没有任何心理准备,而且人们难以相信他刚刚还是好好的,转眼间便生离死别了。

突然死亡与预期死亡给人们带来的是拒绝接受与必须接受之间的紧张。从感情上而言,人们对眼前所见的噩耗不相信、不承认,但在理智上

---

① (德)弗兰克·贝克勒等编:《向死而生》,张念东、裘挹红译,序言,1页,北京:三联书店,1993。

又必须接受死亡的突然降临和必然降临。这中间形成的紧张引发出现代人无穷的死亡悲伤与痛苦。

2. 死亡发生地由家庭到医院

鲁迅先生在《南腔北调·家庭为中国之基本》中说过:"家是我们的生处,也是我们的死所。"传统社会尤其是中国农村社会,家庭是寿终正寝的理想之地。除了人们观念上暴力死亡或被视为凶死的死亡之外,正常死亡、好死、善终都是发生在家庭的。"善终",即濒死时躺在家乡老屋里的老床上,周围环伺着亲朋好友,再沐浴更衣,交待后事,然后在一片浓厚的亲情乡谊中安然瞑目,是谓"寿终正寝"。因此,中国人企盼的死亡是一种生命自然而然的终止,一种个人生命虽然丧失而其血脉亲情在家庭、家族内永存的状态。此时,个人之死并非完全的毁灭,而成为家庭、家族大生命延续的一个环节,这样一种观念相当程度地减轻了死亡带给人的孤独、无助、恐惧和焦虑。死亡在家庭,充满人情味,以至于《禁止死亡》一书作者称之为"文明死亡",认为我们已经从"文明死亡"过渡到"野蛮死亡"。文明死亡是受制于永恒和上帝的死亡。它是一个过程,像所有的过程一样,它又是一种仪式,悲哀不同寻常的气氛由此而产生,阿里埃斯在《面对死亡的人类》一书中生动地描绘了那时的死亡场景:在19世纪,一个亲人或朋友的死亡庄严地改变着一个社会团体的时间和空间。有人要咽气了,人们关上他房间的百叶窗,点上蜡烛,泼洒圣水,屋子里挤满了神情严肃的邻居、亲戚和朋友,他们在窃窃私语。丧钟在教堂敲响,从那里走出来为死者举行仪式的队伍,他们手里捧着《圣经》……从一道正半开着的门,走进所有那些从友谊的角度或者从礼节的角度讲都必须到场的人。

然而,现在死在家里的人越来越少,越来越多的人死在医院。这是现代生活给人带来的变化。城市生活使在家里看护病人变得越来越困难。当家里有人死亡时,由于家庭的分解,人们不再像以前那样互相帮助了。现代死亡处理方式是由抢救室、死亡证明书、太平间、解剖台和焚尸炉等组构而成。人们一般都是在医院里去世,而且往往是经过了痛苦万分的各种抢救之后,逝者常常不及交待后事便去世了。此时人之死状决非温情脉脉、亲情盎然的伦理性之死,而显现为冷冰冰的心跳、脑功能和其他生理功能衰竭等医疗性的指标。这可以说使中国人"善终"的愿望落空了。此外,现代人太忙,现代人居住分散,临终者往往看不到想见的人便满怀无穷的遗憾在陌生的、充斥着种种古怪药水味的医院里去世了。况且，人们临终前还会想象着自己死后被送进冰冷的太平间，被抬到尸体解剖台，被推进焚烧炉，这都会给逝者带来透心之凉和死亡恐惧。这一切使中国人"善终"的愿望也遭到了破灭。在这种情况下，人们很难将自我的生命融入家庭与家族整体生命之中，而死也就成为完全的毁灭。这就强化了人们死前的孤独与无助感，加重了人们死亡的恐惧与痛苦。

3. 死亡方式由自然死亡到技术死亡

所谓死亡方式，有两种含义：其一是死亡的原因，其二是死亡处理方式。

就死亡原因而言，自然死亡指的是一个人的自然生命衰老到了一定程度，按其正常的速度终止了它的存在，通常也称之为"天年已尽"，因而"无疾而终"或"寿终"。中国人将它列为人生"五福"之一。1909年版的《德意志大百科全书》收入"自然死亡"词条，这本书从该词的反义词出发而为其定义如下："自然死亡是非正常死亡的反义，因为非正常死亡乃是疾病、施暴或机械性周期干扰的结果。"有一本哲学百科辞典则说："自然死亡，就是在无自然疾病、无特定原因状况下的死亡。"从这个角度来看，自然死亡就是正常死亡。当然，现代人已远离了自然死亡。

技术死亡自然就是指由于医学介入人的生命过程，人们在强制性的医疗照管之下，"不能不把死亡看作一种疾病"。当死亡作为疾病对待时，死亡就带有非正常特征，由于在定义死亡时技术性因素在发生作用，故称之为技术死亡。就像医学鉴定书上说的："经抢救无效死亡"，死亡不再是自然的生命流程而是技术干预失败的结果，按照我们对现代技术的信心，本不应该这样的，所以又称之为"非正常死亡"。

现代人无论是不是在一个自然而然的状态下去世，皆被视为非正常。人们大都是在医院中经过各种治疗，然后才被宣告"医治无效"而死亡的。即便不是在医院中死去，人们也习惯地将死视为某种疾病所致。美国著名医生舍温·纽兰指出，在现代社会，老年人无疾而终的事是不被承认的："美联邦政府发表它的《死亡统计预测报告》，从该报告的前15项死亡原因中，或从其他任何无情的一览表中，都找不到一个项目适合某些刚过世的人。《报告》异常整齐，它把80～99岁的人所患的特有的一些致命的疾病在病因中列出来。即使死亡年龄为3位数的人也逃脱不了制表人的分类术语……作为一名持有行医执照35年的医师，我从未鲁莽地在死亡证明书上写过'年老'一词,因为我知道,如果这么填写,这份表格将退回给我,并有某位官方记录保管人的简要附注,通知我,我已违反了法律。世界上任何地方,无疾而终都是'不合法的'。"① 这样,技术死亡完全战胜并取代了自然死亡。在中国人口的死因统计中,寿终或老死同样是不作为死因的。② 现代社会,自然死亡观念已经从人们的头脑中被驱逐。对那些年龄非常大,显然衰老而死者,人们也不认为是自然死亡,因为所谓"衰老"在现代社会医疗体系中也是某种或某些病症造成的。

(二) 现代人的死亡恐惧

1. 因死亡而导致的丧失引起现代人更大的恐惧痛苦

大多数现代人都以求利、求享受为人生的核心目标,整个社会亦以利润与经济发展为轴心,人人追求物质与金钱的获取,沉迷于生活享乐之中。人在现实生活中丢失了心爱之物,一般都会引起精神上的不快,而丧失的东西价值越大,则引发的不快也越大。当人们面临着丧失自己所拥有的一切——包括自我的躯体和人世间一切友情、亲情和人情时,其精神与心理上就不是一般的不快乐,而必然引发巨大的痛苦。世间任何一种状态都不能导致我们发生丧失一切的后果,唯独死亡例外。人之死亡是与世间一切割断联系,这在古今中外都是一样的。中国民间有句非常形象的话,很能形象地说明这种丧失的性质,叫做"生不带来,死不带去"。世间万物无限之多,但有哪样东西可以是我们生时带来的? 又有哪样东西是我们可以死时带走的? 因此,所谓人死时的痛苦大部分源于这种丧失一切的可怕及可悲的状态。

既然人之死皆意味着丧失一切,为何现代人之死亡痛苦远甚于传统人呢? 因为,现代人拥有的东西比之传统人更多、更好。无论从拥有物的数量还是质量上比较,现代人都要远远地多于和高于古代人。拥有越多,其丧失便越大,其痛苦就越甚。从总体上看,现代人比古代人拥有的物质财富和人际关系都要更多、更复杂,因此,死亡引起的痛苦也就更大。拥有越多,人对生的依恋越甚,便越难割舍,在死神不可避免地降临时,必使

---

① (美) 舍温·纽兰:《我们怎样死:关于生命最后一章的思考》,诸律元译,41 页,北京:世界知识出版社,1996。

② 游允中、郑晓瑛主编:《中国人口的死亡和健康》,110 页,北京:北京大学出版社,2005。

人生遭受更大的痛苦。诚如庄子说过的:"吾有大患,及吾有身;及吾无身,吾有何患?"

2. 现代医学带来的生命预期造成死亡等待的痛苦与恐惧

现代医学科学技术越来越发达,比之传统社会,已可挽救许多人的生命,使之免于死亡;但仍对一些疾病如癌症、艾滋病等顽疾无法治愈,却可以越来越延长患者的生命时限。在这段步向死亡的时光中,病人数着日子过活,感受到特别恐怖的死亡阴影的迫近,以及浸透于浓厚的死亡气息之中。由于人的自我意识特别清晰,大大增加了死亡的恐惧与痛苦的强度,同时也增加了患者亲属对死亡的害怕与哀恸。对480例病人临终前的观察,发现他们死前的不安与恐惧有年龄上的区别:"老年人涉历艰辛,十分向往安度晚年。中年人多有妻子儿子、白发父母,虑及自己死后上不能尽孝送终老人,中不能与妻子白头偕老完成自己的事业,下不能为儿女成家立业。青年人则为其美好的恋爱、婚姻和事业之终止而遗憾终生,因而病人极度痛苦、恐惧,从而加速病情恶化和死亡。"① 可见,年轻的绝症患者,死前的不安与恐惧多起于没有享受全人生的美好,而年龄较大的患者则因家庭责任未能完成而痛心不已。由于现代医学技术大大延长了患者临终到死亡的间隔时间,使患者能从容地思前念后于死神在人生中肆虐,人们也就深深地品尝到死前的痛苦与恐惧。

3. 缺乏死后信仰使人们产生死亡恐惧

由科学理性主导的现代人,由于缺乏死后信仰又不知死后将如何,从而产生死亡恐惧。一般说来,死及死后世界的问题是一个超验的问题。人的任何知识都源于经验,而人活着时不可能知道死,人死后又不能体验、不能言说,所以,死及死后之事存在于人们的知识体系之外,在任何年代里人们要从经验中知晓死及死后世界都是不可能的。然而,何以见得现代人就比传统人恐惧死亡更甚呢?

原因在于,生活在传统社会中的人们由于没有那么多的科学知识,更谈不上用科学理性去认识周围世界,他们一般比现代人更关心精神及灵魂之事,且更相信古老的传说、神秘的传统风俗或宗教的教义。所以,他们能够用一些神秘的观念、超验的看法来了解死、解释死,来认识死及死后

---

① 陈蕃、李伟长主编:《临终关怀与安乐死曙光》,187~188页,北京:中国工人出版社,2004。

世界究竟是怎么回事。无论这些观念与看法在现代人的眼中显得是多么毫无道理、不合逻辑、荒唐可笑，可古人的确从中获得了对死及死后世界的认识，并可能因此而得到某种死亡的承诺，比如，因"此生的"行善而得以死后往生"极乐世界"、去"天国"的保证，从而大大减弱了死亡焦虑与恐惧。

反观现代人，大多受到科学教育，已经习惯于将事物进行分析解剖，对其每个组织部分进行细致的观察、分类和研究，概括出它们不同及相同的性质，从而认识一个又一个复杂的事物。再运用这些知识于实践之中，以此推动社会发展，改善我们的生活。于是，人们越来越习惯于科学的认知方式，喜欢对事物进行分门别类、追根究底，以寻求事物确切的性质。但是，死亡与其他事物不同，其本质是不可知的。因为，科学认知的前提是：一要有认识的对象，二要有描述对象的语言文字。死亡虽然也是一个对象，但死者却不会言说，死是主体无法体验的。我们只能知道死的直观现象，却无法知晓死的本质，尤其是人死后的状态究竟为何我们无法知晓。正因为如此，世界各大文明与宗教都对死及死后世界作出了差异甚大的解释，有的相互对立、矛盾，而且数千年谁也说服不了谁。一方面，现代人有寻找事物本质的科学认知习惯，另一方面死之本质又是不可知的，这之间的紧张是造成现代人死亡痛苦的重要因素之一。由于人人都必死，所以关于死亡的知识有着最大的社会需求。但是，死亡在本质上不可知，这就造成人们思想上极度困惑和心理上的万分紧张。这种紧张不仅使生者常常处于认知的苦恼之中，更使临终者无所适从，左右不是，引发出巨大的死亡恐惧。人类的恐惧多起于对事物的未知，而死亡就是一种永远也不可知的对象。因此，死亡带给人类的是最大的焦虑与痛苦。

4."虚拟空间"使人们产生死亡恐惧

现代社会因"虚拟空间"、大众传媒的渲染甚至歪曲，而使人们对死亡的恐惧更强烈。在古代社会，人去世后往往是在亲人的环绕之下，经沐浴更衣，在隆重的葬礼之后，再回归尘土。所以，死亡有时被美化了，人们称之为"白喜事"，也用放鞭炮、喝酒等喜庆的方式来表示对死者的哀悼。当然，死尸面目的恐怖、死后尸体的腐烂，在任何时代都成为人们强烈的死亡恐惧之源。不过，在现代传媒越来越发达的情况下，在死亡处理高度技术化的条件下，人们的死亡恐惧显然比之传统要大得多。那些恐怖电影、录像大肆渲染死亡的可怕，如临终前的极度痛苦、死尸狰狞的面孔，以及死后尸体的解剖、烈火焚烧或腐烂等，这一切皆造了现代人对死亡的恐惧，加重了现代人的死亡焦虑。

二、现代社会的死亡态度

（一）贴近死亡的现实却远离死亡真相

一方面，现代社会的死亡现实与传统社会相比，生活中的死亡现实发生了一系列的变化，这使得现代比以往任何时候都更接近死亡。

1. 现代人随时随地都能成为死亡旁观者

不可否认，现代社会已经步入高风险社会，生命比之以往有更突出的不确定性和无常。车祸、矿难、各种事故几乎每天都在发生；由于社会变革与转型，社会犯罪事件经常发生；更为重要的是由于人类活动对环境的破坏，人类生存出现前所未有的危机，各种灾难事件频繁发生："非典"、海啸、洪灾等层出不穷；还有全球化产生文化冲突导致的恐怖主义如美国"9·11"事件。这些死亡事件已经突破了传统个体死亡事件性质，成为社会性死亡。很多时候现代人很可能就置身于其中。

2. 世界各地的死亡事件随时进入人们的视角

现代传媒体系发达，发生在遥远之地的死亡事件也能通过媒体进入我们的视角，进而对我们产生巨大的震撼，其画面如此真实以至于就像发生在我们身边。

3. 我们生活在社会变迁加速，动荡不安的社会，生存压力前所未有

因此，现代人自杀现象突出。

另一方面，现代人却远离死亡真相。尽管死亡的现实如此逼近我们现代人，然而，死亡的真相却是如此遥远。原因在于：死亡无法亲历；有关文献记载多有歪曲；现代人已很少有人亲眼目睹垂死了；医药掩盖了死亡真相。

《死亡的脸》一书作者指出，诗人、散文作家、历史学家和智者常常在作品中提到死亡，但却很少亲眼目睹。医生和护士经常目睹死亡，但却很少将其用文字记录下来。大部分的人终其一生大概可目睹一至二次死亡，但多半心中充满悲哀之情，以致无法留下可靠的记忆。大灾难生还者则很快地建立起强有力的心理防卫机制，来对抗他们经历的梦魇，也因此扭曲了目睹的真相。因此，有关人们如何死亡的可信资料并不多。

"现代这个时代，已经很少有人亲眼目睹所爱的人死亡了。现在已经

很少有人在家中过世,即使有也多半是一些慢性病病人,而这些病人常服用许多药物、止痛剂,掩盖了不少死亡的真相。大约80%的美国人是在医院过世的,而医院却掩盖了生命最后旅程的许多细节,使得人们更无法了解死亡的真相。"①

当然,不去了解死亡的真相,仅仅停留在死亡现象层面,不往深思也是出于人类心理上的共同需要。"死亡过程对人们而言,始终充满着浓厚的神秘气息:像大部分神话一样,死亡过程神话化也是基于人类心理上的共同需要:一方面是为了对抗恐惧;另一方面,也是为了给人们提供希望,借此消除我们心中对真实死亡的恐惧。"②这就内在地决定了现代人在死亡态度上的矛盾性质。

(二) 现代人矛盾的死亡态度

一方面拒绝死亡,另一方面又对死亡游戏化。英国哲学家罗素曾指出,现代人往往既相信来世,又恐惧死亡,他认为,这是自相矛盾的,如果相信来世,就不必恐惧死亡;如果恐惧死亡,就是不相信来世。在死亡态度上的矛盾与冲突是20世纪的突出特征,"20世纪突出特征是两个方面之间的不协调,即一方面是越来越觉得到的对死亡的忌讳的一种社会共识的假象,它已约定俗成,非常严峻,但又不见经传;另一方面却是大量充斥的各种幻想和梦想的表现形式。"当代人对死亡的态度:"一是人们在现在的言行、态度和实践上已明显地把死者排除在外了,而且往往很粗暴;一是在背景中,在'集体想象'中,则模糊不清,不是一律不谈死,而是有一片呼声和窃窃私语。"③

现代人拒绝死亡表现在:

1. 死亡遗忘

首先,现代生活水准的显著提高,使死亡远离人们日常生活的表层。人类平均寿命有了惊人的增长,医学技术也有了飞速发展,人们临终时肉体的痛苦被相当程度地减轻了。由于科学进步,可以达到的不是长生不老,而是将死置之度外,漫长的生命无痛苦,似乎是自愿地结束。非但如此,由于社会设施的完善,尸体的处理被美化,死亡也不再丑陋。在古代

---

①② (美)舍温·努兰:《死亡的脸》,杨慕华译,8页,海口:海南出版社,2002。
③ (法)米歇乐·沃维乐:《死亡文化史》,高凌瀚、蔡锦涛译,632页、667页,北京:中国人民大学出版社,2004。

社会，人们平均寿命大约只有30年左右，从懂事时起离死亡也就不太远了；而且死亡时令人恶心的一面常常直接呈现在人们的眼前。所以，现代生活"改变了人类原先所认知的死亡意义，对于古代曾经如何一天到晚地担心死亡而活着，现代人已经无法想象了。现代人是如此执著于生命的自信，遗忘死亡而活着"。现代社会，由于安全感的加强，个人生活经历的可测性，相应的对更长寿命的期望等从根本上改变了社会对死亡的态度即死亡观，"生命变得更长久了，死亡被推迟得更远了，垂死者和死者将不再是司空见惯的家常事，人们正常的生命过程中更容易忘却死亡。"①

其次，现代社会的分工组织给现代人的人生观以巨大影响。现代社会的运作几乎全部建立在分工协作的基础之上，人们的生活也因为分工的发达而成为部分的、片断的。"这种生活面貌，也就必然限制了人类的思考模式。整个生活态度会成为片断的短暂的"。人们日常生活中，可以对眼前的某些刺激作出迅速反应，但是从来就很少有人会站在人生的整体上作宏观的思考。因此，要现代人对人生的另一极——死亡进行深度的思索是很困难的。

再次，现代都市社会是一种以机械为中心的结构，以追求效率为核心。为了适应高效率的机械，人类也必须是高效率的。非但如此，机械一损坏，马上就丢弃，而以新的机械取代。人类如果病倒了，或失去生命，不再有用的话，就必须被健康有效率的人所代替，死去的人很快被遗忘了。机械文明的社会，正是一种只为健康的人存在的社会。

最后，由于个人的觉醒，通讯交通机构的发达、大众传播的盛行等，现代社会的文化已成为大众的文化。而且社会上的病人总是少数，多数大众都是健康的。以大众为中心的文化，就是以健康为取向的文化。所以，从整个社会的价值取向和整个人类来看，死亡问题必然遭到忽视。

2. 死亡边缘化

现代化减少了死亡，"在一些文化中，死亡已经不是生命的中心问题了，因为生命对生命的彼岸产生了必要的疑问，使那些相信生命死后可以达到生命彼岸的人局促不安。"② 如在美国，"现代美国人把死亡看作是与无性色情一样的令人倒胃的东西，我们拒绝死亡，对濒临死亡的人掩盖他

---

① （德）贝克勒等：《向死而生》，张念东等译，403页，北京：三联书店，1993。
② （法）贝尔特朗·韦热里：《禁止死亡》，李健英译，81页，深圳：海天出版社，2004。

们的处境,并把死亡的所有蛛丝马迹都从我们的日常生活中赶走。我们把濒死的人送到医院,不仅仅是减轻垂死者的痛苦,也是将其从我们的视线中移开。我们压抑自己的哀思并把死亡带来的影响尽可能快地从我们的生活中去除。"①

3. 死亡逃避

然而,现代社会的死亡现实比以往任何时代都更为逼近人们,奉行鸵鸟哲学,对死亡视而不见、听而不闻依然是现代人的策略。将死之必然还原为死之偶然。当一个人真的死亡时,我们常常深深地感动,它好像强烈地震落了我们的期望。"我们习惯于强调死亡的偶发原因——意外事故、疾病、感染以及年纪老迈,这样,我们暴露了那种把死亡从一种必然性还原为一种偶然事件的努力。"② 在死亡现实中,我们看到事故、意外、车祸灾难等无不是非正常死亡,其基本特征就是作为一种事件的偶发性与不确定性,自然死亡已完全为技术死亡所取代,技术死亡本质上就是认可非正常死亡,而作为必然的自然死亡在现代社会是不予以承认的。所以,现代人的这种逃避死亡的努力已成为一种社会机制,一种话语权。

4. 压抑死亡

表面上,我们几乎每天都能接触到死亡事件,死亡总出现在我们生活中,但是,我们现代人决不会让死亡进入人的思想。我可以听,可以看,但不可以想,不可以思考,所谓"视而不见,听而不闻"。更不会去思考"我的死"的问题。与此同时,埋首于日常生活并进而将自己物化。

压抑并不能抵抗死亡的无孔不入,于是与对死亡压抑相伴随的必然就是死亡游戏。

1. 借助阅读来消遣

我们分享"幸存者的新闻",强化"众人皆死,唯我独活"的想法。阅读旁人死亡的消息,使我们放心,相信自己是活着的,是不死的。旁人不幸的消息在头版上占据相当大的篇幅,制造了我们是幸运者的假象。我们绝少借旁人的死讯来承认众生皆短暂、万物均无常的法则。

2. 死亡作为大众文化与网络游戏被贩卖

报刊、文学作品、影视作品等有关死亡的消息、报道、日常通告等在

---

① (美)戴维·波普诺:《社会学》(第10版),165页,李强等译,北京:中国人民大学出版社,1999。

② 南川、黄炎平编译:《与名家一起体验死》,265页,北京:光明日报出版社,2001。

当今的报刊中所占的份额是非常大的,已成为吸引读者、增加发行量的重要因素。文学作品直接以死亡为题的出版物、以死亡为内容的更多;在法国,早在1968年就有学者对400部影片进行了统计,其中65%有死亡内容。① 我们可以得出结论:人们对死亡已熟悉,已司空见惯、麻木不仁了。人们在报纸上天天读到死亡的消息,一边吃饭,一边欣赏电视里的死亡,没有什么可怕的。在网络游戏里,死亡更是以逼真的画面让游戏者参与死亡中去,这从某一角度缓解了现代人的死亡焦虑,但另一方面却造成了现代人的面对死亡无动于衷的冷酷情感。

3. 现代人还发明出许多以死亡为主题的娱乐项目

现代人发明了比如死亡之旅、挑战死亡等游戏。现代人以另一种形式与死亡接触。可以说热衷于此,乐此不疲。

三、现代人的死亡品质

(一) 现代人的死是孤独的死

"现代医疗环境让一个濒临死亡的人在全无菌的环境中死去,与家人、朋友、子孙、宠物、与自己熟悉的环境隔离。我们自以为运用最新医学科技和消毒设备,便已做到极力抢救生命。殊不知我们只是用一种野蛮的方式,逃避自己对死亡的恐惧和罪恶感。"② 其结果无疑是增添了死者的孤独与痛苦。现代人大约七成五的人在医院或疗养院咽下最后一口气,可是,"大多数的人皆在视死为寇雠的环境中辞世。我见过许多人在身心孤绝的情况下步向死亡,鲜少受到鼓励去放开心怀,卸下想象的恐惧。他们在心灵上往往与原本可以共享这宝贵时刻的亲爱之人发生阻隔。由于无法依赖自己的内在本质,他们怀着极度的惶惑不安进入另一个生存世界。"③ "现代人很难想象过去那样平静地面对死亡,死亡的过程变得孤独而没有人情味。"④

(二) 现代人的死被客体化为非人的死,没有尊严的死

死亡的尊严是死亡品质本质方面。"人的尊严就在于,人是独立的主

---

① (法) 米歇乐·沃维乐:《死亡文化史》,高凌瀚、蔡锦涛译,694页,北京:中国人民大学出版社,2004。
② (美) 斯蒂芬·雷文:《生死之歌》,汪芸、于而彦译,序,北京:东方出版社,1998。
③ (美) 斯蒂芬·雷文:《生死之歌》,汪芸、于而彦译,4页,北京:东方出版社,1998。
④ E. Ross:《论死亡与濒死》,谢文斌译,6页,台北:牧童出版社,1979。

体,决不可把他贬抑为客体。只要他还是他自身的载体,人就是独立的主体。这就是说,人自我意识地、自我支配地拥有自身,人是自身特性的独立拥有者,是为自己行为负责的代表"。那么,什么是合乎人的尊严的死亡呢?住院病人也可以合乎尊严地死去,然而,只能在这样的情况下,即他不受医院机构例行公事的摆布,而是享受了人们的照顾。在这里,除了明确什么是人的尊严,还得明确什么是缺乏人的尊严,也就是从反面给人的尊严下了一个定义,这要比具体说明这种尊严的真谛简单得多。"如果人们允许别人保持自己的个性,并按自己独特的方式去死,那就是维护了别人的尊严。"① 然而,我们从反面来看,恰恰就是缺少了这种尊严。现代社会技术统治一切,死亡也在技术支配之下。

1. 死亡被作为疾病对待

现代社会对死亡的处理方式使得"现在死在家里的人越来越少,越来越多的人死在医院里。不再死在家里而更多地死在医院里,这趋势在是大大改变了我们对死亡的观念。因为人们不可能不把死亡看作一种疾病。"② 人就是医院的一个病号——几号床或简单就是号数,你首先就是病号,而不是一个独立的主体人。

2. 死亡成为医生所控制的客体

在工业社会,人的世界全方位成为被技术改造的客体对象。就像工程师学过工程学控制工程进展,农艺师控制作物生长一样,生物学家和医生就得控制疾病和死亡。"我们关于死亡的概念,是与工业伦理道德相应的。一起新的死亡,就是指普通消费者在医疗照料下的死亡……既然医生装备的是工业手段,且又以救死扶伤的面貌出头露面,那么又有什么理由要替致人于死命的环境忧心忡忡呢?!"似乎有了现代医疗体制,人就将所有对生命的支配都交由医院,这是由工业文明的本质所决定的。但是,"当医生置身死亡与人类之间的空间时,他已失去400年前人们所要求的直接性和私人性。这种无面无形的死亡丧失了自身的尊严。"③ 死是由医生、专业人员所决定的死,不是由我本人决定的死。

3. 人的死亡权利都被剥夺了

伊凡·伊利希在《时代变迁中的死亡》一书中很形象地揭露了现代

---

① (德)贝克勒等:《向死而生》,张念东等译,301页、302页,北京:三联书店,1993。
② (法)贝尔特朗·韦热里:《禁止死亡》,李健英译,22页,深圳:海天出版社,2004。
③ (德)贝克勒等:《向死而生》,张念东等译,39页,北京:三联书店,1993。

社会技术统治下个体被剥夺死亡权利的状况。从前,已被社会判处死刑的犯人,在死囚牢房里受到防范死亡的最佳待遇。如果这个犯人在班房里解下裤腰带自缢,那么社会就会产生危机之感。如果这个犯人在法定行刑时刻以前送命,国家的权威就会自感受到损害。"今天,则是处在病危阶段的患者会受到最佳的防范,以免自行决定他死前的环境。以医疗体系为代表的社会,有权决定病人在什么时间、遭受何种屈辱和手术致残以后才可以死。社会的医疗化,结束了自然死亡时代。"① 这种情形不单是在西方而且在东方也存在,个体丧失了断气以前的自主权。健康即控制生命的动力,遭到了剥夺,直到生命的最后一息。所以,"人不再死了,而是让人死亡。"② 死亡就是被宣告"医治无效"。

4. 死亡成为非我的死

既然人被剥夺了死亡的权利,那么,死亡就不是以我的方式死亡,就变成为非我的死。现代人的死亡恐惧可能来自于死不是"我的"死,死不是生的必然归宿,不是恐惧人之必死。"现代社会剥夺了人们自己的死亡……当人们不以死亡来使生者心烦意乱时,他们便轻视了其仅有的这个特权","剥夺现代人自己的死亡之时,亦是剥夺他们哀悼死亡的权利之日"③。

首先,死正在失去个性与真实性。里尔克指出,在现代社会中,死亡几乎变成了由医学和生物学研究的"真实性"对象,几乎每一天,死亡都在大城市的医院被大量"计算"和"生产"出来,一种"公共性"的死亡替代了一个"独特的"、显示"个性与真实性"的死亡。此外,在我们社会里,定期的都由有关部门公布死亡统计数据:交通运输部门公布车祸死亡人数的增减;安全生产部门公布生产事故死亡人数;医疗卫生部门则公布各种疾病与死亡数据等;国家制订国民经济发展计划还规定一个"亿元死亡率",以此考察各级政府以人为本的发展观落实情况,凡此种种构成了死亡的公共性与社会性。欲望横流的花花世界使人们对死亡变得越来越冷漠,觉得那不断发生的死亡,不过是他人之死,而不是"我"的死,"我"可能为他人的死掬一把眼泪,但死亡毕竟对"我"遥远,尽

---

① (德)贝克勒等:《向死而生》,张念东等译,45页,北京:三联书店,1993。
② (法)贝尔特朗·韦热里:《禁止死亡》,李健英译,23页,深圳:海天出版社,2004。
③ 南川、黄炎平编译:《与名家一起体验死》,195页,北京:光明日报出版社,2001。

管它潜伏在空间的某处随时可能袭击任何人。死亡是被大量计算着的，今天谁还在乎一个好好安排的死？……希望有属于自己的"死"的人越来越少，正如只属于一个人自己的"生"一样少。

（三）死亡已失去其神圣性

1. 死亡仅仅被归结为自然现象，正在失去它作为人的死亡的本质

从根本意义上讲，死亡是生命的反面。人的生命是生理、社会与精神的三位一体。正是这种人类生命的系统复杂性决定了人的死亡的丰富内涵。然而，不难发现，现实生活中引起人们焦虑万分的死亡仅仅是肉体的毁灭，它成了人们逃避与关注的焦点。技术死亡也正是由此成了当代支配着一切的死亡概念。客体化、医院、医疗技术种种因素都是将死亡归结为努力改变的客体。

然而，必须明确的一点是，对人而言，死亡并不简单就是肉体、身体的生命力的丧失（这恰恰就是现代人死亡难题的症结所在），死亡还是一种超自然现象。"死亡是超自然的，就像一些有意识的生命存在是超自然的，而这些生命的消失也是超自然一样。因此，应该以超自然的态度对待那些超自然的事物，而医院是不能处理这些超自然的事物的。"[1] 由技术主宰死亡显然是对死亡的割裂。人的本质就是它的精神性与社会性存在，因此，死亡还有其体现人的更本质方面的内涵，这才是死亡神圣性的体现。而显见现代人的死亡，由于它违背了人的生命本质，从而也就失去了它的神圣性。

2. 死亡被物化

在消费主义文化盛行的今天，生命成为消费机器，"我消费，故我在"。我拼命工作，挣越来越多的钱，目的就是消费。活下去的动力就是消费，作为生命本质的需要已降为次要地位，不是我需要而消费，而是我消费而需要。生命被扭曲为仅仅是消费的主体，而当消费主导一切时，生命就失去了他的主体地位。这时，不仅生命被物化，死亡也被物化，如果人作为生产者或消费者都变得无用，这就是社会认可的死亡。在这一点上，花巨资训练出来的消费者最终不得不作为死亡减员登记入册，死亡成了拒绝消费的极端形式。

---

[1] （法）贝尔特朗·韦热里：《禁止死亡》，李健英译，23 页，深圳：海天出版社，2004。

3. 丧事的商业化

米歇尔·沃维尔在《死亡文化史》中指出，20世纪对死亡和死者的排斥，"主要原因有：首先是把丧事纳入了商业，从棺材到墓地成为一连串的消费；住院治疗，把病人和垂死者都送入医院；家庭或集体结构的普遍瘫痪，而19世纪丧事仪式是围绕着这些结构组织起来的；更不用说对神的敬仰之情衰退了。"① 这种情况在进入21世纪之后更为突出。正如《禁止死亡》一书作者所说的那样："时代变了。现在人们埋葬的不是死者，而是葬礼本身。"原因在于，我们将生命归结为死亡，被认为没有生命的死亡也就不再具有象征意义了。在人类历史上，葬礼是具有象征意义的，是垂死者向另一种生命形态的过渡。葬礼具有过渡意义，而这一点在现代社会被技术死亡所消除掉了。菲利普·阿时埃斯指出："死亡没有了象征意义之后，越来越多的垂死者感到，是社会剥夺了他们的死亡。"②现代社会已没有了死者的位置。

4. 对死亡的新神圣化导致了死亡的非神圣化

办丧事的种种做法给人的感觉好像是什么也都没做，好像生活中的一切都还在继续。20世纪50年代之后的美国丧事，"经过精心准备，死者的遗体放在垫有丝绸和软缎的灵柩里，那丝绸和软缎的四周还镶有花边，旁边放有平纹细布的饰品，整个灵柩看上去像个糖果盒。就在这个盒子里，死者参加了一次为了表示对他的敬意而举行的尘世招待会。这是他生命中的一件大事，就像其他大事一样，借此难得的机会，他的亲戚朋友，在充满家庭气息的氛围中，最后一次来看望他。"③ 这种新神圣化在当代中国更有许多新的做法，其中最明显的是借助了现代物质文明与技术手段来操办丧事。这种新的神圣化不仅没有赋予死亡以神圣性，反而导致了死亡的非神圣化。

---

① （法）米歇乐·沃维乐：《死亡文化史》，高凌瀚、蔡锦涛译，634页，北京：中国人民大学出版社，2004。
② （法）贝尔特朗·韦热里：《禁止死亡》，李健英译，21页，深圳：海天出版社，2004。
③ （法）贝尔特朗·韦热里：《禁止死亡》，李健英译，21~22页，深圳：海天出版社，2004。

第三节 困惑与出路

一、生与死之间的紧张

(一) 生存危机的根源就是生与死之间的紧张

现代人为何出现生活危机？根本原因在于作为现代人生活根本前提的生命是被视为不死的生命，这是不死的生命观，以此来支撑其现代生活的基础。然而，生命内在地包含着死亡的因素，而这种死亡本身就存在于生活之中。

齐格蒙·鲍曼在《生活在碎片之中》曾明确一个命题：后现代人们生活在碎片之中，但有一样东西却将碎片中的现代人连在一起，这就是每一个时代所具有的忧虑。"每个时代都有其独特的忧虑，这使它区别于其他的时代；甚至，每个时代都赋予众所周知的忧虑以其独创的具有时代特色的名称。这些名称隐藏着深意；它们表明了令人忧虑的威胁的根源，躲避这些忧虑的方法，以及之所以无法逃避它们的原因。"① 弗洛伊德指出了这些威胁的存在根源：来自我们自己的身体，它注定要衰弱和消亡，甚至不能没有作为提醒人们的信号的疼痛和苦恼；来自外部世界，它总是以巨大而无情的毁灭力困扰着我们；最后，来自我们与其他人的关系。"但存在于这三方面背后的却是一个'一切威胁之源'，它每天引发其他一切威胁，从未让它们逃离控制：一种终点，意外的终点和最终的终点，在其远处不存在起点的终点。死亡是这种终点的原型，仅仅只有一种形式的终点。"②

现代人的死亡恐惧同样基于生与死的紧张。现代人的死亡观是一种断灭的死亡观。

---

① (英) 齐格蒙·鲍曼：《生活在碎片之中——论后现代的道德》，郁建兴等译，115 页，上海：学林出版社，2002。
② (英) 齐格蒙·鲍曼：《生活在碎片之中——论后现代的道德》，郁建兴等译，116 页，上海：学林出版社，2002。

（二）现代人何以难沟通"生""死"

1. 现代人更加"个我化了"

所谓"个我化"，即人们进入了个体自我之坚壳，认为生命是个我的，生活是个我的，人生亦是个我的，所以，唯个人之利是求，唯个人之欲是求，这种完全凸显"个我"的人生观，固然能使人关注自己当下此在的生存、生活与人生，固然能抓住当下此在的物质，获取生活的享受；但在面对死亡时则必然会感到一无依傍，人之死成了无可挽回的死，个体生命的丧失无法成为人类生命延续中的死，最个我化的生活与最个我化的人生也导致了最个我化的死亡，而这引发的死亡恐惧必然是相当强烈的。

传统社会中的人，往往视生命与生活是非个我的，是家庭与家族大生命中的一个环节，所以其生存活动不仅是甚至主要不是为了自我个人的生活享受，而是增加家庭、家族的财富，"为祖宗增光"。而那些有着远大人生理想者，则更把个我生命与民族、国家的大生命相沟通，树立起"修身、齐家、治国平天下"的理念，于是其人生活动更非个我的，而是集体的与人类的。这样，他们在面对死亡时，前者可由子女儿孙生命的延续和家族的兴旺产生一种欣慰感，对死也就不那么恐惧了；而后者则可由民族与国家的强盛发达而获得安慰，乃至勇于赴死，获得对死亡的蔑视和超越，如此又何有死亡之恐惧？

2. 现代人不愿"思"，不会"思"

现代人生活全面"时尚化"，无暇去"思"，不愿去"思"，乃至已不会去"思"。所谓"时尚化"，即人们不断地追逐新的消费品、新的文化样式、新的生活方式等。大众传媒无时无刻无处不在向人们展示花样翻新的"产品"，人们也无时不在追逐新的玩意儿、新的刺激、新的"歌星"、"影星"、"体育明星"等。社会发展越来越快，人类生活的节奏也越来越速。现代化的生活固然大大提高了人们的生存品质，也部分地提升了人的生活品质，但却使生命的品质呈现为降低趋势，尤其是许多人放弃独立的思考、判断、分析，拒绝对是非美丑好坏优劣的区分，跟着感觉走，跟着"时尚"行，追求一种无思无念的朦胧生活。

可以说，社会生活全面的快节奏、平面化，使人们在不知不觉中躲避思考、放弃理性，讨厌对事物作深度分析。可是，生死沟通的大智慧最需要人们以安静的心境，舒展从容的态度，深思冥想。要获得对生死问题的觉解，免于对死亡的恐惧与不安，就不仅要感受生死，更必须看透、思透、理解透。现代人不能只管享受生活，感受生活，还必须发挥理性能力，建构观念与价值，以掌握生活，驾驭生活，终则透视死亡，沟通生与死，达于生活品质与生命品质的全面提升。

3. 现代人很难沟通生与死

后现代主义思潮对现代人人生观的影响，也部分造成了人们很难去沟通生与死。后现代主义作为20世纪60年代中期出现于西方的一种社会文化思潮，高举反传统的大旗。以消解中心、否定传统、推翻权威为宗旨，主张多样性和局部性。它认为以往形而上学追寻的意义与真理是不存在的。人们长期以来认定任何事物都有一种客观的、自在的、不依赖人的意识而存在的意义，这便是科学所不断寻找的真理。后现代主义批判了这种看法，认为所谓客观意义或真理不过是思维着的精神创造的神话。意义或真理并非客观的、永恒的，而是人为了自己的需要虚构出来，被一切权威的秩序和统治系统作为其合法化的借口和工具使用的。

学者徐友渔指出：后现代主义最显眼的特征是它的反整体主义倾向，对多元主义的提倡与偏爱。后现代主义者看问题的角度往往是局部的、暂时的、特定的，反对总体化、反对系统性，由此派生出的是对于确定性、连续性等的否定。后现代主义认为，心灵和自然的二元对立，是自古希腊以来一直占统治地位的神话，其实，并不存在能动的认识主体心灵，也不存在被动的、作为检验标准的对象世界。由此出发，许多后现代主义者宣称哲学应该消失，无需整体思维。

后现代主义的作用在于消解一切传统的理念、思维方法、价值等，经后现代主义对历史、主体、价值的解构，对确定性、基础、规律、整体的消解之后，人类的生活似乎就处于一种无历史、无未来的状态，它是一种平面性的呈现而无任何深度；它仅仅是一种过程而无所谓好坏优劣；它无时不变无处相像，没有任何可供理解与把握的基点。人生无根无茎，随波逐流，什么都行，怎么都可以。

这种文化的思潮表现在许多现代青年的人生观与人生模式里，就出现了所谓"白色人生"——他们缺少具体的人生理想与目标，生活也无任何确定的原则，以无人生观作为自己的人生观，正如歌曲唱的，"不要问我是谁，只要爱我一回"，"不求天长地久，但求曾经拥有"。还有灰色人生——奉行及时行乐，不惜以时光和生命为赌注以博一时舒适与快乐，"过把瘾就死"，"我拿青春赌明天"。还有什么黑色人生——不满一切，抱怨一切。各色人生一一登场。共同特点就是把自我的生命推为人生关注的中心,把当下此在自我生活的享受视为最高价值所在,对一切历史、社会、文化、哲学等都漠不关心,决不愿意浪费精力于此。他们受教育的程度普遍较高,并非不能在生存与生活品质提高的同时,形成较高的生命品质,他们实际上是拒绝生命的品质,放弃深度思考,不愿去接触诸如"死亡"这样痛苦的字眼,以仅仅关注"我"的生来忘掉"我的"死,如此,怎能沟通"生"、"死"呢?因此,可以推知,当其面临死神时,会发现自己最珍爱的当下此在的生活无可挽回地丧失掉,怎能不令人痛心疾首!又因为自己生前不关心任何人、任何社会事务,自然在死时必须独自一人孤独地面对生命终点,此时其品尝到的死亡恐惧必定非常之大,心理上的悲叹更为强烈。

所以,现代人的状况正如《禁止死亡》一书作者所说的那样,是一种不充分的生,而一种不充分的生本身就是一种不充分的死。"人们可能已经诞生了,但还没有真正诞生,可以生活着,但不是真正地生活着。所以,人未出生就死了,相反,只要生命对自己来说真正诞生了,那么,它就会有另一种品质,一种真正的生命,一种有意义的生命。"①

(三)**现代社会:全新式的全能与全新式的无能相对应**

个体的命运实质上体现人类总体状况。表现在个体身上的生与死的紧张实际上根源于总体上我们时代全新式的全能与全新式的无能相对应。

现代人比之传统人无论是物质生活水平、我们征服世界甚至征服死亡的能力以及我们所显示出来的发展前景都有巨大的进步。我们可称之为"一个全新式的全能"正在显现。"我们借助于自身创造的工具(不纯是原子能的)鬼斧神工般地、上帝般地造就了自身。"我们具有了毁灭一切的能力。"我们是破坏者,其实我们已是万能的了。因为,万能的我们能够扫灭全人类、人的世界;我们能够把自亚当起始的既往——我们的过去——化为乌有。"②

现代人确实变成了万能,可是,"人类花费几百万美金在炸弹、飞弹上,并训练人们互相杀戮和破坏。相比之下,人类几乎没有花什么心力来教导人们认识生与死的本质,在他们抵达人生终点时,帮助他们面对和了

---

① (法)贝尔特朗·韦热里:《禁止死亡》,李健英译,134页,深圳:海天出版社,2004。
② (德)贝克勒等:《向死而生》,张念东等译,249页,北京:三联书店,1993。

解即将发生的事实。这是多么可怕,多么令人伤心的事啊!"① 我们禁不住发问:"难道四千年的人类经验仅仅给人类增加了修理地球几百万光年的宇宙飞船的能力?"②

然而,我们是终有一死的人,无论如何都是软弱无力的。不过,一切无力不都是一模一样的,一切必死性也不是同一形式,尊严也各不相同。现代的人们面对死亡固然无能,却是一种全新式的无能。它表现在:其一,我们今天重要的不是"必死的"本质,而是"会死的"本质,它是通过我们自己的行为来实现的;其二,自然死亡已经过时,人类暴力自我毁灭成了固有的致命伤;其三,我们不再作为单个的人是必死的、可杀的,而是在于同归于尽;其四,会死的本质就是以另一种形式,先期被决定死亡。我们尚未出生的孩子以及孩子的孩子,他们早在其生命开始之前就已完成了自己的死亡,或者将要完成。

路易—樊尚·托马斯说:"死亡,不是别的东西,而是我们自己,是我们的一种生活方式,而这种生活方式就是杀人。人类对自己拥有权力(流产、安乐死、自杀和死刑),各种形式的暴力(战争、工伤和交通事故、酷刑、生态破坏、动物灭绝),还有寿命的延长,使社会老龄化问题变得极为突出可怕。所有这些都是我们这个社会的特征,然而,死亡的挑战依然严峻。"③

现代人内在就有一种自毁(死亡)倾向。"科学的可能性越多,意味着人们将面临更为困难的选择:一方面,'我们无所不能',科学变得似乎可能改变一切;另一方面,'我们一无所有',面对一切可能,原来的理论变得苍白无力。"④ 这就是全新式的全能与全新式的无能相对应。它内在决定了现代人生与死的对立与紧张。

二、基本出路

生与死之间的紧张无疑地既不利于生命品质的提高,也不利于死亡品

---

① (美)索甲仁波切:《西藏生死之书》,郑振煌译,401页,北京:中国社会科学出版社,2002。
② 南川、黄炎平编译:《与名家一起体验死》,37页,北京:光明日报出版社,2001。
③ (法)贝尔特朗·韦热里:《禁止死亡》,李健英译,24页,深圳:海天出版社,2004。
④ 何伦、施卫星:《生命的困惑——临床生命伦理学导论》,46~47页,南京:东南大学出版社,2004。

质的提高。当今时代已进入到优生优死的人类生命高级阶段,它客观上要求生命与死亡取得内在的和谐,做到这一点,"只有消除生命与死亡之间可能存在的紧张关系,某种形式的和平才能建立起来。"① 现代人摆脱困境的基本出路在于:

(一) 实现技术的人性化转向,回归生命与死亡的本身

技术统治下非人性化现象恰恰说明了技术本身的局限。技术本身并不是万能的,自以为万能的恰恰是人类。夸大与滥用技术,于是,"容易假定这种生产性的进步是永远无止境的,容易把现实的本质看作是技术上可能的事物的总和,而把可能性的局限性看成是可以不断消除的枝节问题"②,这种技术万能观导致技术在其使用过程中非人性化现象的产生,"生命科学的发展与医疗失人性化现象并存。"③

人不能离开技术,但又不可以受制于技术。那么,人类生存的根本出路就在于让技术回到它自身,在一个新的高度达到人与自然,人与物,人性与物性的和谐自洽。"医学越是直接左右人的生命的力量,医生如何运用它就越成为大问题,医学的力量如果妥善应用,就可以给人类带来无量的幸福,但若滥用就很容易破坏人的生命。"④

技术进步如果得到运用,应该使其有助于维护人类的尊严,而不是反过来去侮辱这种尊严。"这已成为刻不容缓的任务。技术进步虽然也属于人的进步,不过,正因为如此,它也就不是人情味的进步。但是反过来,只有这些进展有助于维护人类尊严,它们也可以成为人情味方面的进步。"⑤

所谓回归生命与死亡本身,本质上就是将生命视为自然存在的,将死亡视为生命本身固有的,不是仅仅只看作是一种自然现象。"应该以生命的观点看待死亡,不要以死亡的观点看待生命。"⑥

---

① (法) 贝尔特朗·韦热里:《禁止死亡》,李健英译,37 页,深圳:海天出版社,2004。
② (英) 约翰·巴罗:《不论——科学的极限与极限的科学》,李新洲、徐建军、翟向华译,304 页,上海:上海科学技术出版社,2000。
③ 何伦、施卫星:《生命的困惑——临床生命伦理学导论》,47 页,南京:东南大学出版社,2004。
④ 池田大作、汤因比:《展望二十一世纪》,荀春生等译,304 页,北京:国际文化出版公司,1985。
⑤ (德) 贝克勒等:《向死而生》,张念东等译,302 页,北京:三联书店,1993。
⑥ (法) 贝尔特朗·韦热里:《禁止死亡》,李健英译,99 页,深圳:海天出版社,2004。

（二）打破个我化的生命框架，将生命融入人群

我们透过"我"的观念来看世界，我们为宇宙设定的模式，是根据我们为自己设定的模式。我们看这个世界，见到的只是心念投射；无论是看一张脸、一棵树、一栋建筑、一幅画，全都只是反映出自认的"我"。我们很少直接体验客体，只体验到自己的喜恶、忧惧、希望、疑虑、成见，也就是自己对事物的观念看法。一切都是照我们的假想和喜恶制造而成，很少是不受影响地独立存在。

古希腊哲人克里希那穆提告诫我们说："被观察者就是观察者"。我们所体察到的，是自己设定模式的一个面向。我们把熔化的真实倒进模子里，每一个刹那的新鲜陌生均受到压缩，以符合自己设定的观念。

我们的模式把经验之流冻结成一种"可应付的"真实，它是我们对真实的看法，而非真实本身。真实就是"是"，它是这一刻，不带上一刻的遗痕，也没有对下一刻的预期。我们的模式是框框，是牢笼，是接受世事变化的限制。它的功能就像滤网，只接受自己相信的，排除不相信的。我们拙于体会真实，巧于接受模式。我们预先接受真实，将它铸成混合，而我们觉察到的只是记忆和预期。

模式以成见来制造预期，就像我们拿哲学或观点来管窥奥秘。我们绝少触及发生事件的核心，只体验到自己的观念和假想。模式制造痛苦，坚持模式就会错失真实，我们制造了一个充满欲念和恐惧的世界。

"探访垂死之人期间，我发觉许许多多的痛苦来自于我们的模式，以及抗拒当下给予的一切。由于坚持自认的'我'，坚持世界'应该'是什么样子，观念的框框造成了心理痉挛症"。想象一下，一旦疾病使体内的活力不再足够你以平日的方式参与这个世界；一旦体力无法负荷赚钱养家的工作，会是什么情景？一旦无法再维持社会要人的自我形象，不再能维持教师、水电工、诗人或父母的角色，无法再做一个特定广告牌社区"担负责任"的人，会是什么滋味？

"我们太过认同自己的作为，认同自己设定的模式，以致面临死亡之际，变得极度缺乏安全感。我们不再知道自己是谁，因为我们一向牺牲真实的自己，换取世间的某个角色，某种权威地位。我们牺牲了慈悲，换取

某个在一意孤行的世界中有所作为的人。"①

爱因斯坦说得好:"个人是'宇宙'整体的一部分,是时间和空间都有限的一部分。他把自己的思想和感觉当成与宇宙其他部分无关的独立经验——这是对自己的心识的一种光学错觉。这种错觉是一种监狱,把我们限制在个人的欲望和身边几个人的感情上。我们的工作就是扩大我们的慈悲心,去涵盖一切生物和整体自然的美,把自己从这个监狱释放出来。"②

当把个人与整体融为一体时,生与死就发生了转换:个体是有限的,有死的,一旦投身于整体中就获得了整体的不死性,成为不死的,永生的。正如一滴水,在阳光下很快就会被阳光蒸发掉,当这滴水被投进大海后,它就不会蒸发了。因此,威廉·布莱克的一首诗说:"把喜悦绑缚在自己身上的人,反而毁灭了张着翅膀的生命;当喜悦飞去而吻别它的人,将活在永恒的朝阳之中。"

生命只有通过人与人之间的联系才成其为实际生命,这一点却为人们所忽视。"人在度过生命时不仅面向死亡,而且是面向周围的人的,是关心他人的基本生命需要的。"③ 这主要表现在人的相互需要上;而相互需要又向相互服务提出挑战。热心于这种服务,首先要身体力行,这就是人生的核心、文化的核心所在。只有那些通过为周围的人服务而在实际上使个人生命变得透明的人,才能在他们亲在的黑暗中一时茅塞顿开。为周围人服务——展现人生,将自己的生命融合到大众之中,而且在这种服务之中反观自己生命的真实存在。

人类,只有当他成为具有重大意义的可见世界中一幅可见的画面时,才是真正的人类。作为意义的负载者,他是一个解放者,他既打开了自己的生活,又打开了别人的生活。一个真正的解放者涉及的是死亡问题,因为,由于我们与看不见的层面有一种联系,我们不能以同一种方式看见生与死,另一种生命以一种不可见生命的形式进入到可见生命之中,这时候即使失去了生命,我们也不会有一种一切都失去的感觉。这样,死亡对于我们来说就不是绝对的了。

---

① (美)斯蒂芬·雷文:《生死之歌》,汪芸、于而彦译,58页,北京:东方出版社,1998。
② (美)索甲仁波切:《西藏生死之书》,郑振煌译,119页,北京:中国社会科学出版社,2002。
③ (德)贝克勒等:《向死而生》,张念东等译,序言,8页,北京:三联书店,1993。

(三) 习惯丧失，懂得放弃

"理解人生的核心就是理解我们如何对待丧失。"① 现代人习惯于对人生问题做加法，但却不曾想到人生也要做减法，而且减法也是一种成长。"从不言及'放弃'，永不承认'绝望'，这是现代精神最鲜明的特点。"②

死亡存在于生命之中，这就本质地决定了生命的过程也就是不断丧失的过程。我们无法看到我们垂死后的景象，这一点通常对我们的实际生命发生限制和影响，"我们最好是把所有与死亡有关的东西排除在我们的意识之外，或者，正因为我们把全部注意力一股脑儿地集中于会给我们带来一切成就的生命，才是恰当的。但是无可否认，我们的垂死是我们生命不可少的一部分。就本来的意义而言，它与我们生命是一样的。此外，垂死时的最后大撒手，其实在还活着的时候就已断断续续地发生着。其形式则表现为，有限能力迫使我们实际上必须放弃无数的东西。"③

同时，这一放弃并不意味着我们死后会陷入虚无，正好相反！在这个意义上说，我们是从十分有限的地平线解放出来，而赶往一个隐藏在我们生命中的宽广世界的地平线。

《西藏生死之书》的作者告诉我们，学习生活就是学习放弃。"如果无法学习，我们就会变得封闭而执著。执著是一切问题的根源。因为无常让我们感到痛苦，即使一切都会改变，我们还是死命地执著，我们害怕放下，事实上是害怕生活。因为学习生活就是学习放下。这就是我们拼死拼活去执著的悲剧和嘲讽所在：执著不仅做不到，反而会带给我们最想避免的痛苦。"④

朱迪丝·维尔斯特在《必要的丧失》一书中指出，一谈到丧失，我们便会想到我们所爱的人的丧失（通过死亡），然而，丧失在生活中包含着远比这些还要远为丰富的内容。因为，我们不仅因死亡而丧失，而且因离弃和被离弃、变迁、放弃和发展而丧失，我们根本无力为自己和所爱的

---

① （美）朱迪斯·维尔斯特：《必要的丧失》，张家卉等译，序言，北京：北京大学出版社，1988。
② （英）齐格蒙·鲍曼：《生活在碎片之中——论后现代的道德》，郁建兴等译，14页，上海：学林出版社，2002。
③ （德）贝克勒等：《向死而生》，张念东等译，337页，北京：三联书店，1993。
④ （美）索甲仁波切：《西藏生死之书》，郑振煌译，45页，北京：中国社会科学出版社，2002。

人提供保护——以免除危险和痛苦、时间的侵袭、老年的到来、死亡的降临,免除我们必要的丧失。这些丧失是生活的一部分——它们无处不在,不可避免,不可抗拒。这些丧失是必不可少的。因为,我们通过丧失、离别和放弃而成长。

丧失是一种客观必然,学习死亡就是要学会丧失,只有这样才能接近死亡的真理,才能超越死亡;丧失存在于生活的各方面,是生活的另一面。因此,理解生活就要理解它的另一面;丧失在生活中是一种具象存在,问题不在我们怎样丧失了,而在于我们是否真正理解丧失的真谛,把它作为生命的一种本质加以理解。

(四)往内看心性,建构精神家园

李霁野在《试谈人生》一文中指出,生活要具备3个条件:"第一个条件是'深'。第一是不能敷衍,第二是不能畏惧。第二个条件是'广',要接触人,接触自然,留心社会政治事件,观察风俗人情。都可以增广我们的生活。第三个条件是'高',所谓高,是超出小我的意思,能使人超出小我,达到生活之高,一是友谊和爱,二是理想和真理的追求,三是宗教的感情。生活有了高、有了广,有了深,才可以说是充实。"

"生命事件也像一切时间事件一样,通过对现实的亲历和认识而在记忆中彼此衔接",可是,现代人却生活在碎片中,无论如何也不能把那些经历连成一个整体,从而也就失去了生命体验的深度。因此,面对死亡时,死亡只能是生命的对抗,而不是生命的必然结局,生与死无论如何都是外在冲突着的,不能调和的。"世界上最伟大的精神传统,当然包括基督教在内,都清楚地告诉我们:死亡并非终点。它们也都留下来对来世的憧憬,赋予我们生活神圣的意义。然而,尽管有这么多处的教义,现代社会仍是一块精神沙漠,大多数人想象这一生就只这么多了。对于来世,如果没有真正或真诚的信仰,大多数人的生活便缺乏任何终极的意义。"[①]"不要怕死,肉体生命的结束不该使我们担心。我们应当关心的是,当我们还有一口气的时候,我们就要好好的'活'——解救内在自我,免于

---

① (美)索甲仁波切:《西藏生死之书》,郑振煌译,14页,北京:中国社会科学出版社,2002。

精神死亡。"①

心有两个立场：往外看和往内看。

往内看心性，就是一种自我审视，一种修持。藏传佛教称之为"正念的修习"，"就是要把散乱的心带回家，借此可以把生命的不同层面集中起来，这可称为安住"。在佛家那里就是禅坐功夫，通过禅坐，"把你的心带回家，然后放下，然后放松"。其意义在于：

一是自己被撕裂成碎片的所有部分，过去一直处在战争之中，现在则由安住而定下来，而熔化，而变成朋友。在那安定之中，我们开始了解自己，有时候甚至还瞥见自我心性的光芒。

二是正念的修习，可以纾缓我们多生多世以来所累积的负面心态、侵略性和混乱情绪。这时候，不是压抑或沉入情绪之中，而是尽可能以开放旷达的宽容来观察情绪、念头和一切生起的东西。

三是这种修行揭开并显露出你根本的善心，因为它消除了你心中的仇恨或伤害。唯有消除我们的伤害心，我们才能成为一个对别人有用的人。

这样，"往内看心性，因而摆脱死亡的恐惧，帮助我们体悟生命的真相。往内看，需要我们极大的敏锐和勇气，等于全盘改变我们对于生命和心的态度。由于我们一向耽于往外求取，以至于无法接触到我们的内心生命，我们不敢往内看，因为我们的文化不曾告诉我们这样做会发现什么，我们甚至会相信，往内看，会发疯的危险。"②

---

① （美）库布勒·罗丝：《成长的最后阶段》，孙振青编译，236页，台北：光启出版社，1993。

② （美）索甲仁波切：《西藏生死之书》，郑振煌译，66页，北京：中国社会科学出版社，2002。

参考书目

[1] (古罗马) 西塞罗:《论老年 论友谊 论责任》, 徐奕春译, 北京: 商务印书馆, 1998。

[2] 北京大学哲学系外哲史室编译:《古希腊罗马哲学》, 北京: 商务印书馆, 1982。

[3] (美) 库布勒·罗丝:《成长的最后阶段》, 孙振青编译, 台北: 光启出版社, 1993。

[4] (法) 列维-布留尔:《原始思维》, 丁由译, 北京: 商务印书馆, 1981。

[5] 段德智:《西方死亡哲学》, 北京: 北京大学出版社, 2006。

[6] (法) 达尼埃尔·亚历山大-比东:《中世纪有关死亡的生活(13~16世纪)》, 陈劼译, 济南: 山东画报出版社, 2005。

[7] (美) 傅伟勋:《死亡的尊严与生命的尊严》, 北京: 北京大学出版社, 2006。

[8] 郑晓江:《寻求人生的真谛——生死问题的探索》, 南昌: 百花洲文艺出版社, 2002。

[9] 郑晓江:《穿透人生》, 上海: 三联书店, 1999。

[10] 郑晓江:《穿透死亡》, 南昌: 江西教育出版社, 2000。

[12] (法) 米歇尔·沃维尔:《死亡文化史》, 高凌瀚、蔡锦涛译, 北京: 中国人民大学出版社, 2004。

[13] (法) 路易-樊尚·托马:《死亡》, 潘惠芳译, 北京: 商务印书馆, 2001。

[14] (德) 黑格尔:《精神现象学》, 贺麟、王玖兴译, 北京: 商务印书馆, 1979。

[15]《费尔巴哈哲学著作选集》, 荣震华、李金山译, 北京: 商务印书馆, 1984。

[16]（法）萨特：《存在与虚无》，陈章良等译，北京：三联书店，1987。

[17]（德）弗兰茨·贝克勒等编：《向死而生》，张念东、裘挹红译，北京：三联书店，1993。

[18]（德）海德格尔：《存在与时间》，陈嘉映、王庆节译，北京：三联书店，1987。

[19]（美）路易斯·波伊曼：《今生今世》，陈瑞麟等译，广州：广州出版社，1998。

[20]（美）路易斯·波伊曼等：《生死一瞬间——战争与饥荒》，陈瑞麟等译，广州：广州出版社，1998。

[21]（美）路易斯·波伊曼：《生与死——现代道德困境的挑战》，江丽美译，广州：广州出版社，1998。

[22]（美）路易斯·波伊曼等：《解构死亡——死亡、自杀、安乐死与死刑剖析》，魏德骥等译，广州：广州出版社，1998。

[23]（法）贝尔特朗·韦热里：《禁止死亡》，李建英译，深圳：海天出版社，2004。

[24]颜青山：《挑战与回应——中国话语中死亡与垂死的德性之维》，长沙：湖南师范大学出版社，2005。

[25]（俄罗斯）A·H·拉夫林：《面对死亡》，成都科技翻译研究会译，呼和浩特：内蒙古人民出版社，1997。

[26]李书崇：《与死亡言和》，成都：四川人民出版社，2002。

[27]（法）伊莎贝尔·布利卡：《名人死亡词典》，陈良明等译，桂林：漓江出版社，2001。

[28]南川、黄炎平编译：《与名家一起体验死》，北京：光明日报出版社，2001。

[29]陈平原编：《生生死死》，上海：复旦大学出版社，2005。

[30]（美）斯蒂芬·雷文：《生死之歌》，汪芸、于而彦译，北京：东方出版社，1998。

[31]段德智：《死亡哲学》，武汉：湖北人民出版社，1996。

[32]靳凤林：《死，而后生》，北京：人民出版社，2005。

[34]（美）索甲仁切波：《西藏生死之书》，郑振煌译，北京：中国社会科学出版社；西宁：青海人民出版社，2002。

[35] 沈毅：《生命的动力意义——论死亡恐惧》，杭州：杭州出版社，2001。

[36] 黄应全：《生死之间》，北京：作家出版社，1998。

[37] 郑晓江主编：《中国死亡文化大观》，南昌：百花洲文艺出版社，1999。

[40]（美）诺尔曼·布朗：《生与死的对抗》，冯川、伍厚恺译，贵阳：贵州人民出版社，1994。

[41] 陆扬：《死亡美学》，北京：北京大学出版社，2006。

[42] 宋永毅、姚晓华编：《死亡论》，广州：广州文化出版社，1988。

[43]（英）爱特华特：《今生来世》，张艾茜译，台北：世茂出版社，1995。

[44]（英）琴芮特旭：《打开生死门》，徐和平译，西安：陕西旅游出版社，1998。

[45] E. Ross：《论死亡与濒死》，谢文斌译，台北：牧童出版社，1979。

[46] 游允中、郑晓瑛主编：《中国人口的死亡和健康》，北京：北京大学出版社，2005。

[47]（德）托·德特勒夫森、吕·达尔克：《疾病的希望》，贾维德、李健鸣译，沈阳：春风文艺出版社，1999。

[48] 易大章：《优死论》，天津：天津人民出版社，1996。

[49]（美）舍温·努兰：《死亡的脸》，杨慕华译，海口：海南出版社，2002。

[50] 冯沪祥：《中西生死哲学》，北京：北京大学出版社，2002。

[51]（美）舍温·努兰：《生命的脸》，林文斌、廖月娟译，海口：海南出版社，2002。

[52]（美）贝蒂·弗里丹：《生命之泉喷涌》，李淑芹等译，北京：作家出版社，1997。

[53]（美）德克尔：《老年社会学》，沈健译，天津：天津人民出版社，1986。

[54]（美）理查德·A·波斯纳：《衰老与老龄》，周云译，北京：中国政法大学出版，2002。

[55]（美）朱迪斯·维尔斯特：《必要的丧失》，张家卉等译，北

京：北京大学出版社，1988。

[56] 陈雪春：《中国脑死亡鉴证》，南京：江苏人民出版社，2003。

[57] 孟宪武：《优逝：全人、全程、全家临终关怀方案》，杭州：浙江大学出版社，2005。

[58] 陈维樑、钟莠筠：《哀伤心理咨询 理论与实务》，北京：中国经工业出版社，2006。

[59] （印度）阿马蒂亚·森：《贫困与饥荒——论权利与剥夺》，王宇、王文玉译，北京：商务印书馆，2001。

[60] （法）阿尔贝特·施韦泽：《对生命的敬畏——阿尔贝特·施韦泽自述》，陈泽环译，上海：上海人民出版社，2006。

[61] （法）阿尔贝特·施韦泽：《敬畏生命——五十年来的基本论述》，陈泽环译，上海：上海社会科学院出版社，2003。

[62] 迪帕·纳拉扬等：《呼唤变革》，姚莉等译，北京：中国人民大学出版社，2003。

[63] 迪帕·纳拉扬等著：《谁倾听我们的声音》，付岩梅等译，北京：中国人民大学出版社，2001。

[64] 王处辉：《中国社会思想史》，北京：中国人民大学出版社，2002。

[65] 梁其姿：《施善与教化——明清慈善组织》，石家庄：河北教育出版社，2001。

[66] 何伦、施卫星：《生命的困惑——临床生命伦理学导论》，南京：东南大学出版社，2004。

[67] （美）托马斯·A·香农：《生命伦理学导论》，肖巍译，哈尔滨：黑龙江人民出版社，2005。

[68] （德）康德：《法的形而上学原理》，沈叔平译，北京：商务印书馆，1991。

[73] 黄立：《刑罚的伦理审视》，北京：人民出版社，2006。

[74] （英）马林诺夫斯基：《巫术科学·宗教与神话》，李安宅译，北京：中国民间文艺出版社，1986。

[75] （美）拿达里·安吉尔：《善待生死》，张涛编译，西安：陕西师范大学出版社，2000。

[76] 杨知勇：《西南民族生死观》，昆明：云南教育出版社，2001。

[77] 王计生：《事死如生——殡葬伦理与中国文化》，上海：百家出

版社，2002。

［78］（法）埃米尔·迪尔凯姆：《自杀论》，冯韵文译，北京：商务印书馆，1996。

［79］（瑞典）沃瑟曼：《自杀：一种不必要的死》，李鸣等译，北京：中国轻工业出版社，2003。

［80］翟书涛：《选择死亡——自杀现象及自杀心理透视》，北京：北京出版社，2001。

［81］（美）柏忠信：《西方社会病——吸毒、自杀和离婚》，北京：三联书店，1983。

［82］季建林、赵静波：《自杀预防与危机干预》，上海：华东师范大学出版社，2007。

［83］郑实、傅光明：《太平湖的记忆：老舍之死》，深圳：海天出版社，2001。

［84］（奥地利）阿尔弗雷德·阿德勒：《生命对你意味着什么》，周朗译，北京：国际文化出版公司，2000。

［85］（美）卡尔·门林格尔：《人对抗自己》，肖川译，贵阳：贵州人民出版社，2004年第2版。

［86］（德）孙志文：《现代人的焦虑和希望》，北京：三联书店，1994。

［87］（德）雅斯贝尔斯：《现时代的人》，周晓亮，宋祖良译，北京：中国社会科学文献出版社，1992。

［88］（德）冈特·绍伊博尔德：《海德格尔分析新时代的科技》，宋祖良译，北京：中国社会科学出版社，1993。

［89］（美）舍温·纽兰：《我们怎样死：关于生命最后一章的思考》，褚律元译，北京：世界知识出版社，1996。

［90］陈蓉、李伟长主编：《临终关怀与安乐死曙光》，北京：中国工人出版社，2004。

［91］（英）齐格蒙·鲍曼：《生活在碎片之中——论后现代的道德》，郁建兴等译，上海：学林出版社，2002。

［92］李向平：《死亡与超越》，上海：上海文化出版社，1997。

［93］吴仁兴、陈蓉霞：《死亡学》，北京：中国社会出版社，2004。

［94］吴兴勇：《论死生》，武汉：湖北人民出版社，2006。

［95］李建军：《我国青少年自杀问题研究》，北京：中国社会科学出

版社，2007。

[96] 陈占国、强昱：《超越生死——中国传统文化中的生死智慧》，开封：河南大学出版社，2004。

[97] 王平、李海燕：《死亡与医学伦理》，武汉：武汉大学出版社，2005。

[98] 王夫子：《殡葬文化学——死亡文化的全方位解读》，北京：中国社会出版社，1998。

[99] 冒键：《最后的神话——诗人自杀之谜》，银川：宁夏人民出版社，2005。

[100] 孙利天：《死亡意识》，长春：吉林教育出版社，2001.

[101] 颜翔林：《死亡美学》，上海：上海人民出版社，2008.

[102] 陈忠华：《脑死亡——现代死亡学》，北京：科学出版社，2004.